美國戰略與東亞方針

文化冷戰與知識外交

文化冷戦と知の展開

アメリカの戦略・東アジアの論理

森口（土屋）由香、川島真、小林聰明——主編

周俊宇、陳柏傑、蔡傳宜——譯

[目錄]

第二部　科學技術

第三部　新聞事業

序章

森口（土屋）由香、川島真、小林聰明／著
周俊宇／譯

一、文化冷戰與知識建構

開啟冷戰史研究(1)——文化冷戰

冷戰史研究在進入到二十一世紀後日益多樣化，更加強調冷戰的多元性。文安立（Odd Arne Westad）闡明了冷戰不只是東西對立，亦與去殖民化和民族主義興起複雜相關，而冷戰的起源也可回溯至工業革命。尼克・庫拉瑟（Nick Cullather）指出，冷戰期間美國所推動的「現代化」和「開發」，起源自一九三〇年代的「羅斯福新政」或更早之前[1]。因此，冷戰研究的對象除了空間

1　「羅斯福新政」為小羅斯福就任美國總統後，提出的三R新政，即救濟（Relief）、復興（Recovery）和改革（Reform）。Odd Arne Westad, *The Global Cold War: The World Interventions and the Making of Our Times* (Cambridge: Cambridge University Press, 2005)（中文版為：冷戰：從兩強爭霸到全球衝突，當代地緣政治的新世界史，臺北：聯經出版，2023）；Odd Arne Westad, *The Cold War: A World History* (New York: Basic Books, 2017); Nick Cullather, *The Hungry World: America's Cold War Battle Against Poverty in Asia* (Cambridge, MA: Harvard University Pess, 2010).

與時間擴大，對於東西對立的本質也有更多元的理解。具體而言，冷戰不僅是意識型態對立和核子軍備擴張競賽，也是生活方式和文化的競爭，同時也是為了爭取包含第三世界等國家的認同，在這點上已取得共識。法蘭西斯・桑德斯（Francis Saunders）的「文化冷戰」，以及肯尼斯・奧斯古德（Kenneth Osgood）的「總體冷戰」等形容，正展現出冷戰的新詮釋[2]。

同時，研究者們對於文化冷戰中文化和資訊「供給者」、「接受者」這種單純的二元對立也開始表示疑問。潘妮・馮・愛紳（Penny M. Von Eschen）聚焦於美國的爵士樂，描繪其與美國國務院政策制定者欲將音樂利用於文化外交的意圖相反，跨越國界與文化，自在地傳播流動性和可塑性。日本、中國、韓國、臺灣的研究者們也開始關注音樂、電影、廣播、電視、文學等文化面向討論冷戰[3]。本書編者之一森口（土屋）由香與貴志俊彥所編，《文化冷戰的時代——美國與亞洲》，也是在此研究潮流中出版[4]。

開啟冷戰史研究(2)——「學術知識」與「專門知識」

然而，在這樣的文化冷戰研究系譜中，「學術知識」與「專門知識」的樣貌未必充分。特別是本書的核心主題：東亞的知識生產，直至近年研究仍付之闕如。「學術知識」、「專門知識」是曖昧的詞彙，本書將學院所生產的自然科學及人文社會科學的體系性知識稱作「學術知識」，將實務性專門職業所需要的知識和技術總稱為「專門知識」，例如新聞傳播這類工作所需的知識。而在「學術知識」裡，有時也將自然科學領域的知識，使用「科學知識」（或「科技知識」）

一語稱之。「學術知識」和「專門知識」構成了各個國家和社會主流媒體言論框架，或是知識溝通的基礎，對於世界認識和價值判斷造成的影響也很重要。

具體而言，區域研究對於認識冷戰的構成、東西對立基礎的世界，以及了解區域衝突本身的區域意識都很重要。此外，對於正在追求經濟發展的國家而言也具重要性，其中包括支撐民眾生活糧食基礎的農學或生物學，再加上被視為可產生出未來無限能源的尖端科學原子科學，和這類科學相關的「學術知識」，也是關注重點。而將這些最先進「知識」普及於社會，影響社會輿論和認識的新聞業及其有關的專門知識在當時也開始受到重視。這些對推動現代化及開發的霸權國

---

2 Frances Stonor Saunders, *Cultural Cold War: The CIA and the World of Arts and Letters* (New York: The New Press, 1999); Kenneth Osgood, *Total Cold War: Eisenhower's Secret Propaganda Battle at Home and Abroad.* (Lawrence: University Press of Kansas, 2006).

3 Penny Von Eschen, *Satchmo Blows Up the World: Jazz Ambassadors Plays the Cold War* (Boston: Harvard University Press, 2004). 關於亞洲的研究，則有土屋由香、吉見俊哉，《占領する占領する声——CIE / USIS映画とVOAラジオ》（東京都：東京大学出版会，2012）、張揚，《冷戰與學術——美國的中國學（1949-1972）》（北京：中國社會科學出版社，2019）、張揚，《文化冷戰——美國的青年領袖項目（1947-1989）》（北京：中國社會科學出版社，2020）、許殷，《アメリカのヘゲモニーと韓国の民族主義》（高麗大学民族文化研究院，2008）、王梅香，〈冷戰時期非政府組織的中介與介入——自由亞洲協会、亞洲基金會的東南亞文化宣傳（1951-1959）〉《人文社会科学集刊》，第32巻第1期，2020年3月，頁123-158。

4 貴志俊彦、土屋由香編，《文化冷戦の時代——アメリカとアジア》（国際書院，2009）。

家而言，也都相當重要。

文化冷戰研究以「學術知識」及「專門知識」為對象更進一步發展，以理解冷戰時期的「知識體系」同時檢視冷戰的新樣貌。即使其位置依舊圍繞在軍事、安全保障、經濟等主題的同心圓上，也具有一定的特徵和獨特性。

區域研究與科技的「學術知識」和新聞的「專門知識」

承襲前文所述，本書第一部將聚焦於以「了解外國」為目的，在第二次世界大戰後有著飛躍性進展的區域研究，闡明亞洲與美國各式各樣的主體對知識生產的參與，以及其與軍事和安全保障領域不同，霸權國家的意圖在此經常可能無法實現且遭到奪胎換骨，或是由「當地理論」占據優先地位。

第二部的重點將放在科學知識，尤其是冷戰初期美國和東亞各國間頻繁地進行知識交流和技術轉移的三個領域，原子科學（範圍包括後來的核子工程、今日的高能物理學等領域）、生物學、農學。雖然在某些情況下，純粹探究自然的「科學」與建立在前者基礎上的「技術」有所區別，但本書所處理的科技則包含兩者。例如本書中討論的冷戰初期原子科學，即處於從理學院轉移至工學院的過渡期，換句話說，此時的原子科學，正是原子爐建設等技術相關的核子（能）工程，從更為基礎的原子物理學中逐漸獨立的過渡階段；書中提到國家競相追求基礎和應用兩方面的原子科學學術知識。

而在生物學方面的學術交流，則是以更偏向純自然研究，也就是基礎研究領域為中心；而建立在此基礎上的應用，也就是農業技術支援則是以實用為核心。本書第二部則藉由描繪「科學」和「技術」兩方面的知識交流與移轉，呈現各式各樣的主體在參與科學知識的成立與移轉上之面貌，同時彰顯出不僅是實用技術，純粹的科學也並非和國際政治絕緣。

第三部則是以知識和訊息傳播手段的新聞專門知識為對象，聚焦在其中的政治性和主體的自主性這兩層面。討論新聞及其專門知識的意義在於：第一，冷戰初期成形的「學術知識」和「專門知識」，在直到冷戰結束後的很長一段時間中在東亞具有支配性地位，甚至影響至今。英國政治學者蘇珊．史翠菊（Susan Strange）在關於「結構性權力」（structural power）的論述中指出，「知識結構」所產生的權力難以察覺，並闡述「知識結構」是由「什麼樣的知識被發現、什麼樣的知識受到保存，以及誰能透過何種手段，在如何的條件下將這些知識傳遞給其他人們」所決定[5]。第二，從中不僅可觀察到冷戰陣營之一的核心，同時也是「供給者」的美國政府，還有當地國家和區域等各式各樣的主體們，圍繞著知識主導權的奮鬥狀況。美國確實帶來了「結構」，但光這點不足以充分說明。當地國家和區域構思加入其中，替換了美國的意圖，將政策調整到其他方向。這造成在本書出現的各種知識結構，也因其推動者和保存方式、傳遞方式的差異，產生

5 Susan Strange, *States and Markets*（Pinter Publishers, 1988），西川潤、佐藤元彦譯，《国家と市場——国際政治経済学入門》（東京都：筑摩書房，2020），頁269。

出具有不同特徵和強度的結構性權力。

東亞「知識生產」的結構與多樣性

正如本書所討論的事例所顯示，東亞的知識生產或多或少都處於美國或蘇聯的霸權之下，且因國家或地區而異，並不一致。「西方陣營」方面，韓國（大韓民國）與臺灣（中華民國）在戰後的研究、教育機關重建和教師培育上，依賴美國的支援。

朝鮮和臺灣都脫離了日本的殖民統治。但是，朝鮮的情況是，以北緯三十八度線為界分裂成南北，蘇聯紅軍（其後的蘇維埃聯邦軍）占領統治北半邊，美軍占領統治南半邊。一九四八年八月，韓國政府成立，九月北朝鮮（朝鮮民主主義人民共和國）政府成立。在雙方激烈對立下，一九五〇年發生了大規模的軍事衝突，也就是韓戰。這場在冷戰開始時發生的「熱戰」，讓朝鮮半島全面荒廢，於三年後的一九五三年停戰。

臺灣則在戰後由中華民國接收統治，一九四九年四月毛澤東在北京成立中華人民共和國，兩個月後蔣介石所領導的中華民國政府（以下稱國府）逃至臺灣時起，就成為中華民國反攻大陸的據點。支援韓國與臺灣的學術、科學研究，對於冷戰下的美國政府而言是「合理的」。因為，「自由大韓」與「自由中國」成為現代化、工業化的進步典範，將是資本主義意識型態的正確和美國援助成效的佐證。另一方面，韓國及臺灣在去殖民化下著手廢除可稱為日本「帝國遺志」的學術知識，同時自美國導入新的學術知識，但由於國族主義理論的影響，美國的政策未能按其計畫實踐。此外，同為分裂國家的韓國及臺灣意識著對統一對手的正統性，而國族主義在臺灣也分裂成國民黨的中國，也就是國府的中國國族主義和臺灣本省人的國族主義，這些狀況也反應在「知識」的樣貌上。

相對於韓國和臺灣，日本國土雖因敗戰而荒廢，但相較於同為戰敗國的德國，日本仍留有一定程度的基礎設施；戰前、戰爭期間所培養出來的學術機關與人力資源某種程度亦得以保存。但是，在一九四五年到五二年間的盟軍（主要為美軍）占領統治下，改變皇國史觀等支撐戰爭的意識型態，學術、教育制度則實施美式的改革。占領結束後日本的學術、教育因此成為戰前以來帝國學術知識（部分源自以德國為首的歐美），以及新進美式學術知識的混合體。

「接受者」的行為主體性（agency）

考慮到如此的複雜狀況，本書始終一貫的問題關懷，在於東亞各國如何，以及多大程度地接受了發祥自美國的知識，加以應用，時而抵抗、脫胎換骨，或是予以忽視。換言之，可以說是對於「接受者」行為主體性的問題關懷。來自美國的知識每每伴隨著資金援助。許多開發中國家為了重建學術和教育，迫切地需要資金援助。

本書作者群的關心的議題也指向美國援助與知識滲透的關係。各種多樣的知識與資金「供給者」、「接受者」在各章登場，所探討的皆非軍事安全保障這樣一個美國等於供給者和東亞等於接受者的制式關係。各個案例討論了「供給者」與「接受者」合作的程度，以及其所造成的知識和技術滲透的程度。並且既然「供給者」與「接受者」並非制式關係，那麼有時「接受者」內也會出現複數且關係對立行為者，「供給者」的意圖亦為多元。

由於第二次世界大戰，美國方面在以戰略目的的知識生產、應用也有所變化。特別是聯邦在原子能等應用科學中的預算激增，但預算增額不只限於自然科學領域。社會科學家及其知識資源也在範圍之內。對美國而言，必須「了解」世界不同的地區，將這些地區「現代化」，以「獲取」各地區的順從。為動員社會科學的知識，美國方面投入了許多預算，不僅政府預算，也包含在各種基金會的計畫項目中。得以由不僅限於政府的多樣性主體來推行。尤其是「區域研究」，為了遂行戰爭和戰後統治目的，自戰爭時期開始就由美國戰略情報局（Office of Strategic Services, OSS）和科學研究開發局（Office of Scientific Research and Development, OSRD）推動，到了戰後發展成為穩固的學術領域。卓越的社會學家、政治學家和經濟學家們創造出「現代化」理論，其學術成果也應用到開發中國家的對外政策上，且有不同的財團參與。美國這樣一個學術動向，為東亞知識社群帶來很大的影響。

超越「供給者」／「接受者」的二元對立

透過這些案例，美國政府欲在東亞樹立學術、文化霸權的戰略也許可以說獲得成功，但美國的戰略引發了出乎預期的結果與發展，而對手國對美國也展開工作等，這些將在本書數章中闡明。

這也與本書另一個重要主題有關，即東亞諸國在各學術領域和專門知識上，如何影響（或試圖影響）美國或其他亞洲國家。然而，如同本書數章所闡明的，東亞的研究者、專業人士們亦對美國的知識生產有所貢獻，並同時參與其變貌，可以說他們也在多面向上對美國產生了作用。這樣的觀點證明，只憑單純的知識「供給者」／「接受者」二元對立認識框架，將無法掌握實際情況。

這樣的觀點也挑戰「國族」框架內的知識概念。政府對知識生產進行資金援助，但無法對這些被生產的知識賦予國籍。本書所舉的事例包括，美援計畫下在臺灣接受訓練的華僑新聞人們與計畫主持者的意圖背道而馳，寫下親中華人民共和國的新聞報導；在美國接受訓練，出身自中國的科學家成為「美國人」的協調者被派遣到東亞；而日本的人類學家也對美國日本學研究的建構做出貢獻。這些例子凸顯出知識無關權勢者的意圖而越境。美國，或是日本、韓國、中國、臺灣的政府欲將知識配置於自身駕馭下，它們的嘗試當然有成功的案例。但也有些是，「知識」本身固不待言，不僅知識分子和科學家無法控制，就算政府或民間團體等擁有權力的行動者（actor）投注龐大資源，得到的收穫卻很少的案例。冷戰期間東亞的知識，建構在東西二元對立、南北落差，以及美蘇壓倒性的霸權下，但其中也孕含了抵抗的種籽、自由的捷徑，以及越境的可能性。

二、東亞冷戰

「地區磁場」視角下的冷戰

近年冷戰史研究的潮流之一是從文化冷戰轉向「知識」樣貌，即是如同前文所述，按照不同地區各自的脈絡來捕捉冷戰的浪潮。在史料公開的進展等背景下，不再像過去那般由美蘇、或是英國等大國的觀點來描繪冷戰，反之開始認識到各地區有獨自的磁場，且與冷戰、東西對立相結合。特別是在東亞，冷戰結束後，在軍事安全保障面對立有所變貌的同時也持續不斷，此「地區磁場」受到矚目。

「帝國的學術知識」和去殖民化

東亞冷戰的一大特徵，就是由於美蘇中接收日本殖民統治的遺產，以及其殖民統治的結束而造成的權力空洞，並未恢復到日本統治以前的原狀，而是產生了新的分裂和對立，主要在美國和蘇聯的影響下展開了各自的國族國家建設。

一九四五年以前，包含朝鮮和臺灣殖民地在內，除了中國遼東半島頂端部分成為日本租借地，南洋群島為其託管地外，日本自一九三〇年代起占領從中國東北地區到法屬印度支那，以及在對英美宣戰後占領香港、大部分的東南亞；可說是將朝鮮半島到緬甸的廣大地區收入勢力範圍內。在此範圍，日本不只在地緣政治學上，也欲建構知識上的帝國。例如，半官半民的南滿洲鐵道株式會社（滿鐵）雖以中國東北的鐵道經營為主要業務，也在鐵道沿線區域有過實際的統治，除了鐵道事業外，也對物流經濟，以及統治的種種事物、現象抱持關心。滿鐵調查部的研究包括地理學、人類學、農學、生物學、地質學等各種學術領域，而隨著中國占領地區的擴大，日本政府在北京設立人文科學研究所，上海設立自然科學研究所。

日本政府在殖民地，亦即朝鮮設置京城帝國大學（今首爾大學），在臺灣設置臺北帝國大學（今國立臺灣大學）這兩所帝國大學。終戰與去殖民化的過程中，從這些學術組織拭去許多日本帝國的痕跡。而日本也因戰後去帝國化的過程中，有意識地消除「帝國的學術知識」，而這其中既有繼承，也有些遭到遺忘。

日本敗給盟軍時，這些地區出現了軍事、政治，以及知識的空窗期。如前所述，東亞可以看到去帝國化、去殖民化的動向，面對這樣的狀況，美國政府和民間基金會不僅以戰後日本為對象，為填補日本帝國瓦解所生出的空窗期，振興曾在日本統治下各地區的學術和教育，投入了資金和人材。但是，因這些國家或地區的去帝國化、去殖民化的狀況而異，與美國的互動情況複雜，美國有關「學術知識」的支援呈與原先預期的結果不同。例如，臺灣的去殖民化並非由臺灣人民進行，而是由於中華民國來到臺灣，由國民黨政權代行。

分裂國家與「學術知識」、「專門知識」

東亞冷戰的第二個特徵，是分裂國家的存在。朝鮮半島和越南，在盟軍「接收」填補日本殖民和占領統治後的權力真空之際，疆域遭到分裂，中國是在一九四九年年底，在中國和臺灣有兩個中國政府相隔臺灣海峽對峙，南北朝鮮則因韓戰的分裂而固定化。空間的分裂，伴隨而來的就是學術資源和學術社群，以及研究教育機關的分裂。而在中國，當國家研究機構中央研究院隨國府遷往臺灣，數個決定留在中國，隸屬中央研究院的研究機構在中國成立了中國科學院。自此臺灣的中央研究院和中國的中國科學院各據一方。

因此，國家分裂的結果，圍繞著東西雙邊陣營的優秀科學家和知識分子而展開爭奪戰。正如第五章佐藤悠子所述，中國共產黨與中國國民黨展開對歐美大學和研究機構中的中國留學生的爭奪戰。同時，分裂造成「國界」，然而有時這也成為多樣行動者接觸的區域。

在這些分裂國家裡，為了主張自身的正統性，在批判對方的同時，為了在同一點上展現差異，有如鏡像反射的狀況。例如，只要對方嘗試核子開發，就會將自身的不備視作問題，嘗試開發。在分裂國家中，蘇聯為主的東方陣營有社會主義，美國為主的西方陣營在屬於自由主義的同時，統治形態上則皆採一黨專政的威權體制。即便如此，美國還是持續支援屬於自身陣營的威權體制國家。國府宣傳自身是「自由中國」，展現出與中國大陸的不同，美國也稱臺灣為「自由中國」（Free China）。這個國府有意「反攻大陸」和開發核子武器，對於自由的學術發展就不甚關心，美國政府雖對國府的反攻大陸和核子武器開發未伸出援手，但持續經濟援助（美援）至一九六五年。這是因為，美國希望在臺灣實現自由、現化化且工業化的「自由中國」。然而，越戰趨於激烈，美國縮小海外援助的規模，當臺灣的出口開始增加，美國就停止對臺援助。而取代美國援助臺灣的則是戰敗國日本。

東亞的「熱戰」

第三個特徵如前略述，東亞的冷戰某些部分未必是「冷」戰。韓戰在南北朝鮮社會各方面留下傷痕的同時，也定義了雙方社會的結構、體系，甚至是人們的認知和情感等，深入內裡。這在學術、文化也不例外。在越南，脫離法國殖民統治的獨立戰爭，發展成為美國所支援的南越（越南共和國）和蘇聯、中國所支援的北越（越南社會主義共和國）雙方的內戰，甚至演變為美國派遣正規軍隊的越戰。無論是韓戰或越戰，中國皆在軍事上扮演重要角色，東亞的「熱戰」呈現出複雜樣貌。一九五〇年代中國和臺灣間的軍事紛爭在中國東南部持續不斷，一九五四至五五年，以及一九五八年的「臺灣海峽危機」中，中國人民解放軍砲擊了國府實質統治的金門。特別是一九五八年的第二次臺灣海峽危機事態嚴峻，美國政府甚至評估對中國實施核子攻擊。在大規模衝突以外，國府同時也開啟了幾次小規模的游擊戰，國共內戰可以說持續到一九九一年臺灣放棄反攻大陸。

在朝鮮半島，韓戰結束後韓國和北朝鮮間軍事的緊張狀態和尖銳的政治對立持續。此狀態有不論何時皆能轉為「熱戰」的可能性。普韋布洛號事件（一九六八）、青瓦台襲擊未遂事件（一九六八）、板門店事件（一九七六）到第一次延坪海戰（一九九九）、第二次延坪海戰（二〇〇二）、韓國護衛艦沉沒事件（二〇一〇）、延坪島砲擊事件（二〇一〇）等等，浮現這些可能性的事件，不勝枚舉。

由這些事例可知，東亞的學術知識和歐洲不同，經常是在武力鬥爭的陰影中建構，反之它有時也與分裂國家間正統性的爭鬥相結合。成為分裂國家的各國在主張自身正統性時，不只是在東西冷戰的邏輯下進行。主張哪一方才是「正統」中國時，當論爭是在伴隨實際戰鬥過程中進行時，未必只以自由主義對社會主義的東西對立意識型態，有時也會藉由對「革命」的詮釋、國族傳統等來呈現。有時，重視傳統和國族的正統性，更甚於意識型態。在文化冷戰和「知識」領域中也是如此，區域研究中的區域認識和對正統性與傳統的認識關聯密切，而維持科技上領先不僅關乎分裂中的優勢，也會應用在軍事對立背景下的國內動員邏輯中。

三、美國在東亞的文化霸權

成為美國東亞專家的三大途徑

如前所述，東亞的冷戰也有種種特徵，即便如此，仍可說美蘇的影響力，特別是美國對於自由主義陣營各國的影響力極大。從第二次世界大戰爭期間到戰後，美國政府及知識分子對於亞太地區的學術關心急遽擴大。他們所創造出來的學術知識，到了戰後，不只是美國的學術界，在亞洲也具有強大的影響力。

美國的青年學者對亞洲產生興趣的過程，可分為幾種類型。首先，在第二次世界大戰時，既已存在生於亞洲、長於亞洲的「傳教士之子」，他們善用其語言能力和文化理解，以及人際網絡而成為亞洲地區專家。例如，約翰・霍爾（John W. Hall）的雙親是傳教士，在京都出生，其後成為日本學研究的開創者。小林聰明在第四章談到的馬科恩夫妻也是一個好的例子。喬治・馬科恩（George MacAfee McCune）在殖民地時期的朝鮮平壤，出身於長老派美籍傳教士的家庭。在朝鮮接受初等教育後，又於美國接受高等教育，成為韓國（朝鮮）研究的開創者。妻子艾維琳・馬科恩（Evelyn Becker McCune）也出生於平壤的衛理公會傳教士家庭。他在京城（現在的首爾）接受教育，後往來美國與朝鮮／韓國間，成為朝鮮美術史的專家。

第二個途徑，是戰爭時期的戰略研究和諜報活動的場域成為戰後亞洲專家的搖籃。露絲・潘乃德（Ruth Benedict）和約翰・恩布里（John Embree）等著名的人類學者們，為美國的戰時情報局（The United States Office of War Information, OWI）的敵國研究計畫動員。潘乃德聞名於世的日本文化研究著作《菊花與劍》（*The Chrysanthemum and the Sword*）即以在美國戰時情報局進行的研究為基礎而為世人所知。美國戰時情報局副局長喬治・泰勒（George Taylor）成為有力的中國專家，其後設立華盛頓大學遠東暨俄羅斯研究中心，並擔任所長。一方面，和美國戰時情報局齊名的另一個戰時情報機關即戰略情報局編纂《民政手冊》（*Civil Affairs Handbook*）系列叢書，從這個參與這個事業的相關集團，培養出許多專家。所謂《民政手冊》，是累積了隨著盟軍即將勝利，美軍將占領或駐軍的龐大國家和地區相關資訊的參考書，多達數十卷。其中有關亞洲的部分，由受到戰略情報局邀請的亞洲專家撰寫。以前述喬治・馬科恩為首，有艾森・蓋樂（Esson M. Gale）和第一章提到費正清（John K. Fairbank）等知名中國專家在戰爭期間也隸屬於戰略情報局。查勒斯・法斯（Charles B. Fahs）是戰略情報局的日本專家，其後在洛克菲勒基金會（Rockefeller Foundation）對亞洲的財政支援上也扮演重要角色。從這些赫赫有名的人員名單中，可以看到廣泛的亞洲專家以戰爭時期情報機關的活動為契機，走上了區域研究的道路。

美國的青年學者對亞洲產生興趣的第三道途徑，是海軍、陸軍於戰爭時期設立的語言學校。例如，人類學家赫伯特・帕辛（Herbert Passin）在入伍至陸軍服役後，被派往密西根州安娜堡的陸軍日語學校，戰後擔任駐日盟軍總司令的輿情社會調查課（Public Opinion and Sociological Research Division, PO & SR）負責人。其後，他成為出色的日本學研究者。另一方面，知名的日本文學家唐納・基恩（Donald Keene）就讀海軍日語學校，在第二次世界大戰中以語言業務士官的身分在太平洋戰線從軍。[6]許多人在戰爭期間從事區域研究和語言研習計畫，在戰後也持續研究亞洲文化，在冷戰期間成為第一世代的亞洲專家。

由此可知，基督教布教團、戰時情報機關，以及軍方的語言學校，是美國年輕知識階層對東亞抱持關心，進而成為專家的三大途徑。因此，要說美國的東亞研究自誕生瞬間起就帶有文化、政治性權威色彩，亦不為過。金嵐撰寫的第二章，精彩地顛覆了日本學研究是由戰爭時期活躍的「英雄」們所建構的一個定論。但是，即便如此，美國人對於亞洲的了解在戰爭期間到戰後迅速培養，在國內外獲得正當性和權威的事實本身並無改變。

「與（自由）亞洲同盟」的想像

冷戰初期的美國，對於亞太地區抱持關心的不只是知識階層。在中產階級的美國公民間，隨著有關亞洲的大眾知識普及，加上美國認為亞洲的戰略重要性增加，與「自由亞洲」的同盟關係加深，一般公民開始想像與亞洲連結。這正是克莉絲堤娜・克萊因（Christina Klein）的論點。好萊塢電影和大眾小說也反覆以與亞洲人的友情和克服人種偏見，以及跨越人種與文化隔閡的戀愛、結婚等主題。克萊因以「冷戰東方主義」形容美國人所理解的亞洲大眾知識。這是美國中產階級對於友好又歡迎他們的亞洲，以及尊敬西方知識並「求教」於西方的亞洲印象[7]。

---

6 Herbert Passin, *Encounter with Japan* (Tokyo: Kodansha International, 1982)，加瀬英明譯，《米陸軍日本語学校》（東京：筑摩書房，2020）、Herbert Passin, War-wasted Asia: Letters, 1945-46 (Kodansha International, 1975) ドナルド・キーン編，松宮史朗譯，《昨日の戦地から——米軍日本語将校が見た終戦直後のアジア》（東京都：中央公論新社，2006）。

7 Cristina Klein, *Cold War Orientalism: Asia in the Middlebrow Imagination, 1945-1961* (Berkeley and Los Angeles: University of California Press, 2003).

美國國民積極地與外國人通信和教育、職業交流的「國民外交」（people-to-people）的國際親睦計畫。「國民外交」計畫在表面上是發自草根的國際親善活動。但其實是艾森豪總統（Dwight David Eisenhower）提案，且獲得國務院附設機構國際合作總署（International Cooperation Administration, ICA，其後改稱為美國國際開發署United States Agency for International Development, USAID）的支援計畫。

民間財團對「學術知識」「專門知識」的援助

養成亞洲學術知識的，不只是美國政府和相關研究者。洛克菲勒基金會和福特基金會（Ford Foundation）等民間基金會也深入參與了此過程。洛克菲勒基金會從一九四〇年代中期到一九五〇年代，有加州大學柏克萊分校和哈佛大學等機構開設有關東亞的教育課程，支援蒐集資料，補助提供東亞研究的研究者和研究生獎學金。福特基金會在一九五〇年代到六〇年代間支援設立韓國的高麗大學共產圈問題研究所（現亞細亞問題研究院）、日本的東洋文庫，以及京都大學東南亞研究所等機構。如第一章所提，臺灣的中央研究院近代史研究所也獲得了該基金會的支援。一九五一年作為中央情報局（Central Intelligence Agency, CIA）的外圍組織而設立的亞洲基金會（Asian Foundation），隱匿與中央情報局的關係，貌似非政府組織，支援了各種學術文化活動。例如，一九五〇年代在日韓國人學生團體和在日本韓國ＹＭＣＡ等活動[8]。

如前所述，這些民間基金會未必有意干涉學術、文化活動的內容本身，卻選擇性地援助有助於美國國家利益的計畫。像洛克斐勒這樣的民間基金會支援究竟是否對知識建構的樣貌帶來影響，至今仍有爭論[9]。有的主張指出，接受援助的一方利用了民間基金會的支援，學術內容未因援助受到影響；也有主張認為，學術的自由由於「附帶條件」的資金而遭到阻礙。而亞洲基金會與中央情報局的連結在一九六〇年代後半暴露之時，在美國研究者之間也針對中央情報局對於學術研究的影響激烈討論。亞洲基金會否定中央情報局的影響，人類學家大衛・普萊斯（David Price）就指出，接受亞洲基金會支援的人類學者們所蒐集的資訊，傳達給中央情報局，被用於對於開發中國家的機密活動[10]。

本書的作者們，對於冷戰初期東亞，皆對於建構知識的研究者、專家們的自律性，或是行為主體性的程度抱持共同的關心。在獲得美國聯邦政府或民間基金會的資金援助時，這些資金對於學術研究究竟帶來多大程度的影響？反之研究者們擁有多大程度的自律性呢？國家與學術的關係如何？對於美國在學術和科學裡的霸權，是否有抵抗和運用的餘地？這都是本書作者們所欲探討

8 小林聡明，〈ＣＩＡ・米慈善団体・在日支援——一九五〇年代中葉を中心に〉，《抗路》，第7號（2020年7月），頁142-155。

9 本書作者們在二〇二〇年一月在京都大學舉辦的研討會席間也針對這個問題展開討論，指出有些案例強烈展現出民間基金會的意圖，也有援助是應接受方的要求而撥發的情況。

10 David Price, *Cold War Anthropology: The CIA, the Pentagon, and the Growth of Dual Use Anthropology* (Durham, NC: Duke University Press, 2016).

的共同課題。

四、規範東亞知識建構的特殊要素與對美關係的複雜性

為何要從「知識建構」的角度來思考東亞冷戰？

為什麼在探究東亞冷戰／熱戰問題時，卻要將重點放在「知識建構」上？如前所述，東亞冷戰特質既影響東亞的知識建構，反之知識建構也可能影響冷戰的框架。知識建構與冷戰框架的雙向關係在東亞的展開，可按本章前述內容整理如下。

首先，和歐洲的戰後不同，作為敗戰國的日本並未分裂，而是戰勝國的中國、曾是日本殖民地的朝鮮，以及曾為法國殖民地的越南成為分裂國家。此外，東亞的冷戰是伴隨著武力紛爭的「熱戰」，在中國、朝鮮、越南等分裂國家間，彼此不間斷地發生武力衝突。對立兩方在衝突中相互展示勢力，展開激烈交鋒以主張自身作為國家繼承人的正統性。但是，就算彼此責難，他們也有必要掌握敵方的「人心」。因為他們的終極目標是國家統一。因此，有關自身過去與現在的學術研究，必須要能證明其正統性，科學研究有必要向國內以及統一的對手證明自身的近代性，以及軍事、經濟上的優越性。

第二，國家分裂的邏輯與資本主義陣營對社會主義陣營之間的全球性冷戰緊密相繫。東亞的

「自由」各國是與美國簽署共同安全保障條約，建構了以美國為中心的「軸輻體系」（Hub-and-Spokes System）軍事安全保障體系。這個體系與西歐和美國的北大西洋公約組織（North Atlantic Treaty Organization, NATO）般涵蓋全區域的多邊性安全保障不同，被以「輻條」連結的對象各國，例如臺灣與韓國，每每摸索合作，欲組成反共同盟。相反地東亞的社會主義各國彼此簽署安全保障條約，某種程度建構了自有的安全保障體系。然而，國家統一這個目標往往較陣營或是意識型態的對立更優先。臺灣在一九六〇年代末左右嘗試向蘇聯接近，中國在一九七〇年代初拉近與美國的距離[11]。比起冷戰的邏輯，傳統的邏輯或是革命正統性、民族統一、國家統一的意志有時更強烈地規範學術、科學社群的樣態。東亞的分裂國家，也存在著為證明優於敵方、為實現國家統一而推動學術和科學的終極目標。

第三，在日本這樣的民主主義制度下，就算是在韓國和臺灣等威權體制政權下並非個案，都有多樣的行動者參與知識生產。這些行動者當中，也包含政黨、軍隊，以及社會中各式團體和個人。這些多元行動者以及其之間的關係，為國家層級的美國或蘇聯的關係帶來重大影響。日本的自民黨、臺灣的國民黨，甚至是中國共產黨，都內含著各式各樣的「分子」，他們各自與美國和蘇聯的各種勢力連結，促進、阻礙國家間關係。同樣的狀況在知識生產上也可以看到。

11　川島真，〈中華民国（台湾）からみた文化大革命——ビクター・ルイスと華ソ接近問題を例として〉，《中国21》，48號（2018），頁75-94。

第四，是國家與研究者、科學家，或是他們所創出的知識間關係的重要性。由於科學知識具有客觀性和自律性，政府的政治意圖較難直接反映。一般而言，學術和科學的自律性在日本這樣的民主國家下有所遵守。威權體制政權可以說也無法逃脫這個傾向。即便如此，從組織和預算層面來說，在這些國家，國家對於知識的介入被更強烈地運作。威權體制政府畏懼知識社群影響社會和輿情，嚴格地控制學術、科學和組織和財政[12]。

這些東亞的特殊要素與「知識建構」和冷戰框架有著深刻關聯；因此，可以透過探究「知識建構」以及「知識建構」和冷戰框架兩者間的關係，來闡明東亞的冷戰。

美國＝東亞關係的複雜程度

另一方面，美國對於東亞的學術知識、科學知識、專門知識的影響，無論是源自美國政府或是民間基金會，皆無法忽視。但是，必須認識到，美國和東亞的關係並非單向性，而是雙向性的。東亞對美國，也有各種人才和資訊的流動計畫。這一點也可能「知識」的角度來說明。

與此同時，由美國俯瞰東亞的視角來看，對於各個國家的政策和態度，是對於東亞地區總體關心的一部分。這如前所述，要回歸到美國所建立的「軸輻體系」模式。起因於雙向性和「軸輻體系」雙方的複雜關係性，與其說國家安全保障和政治領域，不如說是在學術知識、科學知識、專門知識等領域上強烈地展現出來。儘管東亞國家和地區與美國的關係有共同點，但也存在著重要差異性。這也反映在福特基金會支援韓國、日本、臺灣時引發了不同反應。

在本書的幾個章節中，談到了美國與東亞雙向性的關係。例如，川島真的第一章聚焦於一九六〇年代福特基金會等機構大規模資助臺灣中國研究。由於臺灣的研究者獲得在美國研究的機會，美國的中國研究框架也逐漸對臺灣的中國研究造成影響，該計畫亦為美籍研究者打造出在臺灣的落腳處。但相對地，透過留美的年輕臺灣研究者以及旅居臺灣的美國研究者，臺灣的中國研究也對美國研究者產生影響。而國民黨認為美國國內出現偏向北京的論調是一問題，在美國國內舉辦各種講座和演講，欲向美籍研究者們以自身的定義來說明「中國」。臺美之間不僅展現出如此的雙向性，也受到臺灣內部複雜的狀況影響。在國民黨內亦有勢力懷疑參與福特計畫的費正清教授等美籍研究者與北京的關係，而欲妨礙計畫的推動。如此，學術知識和科學知識不只在於政治，也受到多樣主體的干涉。而分裂國家之間圍繞「中國」定義的競爭，不只對美國，也以日本等同盟國為對象而進行。

這樣的雙向性和複雜性也出現在日美關係中。有關日美關係的既有研究往往聚焦於來自美國影響，但聚焦於日美相互的影響關係，由日本對美國的倡議「再定義」或「再形成」的這點，也很重要。例如，金嵐所撰寫的第二章，重新評價了太平洋兩岸知識網絡的重要性，描繪出日本學

12　也有研究指出，科學和學術「客觀且自律」的一個常識，正容易使威權纏繞，提高政治利用價值。例如，Audra J. Wolfe, *Freedom's Laboratory: The Cold War Struggle for the Soul of Science* (Baltimore: Johns Hopkins University Press, 2018)；土屋由香，〈VOAフォーラムと科学技術広報外交——冷戦ラジオはアメリカの科学をどう伝えたか——〉，《アメリカ研究》，54号（2020年4月），頁67-87。

研究草創時期日本人研究者的貢獻。藤岡真樹所撰寫的第三章，也聚焦於一九六〇年後半期圍繞日美「現代化」理論雙向性的討論。小林聰明的第四章，聚焦於美國與韓國的雙向性關係，藉由考察洛克菲勒基金會和美國學術團體聯合會（American Council of Learned Societies, ACLS）所援助的學術交流計畫，論證儘管訊息和資金的流向壓倒性地朝向韓國一方，卻也提供給美國人學習韓國的機會。車載永所撰寫的第十二章也凸顯出，就算是從美國對韓國壓倒性的知識轉移，作為接受者的韓國方面也嘗試著應用和在地化。

如前所述，本書立足於對有許多分裂國家存在，在「熱烈」冷戰當中展開的東亞地區中，重疊且雙向性的知識建構，應該更投以學術關注的問題關懷。因為，這樣的研究取徑將能描繪出東亞冷戰的新面向，映照出超大國美國的新姿態。

五、本書架構

下面將針對本書構成進行介紹。本書由三個部分構成，第一部（第一至第四章）為區域研究，第二部（第五至第九章）為科學技術，第三部（第十至第十三章）則以新聞事業為中心，探討日本、中國、臺灣、韓國各國與美國相互關聯的案例研究。各部均有一個關鍵思考（Key Note）專欄討論各領域具獨創性、或是最新研究動向。

第一部的第一章（川島真）主要處理一九六〇年代美國對臺灣中國研究的支援，闡述美國援助在臺灣內部複雜的關係糾葛下所產生諸多問題，以及臺美之間不僅是美國向臺灣提供援助，亦包含臺灣影響美國的雙向性關係。第二章（金嵐）則指出日籍翻譯、口譯員，以及當地協調人員對美國戰後早期日本學研究的貢獻的重要性。第三章（藤岡真樹）聚焦於箱根會議，這是日本早期接觸到源自美國現代化論的一個機會，考察日美兩國研究者之間的論爭，以及論爭中所顯露的知識斷層。第四章（小林聰明）則將重點放在馬科恩夫妻，爬梳戰略研究及民間財團在戰爭期間的支援，促使有關韓國的學術知識在美國累積的過程。

第二部的第五章（佐藤悠子）則以中國（或說是臺灣）的國民黨和共產黨兩方獎勵一九四五至五〇年代在外中國科學家返國的政策為例，探討國共兩黨如何各自建構並利用推動原子能研究的科學家網絡，而科學家又如何回應。第六章（森口（土屋）由香）探究原屬美國公立大學研究贊助制度的「鳳凰計畫」發展為對開發中國家原子能技術援助的過程，分析被援助國的臺灣事例，以勾勒國家的科學知識動員，以及科學知識在本質上無法完全納入國家管理的兩個面向。第七章（友次晉介）則聚焦在與美國的原子能外交形成對比的英國。去殖民地化時代，英國為了以最低限的成本維持在過去自身傳統勢力範圍的威信，並且與在中東所需的地緣政治戰略整合，嘗試拓展原子能在和平使用的合作。第八章（文晚龍）則爬梳韓國與美國合作事業非武裝軍事地帶生態調查的歷史，試圖闡明韓國和美國生物學家立場的差異以及北朝鮮對非武裝軍事地帶的看法。第九章（James Lin，林于翔）聚焦於臺灣派遣至越南共和國（南越）的農業技術團，指出國府的政策制定者們將臺灣農村社會化為近代科學的成功範例，目標不僅在於宣揚反共主義理念，也在提升臺灣作為開發支援者的信用，轉移外界對國府壓迫威權體制的關注。

第三部第十章（藍適齊）聚焦一九五〇年代在美國對臺灣援助的影響下而有所進展的臺灣新聞教育，分析從東南亞到國立政治大學留學的華僑、華裔學生的經驗，以及他們的職涯軌跡，闡明這些計畫未必能夠反映美國的意圖，有時甚至招致與其意圖相反的結果。第十一章（張楊）則將焦點放在美國對於香港高等教育機關創設新聞傳播科系的援助，分析作為美國政治目的的知識擴散活動及其影響，並考察美國政策的影響，以及當地邏輯、價值觀的強度以及局限。第十二章（車載永）則以韓戰後，美國為了培養親美新聞人士及韓國新聞事業的近代化所推行的教育交流計畫為對象，指出該計畫僅獲得部分的成功，並闡明原因。第十三章（小林聰明）則釐清駐日盟軍總司令（General Headquarters, GHQ/ Supreme Commander for the Allied Powers, SCAP）占領下所推行的日籍記者赴美研習計畫的成立和發展經過，藉此考察新聞教育與冷戰局勢的關係，以及其對日籍記者的知識關心和行動模式的影響。

綜合所述，透過日本、美國、中國、韓國、臺灣研究者跨越區域的共同研究，以鳥瞰和區域比較綜觀冷戰初期的東亞局勢為本書一大特色。同時，藉由探討區域研究、科學技術、新聞事業三個不同「知識」領域，比較和檢視參與專家或管轄政府部門、以及作為專業學門起源各異的各領域中的美國與東亞間關係，也是本書的另一特點。透過這樣的結構，本書應能提供讀者們在冷戰史或文化冷戰研究中未曾出現的新視角。

第一部

區域研究

第一章 冷戰下臺灣的中國研究與美國

——福特基金會對中央研究院近代史研究所的支援

川島真／著
周俊宇／譯

本章主要探討一九六〇年代美國如何支援臺灣的中國研究。美國對戰後東亞諸國的「學術知識」形貌影響甚鉅，其對臺灣有何種意義，在臺灣又於何種脈絡下被詮釋。該事例展現出與知識有關的冷戰，以不同於軍事安全保障的脈絡展開的可能性；意即在圍繞著知識的冷戰上，美國提供的支援未必能按照美國的意圖實現，反而可能在美國所支援各國國內脈絡下受到再詮釋或曲折，而其中並不能以美國對亞洲的單向性來概括，也存在亞洲對美國的形塑。而東亞諸國動向的背後，則是分裂國家等東亞特有的冷戰環境。

在此將檢視冷戰時福特基金會對臺灣中國研究的支援，並考察其實施過程、接受支援的臺灣代表在臺灣內部所面臨的困難與課題，以及臺灣在知識層面上對美國的形塑如何影響該研究支援計畫。

一九六〇年代，美國強化了對東亞中國研究的支援。在此時期，對於日本，是透過福特基金會支援東洋文庫，由此衍生出一重要問題。一九六七年東洋文庫五十週年時，榎一雄指出：「（前略）洛克菲勒、福特、亞洲基金會所蒐集的東亞近代史相關書籍，使得東洋文庫的藏書無人能出其右」等[1]。福特基金會的支援對象除東洋文庫外，還有立教大學近代經濟學研究機構、京都大學東南亞研究（印尼研究、緬甸研究）等[2]。眾所周知，有關福特基金會對東洋文庫的支援曾引起諸多批判。反對的理由在於，這些支援被判斷具有政治性，接受這筆經費，等同於助長美國的冷戰[3]。支援東洋文庫的除了福特基金會，還包括洛克菲勒、亞洲基金會。根據近年公開的CIA檔案，市原麻衣子認為，亞洲基金會支援東洋文庫的目的，似乎是欲藉由調查有關共產中國的真相，並將這些結果公諸於日本社會，以影響日本大眾對中國的態度，但同時也欲影響接受馬克思主義教育、受共產主義影響的日本學研究者，促使他們反共[4]。市原又指出：「亞洲基金會有鑑於日本在研究現代中國的實證能力較弱，故欲藉由強化實證研究加強客觀性，以吸引日本的中國研究者」[5]。市原進一步指出，東洋文庫的這項支援和對香港的支援不同。亦即，「在香港是對友聯研究所（Union Research Institute）和香港大學的現代亞洲研究所（Institute of Modern Asian Studies），以中國相關情蒐為主要目的而進行研究支援」[6]。正因如此，以其他經費支援東洋文庫的藏書建構和實證研究，才具備至為重要的意義。這應該是期待如此能夠多少減低中國共產黨對日本學界的影響。可說各有其不同的對象和目標。

那麼，臺灣在其中位居何種位置，而福特基金會自一九六一年起的十年間，對中央研究院近代史研究所支援了哪些內容，又以什麼為目的呢？

有關這點，已有不少研究成果。最相關的是張朋園的《郭廷以、費正清、韋慕庭：臺灣與美國學術交流個案初探》（中央研究院近代史研究所，一九九七年），記述中央研究院近代史研究所郭廷以接受福特基金會支援，卻也因此受到強烈非議的事例。本書可說是身為郭廷弟子的當事人根據其參與此計畫的回憶，並使用史料客觀進行的研究。唯對於郭廷以的觀點則有一定立場；雖是理所當然，亦未採取「文化冷戰」的角度，側重於「解釋」在福特基金會贊助期間赴美後便

---

1 榎一雄，〈日本の東洋学——東洋文庫五十周年展によせて〉，《読売新聞》夕刊，1967年10月25日。近期東洋文庫在史料分析上也有新進展。久保亨編，〈近代中国研究委員・近代中国研究班関係史料(1)〉，《近代中国研究彙報》，44號（2022）。

2 〈立大近代経済学研究所などに20万ドル——米フォード財団〉，《毎日新聞》夕刊，1967年2月9日、〈京大などに3億円贈与——米国のフォード財団〉，《毎日新聞》夕刊，1967年11月6日。此外，一九六四年也開始支援亞洲生產力組織（Asian Productivity Organization）。小泉順子主持共同研究計畫「冷戰期間美國知識霸權和亞洲區域政策——以福特基金會學術補助為中心」（科學研究費基礎研究B、20402017），於二〇〇八年至二〇一一年執行。

3 可參考小野信爾，〈中国現代研究における安保体制〉，《新しい歴史学のために》，第77巻（1961年4月9日），頁12-20、Noriko Kamachi, "Historical Consciousness and Identity," *Journal of Asian Studies*, vol. 34, no. 4 (August 1975)。

4 市原麻衣子，〈アジア財団を通じた日米特殊関係の形成？——日本の現代中国研究に対するＣＩＡのソフトパワー行使——〉，《名古屋大学法政論集》，260號（2015），頁308。

5 同前註，頁313。

6 同前註，頁309。

未回臺灣的郭廷以，為什麼不得不在支援計畫尚未結束時前往美國，為什麼不能回臺灣。而鄭文祥的〈從「衝擊—反應論」到「時代環境—適應論」——美國學問模式的傳播與臺灣之中國近代史研究〉（《中國學報》，八十七號，二〇一九年三月），事實上是依據張朋園的研究而來，認為福特基金會的支援是美國「衝擊—反應範式」等論述傳播到臺灣、東亞的契機。不過，鄭未必對福特基金會支援的接受者，即臺灣內部狀況和東亞境內多所重視[7]。

除了這些研究外，亦有和此一議題相關的回憶錄，以及吳翎君論及洛克菲勒與臺灣的研究等，只是並未直接處理福特基金會對臺灣中國研究的支援[8]。此外關於福特基金會對亞洲的研究支援，亦有研究針對印尼進行探討[9]。基於此一課題，本章將連同當時中華民國的外交檔案和相關史料，再與日本等國研究比較，探討福特基金會支援臺灣的中國研究，之於臺灣究竟有何意義[10]。

一、福特基金會對中央研究院近代史研究所的支援

中央研究院是中華民國政府遷臺前設立的學術機關。歷史研究方面，在中國時期已設有歷史語言研究所，中研院隨中華民國政府遷臺後又於一九五五年設置近代史研究所籌備處。首任所長為郭廷以[11]。當時的中央研究院院長為朱家驊，在歷史語言研究所等單位的反對聲浪中，朱院長亦支持成立近代史研究所籌備處。但是，一九五七年朱院長離職後，失去後盾的郭所長處境更加艱難[12]。

福特基金會支援的契機，應該是一九六〇年在西雅圖舉辦的中美學術合作會議。郭廷以在此和戴德華（George Tayler）、梅谷（Franz Michael）、蕭公權等人交換意見時，美國方面的研

---

7 筆者認為，與其說「衝擊—反應」範式，不如說「區域現代化」的觀點於一九八〇年代在中央研究院近代史研究所勃興，具有較大的意義。「區域現代化」正是受到了美國歷史學潮流的影響。這一點擬另外為文討論。川島真，〈中国の中華民国史研究——『中華民国専題史』の位置付けについて考える〉，收入川島真、中村元哉編著，《中華民国研究の動向——中国と日本の中国近代史理解》（京都：晃洋書房，2019），頁3-26。而探討了政治大學國際關係研究中心前身即國際關係研究所（實際上為國家安全局的政策研究室）的陳至潔，〈建構相互主觀的想像體：剖析冷戰起源時期的國際關係研究所及其中國研究（1953–1975）〉，《人文及社會科學集刊》，第28卷第1期（2016），頁61–104。其問題關懷亦與本文相近，雖有與中央研究院近代史研究所的比較，唯理論研究的性質較強。

8 吳翎君著，貴志俊彦、土屋由香編著，〈戦後台湾におけるロックフェラー財団の援助事業〉，《文化冷戦の時代——アメリカとアジア》（東京都：国際書院，2009），頁119-140。

9 John Bresnan, *At Home Abroad: A Memoir of the Ford Foundation in Indonesia 1953-1973* (Sheffield, UK: Equinox Publishing, 2006).

10 有關於日臺間接受福特基金會援助的比較，林明德在回憶錄中有所言及。兩者的差異，在於日本的反對勢力成功阻止了第二期的收款，而臺灣卻未能成功。〈林明德先生訪問紀錄〉，收入陳儀深等訪問、王景玲等記錄，《郭廷以先生門生故舊憶往錄》（臺北：中央研究院近代史研究所，2004），頁285-286。至於洛克菲勒檔案館所藏福特基金會檔案，則留待日後研究。

11 有關郭廷以在中國近代史和中國外交史研究上的定位，參閱：川島真著、日本国際政治学会編〈東アジア国際政治史——中国をめぐる国際政治史と中国外交史〉，《日本の国際政治学》（東京都：有斐閣，2009），頁75-95。

12 張朋園，《郭廷以、費正清、韋慕庭：臺灣與美國學術交流個案初探》（臺北：中央研究院近代史研究所，1997），頁3。

究者向郭提議申請研究基金。除了他們以外，哥倫比亞大學的韋慕庭（Martin Wilber）、費正清（John King Fairbank）等人亦加入遊說。結果，郭等人評估過美國的各基金會後，一九六一年決定向福特基金會申請並正式提出，十月確定，一九六二年一月開始支援[13]。

然而，福特基金會對中央研究院近代史研究所的支援過程並不順利。起初，最為人所知的問題，是對中研院近史所，或說是郭廷以，是否有資格接受經費援助的質疑。臺灣大學教授吳相湘在一九六一年十二月二十八日《中央日報》刊登的文章〈為什麼要迴避民國史研究〉中批判郭廷以[14]。文章中指出，近代史研究所設立以來研究成果不多，且申請福特基金會所支援的外交史研究並非中國近現代史主要題目等。或許是受此批判之影響，中央研究院院長胡適，針對福特基金會對近代史研究所的支援，決定設置有關研究計畫和人材派遣等諮詢委員會的院級單位而非所級單位。這意味著握有該支援計畫執行決定權的，是上級的中研院而非近史所。這個委員會委員包括楊樹人、姚從吾、李濟、劉崇鋐等人，也有不少臺灣大學教授[15]。受其影響，郭決定辭職，並提出辭呈。當時韋慕庭人在臺北，聽聞此消息便去函胡適等勸說勿令其辭職，恐怕正是因為如此，胡院長等各方面才予以慰留[16]。郭所長撤銷辭職，但胡適院長於一九六二年二月底在中央研究院會議中因心臟病病發去世，計畫便在略微不明朗的情況下展開了。

如此，雖然在起步時便籠罩著烏雲，福特基金會的支援仍從一九六二年到一九七一年間共執行了十年，支援經費總額達四十二萬多美元（第一期：十五萬多美元、第二期：二十七萬多美元）[17]。其用途記載於表1-1，由此可了解，就金額而言，第二期較多，且在內容上，研究支援、

13　在填寫申請書的過程中，郭主任向戴德華、韋慕庭、費正清三人徵詢意見。費正清針對檔案的整理研究表示：「在中美、中俄關係之外，加入中日關係研究」。韋慕庭則指出：「近史所利用外交檔案做研究，得天獨厚，但不能忽視內政問題，建議加入內政研究一項。」（同前註，頁9）。負責審查的是福特基金會的國際研究訓練計畫部（Overseas Training and Research Center）主任艾維頓（John Everton），以及副主任鮑大可（A. Doak Barnett）實地來臺造訪中央研究院，他們還向戴德華、韋慕庭、費正清三人尋求意見，密西根大學的費維愷（Albert Feuerwerker）也予以推薦（同前註，頁10）。本項申請通過後，費正清以金額過少向該基金會請求增額，第一期終由十萬美元之數增加到十五萬美元（同前註，頁11）。

14　吳相湘在一九六二年十一月遭開除國民黨黨籍，離開了臺灣。這是因為西山派在一九二六年出版的《中國國民黨史》書籍批評蔣介石是共產黨員，吳教授指出這本書〈導言〉所提供的史料具正確性，被斷定構成侮辱國家領袖罪。參閱：李恩涵，《八十憶往：家國與近代外交史學》（臺北：秀威出版，2011），頁97。

15　同註12，頁19。其中姚從吾等人與郭是同鄉及舊識。不過，似乎反而由於未能分配到福特基金會的經費而對郭有所反彈。〈王萍女士訪問紀錄〉，收入陳儀深等訪問、王景玲等記錄，《郭廷以先生門生故舊憶往錄》（臺北：中央研究院近代史研究所，2004），頁119。

16　〈王爾敏先生訪問紀錄〉，收入中央研究院近代史研究所，《近史所一甲子：同仁憶往錄》（上）（臺北：中央研究院近代史研究所，2015），頁613。由胡適的年譜長編可以窺知其慰留的時期在一九六二年一月初旬。一九六二年一月七日項下，記載有「十點多，楊樹人來商談郭廷以辭職的事情。（胡適）先生決定請楊樹人去慰留郭廷以。楊樹人勸（胡適）先生把這事忘記掉，一切他會負責處理的」等。可以窺知，在本日前後，本事在胡適身邊亦是一樁大事。收入胡頌平編著，《胡適之先生年譜長編初稿補編》（臺北：聯經出版社，2015），頁613。有關韋慕庭的動向，〈賈廷詩先生訪問紀錄〉，收入陳儀深等訪問、王景玲等記錄，《郭廷以先生門生故舊憶往錄》（臺北：中央研究院近代史研究所，2004），頁335-336。

17　同註12，頁11-8。

表1-1：福特基金會的支援內容[18]

財務報表（美金）	1962年—1966年	1967年6月—1972年
收入		
撥款	153,000.00	268,600.00
收益	1,508.73	7,179.00
（合計）	154,508.73	275,179.00
支出		
研究支援	*39,987.50	89,842.50
口述歷史	8,523.80	8,523.81
獎學金	66,064.81	70,177.60
圖書、研究設備	6,243.34	48,749.41
行政支援	**14,035.00	24,908.13
雜支	692.23	3,774.92
索引製作		4,477.50
出版		22,202.50
其他		***781.00
李恩涵旅費		647.00
英文說明書		936.27
合計	153,057.88	275,179.00
結餘	1,450.85	158.37

*包括計畫主持人（1962、1963）

**包括秘書費（1962）

***協會成員出國旅行費用等

書籍資料費、學術研究員經費等占去大半。具體而言，多數經費用於檔案整理與研究、圖書設備和藏書的充實，以及人員的海外研習這三個方面。當然，也有些部分是反映在個人的生活費或薪資上。據說由於接受福特基金會的支援，薪資增加到一點五倍[19]。所員的海外研習以青年學者為優先。如後所述，這引發了種種討論，但在一九六二年到一九七三年間，每兩年就有二十人前往美國、英國、法國、日本等國留學，或被派遣從事海外研究。而這正是郭主任所追求的成果。

另一方面，來自美國的研究者造訪並停留近代史研究所的情形日增，也是福特基金會支援的成果之一。張朋園指出：「費正清有心將近史所建設成一個高水準的研究機構，西方學者可以前來親身體驗中國的社會和從事研究工作」。當時美國尚未與中華人民共和國建交，因而選擇臺灣作為體驗「中國」的場所。這也讓畢乃德（Knight Biggerstaff）、芮瑪麗（Mary Wright）、費維愷（Albert Feuerwerker）等二十多名研究者，以及三十多名研究生停留於臺北的中研院近代史研究所，可說是達成了費正清的期望[20]。

只是，有關這個據點的形成，不唯獨福特基金會，其他組織、學會似乎也出於同樣的目的而有所行動。例如，「亞洲研究學會」（Association for Asian Studies, AAS）也設置了名為「漢學資

18 本文作者根據"Financial Statement,1962-1966","Financial Statement, January 1,1967-June 30,1972"（張朋園，《郭廷以、費正清、韋慕庭——臺灣與美國學術交流個案初探》，頁163-164）製成。製表時原有的數字四捨五入。

19 同註12，頁15。

20 同註12，頁20。

料與研究工具服務中心執行委員會」的單位，由密西根大學漢學研究中心的費維愷擔任主任，並向華盛頓的中華民國駐美大使館等單位遊說在臺灣成立據點[21]。與此同時，據說哈佛大學東亞中心代理主任林德貝克（John M. H. Lindbeck）也一同出席。具體而言，這個據點的構想是在臺北設置附設中心，工作內容包括對臺灣的出版社、書店與美國各大學圖書館、研究機構之間的聯絡事務、獎勵復刻絕版的漢學書籍、研究工具書的編輯出版等，亦令其具備教育功能。美國大使館所展現的態度基本上也是願將之做為有意義的提議來評估[22]。此外，中華民國方面則認為，這項計畫的核心人物為費正清、韋慕庭、芮瑪麗三位教授[23]。這項計畫最終促成設立了中文研究資料中心（Chinese Materials and Research Aids Service Center）[24]。

二、國民黨內對費正清的批判及其影響

中央研究院近代史研究所接受福特基金會支援時期的處境，可說是「內憂外患」。由於接受其基金，郭廷以所長在臺北幾乎無容身之處，最終赴美未歸。這裡所說的「內憂」，是在近代史研究所內部角力導致的海外研習（留學）優先順位問題。由於郭廷以對青年學者禮遇，使得部分所員心生不滿。所謂的「外患」則是來自外界的批判。張朋園指出，從開始接受福特基金會援助之際，來自臺灣大學教授吳相湘等人的批判，「只能算是一個小小風波」，真正的困難是發生在一九六七年[25]。

一九六七年這起「外患」的緣由為何?張朋園指出，是一九六七年在密西根舉辦的第二十七屆東方學人會議（Congress of Orientalists）[26]。郭廷以和費正清的關係是為一因。費正清在一九六六年三月美國參議院外交委員會公聽會等場合上，對中華人民共和國有同情的發言時，即已為中華民國政府和國民黨所注意。這是由於美國介入越南戰爭，被迫調整對中政策的結果[27]。在密

---

21 費正清在一九五八—五九年擔任亞洲研究學會會長。一九五九年，費正清和韋慕庭，以及南加州大學的斯迪納（Arthur Steiner）一同在亞洲研究學會舉辦古德堂會議（Gould House Conference），主張現代中國研究的重要性，確認全國一致建構中國研究體制的必要性，也進行了現代中國研究委員會（Joint Committee on Contemporary China, JCCC）等實質組織的建構。同註12，頁57-60。

22 「中華民國駐美大使館致外交部」（1964年4月14日），〈美國亞洲研究會擬在臺設立漢學資料與研究工具服務中心〉，《外交部檔案》，臺北：中央研究院近代史研究所檔案館藏：11-07-02-17-09-017。

23 「教育部致外交部」（1964年5月22日），〈美國亞洲研究會擬在臺設立漢學資料與研究工具服務中心〉，《外交部檔案》，臺北：中央研究院近代史研究所檔案館藏：11-07-02-17-09-017。

24 研究指出，亞洲研究學會的提案背後有美國圖書館遠東資料委員會（Committee on American Library Resources on the Far East, CALRFE）的影子。參閱：吳文津，《美國東亞圖書館發展史及其他》（臺北：聯經出版事業公司，2016），頁110。

25 同註12，頁30。

26 同註12，頁30。

27 本公聽會的紀錄日文已公開出版。アメリカ合衆国議会上院著、野末賢三譯，《中国本土に関する米国の政策〈上〉——米国上院外交委員会公聴会記録》，国際問題シリーズ〈52〉（東京都：日本国際問題研究所，1966）。有關臺

西根的這場會議上，有二十三名學者來自中華民國，團長是郭廷以。這場會議舉辦期間，《聯合報》系的《經濟日報》刊登了一則題為〈郭廷以說服費正清教授〉的報導[28]。其內容先是介紹費正清發言指出，毛澤東政權不久可能將被中國大陸的人民推翻，這是因為近來費正清在與郭廷以往來的過程中，受到郭影響而逐漸改變過去以來對中共的態度。然而，這樣的言論正是為了批判郭而準備的。對於這篇報導，黎東方以《中華雜誌》這保守派期刊為媒介，指出郭不會說、寫英語，費正清也不會說、寫華語，所以郭不可能「說服」費正清為由反駁《經濟日報》的文章，並指出郭和費正清之間並非相互批判，無寧說是透過福特基金會等組織而關係密切，並以提供費正清中央研究院近代史研究所的外交檔案等為由，對郭展開批判[29]。該批判雖然無憑無據，但立法委員也對此提出質疑，讓郭和當時的中研院院長王世杰等人不得不親上火線進行申辯，其與被認為親北京的費正清的「親密」關係所引發的糾劾，所根據「事實」具為捏造。而曾擔任外交部長等職位的王世杰，則確實不僅曾與費正清密切往來，也和福特財團有所聯繫[30]。

中華民國外交部的檔案甚至有題為「費正清」的檔案。內容有費正清言論的中文翻譯，以及指出其何處「親共」的紀錄。另外，也記錄了中國文化大學何浩若在立法院外交委員會座談會的報告內容。根據該報告，這份題為〈我對美國姑息份子費正清等的批評〉的報告純然只是個人的報告，其內容不會留作院會紀錄。這裡指出，由於美國「國際姑息主義者」對一九四〇年代中國情勢的誤解和扭曲才造成了目前的問題，並且批判性提及了主導中央研究院的過去和現在，以及太平洋國際學會（Institute of Pacific Relations）的費正清和拉鐵摩爾（Owen Lattimore），而這個學會把中國大陸出賣給共產黨[31]。何也譴責費正清支持「兩個中國」和「臺灣獨立」。此時，國民黨保守派媒體猛烈地展開對費正清的批判。例如，在《現代》雜誌第二十四期，又重新收錄了何浩若的〈我對美國姑息份子費正清等的批評〉[32]。

灣最早批判費正清的中央研究院歷史語言研究所徐高阮，請參閱下列文獻：葉乃治，〈徐高阮與一九六〇年代 臺灣的賣國控訴〉，《史耘》第15期（2011年6月）。費正清的"New Thinking about China," *The Atlantic Monthly*, Mar.10, 1966. 也為臺灣方面帶來刺激。費正清的論述一方面承認中國對臺灣宗主權，又主張臺灣仍基於民族自決論維持作為獨立國家的地位。因此，他又被認定「輕視」了中華民國的存在。這樣一個費正清的對中、對臺路線，和季辛吉政策的關係也是重要討論課題。

28 〈郭廷以說服費正清教授〉，《經濟日報》，1967年8月22日。

29 黎東方，〈第二十七期國際東方學者大會中國代表團的全部真象〉，《中華雜誌》卷5期5，1967年。實際上，郭等人並非為了自基金會取得經費而提供外交檔案，只是對有需求者提供微捲副本與否的一個問題遭到誤解，或是被故意曲解。張朋園表示韋慕庭有意在預算範圍內購買微捲，費正清則欲使臺北成為美國研究者的據點，抱持應在臺北閱覽的看法。有關這點，請參閱註12：〈縮微案〉，頁35-43。

30 僅是在一九六七年這年，王就五月一日訪問美國期間拜訪福特基金會，並經由非正式手續決定了經費支出，並在回國後於五月六日寫信給費正清。王世杰、林美莉編輯校訂《王世杰日記》（下，中央研究院近代史研究所，2012，頁1166-67）。

31 「魏道明致周書諧」（1968年5月17日），〈費正清；史迪威事件；洛克斐勒；美勞工委會主席閔尼〉，《外交部檔案》，臺北：中央研究院近代史研究所檔案館藏：11-07-02-06-02-167。

32 「魏道明致周書諧」（1968年5月17日），〈費正清；史迪威事件；洛克斐勒；美勞工委會主席閔尼〉，《外交部檔案》，臺北：中央研究院近代史研究所檔案館藏：11-07-02-06-02-167。除了24期外，還有接著規畫費正清特輯的第25期。

對於何浩若的批判，王世杰在一九六七年十一月一日的日記中寫道：「何浩若在該文中點名批評中央研究院近代史研究所的郭廷以。原因正是費正清。我認為費正清是名政治投機分子，正因如此，我從未信任過他。但也不應因此讓他倒向敵方。」[33]言下之意，費正清有可能向北京方面傾斜，因此不如保持聯繫。郭的想法是否與王一致，則無法確認。即便有何浩若等國民黨保守派的批判，此時期費正清卻更為頻繁地造訪臺灣，又在臺北語文學院（Taipei Language Institute，一九七六年起改為中華語文研習所）[34]接受語言研習等，可說是以實踐主動展現出臺灣是美國培育中國人材據點的一種態度。從一九六七年的會議中，可以找到費正清在八年前一九五九年訪問臺灣的史料。當時計畫的邀請人是少數黨之一的中國民主社會黨的蔣勻田。一九五九年三月二十四日，時任駐美大使的葉公超去電黃少谷外交部長，電報提及隔天二十五日將與前來華盛頓參加亞洲研究學會的費正清夫婦見面，但對邀請費正清訪臺一事不會透過大使之口，按蔣勻田與費正清的交涉而定[35]。葉大使認為，費正清夫婦堅持美國應承認「匪共」，並且對臺灣也應該持續給予支持的看法。又提到「這兩年來，費正清時常和美國的臺籍學生以及廖文毅等人往來」等，以及「如果費正清來臺，也許會修正其對臺灣的看法，但是要改變其承認匪共的想法恐怕不易」。葉大使在提醒費正清接觸「對我們不滿的臺籍人士」也就是臺獨派的同時，卻又不反對其來臺這行為。而中華民國外交部則不僅懷疑費正清立場傾向北京，也對他和臺獨分子的關係抱持疑慮。話雖如此，費正清同時表現出也應予以臺灣，或者說是中華民國支持的態度，也讓他並未被完全「敵」視。葉大使則提議，臺灣方面不應由新聞局等單位接待費正清，而應由中央研究院或臺灣大學等以特別演講等形式接待為宜[36]。其中也有費正清不使用中華民國的經費，而申請作為古根漢獎助研究員（John Simon Guggenheim Fellow）身分的經費，不解其詳情的中華民國外交部一度要展開調查[37]，唯最終仍發放費正清及其家人簽證，可在臺灣停留二到三個月。葉大使承認費正清的影響力，並指出，由於上次在臺灣停留，使得他對於臺灣的觀點有所變化，認為「兩人的主張的確是承認匪共，但美國的反共人士基本上仍視他們為同一陣營的人」，亦即「近來其主張

---

33 同註29，頁1190。

34 臺北語文學院與美國國務院簽訂合約，承接美國在臺人員的外語研習。其中也包含駐華大使館、美軍顧問團、美軍協防臺灣司令部（United States Taiwan Defense Command, USTDC）的人員和家族。參閱：該機關網站（http://www.tli.com.tw/tw/about/golden_ages.aspx）。

35 有趣的是，費正清夫婦和葉公超是費正清在北平時期起近二十年的舊識，只是六年前費正清探詢來臺事宜時，協助其辦理簽證。這時費正清來臺的目的，是和其老友李濟之、董作賓等人見面。來臺後來葉也和本人相談許久。「葉公超致黃少谷」（1959年3月24日），〈人物卷：福開森對華態度言論、費吳生、佛里爾、費安、費格森、傅萊、方登、福利曼、福勒爾、福斯特、費努坎、費爾特將軍、傅萊士、費正清〉，《外交部檔案》，中央研究院近代史研究所檔案館藏：11-07-02-06-02-020。

36 「葉公超致黃少谷」（1959年3月24日），〈人物卷：福開森對華態度言論、費吳生、佛里爾、費安、費格森、傅萊、方登、福利曼、福勒爾、福斯特、費努坎、費爾特將軍、傅萊士、費正清〉，《中華民國外交部檔案》，中央研究院近代史研究所檔案館藏：11-07-02-06-02-020。

37 費正清在一九五〇年代兩度成為該單位訪問學者。參閱該基金會網站（https://www.gf.org/fellows/all-fellows/john-king-fairbank/）。

是必須維持臺灣。但是，對匪則必須增加對其實態的認識」。葉大使表示，「自己無法基於他們此次的訪臺，便斷定其態度有所好轉」，但應加強對他們的遊說工作[38]。這樣的觀點和保守派黨官員與知識分子不同，雖然在時間上與一九五九年不同，但仍反映出部分外交部人士未將費正清視為單純的中國共產黨支持者，而是看做可能改變其認知的「工作對象」。

費正清雖然被部分外交部人員視為工作對象，但中研院近史所的郭廷以主任（一六五年時就任首任所長）卻未受到外交部門的庇護。郭雖是國民黨員，但在黨內可視為自由派[39]。就算是在臺灣一九四七年以來持續以檢肅共產勢力為由打壓反體制派的白色恐怖下遭拘留的所員，釋放後郭也願意聘回所內。因為郭在國民黨內部絕非保守派，所以在接受福特基金會支援一事上也才會受到保守派莫須有的批判。對於將費正清視為工作對象的葉大使等人而言，郭未必是他們針對的目標；但在國民黨保守派的眼中，郭和肯定「匪共」且和臺獨派關係可疑的費正清來往密切，因此成為攻擊對象。關於費正清對臺灣的「意圖」，余英時曾如下指出：

然而事實具在，費正清並沒有利用這個合作來實現任何不可告人的政治目的，也沒有企圖將他所認可的研究模式推廣到臺灣，使近代史研究所成為美國的史學殖民地。即使在他最具有直接影響力的哈佛大學之內，他最多也祇能控制研究資源的分配，而不能對中國近代史研究的方向維持較為長久的決定作用[40]。

即便事實上費正清並無政治意圖，郭在臺灣的個人處境仍然更加嚴峻。一九六九年，為撰寫《近代中國史綱》而赴美的郭，自此未再踏上臺北這片土地，且於一九七五年去世。郭赴美不歸的原因為何？當然，也許是為了迴避臺灣內部對其與費正清關係的猜疑等紛擾，不過張朋園卻提出了不同的觀點。張指出，是因為白色恐怖，郭被臺灣警備總部列入黑名單的緣故[41]。

經過本節的探討可以了解，首先，透過福特基金會對中央研究院近代史研究所提供的支援，可說基本達到了雙方的預期目標。美國方面在一定程度上成功地在臺灣建立起中國研究據點，中研院則在培育青年學者的同時整理及刊行外交檔案、建立圖書館，並且進行大型研究計畫，將近

38 葉公超致外交部（日期不詳），〈人物卷：福開森對華態度言論、費吳生、佛里爾、費安、費格森、傅萊、方登、福利曼、福勒爾、福斯特、費努坎、費爾特將軍、傅萊士、費正清〉，《外交部檔案》，臺北：中央研究院近代史研究所檔案館藏：11-07-02-06-02-020。

39 〈張朋園先生訪問紀錄〉，收入陳儀深等訪問、王景玲等記錄，《郭廷以先生門生故舊憶往憶》（臺北：中央研究院近代史研究所，2004），頁267。

40 余英時，〈余序〉，同註12，頁iv。

41 張朋園根據的是曾任國立師範大學校長劉真的發言。〈訪劉真先生談郭廷以所長〉，收入陳三井編，《走過憂患的歲月》（臺北：中央研究院近代史研究所，1995），頁154；同註12，頁31-33。〈張朋園先生訪問紀錄〉，收入陳儀深等訪問、王景玲等記錄，《郭廷以先生門生故舊憶往錄》（臺北：中央研究院近代史研究所，2004），頁253。唯王萍對於張的看法表示質疑，認為若是所員即使遭到白色恐怖打壓仍毅然地因應，而且如是名列黑名單而有危險，那麼其風險不可能在這個時期突然提高（同前註，〈王萍女士訪問紀錄〉，頁128）。

史所發展成世界中國近代史研究樞紐之一。第二，來自美國的支援，因臺灣內部脈絡而受到各種衝突的影響，問題既在於是誰或是什麼機構可以接受支援，也在於美國方面是由誰參與支援。在戒嚴時期的中華民國，國民黨內的路線問題成為黨內衝突的原因，而費正清等與提供援助機構關聯深入的美國研究者，他們對中國問題的認識也被視為問題。然而，在關於福特基金會對臺灣支援的問題上，仍有本節揭示內容不能完全解釋的部分，即在讓郭廷以受到批判的密西根大學會議中，郭為什麼會以代表團長身分與會，這場會議又有什麼值得期待的？而這些和中華民國對美國的行動，與接受美國援助的郭所受到的批判息息相關。關於這一點，將在下一節中討論。

三、做為宣傳工作目標的美國

冷戰史研究在論及軍事安全防衛或是政治時，經常會形成以美國等大國為主語的歷史敘事。然而在文化方面，尤其是在涉及學術知識時，美國與其「同盟國」關係則非單行道，具有雙向性。特別是在東亞，由於分裂國家的出現並各自主張其正統性，很難單單僅以美國提供支援的角度解釋一切。例如對中華民國而言，其與中華人民共和國之間存在承認問題，美國如何理解「中國」便至關重要。在涉及文化的冷戰史研究上，不僅要考慮美國帶給東亞的影響，也要考量東亞各國對美國的採取的行動；正因如此，美國在文化方面所造成的作用，以及東亞各國對美國的種種提案和行動之間的相互關係，便是重要的課題[42]。

此外，如何獲得美國等西方國家的支持，是一九六〇年代中葉中華民國的重要問題。一九六四年中華人民共和國核子實驗成功、以及法國與中華民國斷交等事件，皆使中華民國的國際處境逐漸惡化。另一方面，始於一九六六年的文化大革命，在中華民國眼中是反攻大陸和再度提升國際地位的機會。然而美國卻未提供中華民國援助反攻大陸。雖然在中美共同防禦條約下承諾防衛臺灣海峽，卻不意味著美國支持蔣介石反攻大陸。

法國與中華人民共和國的「外交正常化」，對國民黨內部，尤其是保守派造成重大衝擊，美國國內傾向北京的言論也足以引發相當程度的不安。因此才出現接下來將提到的，加強對美國的遊說，強力呼籲支持中華民國。

一九六五年美國中止對中華民國的經濟援助，改由日本提供經濟援助，這應是一九六〇年代中葉國民黨保守派意識到美國對中華民國干預衰減的原因之一[43]。不過實際上，即使美國經濟支

42　此外，本章雖未就此深入探討，但必須注意的是，中華民國與同盟國家在影響美國上有著競爭關係。在接下來的一九七四年，日本支援華盛頓大學的日本學研究等事亦受中華民國方面關注，華盛頓大學日本學研究支援的相關文件，和該大學教授，同為郭廷以友人的戴德華於華盛頓大學設立中國研究問題基金的提案一同歸檔。美國方面對日臺雙方皆有計畫施行，而日臺在對美工作這一點上則屬於競爭關係。此外，華盛頓大學的肯尼斯・派爾（Kenneth B. Pyle）也是在一九七四年開始出版《日本研究期刊》(*Journal of Japanese Studies*)。對此，一九七四年中國民國外交部的反應，可參照「中美文教交流」（1974），〈國際學術文化研究小組〉，《外交部檔案》，臺北：國史館藏：11-13-07-02-050。

43　許珩，《戦後日華経済外交史1950-1978》（東京都：東京大学出版会，2019）。

援減少，其對中華民國的干預整體上並未大幅減低，在文化、學術方面，美國各機構向臺灣的文化和學術機構提供了多樣的支援[44]。

光就文化交流或學術機構的支援而言，中華民國的情況是存在著戰前和戰爭時期以來與美國的文化交流的機構，又同為聯合國安全理事會常任理事會，再加上冷戰時期和中華人民共和國間的競爭關係，因此，一直有對美交流的以爭取美國繼續支持中華民國機構、企圖和動機[45]。領袖間的交流也很活絡，福特基金會對中央研究院近代史研究所支援計畫起步，七月底，陳誠副總統伉儷訪美。一九六五年八月，宋美齡訪美，之後在美國停留十四個月。同年八月，美國副總統尼克森訪臺，九月，國防部長蔣經國訪美停留了十天。

宋美齡在一九六六年返國前的秋天，於美國各地的研究機關發表多場演講，訴求中國承認問題和破壞中國核子設施等議題[46]。除了這些臨時性的對美事務交流外，在政治上，各個機關也進行了各種對美行動。有關這些對美工作的計畫決策，決定大致方針的是總統府宣傳外交綜合研究組。在這個宣傳外交綜合研究組召開的一百二十八場會議中，決定設置國際學術文化活動研究小組，第一次會議於一九六六年五月十九日於臺北賓館舉行。這是在「國民外交與國際宣傳」下策畫的，由王世杰、程天放、張其昀、黃少谷擔任委員。具體而言，其課題是出席大型國際會議、對於來臺外籍學者和留學生的工作、以及在美國各大學發送華語教材[47]。例如，在大型會議方面，預定於一九六七年八月在密西根大學舉辦的東方學人會議等亦為其目標，「關於與會人員及其會議詳情，由謝然之委員調查，並於下次委員會報告」。出席這場東方學人會議的代表是郭廷

44 誠然，中央研究院近代史研究所得到福特基金會破格的支援，但臺灣的研究機構獲得支援的管道相當多樣，就此而言，郭所得高額經費支援並非罕見件的例外。當時臺灣學術機構獲得美國支援的重要管道為中華教育文化基金董事會，該會負責管理一九一七年起為期四十年共計一千二百五十萬美元的庚子賠款歸還款項。雖然其財產在一九四九年中華民國政府遷臺時已所剩無幾，但在相關人士的意願與努力下仍維持其組織和活動。檢視由基金董事會提供各機關的經費，可見如一九六四年的預算中為中央研究院經濟研究所編列八千美元，一九六五年預算為中央研究院歷史語言研究所率領的中國古代史研究編列一萬五千美元（四年合計六萬美元。見“Report of the director,” 34th Annual Meeting（September 24 1965），〈中華教育文化基金董事會〉，《外交部檔案》，臺北：中央研究院近代史研究所檔案館藏：11-07-02-17-05-010。相較之下，近代史研究所從福特基金會獲得的經費第一期為十五萬三千美元，第二期為二十六萬二千美元，每期各為五年。近代史研究所得到的經費金額的確超出常態，但這並不意味著其他研究所因為與美國的關係而未獲援助。中華民國學術機構所獲得美國相關支援全貌，以及福特基金會對中央研究院近代史研究所的支援，兩者之前仍需要進行比較和相對性的分析。這將是接下來的研究課題。

45 參眾議員皆參與的「百萬人委員會」（Committee of One Million）是一個重要的框架。參閱：Stanley D. Bachrack ,*The Committee of One Million: "China Lobby" Politics, 1953–1971*, (New York: Columbia University Press, First Edition, 1976).

46 有關這些演說的內容，參閱：〈蔣夫人在美言論〉，《外交部檔案》，臺北：中央研究院近代史研究所檔案館藏：11-13-01-02-019所載各項演說紀錄。

47 「國際學術文化活動研究小組第一次會議議程」（1966年6月），〈國際學術文化活動研究小組〉，《外交部檔案》，臺北：中央研究院近代史研究所檔案館藏：11-13-07-02-050。有關對於來臺外國人的工作，則舉辦了會議。據此，除了以他們為對象播放電視節目、舉辦展覽會之外，對於各大學的留學生也決定設置「外國留華學生輔導員」，令其負責輔導、串連留學生，也實施與臺灣學生的交流和入宿農家等活動。「促進駐臺各國使領人員、記者、教授及學生之友好關係研討會議紀錄」（1966年7月8日），〈國際學術文化活動研究小組〉《外交部檔案》，臺北：中央研究院近代史研究所檔案館藏：11-33-02-07-014。

以，因此出現了前一節所提及對於郭的批判。有關對來臺的學者和留學生的工作，則由教育部負責。最後引發關注的是當時在美國各大學使用中華人民共和國的漢語拼音華語教材（臺灣沿用自二十世紀前半起所採行的注音符號作為拼音工具，並無通用的羅馬字母拼音原則）[48]。中華民國駐美各總領事館同時確認美國各主要大學的華語教師及其使用的漢語教材。

七月一日召開的總統府宣傳外交綜合研究組會議中就同年於聯合國的戰略問題進行討論，為防堵中共加入聯合國並確保中華民國聯合國會籍，決議向政府提

表1-2：總統府「國際學術文化活動研究小組第一次會議」的決議內容與執行進度表[49]

總統府國際學術文化活動研究小組第一次會議決議執行進度表		
案由	承辦單位	辦理情形
(1) 我學人聯名公開信刊登《紐約時報》	新聞局	已準備完成
(2) 鼓勵中外人士著論駁斥姑息謬論	中四組、新聞局	已辦
(3) 促請美國工會等注意姑息謬論主張正義	外交部、新聞局	已辦
(4) 搜編共匪反美言論及共匪對美聽證會之反應	外交部、新聞局	辦理中
(5) 促請了解及聲援我堅決反對兩個中國	外交部	繼續加強辦理
二、國際學術會議之調查補充	中央研究院、教育部	未復調查報告
三、調查東方學者大會詳情	謝委員然之	已辦
四、對來臺外國學人，留學生之調查，聯繫	教育部	待提報本次會議
五，編印及供應中文教材	教育部	待提報本次會議

出對美國國務院進行遊說工作的要求[50]。

一九六六年八月三日，舉辦國際學術文化活動研究小組的第二次會議。會議上，報告一九六六年六月所舉辦的第四屆駐美領事會議的內容[51]，主要為「五十六年度強案工作計畫」。本「強案」檢討了美國朝野對中國的認識，與如何解決在美華僑、學者和留學生周遭所發生的各種問題，以提高對政府的忠誠度。具體上討論了要在美國各地、紐約等大都會設置書店推廣知識，以及在美國東部、中部、西部各舉辦一次中國問題討論會[52]。且與會人士也要堅持固守中華民國原則，不讓中國滲入。與此同時，也選出五場北京所舉辦的會議，並在每一場會議中，分別指派兩名成員與會，在會議中提出駁斥意見。同時，邀請來自香港、臺灣且英語流利的學者至美國

48　「宣傳外交綜合研究組國際學術文化活動研究小組第一次會議紀錄」（1966年5月19日），〈國際學術文化活動研究小組〉，《外交部檔案》，臺北：中央研究院近代史研究所檔案館藏：11-33-02-07-014）。關於華語教材的問題，參閱〈駐美利堅合衆國大使館致本部〉（1966年3月2日）（同前檔案）。

49　筆者根據「國際學術文化活動研究小組第一次會議決議執行進度表」（1966），〈國際學術文活動研究小組〉11-13-07-02-050製作而成。

50　同註30，頁1126。

51　「第四次駐美領事會議總合報告」（1966年6月），〈國際學術文化活動研究小組〉，《外交部檔案》，臺北：中央研究院近代史研究所檔案館藏：11-13-07-02-050。

52　「56年度強案工作計畫」（1966年6月），〈國際學術文化活動研究小組〉《外交部檔案》，臺北：中央研究院近代史研究所檔案館藏：11-13-07-02-050。

巡迴演講，甚至派遣大陸專家反向宣傳等事項。其中一個個案就是舊金山的「中國問題討論會」計畫[53]。

此時，中華民國由駐美大使館向臺北外交部呈送了美國內部「日益充滿姑息氛圍」的報告[54]。「姑息氛圍」和「姑息主義」（Appeasement）指的是當時縱使和中華民國維持外交關係，美國和中華人民共和國也企圖進行一定程度交流的傾向。對於此「姑息氛圍」日益擴大，據稱組織、輔導美國的民間團體，透過各種機會打擊「妥協」論調，且成效卓越，只是這項任務未來要由「百萬人委員會」負責。然而，這個委員會的活動存在局限，認為必須有新的組織、活動。因此，期待由中華民國派的學者、華僑、留學生等來舉辦演講、投稿、研討會等活動。此即前述「強案」，也就是「五十六年度擴大對美宣傳工作研究計畫」。如表1-2所示，也包含了第一次會議決定事項的實施內容[55]。使郭遭受極大批判的一九六七年密西根東方學人會議，正是前述對美任務中之一環而受到關注。為對抗中共對美工作而推行的「強案」，計畫之一是派遣代表團前往密西根，該代表團的團長即是郭。正因如此，郭和被視為親共的費正清的關係，才會被視為嚴重的問題。誠然，並無史料直接顯示政府所實施的強案與郭所受到的抨擊有何關聯，然而對郭的抨擊發生在強案實行之時，這點仍值得留意。換句話說，或許正是因在與北京對抗的強烈意識下，針對美國「姑息主義」而擬定並執行的「強案」在前，費正清與郭的關係才會受到特別關注。

四、冷戰下的「學術知識」與美台間重疊的相互關係

本文旨在研究一九六〇年代美國對臺灣的中國研究支援，第一是考察其支援對臺灣有何種意義，在何種脈絡下被解釋。第二，若從就學術知識和文化角度來檢視冷戰，並非美國對於亞洲的單向關係，而是臺灣對於美國的中國研究、中國認識也有所行動的雙向關係。雖然仍有許多未竟之處，但仍可以做出下列數點暫定的結論。

首先，美國對臺灣的中國研究是由各種不同的主體向多處機關實施支援。福特基金會支援中央研究院近代史研究所的規模極大，對臺灣中國研究的基礎形成上極具意義，自不待言。這在人材培育、圖書館的硬體與館藏建構兩方面，以及檔案整理和出版等研究基礎的建構上尤其明顯。然而，臺灣在區域現代化等領域的研究分析框架上也有可能受到美國影響。但必須注意的是，一九七〇年代前南港學派等重視實證的傾向尤強，有關「現代化」的「討論」濫觴則是在稍後的一

53 「舉辦金山『中國問題討論會』計畫綱要」，（1966年6月），〈國際學術文化活動研究小組〉，《外交部檔案》，臺北：中央研究院近代史研究所檔案館藏：11-13-07-02-050）。

54 「中華民國駐美利堅合衆國大使館致外交部次長」（1966年7月16日），《外交部檔案》，臺北：中央研究院近代史研究所檔案館藏：11-13-07-02-050）。

55 「第四次駐美領事會議總合報告」（1966年6月），〈國際學術文化活動研究小組〉，《外交部檔案》，臺北：中央研究院近代史研究所檔案館藏：11-13-07-02-050。

九八〇年代才出現[56]。另一方面，不能忽視中央研究院的歷史語言研究所也接受中華教育文化基金董事會支援古代史研究的經費，而不是只有近代史研究所接受支援。這麼一個基於相對觀點的分析，將是今後的探討課題。

其次，關於美國對臺灣的支援，由福特基金會和亞洲研究學會的案例來看，也可以說是企圖在臺灣為美國的中國研究者打造一處中國研究、華語學習等活動的據點。根據既有研究，美國支援香港的中國研究目的在於情報蒐集，對於日本的支援在於實證研究並藉此阻止對於左派中國認識的擴散，在臺灣雖說不上是全無情報蒐集和實證研究等目標，但基本上是為了打造一處美國中國研究者的據點。特別是就費正清和周遭人士而言，這樣的意向似乎尤為明顯。

來自福特基金會的經費則為接受其支援的中央研究院近代史研究所帶來極大衝擊。這不只是關於海外研習派遣順位的問題，也是國民黨內部政治衝突，即保守派和自由派間因立場不同而產生的問題。在保守派的眼中，美國方面推動支援中央研究院近代史研究所的人材，特別是哈佛大學的費正清疑似「親共」。郭廷以所長雖是國民黨黨員，但屬自由派，原本便可能成為黨內保守派的攻擊目標，而國民黨的保守派對於似乎在美國內部提倡與中華人民共和國建交，且支持臺灣獨立的費正清懷有極深的疑慮。也就是說，「美國」絕非口徑一致，從中華民國或說國民黨角度來看，存在著複數的美國。對國民黨保守派而言，既有向北京靠攏的危險美國，也有不親共的安全盟友美國；相對的，在國民黨威權體制的統治下，其政權之內也有著各種不同存在。因此在福特基金會的支援抵達下層單位的過程，以及在具體支援計畫實行的過程中衍生出種種問題。

在與「學術知識」和學術相關的領域上，「美國」的多元性也帶有易於發揮影響的一面。無論是政府或基金會，由分裂國家的角度來看，「誰」是關係人士會大幅改變狀況。其與「敵方」的關係則是敏感問題。在中華民國方面，由於有中國共產黨和臺灣獨立運動的雙重「敵人」，因而認為「美國」內部也有許多「敵方」的「支持者」。這顯示出「文化冷戰」不只是美國對外單向的視角，也包括了他國如何看待美國，而再加上臺美雙方的多元因素，也讓局面更顯複雜。文化冷戰，尤其是在「學術知識」方面這種複雜性相當顯著，或許也是因此，才會造成美國所期望的目標難以單純實現的局面。

而中華民國實際上如何對美「行動」亦不可忽視。唯這與其說是長期的制度，不如說是限定在演講活動和言論風向的引導等目的特定的活動上。此外，這類行動也被視為牽制和對抗中國共產黨和臺灣獨立派的措施。誠然，相較於美國對臺灣的支援，臺灣對美行動的效果，尤其是對美國學術界的影響應該頗為有限。然而可以預期的是，後者帶給美國的華人研究者、在美國進行演講或報告等活動的華人研究者強烈的影響。讓郭在一九六七年受到抨擊的事由，也是在中華民國對美工作進行中時舉行；也是在對美工作的過程中，郭與費正清的關係遭到質疑。

56 南港學派是為與國民黨史觀保持一定距離，盡量避開歷史詮釋，可謂以大量敘述來解讀史料，描述史料之間關係的研究派別。這雖與福特基金會支援東洋文庫時所追求的「實證」不同，但在與政治意識形態保持距離這點上則彼此相似。

文化冷戰不是單以國與國之間，或是美國對外的方向性來單純處理的議題。筆者認為，「文化」冷戰所具有的複雜性和多元性，端賴軍事安全保障和經濟面亦無法完全充分了解。這在本書第十章、第十一章會再討論。

參考資料

アメリカ合衆国議会上院著，野末賢三譯，《中国本土に関する米国の政策〈上〉——米国上院外交委員会公聴会記録》。東京都：日本国際問題研究所，1966。

市原麻衣子，〈アジア財団を通じた日米特殊関係の形成？——日本の現代中国研究に対するＣＩＡのソフトパワー行使〉，《名古屋大学法政論集》，260號（2015），頁299-318。

小野信爾，〈中国現代研究における安保体制〉，《新しい歴史学のために》，第77卷（1961年4月9日），頁12-20。

川島真、川島真、中村元哉編著〈中国の中華民国史研究——『中華民国専題史』の位置付けについて考える〉，《中華民国研究の動向——中国と日本の中国近代史理解》。京都府：晃洋書房，2019，頁3-26。

川島真、日本国際政治学会編，〈東アジア国際政治史——中国をめぐる国際政治史と中国外交史〉，《日本の国際政治学4歴史の中の国際政治》。東京都：有斐閣，2009，頁75-95。

許珩，《戦後日華経済外交史1950-1978》。東京都：東京大学出版会，2019。

吳翎君、貴志俊彦、土屋由香編著，〈戦後台湾におけるロックフェラー財団の援助事業〉，《文化冷戦の時代——アメリカとアジア》。東京都：國際書院，2009，頁119-140。

陳三井編，《走過憂患的歲月：近史所的故事》。臺北：中央研究院近代史研究所，1995。

陳儀深等訪問、王景玲等紀錄，《郭廷以先生門生故舊憶往錄》。臺北：中央研究院近代史研究所，2004。

陳至潔，〈建構相互主觀的想像體：剖析冷戰起源時期的國際關係研究所及其中國研究（1953–1975）〉，《人文及社會科學集刊》，第28卷第1期，2016，頁61–104。

胡頌平編著，《胡適之先生年譜長編初稿補編》。臺北：聯經出版社，2015。

李恩涵，《八十憶往：家國與近代外交史學》。臺北：秀威出版，2011。

黎東方，〈第二十七期國際東方學者大會中國代表團的全部真象〉，《中華雜誌》，第5卷第5期，1967。

陸寶千主編，《郭廷以先生書信選》。臺北：中央研究院近代史研究所，1995。

呂實強，〈郭所長篳路藍縷創所與辭職風波〉（收於陳儀深等訪問、王景玲等記錄，《郭廷以先生門生故舊憶往憶》。臺北：中央研究院近代史研究所，2004，頁511-542。

王世杰著、林美莉編輯校訂，《王世杰日記（下）》。臺北：中央研究院近代史研究所，2012。

吳文津，《美國東亞圖書館發展史及其他》。臺北：聯經出版社，2016。

葉乃治，〈徐高阮與一九六〇年代臺灣的賣國控訴〉，《史耘》，第15期，2011年6月。

張朋園，《郭廷以、費正清、韋慕庭：臺灣與美國學術交流個案初探》。臺北：中央研究院近代史研究所，1997。

鄭文祥，〈從「衝擊—反應論」到「時代環境—適應論」——美國學問模式的傳播與臺灣之中國近代史研究〉，《中國學報》，87號，2019年3月，頁199-217。

中央研究院近代史研究所，《中央研究院近代史研究所三十年史稿》。臺北：中央研究院近代史研究所，1985。

中央研究院近代史研究所，《近代史所一甲子：同仁憶往錄（上）》。臺北：中央研究院近代史研究所，2015。

Bachrack, Stanley D., *The Committee of One Million: "China Lobby" Politics, 1953–1971*, New York: Columbia University Press, 1976.

Bresnan, John, *At Home Abroad: A Meir of the Ford Foundation in Indonesia 1953-1973*, Sheffield, UK: Equinox Publishing, 2006.

Evans, Paul M., *John Fairbank and the American Understanding of Modern China*, Oxford: Blackwell Publishing, 1988.

Fairbank, John K., "New Thinking about China," *The Atlantic Monthly*, March 10, 1966.

——. *Chinabound: A Fifty-year Memoir*, New York: Harper & Row, 1982.

Kamachi, Noriko, "Historical Consciousness and Identity: Debate of Japanese China Specialist over American Research Funds" *Journal of Asian Studies*, vol. 34, no. 4 (August 1975), 981-994.

第二章　冷戰下的合作

——一九四五至一九六〇年間美國的日本學研究

金嵐（Miriam Kingsberg Kadia）／著
周俊宇／譯

前章討論主題是臺灣的中國研究，本章探討的美國日本學研究，其發展背景則完全不同。過往雖有學者踏上研究日本的道路，但美國的日本學研究成為一門顯學要到冷戰初期（一九四五年至六〇年左右）。如傳統的日本學系譜所示，第二次世界大戰期間（一九四一至四五年），為了將一小部分美國男性菁英培訓成能通曉敵國語言日語的情報將校和口譯人員，因此對他們進行了日語閱讀和口語的訓練。他們在日本的駐軍工作結束後（一九四五至五二年），為了將日本學發展成一門學問，帶著所需的興趣、背景、人脈回到學術界。對美國這個大規模計畫有所貢獻的眾多成員中，著名的人物有社會學者小馬利昂・李維（Marion J. Levy, Jr）、經濟學者里昂・荷樂曼（Leon Hollerman）與雷蒙・孛農（Raymond Vernon）、人類學者理查・波斯萊（Richard K. Beardsley）與羅伯特・史密斯（Robert J. Smith）、政治學者羅伯特・斯卡諾皮歐

（Robert Scalapino）與羅伯特・瓦特（Robert E. Ward）、文學學者西奧多・巴利（Wm. Theodore De Bary）、唐納・基恩（Donald Keene）以及愛德華・賽登斯堤克（Edward Seidensticker）、歷史學者希拉蕊・孔洛伊（F. Hilary Conroy）、阿爾伯特・克雷格（Albert M. Craig）、馬里厄斯・詹森（Marius B. Jansen）等人。

馬里厄斯・詹森強調：「在首次以時間序列分析談論日本學歷史的過程，日本學術界對於美國日本學的貢獻，是美國內部有關日本學發展的任何一個論述都不能忽視的」[1]。然而，在詹森與同時代日本學研究者弟子的撰述下，所有讚賞都聚焦在他們的師長，亦即美國學者身上，這使得日本學術界有所貢獻的史實遭到遺忘。今日冷戰初期美國的日本學研究者，整體而言被視為「勇於踏入未開發知識領域的探險家」，以孤高的英雄姿態受到敬畏，事實上這些美國學者相當依賴日本專家所建構的知識，以及戰後初期日本學術機關的合作，而這些日本專家和學術合作卻未被重視。本章將研究焦點由日本學研究者的稟性為人轉移到其研究過程上，並運用專攻日本學的美國研究者的檔案史料，指出日本對美國日本學發展的第一階段有何重要性。證明一九四五年以後，美國對日本的認識，是由日本學者所建構，再透過日本筆譯員、口譯員，以及在地協調人員所支撐的基礎上建構而成。

美國研究者為了研究「原始性」和「異質性」，多會進入美國原住民和殖民地原住民之中，但一般而言，他們未曾特意踏進日本。相對地，他們認可日本學研究者，也評論其價值。即便如此，代表戰勝國的美國研究者，和遭受敗戰打擊、做為戰爭同伙而在戰後秩序中遭遇種種問題的日本學研究者間的合作，並非處於對等的立場。第二次世界大戰是一場沉積了數十年、明目張膽的人種歧視和激烈憎惡達到最高潮的一場戰爭。最惡劣的敵對心態雖然因為日本投降而緩和了，但反感仍持續存在。在戰後美國人的意識裡，顯露出對於原敵國（即日本）的優越感和父執輩式的態度。一個為人熟知的例子是，占領軍司令官道格拉斯・麥克阿瑟（Douglas MacArthur）曾說過，日本人的精神年齡有如十二歲的少年[2]。

同樣重要的是，兩國間的知識合作，於冷戰開端階段，在維持美國世界霸權屹立不搖的計畫下受到鼓舞，同時也多所限制。在此強調，對於國家權力介入自身的研究活動，許多美國研究者積極地抵抗，也展現出悍然拒絕的態度。然而，不管他們承認與否，美國學者所進行的研究，之所以能夠實現的首要因素，是美國對日本擁有權力的一個官方立場。第二個因素，則是在美國結束占領日本後，仍持續發揮影響，並深深扎根。而更潛在性的因素，無疑是做為合作條件之一的「軟實力」觀念，不但由美國研究者帶到日本，更是日本學研究者一心追求的。在被視為美國價值觀的民主主義、資本主義與和平的旗幟下，美國研究者建構了知識分子的網絡，拜此一網絡所賜，日本學在太平洋兩岸有所發展。

---

1 Marius B. Jansen, “Stages of Growth,” in *Japanese Studies in the United States Part I: History and Present Condition*, ed. Japan Foundation (Ann Arbor, MI: Association for Asian Studies, 1988), 45.

2 John W. Dower, *Embracing Defeat: Japan in the Wake of World War II* (New York: W. W. Norton, 1999), 556.

一、美國日本學研究者的培育

十九世紀，西歐各國以外的眾多國家成為殖民地或準殖民地，而日本兩者皆非。因此，就手段而言，沒有一個列強有必要（或機會）學習日本文化或歷史，日本學在歐美絕大多數地區的發展，較其他非西歐社會相關知識的整合來得晚。就算是二十世紀前半，美國的中學教育依舊未見與日本相關的課程。在大學，則是在一小部分的教育機構裡，可見在日本出生並接受教育的教師，引領學生學習關於母國的研究。例如加州大學柏克萊分校的久野義三郎、耶魯大學的朝河寬一、哈佛大學的姉崎正治、哥倫比亞大學的角田柳作、芝加哥大學的鈴木大拙（本名：貞太郎）、夏威夷大學的原田助等人皆是[3]。

在這個世代之後，日本學研究者為美國的日本學帶來變革。但是，在二十世紀前半，日本學研究者在日本學上的影響力依然有限。一九三〇年代的大恐慌時代，幾乎所有的高等教育機關，都「不歡迎會給預算帶來新負擔的新研究領域」[4]。因此，在珍珠港事變發生不久前，「提供日文課程的大學不多，少有開設關於日本史、日本社會，或是日本文化的大學課程。就算開設了課程，也是由根本不懂日文的非專業學者來講授[5]。」美國東洋學界等雖也有對東亞的古董和古書表現出一定程度關心的個人或組織，但「美國的教學制度理所當然地，只培育出即使接受教育也找不出對東亞表達關心的人們」[6]。

在此種情況下，一九四〇年代以前，擁有赴日留學經驗的美國人極少。其中大多數都是為了讓當地人民改信基督教而前往日本的傳教士。十九世紀後半和二十世紀前半，在美國大學中，雖然有許多以日本宗教（特別是日本的基督教）為題的學術論文發表，但這些論文的撰寫者都是傳教士[7]。有些研究者的研究題目則跨出宗教領域。例如，貴格會信徒休・波頓（Hugh Bolton）在一九二八年為了傳教活動前往日本。之後，他在萊頓大學以有關近代初期日本農民抵抗運動（百姓一揆）的學術論文取得博士學位。某位年輕日本學者評價波頓的這篇論文是「往後五十年間，關於日本人民起義這個主題，唯一有實質內容的論文」[8]。

波頓前往荷蘭（唯一和日本有長年外交關係的歐美國家）讀研究所的理由之一，在於美國國內的選擇太少。也有一些學生選擇前往日本留學，愛蓮娜・哈德利（Elenor M. Hadley）即是其一。一九三六年，哈德利大三時獲得造訪日本的寶貴機會。大學畢業後，她以留學生的身分在日

---

3 Marius B. Jansen, "History: General Survey," in *Japanese Studies in the United States Part I*, ed. Japan Foundation, 7-15.

4 Meribeth E. Cameron, "Far Eastern Studies in the United States," *Far Eastern Quarterly* 7, no. 2 (1948): 117.

5 Helen Hardacre, "Introduction," in *The Postwar Developments of Japanese Studies in the United States*, ed. Helen Hardacre (Boston: Brill, 1998), vii.

6 Cameron, "Far Eastern Studies in the United States," 116.

7 Helen Hardacre, "The Postwar Development of the Study of Japanese Religions," in *The Postwar Developments of Japanese Studies in the United States*, ed. Helen Hardacre, 198-199.

8 Harold Bolitho, "Tokugawa Japan: The Return of the Other," in *The Postwar Developments of Japanese Studies in the United States*, ed. Helen Hardacre, 85.

本停留十八個月，並學習日語。返回美國後，她在西雅圖的華盛頓大學和哈佛大學研究所專攻經濟學。珍珠港事變後，由於對日本的認識和日語能力，她獲得美國戰略情報局調查分析部門任用。戰爭結束後，她同時參與以財閥解體為主軸的日本經濟計畫。哈德利最後是在史密斯學院和喬治華盛頓大學擔任經濟學教授[9]。

和哈德利一樣，約翰・瑪奇（John Maki）也擁有戰前到日本留學的寶貴經驗。瑪奇出生於美國，雙親皆為日本人，年幼時為蘇格蘭裔美國人夫婦收養。他在研究所時學習日語，於一九三〇年代後半接受日本政府的獎學金前往東京帝國大學（今東京大學）學習日本文學。返美後，他在西雅圖的華盛頓大學擔任講師，教授東洋學（這個時期，他曾短暫教導過哈德利）[10]。一九四二年，由於惡名昭彰的總統令九〇六六號，他和妻子一同被送至重置中心（relocation center），以「敵對的外國人」名義等候強制收容。不過，由於他在華盛頓特區的聯邦通訊委員會負責翻譯日本政治宣傳品的任務而獲釋。戰後，他服務於聯合國軍總司令部（後至駐日盟軍總司令部），並於哈佛大學博士班專攻政治學。不久，瑪奇成為專攻日本政治學與立憲主義的知名學者[11]。

冷戰初期，美國日本學開拓者，有不少人和瑪奇一樣，都擁有日本血統。例如凱・小林（Key Kobayashi）是出生於加州的日本移民家庭，在為了受學校教育在回到出生地美國以前，曾在日本度過幼年時代。小林在日語和英語的雙語環境下成長。一九四〇年就讀加州大學柏克萊分校，但由於實施日本人及日裔美國人的強制收容而被迫退學。一九四四年由於徵兵入伍，接受翻譯人員的訓練。其後，在日本的美國駐軍服務。返回美國後，他在加州州立大學柏克萊分校和哥倫比亞大學學習政治學，最後成為美國國會圖書館日本藏書部的助理部長[12]。

二戰期間，傳教士和他們的子女也在有關日本的知識上扮演了重要角色。一九四〇年代前期，派駐在維吉尼亞州夏洛茨維爾的將校準備執行駐軍任務，休・波頓因而親自講授日本的歷史與文化。一九五一年，波頓參與起草《舊金山和約》草案，內容規範了第二次世界大戰後美日間的談和條件。身為哥倫比亞大學教師，他對美國的日本學發展也投注了心力。最後，他擔任貴格會教派高等教育機關哈弗福德學院校長一職[13]。曾和波頓同為貴格會教徒的戈登・勃爾斯（Gordon T. Bowles），則是出生在已移居日本的傳教士家庭。勃爾斯一家在戈登出生的四年前移居到日本。戈登在東京的美國學校完成直到高中教育，而後進入貴格會教派的大學就讀，畢業後曾短暫來日，在第一高等學校擔任英語教師，再到賓州大學和哈佛大學的研究所深造。由於當時未提供日本學的課程，所以他專攻中國文化人類學並在中國進行田野調查。勃爾斯在第二次世界

9 Eleanor Hadley, oral history interview, Marlene J. Mayo Oral Histories. November 4, 1978. Gordon W. Prange Collection, University of Maryland.

10 Eleanor Hadley, oral history interview by George Akita, Oral History of Japanese Studies Scholars 1960s-1980s. Jun. 20, 1982. Japan Collection, Hamilton Library, University of Hawai'i at Mānoa.

11 John M. Maki, oral history interview, Marlene J. Mayo Oral Histories. November 3, 1979.

12 Key Kobayashi, oral history interview, Marlene J. Mayo Oral Histories. October 18, 1978.

13 Hugh Borton, *The Reminiscences of Hugh Borton* (New York: Oral History Research Office, Columbia University, 1958).

大戰中因良心拒服兵役者逃避兵役，卻在位於華盛頓特區的經濟戰爭委員會活用自己關於亞洲的知識。在聯合國占領時期，他回到占領下的日本，並參與國家教育制度的改革。勃爾斯其後成為雪城大學的人類學教授[14]。

更有幾個人是經過一些特殊的歷程而踏上研究日本學的道路，並創造出卓越的成就。例如生於奧克拉荷馬州的美國人福比恩．鮑爾斯（Faubion Bowers），自哥倫比亞大學退學後，隨自己的心意搭上橫渡太平洋的蒸汽船前往日本，進入日本語學校就讀，和幾名美國傳教士一同學習日語。鮑爾斯事後回憶道：「那個時候還有人力車和藝伎，墨田川也還不是車道，在日本隻身與日語奮鬥的一年，改變了我的人生」[15]。鮑爾斯在珍珠港事變爆發不久前，因徵兵制度而返回美國。知曉其日語能力的美軍，將鮑爾斯送至澳洲，並令其從事諜報活動。戰後，他擔任麥克阿瑟將軍的秘書官。精通日本舞臺藝術和音樂的鮑爾斯，在駐日盟軍總司令部將歌舞伎視為助長軍國主義而評估禁止時，因反對此案而保住了歌舞伎，自此，便以「拯救歌舞伎的男人」名號，為世人所知[16]。

二十世紀中期，日本學的開創者富有多樣性，但他們有一個共同特點，就是都受到美日間爆發戰爭的影響。第二次世界大戰發生後，美國人對日本的無知顯露無疑，以致對日本資訊的需求前所未有的高漲。一九四一年創刊的學術雜誌《遠東季刊》（*Far Eastern Quarterly*）裡，以〈撣州在日本征服緬甸中扮演的角色〉、〈日本對滿洲利害的起源〉為題，刊載了一系列為決策者蒐集而成的背景資訊[17]。美國政府對知識的創造也有所貢獻。一九四二年六月，設立了戰時情報局，其任務為分析國外報導並針對國內製作政治宣傳。在戰時情報局中最著名的人物，即唯一一位研究戰前日本民族誌學的田野論文作者約翰・埃姆布里（**John Embree**）；以及致力於研究戰爭時期日本的哥倫比亞大學人類學者露絲・潘乃德，其著《菊花與劍》或許可說是相關領域中，最為人所知的[18]。

同一時期，美軍集結語言學者的網絡，致力於補足日語人員匱乏的狀況。一九四〇年代前期，應招募聚集而來的菁英約八千人，為了準備接任情報人員、翻譯人員、占領下日本大使館員等任務，修習了十二個月的密集日語教育課程。研習生多為男性，修畢者中，僅六十八名女性，其他還有在各方面給予支援的人[19]。當時正在耶魯大學研究語言學的愛蓮娜・喬丹（**Eleanor H.**

---

14 Gordon Bowles, oral history interview, Marlene J. Mayo Oral Histories. August 23-24, 1980.

15 Faubion Bowers, oral history interview, Marlene J. Mayo Oral Histories. July 22, 1982.

16 Shiro Okamoto, *The Man Who Saved Kabuki: Faubion Bowers and Theatre Censorship in Occupied Japan*, trans. Samuel L. Leiter (Honolulu: University of Hawai'i Press, 2001).

17 Clarence Henderson, "Role of the Shan States in the Japanese Conquest of Burma," *Far Eastern Quarterly* 2, no. 3 (1943): 253-258; Charles Nelson Spinks, "Origin of the Japanese Interests in Manchuria," *Far Eastern Quarterly* 2, no. 3 (1943): 259-271.

18 David H. Price, *Anthropological Intelligence: The Deployment and Neglect of American Anthropology in the Second World War* (Durham, NC: Duke University Press, 2008), 171-177.

19 Irwin Leonard Slesnick and Carolyn Evelyn Slesnick, *Kanji & Codes: Learning Japanese for World War II* (Bellingham, WA: I.L. and C.E. Slesnick, 2006), 2-3, 113.

Jorden）接受委託，審訂以軍校生為對象的日語課程。包括羅伯特・史密斯（Robert J. Smith）等人，都曾以她所編製的教科書學習日語。史密斯其後成為人類學者，在康乃爾大學和喬丹成為同事[20]。一九四〇年代後期，喬丹著手撰寫有關現代口語日語結構的博士論文。她是首位獲得駐日盟軍總司令部許可，在美國占領下的日本從事田野調查的女性。終其一生，喬丹投注心力在日本語學和日語教學法領域，其成就可圈可點[21]。

直到戰爭結束為止，美國打造出一核心團隊，成員們不但會說日語，並渴望進一步認識敗戰國。這個世代美國的日本學者，和日本的日本學者攜手，共同引領了美國國內日本學形塑期的發展。

二、日本方面知識、資訊的重要性

戰後初期，美國有關日本知識的基礎，與其說在美國，不如說是在日本國內建立的。直到第二次世界大戰後，美國的日本學才發展成活絡的學術領域，但與美國迥異的是，日本關於本國的研究早已扎根，其傳統悠久，可回溯到久遠古老的文獻。十八世紀時，日本國學長期以來著重於研究解釋儒家古典著作或佛典的傳統，又藉由實證主義的文獻考證更趨完整[22]。由於此方法論上的改變，十九世紀後期，日本已建構好接受歐美學問即社會科學和人文科學的基礎。當時日本的研究者，樂於接受歐美研究者使用的方法、理論和文體等。日本研究者為了進行研究，設立大學、博物館、學術機關、專門職業；又為了使研究成果普及於世，創辦學術雜誌、研究論文集，以及學術出版社[23]。

日本研究者受惠於逐漸熟悉的國際學術界規範，慢慢地在日本以外的場合發表自己的研究，如戰前的日本研究者會參加太平洋問題研究會（一九二五年起步的環太平洋各國的國際論壇）等主辦的國際會議；而在《遠東季刊》等美國學術期刊，也曾審查日本史和社會科學的研究論文。反觀多數的美國研究者，都是在占領日本時期或占領後才首度飽覽日本學術文獻。某位社會科學家感嘆道：「我是來到日本以後，才知道有許多我們這些美國研究者沒聽過、也沒讀過的優異研究，早已在日本的人類學者手中完成，我著實感到驚訝[24]」。其他研究者也預想：「（大日本帝國

---

20 Robert J. Smith, oral history interview by George Akita, Oral History of Japanese Studies Scholars 1960s-1980s. December 21, 1978.

21 Eleanor Jorden, oral history interview, Marlene J. Mayo Oral Histories, Gordon W. Prange Collection, University of Maryland. April. 24, 1981.

22 Mary Elizabeth Berry, *Japan in Print: Information and Nation in the Early Modern Period* (Berkeley: University of California Press, 2006); Federico Marcon, *The Knowledge of Nature and the Nature of Knowledge in Early Modern Japan* (Chicago: University of Chicago Press, 2015).

23 Miriam Kingsberg Kadia, *Into the Field: Human Scientists of Transwar Japan* (Stanford, CA: Stanford University Press, 2020), 17.

24 Letter from Julian Steward to Fred Eggan, May 17, 1956, file 22, box 5, Fred Eggan Papers, 1870-1991, Archival Biographical Files, Special Collections Research Center, University of Chicago Library.

時代所進行的研究）若能普遍為世人所知，那麼歐美研究者從日本列島各種文化中所獲取的知識，應該就和從其他地區的文化中所獲得的一樣多吧？」[25]。

美國的領導者企盼這些具戰略重要性的知識和資訊，至少應該防止東西冷戰下的敵國（即蘇聯）取得。而大日本帝國時代，多數支持軍國主義、法西斯主義、第二次世界大戰的研究者，之所以能免除責任的一個重要因素，就是因為美國對日本的相關學問抱持興趣[26]。正如同聯合國在一九四六年為對日本戰犯和人道犯罪的被害者帶來正義的遠東國際軍事法庭（International Military Tribunal for the Far East, IMTFE）所明言的，在應當受到處罰的罪行裡，包括「建構大東亞共榮圈政策意識型態基礎的行為」以及「擁護日本國為成為領導他國之國而掌握霸權的行為」等，這些行為正是大日本帝國時代學者被授予的使命[27]。該審判委員會在精查約兩萬五千名學者的紀錄後，對部分學者處以免職，但人數幾乎不到一百人（在聯合國結束對日本的占領前，這些遭到清算的研究者，幾乎全數回到原本的崗位上）[28]。多數美國研究者都為日本學研究者辯護，並指出「他們不過是抱持了國族主義時代一般程度的愛國心而已」[29]。參加一九四七年美國人類學會（American Anthropological Association, AAA）會議的一名學者指出：「我們起初曾評估，要排除將自身社會地位運用在政治宣傳的人，但不久便意識到，美國的人類學者裡，有許多人也做了同樣的事，若是支持排除向政治宣傳活動提供協助的學者，那麼也應強烈譴責有同樣行為的美國學者」[30]。

受到戰略上對於重要資訊的需求與知識好奇心驅使，美國研究者為了取得大日本帝國時代所累積的知識、資訊，逐步展開行動。太平洋另一端的日本學研究者，大多都爽快允諾提供研究成果。其中主要原因是，避免責問戰爭責任所賜，日本學研究者之間，對於過去相對峙的美國人的敵意有所緩和，戰爭的究責於是擱置。同時還受惠於一些既已存在的人際關係，使得資訊得以流通，例如主導日本人類學的岡正雄和主導美國人類學的克萊德・克魯克霍恩（Clyde Kluckhohn），兩人是三〇年代維也納大學的同窗。但是，讓日本研究者提供研究結果的最大因

---

25 John C. Pelzel, "Japanese Ethnological and Sociological Research," *American Anthropologist* 50, no. 1 (1948): 54.

26 其中最惡名昭彰的例子，是遠東國際軍事法庭拒絕起訴進行醜惡人體實驗的關東軍生物及化學兵器開發部隊，也就是「七三一部隊」的成員。駐日盟軍總司令部以實驗資料做為交換，讓七三一部隊有關的醫師們祕密地回到日本醫學、製藥，以及學術界高層。Sheldon H. Harris, *Factories of Death: Japanese Biological Warfare, 1932-1945, and the American Cover-Up* (New York: Routledge, 1994), 215-221.

27 Hans H. Baerwald, *The Purge of Japanese Leaders under the Occupation* (Berkeley: University of California Press, 1959), 39.

28 Sebastian Conrad, *The Quest for the Lost Nation: Writing History in Germany and Japan in the American Century*, trans. Alan Nothnagle (Berkeley: University of California Press, 2010), 82. 在一九四〇年代後半的戰犯審判中判處公職追放者約有二十萬人，僅占日本總人口的0.29%。Baerwald, *Purge of Japanese Leaders under the Occupation*, 79.

29 Pelzel, "Japanese Ethnological and Sociological Research," 72.

30 David H. Price, *Cold War Anthropology: The CIA, the Pentagon, and the Growth of Dual Use Anthropology* (Durham, NC: Duke University Press, 2016), 64. 此外，日本帝國的研究成果大多是藉由被殖民者產出，且被殖民者們對正義的追求幾乎遭到歐美盟軍無視，也是助長日本知識分子得以免罪的緣由。Yuma Totani, *The Tokyo War Crimes Trial: The Pursuit of Justice in the Wake of World War II* (Cambridge, MA: Harvard University Asia Center, 2009).

素，恐怕還是獲取生存糧食的必要性。戰後初期的日本學者，有被迫「為生活而拚死奮鬥」的需要。駐日盟軍總司令部的諮詢委員會紀錄中記載：「大學的薪資終究稱不上寬裕，光靠大學的薪資，學者甚至無法確保最低收水準。許多時間本應投注在研究上，但卻為了補足生計而反覆在其他大學和學校講授同樣課程，或是充當寫手販賣文字等，耗費大量時間在和學術生涯相距甚遠的其他活動上[31]。」

二十世紀中期，由於具備日語溝通能力的美國人不足，人數相對多且擅長英語的日本學者，在擴大知識、資訊上多所助益。在聯合國占領的情況下，日本國民不被允許離開日本，但駐日盟軍總司令部卻發出等同於特權的出國許可，給要在國際會議上發表論文的日本學研究者。例如一九四九年，兩位日本文化人類學學者造訪紐西蘭基督城，並在太平洋學術會議發表論文[32]。美國研究者也自隸屬於美國學術機關的日本研究者手中，獲得相關知識和資訊。十九世紀中期以後，許多日本大學生留學歐美各國，但在第二次世界大戰前的數年間，留學人數急遽減少。因此，許多日本研究者直到戰後才獲得首次造訪美國的機會。此時，他們已是專業學者，到了美國，既能教學，也得以進修[33]。

海外留學在日本學的發展上發揮了強化兩國關係的作用。一九五六年東京大學的文化人類學教授泉靖一出發前往哈佛大學和芝加哥大學留學十四個月。就是由洛克菲勒基金會和亞洲基金會這兩個以推動美國在地緣政治學上利益而聞名的民間非政府組織提供經費。在停留美國期間，泉靖一與美國國內數十所大學、研究機關、博物館的社會科學學者接觸，因而建構起人脈關係。他也出席了美國人類學會、遠東協會（Far Eastern Association）、國際人類學與民族學會議（International Congress of Anthropological and Ethnological Sciences）等團體主辦的會議並演講[34]。泉靖一發表了以移民到巴西的日本人——美國研究者幾乎不知道這個群體的存在——為對象的田野調查報告，受其發表刺激的羅伯特・史密斯所率領的人類學者團體，之後在一九六〇年代也從事了類似的研究[35]。

美國研究者在進行戰前日本學研究文獻的翻譯和編目工作上也投入了相當的資源。某部日本文學的圖書目錄長達七十四頁，廣泛蒐羅了考古學、民族學、自然人類學及其他學術領域[36]。而

---

31 U.S. Cultural Science Mission to Japan, *Report of the United States Cultural Science Mission to Japan* (Seattle: Institute of International Affairs, University of Washington at Seattle, 1949), 15.

32 Pacific Science Association, ed., *Proceedings of the Seventh Pacific Science Congress of the Pacific Science Association*, vol. 7,*Anthropology, Public Health and Nutrition, and Social Sciences*(Christchurch, New Zealand: Pegasus Press, 1953), 26–32.

33 John W. Bennett, Herbert Passin, and Robert K. McKnight, *In Search of Identity: The Japanese Overseas Scholar in America and Japan* (Minneapolis: University of Minnesota Press, 1958), 108.

34 Izumi Seiichi, "Several Impressions of Three Recent Anthropology Meetings," April 25, 1957, file 5314, box 358, series 609, RG 10.1, Izumi Seiichi. Rockefeller Archive Center.

35 Izumi Seiichi, "Toward Understanding the Problem of Acculturation," academic talk, Harvard University, 1956, no. 3, Izumi Seiichi archive. National Museum for Ethnology.

36 Richard K. Beardsley with John B. Cornell and Edward Norbeck, *Bibliographic Materials in the Japanese Language on Far Eastern Archaeology and Ethnology* (Ann Arbor: University of Michigan Press, 1950).

日本社會學學者則接受駐日盟軍總司令部指示，編纂了另一份目錄，內容針對日本文化和社會相關的五十種次領域，選定了二十冊重要文獻，刊載並加上註釋[37]。在這個充滿企圖心的計畫裡，同樣可見由於資金不足而未能實現的例子。例如一九五六年，美國人類學學會和日本研究者團隊共同著手製作「最重要日本人類學研究」的摘要集，手冊內容約三百五十頁。然而，這項計畫包括資料選定及改訂作業、翻譯草稿製作，以及撰寫序章、目錄、用語集等在內所需費用為七十二萬六千日圓（兩千美元以上），可惜此筆資金未能籌措，計畫因此受挫[38]。一九五六年，人類學者理查・比爾茲萊（Richard K. Beardsley）又提議一項計畫，翻譯甫發行的有關日本民話的百科辭典。比爾茲萊指出：「這部辭典內含無法估量的精采內容。其中處理了廣泛的概念，完稿精緻，收錄了簡潔易懂的敘述……我不清楚原因，但現在的日本，對人類學者、社會學者、心理學者，以及其他學者來說，是最有吸引力的地區」。不過這個計畫最終由於美國人類學學會、文氏基金會、亞洲基金會等所有團體拒絕提供資金而付之東流[39]。

為了取得日本所擁有的知識及資訊，其中最具企圖心的嘗試，或許就屬耶魯大學喬治・默多克（George P. Murdock）所領導的「人際關係地區檔案」（Human Relations Area Files, HRAF）了。第二次世界大戰期間，默多克隸屬於美國海軍諜報部隊，主要負責進攻日本占領下的密克羅尼西亞及沖繩，因而奠定了「人際關係地區檔案」的基礎。當時，幾乎沒有任何美國人獲准前往這些島嶼。因此，默多克只能使用日本公開的數據做為資訊來源。強制收容所裡的日裔美籍翻譯人員在默多克的監督下，製作了戰略快訊（strategic bulletins）或有關島民和地理的《民政手冊》。由於這些檔案，戰後美國在太平洋上日本舊殖民地的統治才得以順利進行[40]。

一九四〇年代後期，默多克運用自己為美國海軍設計的分類方法而開發了「人際關係地區檔案」。「人際關係地區檔案」是一個以地區及民族，還有文化特性、結構及現象彙整出經驗性資訊的整合型資料庫。他設想的是這個資料庫足以幫助會員釐清，並研究相關知識不足的部分，一方面可驗證人類行為的相關假設，由既有數據推測基礎性的社會規範[41]。默多克認為，藉此獲得的學識，能夠兼具實用和學術意義。他指出：「人們無法解決存在於世界的所有問題，為了維繫和平，了解居住在世界上的各種人群，較之戰爭結束前的時期，在今天顯然是更緊要的任務[42]」。

---

37 Watsuji Tetsurō, Yamamoto Tadaoki, and Nishina Yoshio, eds., *A Bibliography of Representative Writings on Japanese Culture and Science* (Tokyo: Cultural Affairs Division, Office of Public Relations, Foreign Office, 1947).

38 Letter from Iwamura Shinobu to Charles S. Sheldon, July 16, 1956, box 20, Julian H. Steward papers, 1842-1976, University of Illinois Archives, University Library, University of Illinois at Urbana-Champaign.

39 Letter from Richard K. Beardsley to Julian Steward, April 10, 1956, box 2, Julian H. Steward Papers.

40 Price, *Cold War Anthropology*, xxii.

41 George P. Murdock, "The Cross-Cultural Survey," in *Readings in Cross-Cultural Methodology*, ed. Frank W. Moore (New Haven, CT: Human Relations Area Files Press, 1961), 29-54.

42 Clellan S. Ford, *Human Relations Area Files 1949-1969: A Twenty-Year Report* (New Haven, CT: Human Relations Area Files, 1970), 8.

有感於「人際關係地區檔案」計畫可能對美國地緣政治學優越性有所貢獻，美國政府、美軍、CIA、國立衛生研究所，以及其他各個基金會亦配合提供資金[43]。而做為配合提供資金的報償，「人際關係地區檔案」開發團隊優先製作戰略重要性較高領域的多語文目錄。日本的原住民阿伊努民族，由於人類學學者的興趣以及其居住地位處日本和蘇聯國界的微妙條件，就成為了情報蒐集的重點主題之一。「人際關係地區檔案」也包括數件由日本研究者翻譯的阿伊努相關研究文獻。其中最重要的，或許就是彙整了高倉新一郎長達二十年調查成果於一九四二年出版的《阿伊努政策史》（*The Ainu of Northern Japan: A Story in Conquest and Acculturation*）了。今日歷史學者猛烈批判高倉狂熱愛國主義的立場，但無論如何，高倉就是在一九四五年以前研究阿伊努民族的極少數學者之一。翻譯其論文的美國譯者，針對這部研究評曰：「就對日本史有所貢獻的研究而言，是具有劃時代意義的研究」，主張高倉這部著作所具備的獨特價值[44]。

美國研究者除了編製戰前累積的日本知識資源的目錄外，也致力於取得同時代日本人的研究。一九五〇年比爾茲萊指出，「在戰後通貨膨脹最嚴重的當下，許多收入毫無進展的學者每天過著困苦的日子，即便如此，他們仍然沒有放棄，持續收集日本人類學的知識資源，甚至希冀提升收集的速度[45]」。受到駐日盟軍總司令的鼓勵，日本最早的民族學學術期刊《民族學研究》發行了刊載論文摘要的英譯本。據說，該雜誌的編輯「只要是為發行刊載論文的英文摘要版所需，對於刪改、選出、更動文章等所有提議，都非常爽快地接受」[46]。《遠東季刊》開始回顧日文的研究論文，並刊載日本學者所撰寫的研究論文。日本學者手中的這些論文，也漸漸被刊登在未特別聚焦於亞洲的美國學術出版品上。例如金田一京助所撰寫的〈阿伊努熊祭背後的概念〉（The Concepts behind the Ainu Bear Festival [Kumamatsuri]），就在一九四九年刊登於《西南人類學雜誌》（*Southwestern Journal of Anthropology*）。透過這些方式，開創日本學先鋒的美國研究者吸收了位處太平洋彼端的日本的各種重要發展，並逐漸累積成自己的知識。

三、建構合作調查的傳統

日本的專家不只與美國的同業分享過去的研究，在從事新研究時也扮演重要角色。歷史學者多認為，一九四〇年代和一九五〇年代，和日本相關的美國學術研究具有「區域研究」的特色，而這項特色是冷戰期間，美方蒐集對美戰略具重要性的區域情報時，最早使用的研究方法。所謂區域研究，是透過密集的語言學習、在地調查，以及當地訊息提供者的訪查，促使多樣性社會的理論性及經驗性知識雙方面得以進展。區域研究相當程度地依賴來自民間基金會和政府機關的資

---

43 Price, *Cold War Anthropology*, 249.

44 Takakura Shin'ichirō, *The Ainu of Northern Japan: A Study in Conquest and Acculturation*, trans. John A. Harrison (Philadelphia: American Philosophical Society, 1960), 5.

45 Beardsley, *Bibliographic Materials*, vii.

46 Letter from Richard K. Beardsley to Julian H. Steward, April 10, 1956. Julian H. Steward Papers.

金援助。一般指出，這項事實正是給予這些基金會和機關推動其研究無意識意圖——即現代化這個意識型態——巨大能量的要因[47]。現代化提供了一種看似科學的歷史再建構，視歷史為具備特定特徵的普遍性階段的連續，並朝（獨特且優越的）美國所體現的文明最終階段發展。借用某知名歷史學者的話來說，現代化是「視美國為例外，並以其為世界準則[48]」。現代化否定人類是共享同一時代的夥伴的想法，描繪出一個具年代性而不具同時性的世界。冷戰一旦激化，現代化將曚蔽美國以及同盟國陣營內各國（包含日本在內）聯盟，成為往前推動、難以抗拒的終極目標[49]。

就現實而言，現代化為一種簡潔的說法，用以代稱灌輸象徵美國價值觀的民主主義、資本主義，以及和平的美國使命[50]。而在最基本的意涵中，民主主義亦含有期望能由充分知情且被賦予權限的國民自由選出公正且代表國民的政府。資本主義指的是國家對於市場參與和利益幾乎不課以障礙的自由市場經濟。和平意謂著安全並獲得保障的國界、國內的安定以及（雖是反論式的）擁有守護本國在海外利益的軍隊。總而言之，這些價值觀與其說是反映現實的真實，不如說其扮演的角色，是美國認同的道德主軸及對敵國蘇聯共產主義思想主張起了對立作用。

駐日盟軍總司令部在日本抑制具破壞力的左翼影響的同時，也投入經營促使民主主義（包含學問和言論自由在內）普及的計畫。一九四八年以前，駐軍對當初所推動的自由主義，進行名為「反向路線」（reverse course）的調整。左派美國研究者在本國內部遭到迫害並剝奪大學教職，對於來到日本的美國研究者，則詳細審查是否曾發表被視為異端的政治意見。而聯合國軍最高司令部 司令部則設置檢閱機關，將有關日本過去、現在以及未來的討論，限定在美國所認可的現代化願景上。如此，日本學建構的發展背景，便排除了美國同盟國及類似美國的國家以外的其餘選項[51]。

考量到日本這個國家的安定，攸關於將政治、社會和經濟制度普及於文化價值觀的想法，美國研究者出於一個目的，亦即驗證培養富裕、和平並被賦予權限之國民的介入法，而設計了研究。當時有許多研究，採取的是區域研究的代表性方法，即田野調查。一九四〇年代以及一九五〇年代後半，以人類學、考古學、政治科學、社會學為首的田野科學有所盛行。另一方面，主導

47 H. D. Harootunian and Masao Miyoshi, "Introduction: The 'Afterlife' of Area Studies," in *Learning Places: The Afterlives of Area Studies*, ed. Masao Miyoshi and H. D. Harootunian (Durham, NC: Duke University Press, 2002), 1-18; David L. Szanton, "The Origin, Nature, and Challenges of Area Studies in the United States," and Alan Tansman, "Japanese Studies: The Intangible Art of Translation," in *The Politics of Knowledge: Area Studies and the Disciplines*, ed. David L. Szanton (Berkeley: University of California Press, 2004), 1-33, 184-216.

48 Carol Gluck, "House of Mirrors: American History-Writing on Japan," in *Imagined Histories: American Historians Interpret the Past*, ed. Anthony Molho and Gordon S. Wood (Princeton, NJ: Princeton University Press, 2018), 435.

49 Sheldon Garon, "Rethinking Modernization and Modernity in Japanese History: A Focus on State-Society Relations," *Journal of Asian Studies* 53, no. 2 (1994): 346-366.

50 Michael E. Latham, *Modernization as Ideology: American Social Science and "Nation Building" in the Kennedy Era* (Chapel Hill: University of North Carolina Press, 2000), ix, 4-5, 8, 16.

51 David H. Price, *Threatening Anthropology: McCarthyism and the FBI's Surveillance of Active Anthropologists* (Durham, NC: Duke University Press, 2004), xiii; Dower, *Embracing Defeat*, 405-440.

戰前美國國內日本相關研究的人口統計學、宗教學、統計學以及其他學問領域所占的比例則相對減少。人文科學（文學翻譯作品除外）出現停滯現象，人文科學在日本學幾乎未占比例的狀態，一直持續到一九六〇年代末期[52]。

戰後初期，日本田野調查絕大多數採取的，都是跨學科團隊的調查方式。占領時期的日本，動員不同學術領域的研究者而展開的團隊田野調查，獲得了「透過開放性的意見交換、討論，得以實踐民主主義」的評價（反之，某些個人研究為中心的學術領域被懷疑存在有害的法西斯及共產主義影響的可能性[53]。）美國國內的日本學研究在戰前沒有深厚的傳統，所以，當時的這個方法論對日本學研究最初的發展尤其帶來重大影響。而許多日本研究者在第二次世界大戰期間，因為有參與大日本帝國科際整合團隊研究計畫的經驗，也樂於接受科際團隊調查[54]。

在占領時期日本領導田野調查的，是駐日盟軍總司令的輿情社會調查課。這是一個容易被日本學系譜忽略的單位。輿情社會調查課是一九四六年為了向駐日盟軍總司令部提供有關日本「國民情感」數據而設立。自戰爭初始，美國的輿情調查便扮演起向政府傳達國民影響力的角色[55]。在輿情社會調查課的管理下，運用輿情調查，了解日本政治風土與現代化理想是否一致的狀況。

輿情社會調查課的首任課長，是當時正準備取得哈佛大學博士學位的約翰・培爾澤（John C. Pelzel）。一九四一年，培爾澤加入美國海軍陸戰隊，在太平洋戰區和日本待了三年半[56]。培爾澤的友人赫伯特・帕辛（Herber Passin）在芝加哥大學的研究所專攻社會科學，當時，他已修畢所有課程只遞交論文，便擔任起輔助培爾澤的角色。帕辛運用問卷調查擁有豐富經驗。而他的同事，有強制收容日本人及日裔美國人進收容所的經驗，在兩人共事期間，帕辛逐漸對日本產生興趣。他在第二次世界大戰中於芝加哥大學安娜堡分校的美軍語言訓練學校習得日語，能夠自在流暢地閱讀、口說日語。帕辛曾回憶道：「做夢也沒想到，在我人生那個階段，竟能擁有一份這麼完美的工作[57]」。

帕辛和培爾澤兩人都想同時進行田野調查和輿情調查這兩項工作。聯合國最高司令部總司令部同意他們把這份企圖心付諸實踐，是在一九四九年前半年，培爾澤接受了哈佛大學的工作、退

52 John Rosenfield, "Japanese Art Studies in America Since 1945," in *The Postwar Developments of Japanese Studies in the United States*, ed. Helen Hardacre, 165.

53 Paul J. Erickson, Judy L. Klein, Lorraine Daston, Rebecca Lemov, Thomas Sturm, and Michael D. Gordin, *How Reason Almost Lost Its Mind: The Strange Career of Cold War Rationality* (Chicago: University of Chicago Press, 2013), 107-132.

54 Kingsberg Kadia, *Into the Field*, 40-66.

55 Hans Speier, "The Rise of Public Opinion," in *Propaganda and Communication in World History, vol. 2, Emergence of Public Opinion in the West*, eds. Harold D. Lasswell, Daniel Lerner, and Hans Speier (Honolulu: University of Hawai'i Press, 1980), 147-167.

56 "John Campbell Pelzel," December 18, 1953, in file "Pelzel, John C., 1950-1969," box 37, in Marion J. Levy, Jr., 1948-2000. Marion J. Levy, Jr. papers, COU: 985:07:73:01. University of Colorado Boulder Libraries, Special Collections & Archives.

57 Herbert Passin, *Encounter with Japan* (New York: Kōdansha America, 1982), 183.

役回到美國以後的事[58]。帕辛推薦過去的同學約翰・維勒・本內特（John Wheeler-Bennett）接任培爾澤的職位。正如本內特自身承認的，他「並不具備日語方面的知識，也無意將日本做為生涯追求的課題」。這個事實或許正是輿情社會調查課在日本學發展初期所扮演的重要角色，在今天不易被想起的理由之一[59]。本內特當時剛在芝加哥大學修畢博士班課程，同時也在俄亥俄州立大學擔任人類學助理教授。輿情社會調查課當時有民江・土山（Tamie Tsuchiyama）與岩男・石野（Iwao Ishino）兩名日裔美國研究者。在夏威夷的貧困家庭成長的土山，於一九三八年在加州大學柏克萊分校取得人類學學士學位，又繼續該大學研究所深造。然而，由於一九三八年發布強制收容日本人及日裔美國人的總統令，被迫從研究所退學。這樣的土山，在恩師推薦下擔任在美軍基地進行田野調查團隊的職務。第二次世界大戰後，土山在加州大學柏克萊分校成為首位取得人類學博士學位的亞裔美國人[60]。較土山年輕幾歲的石野也有在強制收容所擔任調查官的工作經驗，透過這個經驗，他對社會科學產生興趣。石野在位於華盛頓特區的戰時情報局服務後，進入哈佛大學博士班就讀。他為了撰寫博士論文所需的田野調查，也進入輿情社會調查課服務[61]。

輿情社會調查課的兩位美籍行政職員，分別為駐日盟軍總司令部職員的妻子，以及在耶魯大學專攻社會學的研究生大衛・席爾茲（David L. Sills）。為了協助他們，有三十名以上的日籍臨時職員擔任顧問、一般行政職員、技工、秘書、分析員、打字員等職務。七名口譯員在長達數個月的面試和翻譯考試後取得資格，受到「擁有專業用語詞彙和口語微妙語感的能力，其英語方面的知識不但廣泛，而且豐富」的認證[62]。席爾茲的專屬口譯員，是年齡相近的男性研究者，在入伍進入日本在東南亞的駐軍前，曾於耶魯大學就學一年[63]。本內特專屬的女性口譯員正子（Masako，音譯），由於擁有豐富的專門知識，對本內特而言不可或缺，更成為畢生友人[64]。

輿情社會調查課雇用了二十名左右的日本社會科學家。由於本內特不了解日本學術界的狀況，便由柳田國男介紹人材。柳田是舉世聞名的「日本民俗學者」，自大日本帝國時代早期便積極地從事田野調查。對各地習俗抱持興趣、探求傳承自原始時代之共同「日本人本質」的柳田，鼓舞了一九三〇年代及一九四〇年代迎向成年的日本社會科學家。柳田既有知識上的影響力，也有人格上的影響力。又透過姻親關係和其他的家族關係，與岡正雄等重要的社會學家和人類學家

---

58 Herbert Passin, oral history interview by George Akita, Oral History of Japanese Studies Scholars 1960s-1980s. Jul. 22, 1977.

59 Leo Despres, "An Interview with John W. Bennett," *Current Anthropology* 35, no. 5 (1994): 657.

60 Lane Ryo Hirabayashi, *The Politics of Fieldwork: Research in an American Concentration Camp* (Tucson: University of Arizona Press, 1999), 5.

61 Joseph L. Chartkoff, "Iwao Ishino (1921-2012)," *American Anthropologist* 115, no. 3 (2013): 534-537.

62 "Outline of Research Teams," box 5871, Records of the Allied Operational and Occupation Headquarters (RG 331), National Archives at College Park.

63 David L. Sills, oral history interview, Marlene J. Mayo Oral Histories, Gordon W. Prange Collection, University of Maryland, 17. April 14, 1979.

64 Letter from John W. Bennett to Kathryn G. Bennett, August 16, 1949, file 38RRR, box 2A, John W. Bennett Papers (RARE. CMS.119), Rare Books and Manuscripts: Collections, Rare Books and Manuscripts Library, Ohio State University.

石田英一郎互有連結。本內特曾描述造訪柳田自宅時的情況：

> （柳田是）日本保守主義運動的偉大思想家，以語言、民話、宗教，以及歷史人類學為生涯志業，扮演了民俗靈魂口譯者般的角色。他打從骨子裡擁抱保守主義，總是身著和服，儀態端正高雅。在他驚人的寬敞書房裡，學生和弟子面桌安靜學習和研究，來訪者就坐在置於火缽周圍的幾張椅子上取暖，柳田則坐在書房的中央[65]。

本內特和柳田在意識型態上的立場不同，但在日本受到占領的背景下，從戰前便開始進行田野調查的日本知名學者，有必要和日本戰後初期的田野調查機構負責人彼此合作——不只有必要，更是不得不合作。

柳田和其他人所推薦的雇員，則歷經了語言測驗，並和三位美軍將校進行長達九十分鐘的面試。社會科學家小山隆其後回憶起這場艱辛面試的緊張心情，除了將校的提問難解外，也擔心戰爭期間，自己在民族研究所工作的經驗可能被輿情社會調查課發現[66]。反觀石田英一郎，由於他過去曾參與戰前日本的馬克思運動，因而遭到盤查，並被大日本帝國政府判刑入獄六年。他在應徵輿情社會調查課的工作時，引發了種種不安。輿情社會調查課極想錄取「有能力、屆臨退休之齡的紳士學者」石田，不希望他因為被認定有意識型態上的偏差而不錄取。駐日盟軍總司令部最後審查了在意識型態上支持軍國主義、法西斯主義，以及大日本帝國的石田在戰爭期間的研究，根據審查結果判定，已有確實證據，證明石田已拋棄早期對社會主義的偏好。諷刺的是，對石田本人而言，可謂最具妥協意味的研究論文，竟讓他在美國對共產主義抱持最強烈不安的時代中獲得職位[67]。

輿情社會調查課在長達一年的事前準備和紙上作業調查後，實施了以占領期日本為對象的首次大規模田野研究「農地改革的影響評價」。駐日盟軍總司令部在一九四六年透過創造獨立的自耕農階級，欲「打破傳統農地封建制度，建立民主主義的生活形態」，下令分割地主所擁有的大量農地並重新分配[68]。為了評價農地改革所帶來的社會和經濟變化，麥克阿瑟邀請輿情社會調查課共同執行人、在美國農業部獲得高度評價的社會科學家雷柏爾（Arthur F. Raper）共同參與。以雷柏爾為團隊負責人，代表四名來自各個專業領域的美國社會科學家和十五名日本社會科學家，自一九四七到四九年間，率領了多達三次，累計七個月的田野工作。雷柏爾回憶：「我被授予遴選日本農村社會學研究者的權利」。雷柏爾最後任用喜多野清一、小山隆、鈴木榮太郎等學

65 Letter from John W. Bennett to Kathryn G. Bennett, March 24, 1950, file 1, box 1, John W. Bennett Papers.

66 Tessa Morris-Suzuki, "Ethnic Engineering: Scientific Racism and Public Opinion Surveys in Midcentury Japan," *positions: east asia cultures critique* 8, no. 2 (2000): 503.

67 "Ishida Eiichirō," box 5870, Records of the Allied Operational and Occupation Headquarters.

68 Arthur F. Raper, *The Japanese Village in Transition* (Tokyo: General Headquarters, Supreme Commander for the Allied Powers, 1950), 12.

者，以及多名口譯員和筆譯員[69]。

接續著雷柏爾的調查，輿情社會調查課針對傳統的漁業權、鄰組[70]、家族及家庭組成、勞動管理、城市勞工及其消費問題、女性地位的變化、大企業改革、識字率和語言教育等種種主題，由科際整合的團隊實施田野調查[71]。美國研究者透過合作，得以避免不易克服的語言障礙。本內特針對某個調查的步驟，並表示：「（日本）社會學者向村公所的職員遞交一疊問卷調查，請求發送給村民並填寫，自己也來到村裡密集地進行訪問調查。正子和我則前往附近的村落，進行訪問調查。由於我還在學習中，所以只能做些不著邊際的一般訪問[72]。」

日本研究者透過參與共同研究，在幾乎不可能自行籌措調查計畫資金的時代，獲得了參與田野調查的機會。萬一口譯耗費太多時間，或是太過拘泥時，則由日本研究者代替美國研究者獨自調查。最終，透過日本學者所蒐集到的成果，在輿情社會調查課所有資料占比高達百分之九十五[73]。不諳日語的席爾茲回憶道，自己幾乎沒有去過當地調查，而是就日本研究者所呈交的報告進行編輯作業[74]。

即便是通曉日語的美籍學者，大多也發覺到，自身的日語能力，還不足以流暢表達在當地所遇到的情況。帕辛回憶道：

> 著手進行這項調查時，我以在研究生時代，於伊諾利州南部所進行的最後一次社會學調查、美國南部分酬佃農的相關知識，以及墨西哥農夫交流的經驗、閱讀人類學和農村社會學

一般書籍所獲得的知識等為養分。但是，我甚至缺乏語彙，足以表達映入眼簾的嶄新現象。所幸，我身邊有數位代表日本的農村社會學家擔任顧問，也受惠於知名的民俗學者柳田國男和其弟子、同事的關係[75]。

進行田野調查的美國研究者除了語言障礙外，也面臨到不為訊息提供者信賴的問題。在戰後初期許多農村社會裡，對於情報蒐集活動，村民會聯想到的是戰爭時期的特高警察[76]，因此對在村裡活動的研究者。本內特曾感嘆在某次調查之旅中所遭遇的事件。他說道：

---

69 Arthur F. Raper, *The Reminiscences of Dr. Arthur F. Raper* (New York: Oral History Research Office, Columbia University, 1971), 148.

70 編註：是日本近代以十戶人為單位的鄰里互助團體。

71 John W. Bennett, "Summary of Major Research Problems of the Public Opinion & Sociological Research Division, CIE" file 4, box 1, John W. Bennett Papers.

72 Letter from John W. Bennett to Kathryn G. Bennett, Sept. 13, 1949, file 1, box 1, John W. Bennett Papers.

73 Bennett, "Summary of Major Research Problems of the Public Opinion and Sociological Research Division, CIE."(repetition of citation in footnote 70)

74 Sills, oral history, 12.

75 Passin, *Encounter with Japan*, 143.

76 編註：大日本帝國時期的祕密警察組織，於一九四五年廢除。

北海道政府的一位代表人與美國聖公會親切的老牧師（日本人）伴隨我們行動，在某個村裡，還包括村長和三名村公所職員、負責接待我們的人，以及其他一大群人（雖已向我們說明了各自的職務，但我還是不太清楚這些人的職責）。幸好隔天北海道政府的代表離開了，但老牧師到最後的最後，仍一直陪著我們[77]！

遇到這些隨行者的本內特感嘆道：「這些人沒說出任何一句有記錄價值的話」[78]。為了緩和人們對美國研究者的懷疑，日本研究者是不可或缺的夥伴。帕辛回想到，「在某個村莊能夠順利安排問卷調查的事，是因為輿情社會調查課的成員喜多野清一教授先前便熟知該村莊的情形，村人因而親切地歡迎調查團隊」[79]。

由於駐軍公布隔年將行廢止的決定，輿情社會調查課便於一九五一年六月解散。但輿情社會調查課的結束並非日美研究合作的結束，而是新時代的開始。駐日盟軍總司令部所負責並認可的學術活動和資金提供的業務，及其對日本的主導權，一同移交給美國的基金會、公立大學、美軍，以及對地緣政治學議題和意識型態投入更加不明顯的其他機關。本內特回到俄亥俄州立大學，接受俄亥俄州立大學、美軍，以及其他各種贊助機關的支援，以做為聯繫日美學界橋樑的角色而持續活動。本內特持續與過去的工作夥伴保持聯絡，設立日本學圖書館，企畫交換留學計畫。他也接待過許多的客座研究員，其中包括後來接任文部大臣的社會學學者永井道雄[80]。本內特也成立了「日本社會關係調查計畫」，主要任務為彙整輿情社會調查課所累積的資料並將其歸檔。帕辛和石野兩人亦參與這項計畫。帕辛自一九五三到五四年為止，石野則約長達五年間，以研究助理及助理教授的身分，協助這項計畫。石野其後接受密西根州立大學教授一職，在他長久的職涯中，他定期回到日本，進行田野調查[81]。石野的夥伴、日裔第二代土山也為了擔任人類學教授一職而持續努力，卻受到人種和性別歧視所阻，最後接受訓練成為圖書館館員[82]。

日本研究者在這段期間也持續擔任美國研究者調查現場的重要夥伴。在占領時期結束時，在駐日盟軍總司令部許可下，設立了密西根大學教授理查・比爾茲萊、約翰・霍爾（John Hall）、羅伯特・瓦德（Robert Ward）所規畫的跨學科研究據點，即密西根大學日本研究所岡山分室（名為岡山田野調查站）。岡山田野調查站的創設人，除了人類學者、歷史學者、政治學者外，也包括經濟學者、心理學者、醫師、歷史學者、日語和日本文學專家等。從一九五〇年春到一九五四年夏，岡山田野調查站的團隊以「新池村」為對象，不間斷地進行觀察，進一步的追蹤考察甚至

---

77 John W. Bennett, Journal, May 24, 1949, file 1, box 1, John W. Bennett Papers.

78 同前註，May 22-23, 1949。

79 Herbert Passin, "Report of Field Trip to Yuzurihara," 1. Herbert Passin Collection, "Field Trip to Yuzurihara Report." Special Collections, DuBois Library, University of Massachusetts at Amherst.

80 Despres, "An Interview with John W. Bennett," 653-654.

81 Chartkoff, "Iwao Ishino," 534-537.

82 Hirabayashi, *The Politics of Fieldwork*, 159.

持續到一九五七年春季為止。彙整這些觀察調查結果的研究論文《日本之村》（*Village Japan*）發表於一九五九年。「藉由多位日本研究者的合作，這個計畫在異文化間及國際學術合作上帶來了罕見的滿意度和精神上的富足」，比爾茲萊如此回憶[83]。他也提及「存在於日本區域研究領域的豐富研究文獻」，並說：「（《日本之村》的）作者群廣泛調查並參閱了這些文獻……對於這些文獻，我想表達深摯的感謝之意」[84]。

日本研究者也對美國研究者到岡山以外的地方提供協助。羅伯特・史密斯在一九五一年夏天，為了在岡山田野調查站進行撰寫博士論文的調查，搭船前往日本。但是，抵達岡山田野調查站之後，史密斯才了解到，這個遠離俗世的環境，對於實現「沉浸」（immersion）人類學調查的必需條件是不利的。史密斯接受建議，前往有大半農村的四國，探詢進行調查的可能性，並在香川縣縣府意外地和通譯員佐藤哲夫相識。史密斯選擇做為調查對象村莊的村長，驚歎於佐藤的專業及能力，拜其所賜，他受到村民出乎尋常的溫暖款待，並得到協助[85]。史密斯的研究，最後出版為《來栖村的近代化與代價》（*Kurusu: The Price of Progress in a Japanese Village, 1951-1975*）一書。在這本書的謝辭裡，史密斯提到佐藤，對於他「價值無法估量」的支援表示感謝。他也提到出生於日本，並在一九五五年結婚的妻子和子・史密斯（Kazuko Smith），文中說明她是這次研究「能力相當的夥伴」之一[86]。史密斯的經歷和許多和他屬於同一世代的研究者一樣，在發展上除了日本研究者之外，也受惠於配偶的語言和知識能力。

自一九五〇年代前半起，由於日本經濟的復甦，日本的專家協會漸漸能夠自行籌措組織科際整合團隊進行當地調查計畫的資金。這些計畫有一部分也邀請了美國人參與。一九五〇年夏天，比爾茲萊和他指導的研究生愛德華・諾貝克（Edward Norbeck）加入日本研究者所組織的對馬調查隊。比爾茲萊由衷感謝這次經驗，在給妻子的信上他寫道，「來到對馬以後，雀躍的心情與日俱增[87]」。隔年夏天，日本民俗學會所企畫的北海道調查旅行，也有專攻人類學的研究生約翰・B・康乃爾（John B. Cornell）。康乃爾在一九六四年將其研究成果發表在人類學領域的代表學術期刊《美國人類學家》（*American Anthropologist*）上。這篇論文是戰後第一篇由美國人執筆、撰寫有關阿伊努人的學術論文。康乃爾在論文裡特別感謝石田英一郎的指導[88]。

---

83 Richard Beardsley, John W. Hall, and Robert E. Ward, *Village Japan* (Chicago: University of Chicago Press, 1959), xiii.

84 同前註，ix。

85 Smith, interview by Akita.

86 Robert J. Smith, *Kurusu: The Price of Progress in a Japanese Village, 1951-1975* (Stanford, CA: Stanford University Press, 1978), xv. ロバート・J・スミス著，河村能夫／久力丈夫譯，《来栖むらの近代化と代償》（東京都：ミネルヴァ書房，1982）。

87 Letter from Richard K. Beardsley to Grace Beardsley, July 18, 1950, file "Japan — Tsushima — Plans and Notes, 1950," box 3, Richard K. Beardsley Papers, Bentley Historical Library, University of Michigan.

88 John B. Cornell, "Ainu Assimilation and Cultural Extinction: Acculturation Policy in Hokkaido," *Ethnology* 3, no. 3 (1964): 304.

在調查現場的合作，除了創造知識外，也透過人與人之間的長期交流，形塑出日本學。根據戰後初期田野工作的說明文獻，日本研究者時常強調與美國研究者間的協助及合作。許多日本研究者猶然記得，雷柏爾是「建構良好交友關係的才華人士[89]」。有關一九五三年美國研究者與日本研究者所組成的調查團隊，身為經濟學家的東京大學校長矢內原忠雄記錄了雙方互相尊重的氛圍：

> 美籍教授既是賓客，也是我們的研究夥伴。他們不是為了美國的政治宣傳活動而來到這裡，也不是為了斷定日本人對美國人的情感而來的。我們是站在學問這個對等的土壤上，在追求科學事實的過程中有著共同目標的同伴……因此，我們不知不覺間，成為一同建構世界和平真正基礎的工作夥伴[90]。

針對這種合作關係，美國研究者所抱持的正面想法，和日本人如出一轍。例如，比爾茲萊曾描述對馬期間的生活，他寫道：「談到我至今在這個地方的經驗……在這裡相識的兩、三名民俗學學者，他們無不力圖簡要且體系性地說明自身的調查結果，這對我來說，幫助非常大。他們了解我們由於語言方面的障礙……（所以）關心我們的人身安全，唯恐我們迷路[91]」。雷柏爾也欣慰地回憶起自己加入團隊的事，並寫下有關國民性的既定觀念：

我為日本研究者的傑出能力深受感動。他們處處受到管制。回到國內後，我深信，倘使美國和日本的文明命運取決於是否習得微積分，日本將活存下來，美國則否。因為，日本人只要有學習微積分學的需要，將全員投入，並在一年內學會微積分，同時整合出相應的學習體制[92]。

在輿情社會調查課內部，由於日本研究者的年齡長於年輕且資歷較淺的美國人成員，而且知識也相對豐富，因此得以預防原先擔憂的贏家、輸家的金字塔階級式互動。美國人尊重日本研究者豐富的專門知識和研究成果，日本人則對聯合國採取謙虛的態度，總體而言，他們磨合出一種建設性的共事關係。在駐軍的官僚制度內，所幸輿情社會調查課的位階較低，才能不受駐日盟軍總司令毫無彈性的指揮統御所影響，行事相對自由。本內特在回憶某個團隊的當地調查計畫的文章中，描寫了自身所屬單位的成員和來自駐軍其他單位的隨行人員，兩者之間的態度極為不同：

---

89 Sol Tax, Diary of Trip to Asia, December 1958-Jan. 1959, file 1, box 21, Current Anthropology Records, Special Collections Research Center, University of Chicago Library.

90 Yanaihara Tadao, "Opening Address, July 13, 1953, file 1, box 2, American Studies Seminars in Japan Records (SC0266), Dept. of Special Collections and University Archives, Stanford University Libraries, Stanford, CA.

91 Letter from Richard K. Beardsley to Grace Beardsley, July 18, 1950.

92 Raper, *The Reminiscences of Dr. Arthur F. Raper*, 149.

> 隨行調查的其他美國人，大多年長，身材高挑，容貌儀態出眾，不論男女都散發著美式風格。他們似乎無法理解我們（和日本研究者）之間，由於共鳴和友情所形成的關係……這些頑強又重視物質的美國男性認為，參加調查之旅的日本人自然應該扮演僕人的角色，因而對我們之間的關係感到困惑[93]。

對於許多針對這種關係有所不滿的職員，本內特則寫道：「我避免和駐軍的其他美國人及關係人士距離過近……我們主要來往的對象，是和我們一樣，對日本有同樣看法的美國人，所以，我們是自行遠離和駐軍關係人員交流的圈子」。本內特又回想，自身所屬單位的成員和日本研究者往來密切，這對駐日盟軍總司令部而言，甚至可能成為有損該單位信譽的因素，於是他直率且毫不含蓄地表示：「我們這個單位，在最重要的政策決定上沒有多大的影響力[94]」。

可惜，縱使再怎麼主張對等的立場，也無法完全掩蓋一種權力落差，亦即美國學者擁有可左右位於太平洋彼端日本研究者資歷的命運的權力。駐軍喜歡為自身服務的學者，在一九六〇年代後半前，由美國當局獲准嚴選的日本學者支配國內學術界的情勢。與美國人共同研究的經驗，在戰後初期，是幾乎所有日本學者獲得教職的重要條件。駐日盟軍總司令部也在圖書館、博物館、學術期刊編輯委員會、獨立調查組織等單位，配置了親美派[95]。而這些日本人能夠優先獲得寶貴的留學機會。以五十一名申請到研究獎學金的人為對象的問卷調查裡，擁有為占領軍服務經驗的人高達十七人，不只如此，其他應答者也被指出，曾接受駐日盟軍總司令部的鼓勵及支援[96]。像洛克菲勒基金會和卡內基研究會這類美國基金會，其所贊助的對象，是對美國全球化議題表達支持的學者。另一方面，對現代化表示異議的學者，則遭到組織和學界排擠，而外於主流。

迫於知識同調的壓力，對於戰後初期美國的日本學者而言也同樣沉重。在此強調，當時許多美國的日本學研究者想法自由，對駐日盟軍總司令部的右翼思維深感焦慮。一九五〇年代麥卡錫主義席捲美國全境時，也有人排斥在政府直屬機關工作[97]。但是，在冷戰達到最高峰的時期，獲得贊助金的支付、刊登論文，得到一份終身職（tenure）的機會，攀升到組織高層並參與倡議現代化，這些絕非偶然。在這些人當中，有多數人在人生晚年的「成功經驗談」中在在表示，在學術活動中未曾感受到「任何形式的政治壓力」，這意味著他們對現代化這個意識型態抱有深厚的一體感[98]。與他們的經驗相左地，是抱持左翼思維的反對論者無法在學界活躍。赫伯特・帕辛便是如此。他以在芝加哥大學時參與學生運動、從事社會主義雜誌編輯為由，被麥卡錫主義支持者

93 John W. Bennett, Journal, May22-23, 1941, file 1, box 1, John W. Bennett Papers.

94 Bennett, "Summary of Major Research Problems of the Public Opinion & Sociological Research Division, CIE."

95 Letter from Ishino Iwao to John W. Bennett, Jun. 5, 1951, file 197, box 20, John W. Bennett Papers.

96 Bennett, Passin, and McKnight, *In Search of Identity,* 108.

97 Smith, interview by Akita.

98 Richard K. Beardsley, oral history interview by George Akita, Oral History of Japanese Studies Scholars 1960s-1980s. March. 5, 1976.

視為眼中釘。帕辛其後未能取得終身職的教授職位[99]。冷戰初期，日本學就學問而言帶有活絡的氛圍，然而，這樣的氛圍，不外乎是在受到強烈要求、必須對美國所指示的意識型態表示忠誠的社會情勢下才會產生。

四、從現在到未來——「日本學將會消逝」？

借用歷史學者埃德溫·賴肖爾的形容，一九六〇年以前，美國的日本學變成「基礎強大、堅固的龐大組織[100]」。以日本為專業領域的學者超過五百人，分散於近一百五十所大學，其專業領域遍及近二十種。由於沒有日本學的全國組織，亞洲研究學會（遠東協會的後繼組織）扮演起這個角色。亞洲研究學會發行了學術期刊、通訊、年度文獻目錄以及研究論文集，舉辦年度會議並支援地區會議，就業介紹服務、贊助金及其他基金會、機關的合約管理等[101]。美國學術團體聯合會、美國社會科學研究會議（Social Science Research Council）、傅爾布萊特基金會向需要研究支援的研究生和大學教師支付研究獎助金。某個在大學部學生階段觀察當時狀況的學生表示，「有相當人數的學生，湧至和亞太地區有關的學程」。一九六〇年，學習日語的大學生約兩千人，一九六三年增加到約三千人。有關東亞的教育，在高中小學也極為盛行[102]。

在許多方面，日本和美國學界間最初建立的關係仍緊密維繫。為了支撐美國的日本學，國家扮演著持續性的角色。例如一九六二年，約翰·甘迺迪總統和池田勇人首相設立了日美文化教育交流會議（CULCON）。日本研究者得到美國各類機關的支援，以學生和教師的身分持續前往美國。一九六四年，有相當人數的日本學者加入亞洲研究學會。除日本人以外，所有外國會員人數增加了近兩倍[103]。各個學者持續自發性地透過教育機構持續合作。例如密西根大學日本研究所的教師和日本研究員共同展開觀察岡山村落生活的動態。其他兩國間的合作計畫裡，也有現代檔案或古典、古文書等翻譯，以及近代初期的社會、法制以及人口統計的歷史、在日韓國人、稻米政治經濟學、外交政策等主題內容[104]。在研究現場以外的場合，也進行了分享和提供進行中研究的反饋、提供介紹信和所屬單位，以及企畫共同會議、營運或演講等形態的相關合作[105]。

---

99 Passin, interview by Akita.

100 Edwin O. Reischauer, oral history interview, Marlene J. Mayo Oral Histories. November 1, 1979.

101 Robert I. Crane, "News of the Profession: The First Ten Years of the Association for Asian Studies, 1948-1958," *Journal of Asian Studies* 17, no. 4 (1958): 657; "News of the Profession: Annual Report of the Association for Asian Studies, 1963-1964," *Journal of Asian Studies* 23, no. 4 (1964): 645.

102 Cameron, "Far Eastern Studies in the United States," 126; Jansen, "Stages of Growth," 50-51.

103 "News of the Profession" (1958), 651.

104 Elizabeth T. Massey and Joseph A. Massey, *CULCON Report on Japanese Studies at Colleges and Universities in the United States in the Mid-70s* (New York: Japan Society, 1977), 129-130.

105 Patricia G. Steinhoff, *Japanese Studies in the United States and Canada: Continuities and Opportunities* (Tokyo: Japan Foundation, 2007), 71.

雖然存在著這些聯繫，進入一九六〇年代，日本學在相隔太平洋的日美兩國間到發展愈來愈能夠自給自足的境地。由於日本的經濟復興，日本研究者得以脫離依賴美國資金的狀態。在美國，某些在駐軍擁有服務經驗的日本學研究者世代取得終身職，得到栽培日本學後繼人材的特權。而博物館、圖書館、語言學程、論文期刊等支援資源的增加，對他們而言，也只是順水推舟。最終，美國國內首次得以正式進行日本學研究。受惠於英文二手資料和翻譯資料等語言資料的完備，甚至可以不用學習日語便進行有關日本的學術研究。即便如此，某位經歷過當時狀況的人寫道：

今日的博士候選人，被期許能以原文活用日文資料，並將這些資料運用在自身投稿的論文中，且該研究對日美學界雙方而言，是有意義的……就這層意義來說，日本學已臻成熟……完整的敘述手法和數據蒐集方法已不再被視為最重要的條件。在美國，獲得敘述性回答的能力已是理所當然。日本學領域接下來要著重的，將是更理論性的問題[106]。

強化日本和美國日本學分歧的，是兩國知識議題的差異。美國研究者偏好因應美國學界的手法、經驗、理論趨勢來選擇研究主題，而非依循日本研究者[107]。也有美國研究者認為，日本的學術論文命題或論述看似不夠充分而不予認同（命題或論述不足的這個批判，至今仍時有所聞）。另一方面，一九六二年，馬里厄斯・詹森（Marius B. Jansen）在寄給羅伯特・史密斯的書信中，則寫道：「美國的日本學……就算日本人再怎麼表現出對於與自身相異觀點的感謝心情，大多也只是被許多日本人覺得有趣，並寬以待之而已[108]」。

做為意識型態的現代化，就算漸漸遭到摒棄，依然發揮了弱化日美學者知識團結的作用。冷戰初期，透過宣示趨近於現代化的信念，太平洋兩岸的學者彼此團結。但是，在進入到一九六〇年代的時刻，在美國強化其地緣政治學主張的狀況下，許多學者開始對民主主義、資本主義以及和平的實現的可能性抱持懷疑。一九六〇年代的十年間，共舉辦了六場長達一週的研究講習。這些研究講習匯集以日本為研究對象，多達八門以上學術領域的日美研究者（以及大英國協的研究者數名），重新思考了現代化的意義。在「箱根會議」中，許多美國參加者表示：「日本的確改變樣貌成為美國價值觀的堡壘」，但據說他們也對日方參加者的「激烈反應感到錯愕」（詳情請參考第三章）。日方與會人士主張民主主義、資本主義、和平尚未完全達成[109]。出席箱根會議的日本研究者更避免宣示，日本已有引領亞洲的準備，他們指稱，這般發言和戰爭期間為正當化帝國主義而宣稱日本人種及文化優越是一樣的。同時又強調，日本所經歷的過程是和追求普遍化和

---

106 Quoted in Jansen, "Stages of Growth," 54.

107 Steinhoff, *Japanese Studies in the United States and Canada*, 8.

108 Letter from Marius B. Jansen to Robert J. Smith, August 2, 1962, in "Jansen, Marius B., 1950-1992," box 23, Marion J. Levy Jr. Papers.

109 Beardsley, interview by Akita.

現代化的想法無法相容的特異經驗[110]。

日本學者尤其擔憂由於現代化，將所衍生出的一個問題，那就是日本看似毫無保留地支持美國主導世界。例如既是歷史學者又是哲學家的鶴見俊輔，在自費發行的學術雜誌《思想之科學》中，譴責了美國的攻擊性。政治學者丸山真男陸續發表了幾本書和數篇論文，力陳日本國民必須擁有不屈於外部壓力的能力[111]。這些學者對於民主主義、資本主義、和平理想本身雖未表示異議，卻感嘆這些理想被利用在正當化冷戰和對開發中國家的壓迫上。對部分美國人來說，這些批判難以接受。愛德華・賽登施蒂克（Edward G. Seidensticker）針對東京大學的學生有如下評價：

> 在我身邊的學生，無疑是非常知性的青年……但是他們並不友善，強烈執著於自身的想法，太過傾向某一種理論……他們那種美國對於世界上所有的惡害、疾病、痛苦等負面現象，都應負起責任的世界觀，令人難以接受……我對他們的世界觀感到憤怒，但總體而言，輕蔑的心情更甚於憤怒。他們顯然有才能，卻看似以錯誤的方式發揮這些才能。總而言之，他們的世界觀和擁有絕佳思考能力的自我特質並不相稱[112]。

正如賽登施蒂克的直率意見所示，意識型態的分歧形成了一道阻撓兩國在日本學中合作的障礙，不易推倒，而且障礙愈來愈高。

即使是冷戰結束已過三十年的今天，日本學已然回不去早期的合作體質。起初那般必須合作的理由已不復存。日美兩國的日本學研究機構已經完備，可以自主運作。然而，美國的日本學研究機構在一九九〇年代達到巔峰後有所縮減。目睹此過程的人們，指出了種種因素解釋二十一世紀美國學者對日本興趣有所消退的原因。例如，美國大學生人數減少，促使大學整體的規模縮小。日本學過去所屬的人文科學和社會科學等兩個領域，苦於一種普遍認知，亦即既無法展現對當代社會的重要性，也無法成為求職時的職業技能。另一方面，還有一個原因是，由於美國對中國及中東地區在戰略上和安全保障上的利害關係，過去對日本投注的心力和資源轉向這些國家和地區。而其中最百害而無一利的障礙，或許歸因於日本人無法將其經濟能量轉換到人權、綠色能源、移民，並在其他活動中，轉化成引領世界的領導能力，日本做為研究對象的魅力因而消失。亞洲研究學會年度集會的二〇一九年圓桌會議上，與會者討論了即將來臨的「日本學之死」。出

---

110 Marius B. Jansen, ed., *Changing Japanese Attitudes toward Modernization* (Princeton, NJ: Princeton University Press, 1965); Victor Koschmann, "Modernization and Democratic Values: The 'Japanese Model' in the 1960s," in *Staging Growth: Modernization, Development, and the Global Cold War*, eds. David C. Engerman, Nils Gilman, Michael E. Latham, and Mark H. Haefele (Amherst: University of Massachusetts Press, 2003), 225-250.

111 Adam Bronson, *One Hundred Million Philosophers: Science of Thought and the Culture of Democracy in Postwar Japan* (Honolulu: University of Hawai'i Press, 2016); Rikki Kersten, *Democracy in Post-War Japan: Maruyama Masao and the Search for Autonomy* (New York: Routledge, 2013).

112 Edward Seidensticker, oral history interview, Marlene J. Mayo Oral Histories. November 10, 1978.

席人士盡皆同意：日本學之死，絕非毫無道理的預言[113]。今後若是這個趨勢仍然持續，在美國專攻日本學的學生，可能會和一九五〇年代的前輩一樣，追求強化和在日本攻讀日本學的學生間的知識整合。

參考資料

一手史料

American Studies Seminars in Japan Records (SC0266), Dept. of Special Collections and University Archives, Stanford University Libraries, Stanford, CA.

Current Anthropology Records, Special Collections Research Center, University of Chicago Library. Fred Eggan Papers, 1870-1991, Archival Biographical Files, Special Collections Research Center, University of Chicago Library.

Herbert Passin Collection, Special Collections, DuBois Library, University of Massachusetts at Amherst. Izumi Seichi archive. National Museum for Ethnology. John W. Bennett Papers (RARE.CMS.119), Rare Books and Manuscripts: Collections, Rare Books and Manuscripts Library, Ohio State University.

Julian H. Steward papers, 1842-1976, University of Illinois Archives, University Library, University of Illinois at Urbana-Champaign.

Marion J. Levy, Jr. papers, COU: 985:07:73:01. University of Colorado Boulder Libraries, Special Collections & Archives.

Records of the Allied Operational and Occupation Headquarters (RG 331), National Archives at College Park.

RG 10. 1, Izumi Seichi. Rockefeller Archive Center.

Richard K. Beardsley Papers, Bentley Historical Library, University of Michigan.

口述歷史

Beardsley, Richard K. oral history interview by George Akita, Oral History of Japanese Studies Scholars 1960s-1980s. Mar. 5, 1976.

Bowers, Faubion. oral history interview, Marlene J. Mayo Oral Histories. July 22, 1982.

Bowles, Gordon. oral history interview, Marlene J. Mayo Oral Histories. August 23-24, 1980.

Hadley, Eleanor. oral history interview, Marlene J. Mayo Oral Histories. November 4, 1978, Gordon W. Prange Collection, University of Maryland.

Hadley, Eleanor. oral history interview by George Akita, Oral History of Japanese Studies Scholars 1960s-1980s. June 20, 1982. Japan Collection, Hamilton Library, University of Hawai'i at Mānoa.

Jorden, Eleanor. oral history interview, Marlene J. Mayo Oral Histories, Gordon W. Prange Collection, University of Maryland. Apt. 24, 1981.

Kobayashi, Key. oral history interview, Marlene J. Mayo Oral Histories. October 18, 1978.

Maki, John M. oral history interview, Marlene J. Mayo Oral Histories. November 3, 1979.

Passin, Herbert oral history interview by George Akita, Oral History of Japanese Studies Scholars 1960s-1980s. July. 22, 1977.

Reischauer, Edwin O. oral history interview, Marlene J. Mayo Oral Histories. November 1, 1979.

Seidensticker, Edward. oral history interview, Marlene J. Mayo Oral Histories. November 10, 1978.

Sills, David L. oral history interview, Marlene J. Mayo Oral Histories, Gordon W. Prange Collection, University of Maryland, 17. April 14, 1979.

113 Association for Asian Studies annual meeting, March 22, 2019, Denver, CO.

Smith, Robert J. oral history interview by George Akita, Oral History of Japanese Studies Scholars 1960s-1980s. December 21, 1978.

二手史料

Beardsley, Richard K. with John B. Cornell and Edward Norbeck. *Bibliographic Materials in the Japanese Language on Far Eastern Archaeology and Ethnology*. Ann Arbor: University of Michigan Press, 1950.

Beardsley, Richard. John W. Hall, and Robert E. Ward. *Village Japan*, Chicago: University of Chicago Press, 1959.

Baerwald, Hans H. *The Purge of Japanese Leaders under the Occupation*. Berkeley: University of California Press, 1959.

Bennett, John W., Herbert Passin, and Robert K. McKnight. *In Search of Identity: The Japanese Overseas Scholar in America and Japan*. Minneapolis: University of Minnesota Press, 1958.

Berry, Mary Elizabeth. *Japan in Print: Information and Nation in the Early Modern Period*. Berkeley: University of California Press, 2006

Borton, Hugh. *The Reminiscences of Hugh Borton*. New York: Oral History Research Office, Columbia University, 1958.

Bronson, Adam. *One Hundred Million Philosophers: Science of Thought and the Culture of Democracy in Postwar Japan*. Honolulu: University of Hawai'i Press, 2016.

Cameron, Meribeth E. "Far Eastern Studies in the United States." *Far Eastern Quarterly* 7, no. 2 (1948): 115-135.

Chartkoff, Joseph L. "Iwao Ishino (1921-2012)." *American Anthropologist* 115, no. 3 (2013): 534-537.

Cornell, John B. "Ainu Assimilation and Cultural Extinction: Acculturation Policy in Hokkaido." *Ethnology 3*, no. 3 (1964): 287-304.

Crane, Robert I. "News of the Profession: The First Ten Years of the Association for Asian Studies, 1948-1958," *Journal of Asian Studies* 17, no. 4 (1958): 657-668.

Crane, Robert I. "News of the Profession: Annual Report of the Association for Asian Studies, 1963-1964,"*Journal of Asian Studies*

23, no. 4 (1963): 645-666.

Despres, Leo. "An Interview with John W. Bennett." *Current Anthropology* 35, no. 5 (1994): 653-664.

Dower, John W. *Embracing Defeat: Japan in the Wake of World War II*. New York: W. W. Norton, 1999.

Erickson, Paul J., Judy L. Klein, Lorraine Daston, Rebecca Lemov, Thomas Sturm, and Michael D. Gordin, *How Reason Almost Lost Its Mind: The Strange Career of Cold War Rationality*. Chicago: University of Chicago Press, 2013.

Ford, Clellan S. *Human Relations Area Files 1949-1969: A Twenty-Year Report*. New Haven, CT: Human Relations Area Files, 1970.

Garon, Sheldon. "Rethinking Modernization and Modernity in Japanese History: A Focus on State-Society Relations." *Journal of Asian Studies* 53, no. 2 (1994): 346-366.

Gluck, Carol. "House of Mirrors: American History-Writing on Japan." In *Imagined Histories: American Historians Interpret the Past*, eds. Anthony Molho and Gordon S. Wood, Princeton, NJ: Princeton University Press, 2018,

Hardacre, Helen, ed. *The Postwar Developments of Japanese Studies in the United States*. Boston: Brill, 1998.

Harris, Sheldon H. *Factories of Death Japanese Biological Warfare, 1932-1945, and the American Cover-Up*. New York: Routledge, 1994.

Harootunian H. D. and Masao Miyoshi, "Introduction: The 'Afterlife' of Area Studies." In *Learning Places: The Afterlives of Area Studies*, eds. Masao Miyoshi and H. D. Harootunian Durham, NC. Duke University Press, 2002, 1-18.

Henderhot, Clarence. "Role of the Shan States in the Japanese Conquest of Burma." *Far Eastern Quarterly* 2, no. 3 (1943): 253-258.

Hirabayashi, Lane Ryo. *The Politics of Fieldwork: Research in an American Concentration Camp*. Tucson: University of Arizona Press, 1999.

Japan Foundation ed. *Japanese Studies in the United States Part I: History and Present Condition*. Ann Arbor, MI: Association for Asian Studies, 1988.

Jansen, Marius B. ed. *Changing Japanese Attitudes toward Modernization*. Princeton, NJ: Princeton University Press, 1965.

Kingsberg Kadia, Miriam. *Into the Field: Human Scientists of Transwar Japan*, Stanford, CA: Stanford University Press, 2020.

Kersten, Rikki. *Democracy in Pet-War Japan: Maruyama Masao and the Search for Autonomy*. New York: Routledge, 2013.

Koschmann, Victor. "Modernization and Democratic Values: The Japanese Model' in the 1960s." In *Staging Growth: Modernization, Development, and the Global Cold War*, eds. David C. Engerman, Nils Gilman, Michael E. Latham, and Mark H. Haefele. Amherst: University of Massachusetts Press, 2003.

Latham, Michael E. *Modernization as Ideology: American Social Science and "Nation Building" in the Kennedy Era.* Chapel Hill: University of North Carolina Press, 2000.

Marcon, Federico. *The Knowledge of Nature and the Nature of Knowledge in Early Modern Japan*. Chicago: University of Chicago Press, 2015.

Massey Elizabeth T. and Joseph A. Massey, *CULCON Report on Japanese Studies at Colleges and Universities in the United States in the Mid-70s*. New York: Japan Society, 1977.

Morris Suzuki, Tessa. "Ethnic Engineering: Scientific Racism and Public Opinion Surveys in Midcentury Japan." *positions: east asia cultures critique* 8, no. 2 (2000): 499-529.

Murdock, George P. "The Cross-Cultural Survey." In *Readings in Cross-Cultural Methodology*, ed. Frank W. Moore. New Haven, CT: Human Relations Area Files Press, 1961.

Okamoto, Shiro. *The Man Who Saved Kabuki: Fashion Bowers and Theatre Censorship in Occupied Japan*, trans. Samuel L. Leiter. Honolulu: University of Hawai'i Press, 2001.

Pacific Science Association ed. *Proceedings of the Seventh Pacific Science Congress of the Pacific Science Association*, vol. 7, *Anthropology, Public Health and Nutrition, and Social Sciences*, Christchurch, New Zealand: Pegasus Press, 1953.

Passin, Herbert. *Encounter with Japan*. New York: Kōdansha America, 1982.

Pelzel, John C. "Japanese Ethnological and Sociological Research," *American Anthropologist* 50, no. 1(1948):54-72

Price, David H. Thatening *Anthropology: McCarthyom and the FBI's Surveillance of Activist Anthropologists*. Durham, NC: Duke University Press, 2004.

——. *Anthropological Intelligence: The Deployment and Neglect of American Anthropology in the Second World War*. Durham, NC: Duke University Press, 2008.

——. *Cold War Anthropology: The CIA, the Pentagon, and the Growth of Dual Use Anthropology*. Durham, NC: Duke University Press, 2016.

Raper, Arthur F. *The Japanese Village in Transition*. Tokyo: General Headquarters, Supreme Commander for the Allied Powers, 1950.

——. *The Reminiscences of Dr. Arthur F. Raper*. New York: Oral History Research Office, Columbia University, 1971.

Sebastian, Conrad. *The Quest for the Lost Nation: Writing History in Germany and Japan in the American Century*, trans. Alan Nothnagle. Berkeley: University of California Press, 2010.

Slesnick, Irwin Leonard and Carolyn Evelyn Slesnick, *Kanji & Codes: LearningJapanese for World War II*. Bellingham, WA: I.L. and C.E. Slesnick, 2006.

Smith, Robert J. *Kurusu: The Price of Progress in a Japanese Village, 1951-1975*. Stanford, CA: Stanford University Press, 1978.

Speier, Hans. "The Rise of Public Opinion." *In Propaganda and Communication in World History, vol. 2, Emergence of Public Opinion in the West*, eds. Harold D. Lasswell, Daniel Lerner, and Hans Speier. Honolulu: University of Hawai'i Press, 1980.

Spinks, Charles Nelson. "Origin of the Japanese Interests in Manchuria." *Far Eastern Quarterly* 2, no. 3(1943): 259-271.

Steinhoff, Patricia G. *Japanese Studies in the United States and Canada: Continuities and Opportunities*. Tokyo: Japan Foundation, 2007.

Stanton, David L. "The Origin, Nature, and Challenges of Area Studies in the United States." In *The Politics of Knowledge: Area Studies and the Disciplines*, ed. David L. Szanton. Berkeley: University of California Press, 2004.

Takakura, Shin'ichirō. *The Ainu of Northern Japan: A Study in Conquest and Acculturation*, trans. John A. Harrison. Philadelphia:

American Philosophical Society, 1960.

Tansman, Alan. "Japanese Studies: The Intangible Art of Translation." In *The Politics of Knowledge Area Studies and the Disciplines*, ed. David L. Szanton. Berkeley: University of California Press, 2004.

Totani, Yuma. *The Tokyo War Crimes Trial: The Pursuit of Justice in the Wake of World War II*. Cambridge, MA: Harvard University Asia Center, 2009.

U.S. Cultural Science Mission to Japan. *Report of the United States Cultural Science Minion to Japan*. Seattle: Institute of International Affairs, University of Washington at Seattle, 1949.

Watsuji TetsurŌ, Yamamoto Tadaoki, and Nishina Yoshio, eds. *A Bibliography of Representative Writings on Japanese Culture and Science*. Tokyo: Cultural Affairs Division, Office of Public Relations, Foreign Office, 1947.

第三章　一九六〇年代日美間的「現代化」爭論

——箱根會議上圍繞價值體系與歷史認識的斷層

藤岡真樹／著
周俊宇／譯

第二章將焦點放在美國第一世代的「日本學研究」者身上，藉此闡明第二次世界大戰期間日美研究者的合作關係對知識構築作出了貢獻。接下來，本章則將描述第二世代的日本研究者們在一九六〇年代圍繞著「現代化」理論，和日本方面的研究者們之間所形成的斷層。

箱根會議是日本早期接觸到來自美國現代化論的一場國際會議。這場會議舉辦於一九六〇年八月底到九月初，與會者包括在美國、英國、澳洲等國從事日本學研究（Japanese Studies）的研究者，以及丸山真男和高坂正顯等日本研究者，共有三十四人參加。當時美國的企圖是：日本是第二次世界大戰後，「幾乎可說是非西方國家唯一一個成功現代化、工業化的國家」，因此有意「在其近代歷史經驗當中〔中略〕，找出對低度開發國家推動有益開發的指導方針」[1]。參加箱根

1　原田三喜雄、宮本又次編，〈日本の近代化と経済発展〉，《アメリカの日本研究》（東京都：東洋経済新報社，1965），頁117。

會議的美國研究者，在此研究方針上，設定了如下的目標：(1)鼓勵日本學者「客觀」地研究日本的現代化；(2)說服日本研究者以日本現代化經驗為模型，向低度開發國家戰略性地「出口」日本現代化的經驗；(3)促使日本研究者向日本政府建言，要求制定政策，和以美國為盟主的自由世界共同行動，維持成長率[2]。實際上，宛如印證美國意圖，參加箱根會議的哈佛大學日本學教授埃德溫·賴肖爾就任約翰·甘迺迪（John F. Kennedy）政權駐日大使後，在《中央公論》（一九六一年十月號）上與經濟學者暨一橋大學教授中山伊知郎討論，表示日本的現代化「就整體來看，成效卓著」，並發言稱：「日本的案例應該成為低度開發國家的『模範』」[3]。賴肖爾這番見解，之後也未曾改變，在甘迺迪總統任內就任駐日大使後於《每日新聞》的投書中指出：「箱根會議就是要讓日本研究者自覺到，當代日本史最重要的特點之一是，與亞洲其他任一大國相較，日本在現代化上甚為成功」，他提出這個理論的一個用意是，要對抗持續給日本知識分子帶來影響的馬克思主義史觀[4]。

由前述可知，美方出席者在箱根會議上提出的「現代化」理論，不是沃爾特·羅斯托（Walt W. Rostow）等麻省理工學院國際問題研究中心（MITCIS）形成的現代化論。根據垣內健的研究，帶給日本的現代化論有兩個系譜。其中一個是「源自戰前的俄羅斯／蘇維埃研究，做為美國冷戰戰略的現代化論」[5]。這個系譜自一九五四年左右以麻省理工學院國際問題研究中心為據點正式展開研究，創造出羅斯托的《經濟增長的階段：非共產黨宣言》（*The Stages of Economic Growth: A Non-Communist Manifesto*）等現代化論。

另一個系譜是諾曼．赫伯特（Egerton H. Norman）和賴肖爾等加拿大和美國日本學研究者的系譜[6]。箱根會議上發表的，就是出自於該系譜的「現代化」論，是美國日本學研究者觀察太平洋戰爭後日本現代化的歷史而建構出的理論。再加上美國研究者抱有將自身「現代化」理論昇華至可推衍至亞洲，甚至是世界各國的野心[7]。本章以這個「現代化」論為對象，考察一九六〇年代與該理論接觸的日本以及美國研究者兩者之間，是否存在著「現代化」論的爭論？而衍生出爭

---

2 Victor Koschmann, "Modernization and Democratic Values: The 'Japanese Model' in the 1960s," in *Staging Growth: Modernization, Development, and the Global Cold War*, eds. David E. Engerman, Niles Gilman, Mark H. Haefele, and Micheal Latham (Amherst: University of Massachusetts Press, 2003), 226.

3 E・O・ライシャワー、中山伊知郎，〈日本近代化の歴史的評価（対談）〉，《中央公論》，第76號第9號（東京：中央公論社，1961年9月），頁97。

4 垣内健，〈日本研究と近代化論——『近代日本研究会議』を中心に〉，《比較社会文化研究》，第27號（福岡：九州大学大学院比較社会文化研究科，2010），頁4。

5 同前註。

6 同前註。

7 賴肖爾的「現代化」理論在縱軸是著眼於「完全民主主義——絕對專制主義」這個政治座標軸，在橫軸則是「完全統制經濟——完全自由經濟」這個經濟座標軸，使用四象限圖說明了現代化的過程。E・O・ライシャワー，《日本近代の新しい見方》（東京都：講談社，1965），頁130-160。詳如後述，現代化論是一個依論者而異，可被使用得融通無礙的學術知識。因此，本章在指稱與美國日本學研究系譜相連的「現代化」理論時，雖恐流於繁雜，仍加上「」（引號）。

論的斷層為何？

以下先介紹與本章有關的先行研究。朱利安・維克托・柯休曼（Julian Victor Koschmann）是自一九六〇年代後半起，活躍於學界的日本學研究者。他也在幾篇論文裡提及箱根會議[8]，然唯有關箱根會議彙整得最完整的論文，是收錄在大衛・恩格曼（David C. Engerman）等人所編《階段性成長》（*Staging Growth: Modernization, Development, and the Global Cold War*）中的〈現代化與民主主義的價值〉[9]。接著，松本三之介的《近代日本的知識狀況》和都筑勉的《戰後日本知識分子史》，相對於柯休曼論文，則是關注箱根會議本身的研究，著重箱根會議「以前」，日本知識分子史的脈絡，試圖在這層脈絡上理解箱根會議[10]。松本和都築的研究中皆已闡明，並且亦為本章的重要論點是：箱根會議的參加者，也包括「參與六〇年安保運動的日本知識分子」，他們不全然是馬克思主義的信奉者；儘管如此，美國的研究者卻認為，日本研究者整體受到馬克思主義的強烈影響[11]。例如，賴肖爾在箱根會議後不久，在《朝日新聞》的投書中就指出，「日本的學者時有囫圇吞棗馬克思主義這既成理論體系的傾向」[12]。

比較近期的研究，有金原左門的《「現代化」論的回轉與歷史敘述》、《日本近代的次領導者》、垣內健的〈日本研究與現代化論〉與〈關於丸山眞男「現代化」理論的變貌〉。和關注箱根會議本身的柯休曼，以及松本和都築關注箱根會議「以前」的觀點不同，金原和垣內所關注的是，箱根會議「以後」的時期，著重處理日美研究者之間爭論「現代化」理論[13]。

在各種相關討論指出，關注一九六〇年代駐日大使賴肖爾致力於向日本介紹「現代化」理論、與知識分子和勞工接觸，以及最後包含積極的寫作撰述活動在內的各種活動，也就是「賴肖爾攻勢」的重要性[14]。但是，金原也指出，賴肖爾在「辭去駐日大使後，開始批判白宮的亞洲政

---

8 J・ヴィクター・コシュマン，葛西弘隆譯，〈知識人と政治〉，收入アンドルー・ゴードン編，中村政則監譯，《歷史としての戦後日本（下）》（東京都：みすず書房，2001），頁417。〔J. Victor Koschmann, "Intellectuals and Politics," in Postwar Japan as History, ed. Andrew Gordon（Berkeley and Los Angeles: University of California Press, 1993），412-414〕。

9 Koschmann, "Modernization and Democratic Values.", 2003.

10 松本三之介，《近代日本の知的状況》（東京都：中央公論社，1974）、都筑勉，《戦後日本の知識人史——丸山眞男とその時代》（神奈川県：世織書房，1995）。

11 都筑，《戦後日本の知識人史》，頁389。

12 E・O・ライシャワー，〈東西「考え方」の交換——「ハコネ会議」に参加して〉，《朝日新聞》，1960年9月11日，頁7。

13 金原左門，《「近代化」論の転回と歴史叙述——政治変動下のひとつの史学史》（東京都：中央大学出版部，1999）。金原左門，《日本近代のサブ・リーダー——歴史をつくる闘い》（東京：日本経済評論社，2005）。垣内健，〈日本研究と近代化論〉、垣内健〈丸山眞男の「近代化」観の変容について——箱根会議の議論を中心に〉，《比較社会文化研究》，第25號（福岡県：九州大学大学院比較社会文化研究科，2009）。

14 例如，Koschmann, "Modernization and Democratic Values,"237-242; 垣内，〈日本研究と近代化論〉，頁4-6。根據池井優的研究，賴肖爾在知識分子方面僅與中山伊知郎和東京大學教授林健太郎等意識型態相近人物對談而已，但他還和社會黨、總評、民社黨等聯繫，促成了總評派國勞、炭勞、全遞、全電通、鐵道勞聯等勞工協會幹部訪問美國。池井優，〈アメリカの対日政策——ライシャワー大使の役割を中心として〉，《法学研究》，第43號（東京都：慶応義塾大学法学研究会，1970），頁72-73。

策」，且對美國自身企圖向日本「輸出」的「現代化」理論持批判態度[15]。同時，金原也提到，本章的關鍵人物，即美國日本學研究者約翰・霍爾（John W. Hall）和馬里厄斯・詹森（Marius B. Jansen）等「被稱為合眾國『現代化』論」的研究者，從一九六〇年代後半到一九七〇年代間，遭到約翰・道爾（John Dower）等美國日本學研究者批判，「開始重新檢討亞洲研究的方法」[16]。垣内也曾提出，「以不同世代來看美國的日本〔學〕研究者時，其中一種區分是，自戰爭期間開始活躍的賴肖爾和諾曼為第一世代，以一九六〇年代因現代化論而活躍的霍爾和詹森為第二世代，自越戰以後開始正式研究的是第三世代」，並在之後陳述，「約翰・道爾等新左翼世代（第三世代）」，在一九六八年一月的亞洲研究學會上，對以會長身分演講的霍爾有激烈反駁，甚至讓他脫口說出：「應該側耳傾聽他們（道爾等人）世代的主張」的一句話[17]。

過去先行研究所探討闡明的論點有三個：(1)霍爾和詹森等美國研究者在箱根會議闡釋和其後帶進一九六〇年代日本的「現代化」理論，並未被日本研究者接受，反而在整個一九六〇年代，成為日美之間爭論的火種；(2)日本研究者之所以對美國「現代化」理論持懷疑態度且發展為爭論，肇因於美國研究者認為，當時共產主義已廣泛在日本研究者之間滲透，並且全盤否定；(3)一九六〇年代後半以降，在道爾等年輕一輪世代的影響下，霍爾等人的「現代化」理論自此在美國論壇遭到否定。和本章相涉的是(1)和(3)，亦即是否能夠發現箱根會議，以及一九六〇年代的日本研究者，還有自一九六〇年代後半到一九七〇年代間，道爾等美國日本學研究者批判間的共振，乃至於共鳴。

本章受到二〇二〇年年初開始新冠疫情影響，無法調查在本章登場的美國日本學研究者的一手史料，因此在相關的議題上，並非根據史料進行的嚴謹檢驗。因此，本章將以思想史的方法，透過與一九六〇年代涉及「現代化」理論的相關人士論文等書面資料，檢視前述箱根會議中，日本的研究者和一九六〇年代後半美國的日本學研究者的思想共振，乃至於共鳴。本章主要的探討對象，是本書第二章部分處理的日本學研究者。本章的目的即在透過這樣的討論，了解有關於一九六〇年代日美間「現代化」理論爭論的歷史，並獲致該爭論基礎中所存在的斷層，尤其是圍繞在「價值體系」和「歷史認識」斷層上的觀點。

一、箱根會議上的爭論

（一）舉辦箱根會議的經過和與會人士

箱根會議的主辦單位是「近代日本研究會議」，原是密西根大學教授約翰·霍爾接受福特基

15　金原，《「近代化」論の転回と歴史叙述》，頁40。
16　同前註。
17　垣内，〈日本研究と近代化論〉，頁8。

金會和亞洲研究學會的支援而成立的組織[18]。在一九五八年四月於紐約舉辦的亞洲研究學會年度大會中，與會人士提議並同意設置此會議，十一月在密西根大學由馬里厄斯・詹森等五人籌備設立，霍爾擔任代表。近代日本研究會議的目的是，系統性地彙整過去各大學及研究機關未能進行的「日本學研究」成果，並累積研究成果，透過嶄新且具啟發性的想法及方法，探索研究近代日本的可能性[19]。這場會議依循五個研究主題，推出了五年計畫，預期每年舉辦一次研討會及成果發表，同時出版書籍。在一九六〇年八月二十九日到九月二日間於箱根舉辦的箱根會議（實際會議舉行日期為八月三十日到九月一日，為期三天）就是這五年的國際研討會的籌備會議[20]。

原本，霍爾發起近代日本學研究會議，是有意將帶有「異國情調」的日本學研究，統整成一學問體系，即「Japan Studies」，也曾將此想法告知詹森。根據垣內和海倫・哈德卡（Helen Hardacre）的研究，「霍爾和詹森等意在革除對『日本和日本人異國情調的刻版印象』，這個刻版印象盛行於第一世代的日本學研究者之間，他們的著作正是源於戰時敵國研究」，並修整具主導地位的「文化本質主義式的研究框架」[21]。這個日本學「第二世代」對於「第一世代」的認識，本書第二章也有所提及。

一九六〇年代，成為近代日本研究會議贊助單位的福特基金會和美國中央情報局整合步調，有意藉由資金支援大學發展區域研究。美國政府，尤其認為日本在經濟上的歷史經驗可做成開發中國家的範例[22]。總而言之，如本章開頭所述，參加箱根會議的美國學者抱有將福特基金會及美國政府的如斯意向貫注在議程的目的。

在美國這樣的意圖下，箱根會議於一九六〇年召開。會議的主要參與人事如下（《箱根會議議事錄》末尾的記載順序）。

羅奈爾得・多爾（Ronald Philip Dore）〔倫敦經濟學院副教授（社會學）〕
約翰・霍爾〔密西根大學教授（歷史學）〕
馬里厄斯・詹森〔普林斯頓大學教授（近代史）〕

---

18 Koschmann, "Modernization and Democratic Values," 227. 福特基金會向日本近代研究會議支出了總額三萬五千美元，而且是在第一年度的一九六〇年一次付清。垣内，〈日本研究と近代化論〉，頁2。

19 ジョン・ホイットニー・ホール，細谷千博譯，〈まえがき〉，收入マリウス・B・ジャンセン編，細谷千博編譯，《日本における近代化の問題》（東京都：岩波書店，1968年），頁ix〔John Whitney Hall, "Foreword" in *Changing Japanese Attitudes toward Modernization*, ed. Marius B. Jansen (Princeton: Princeton University Press, 1965), v〕。關於亞洲研究學會，請參閱本書第二章第四節。

20 垣内，〈日本研究と近代化論〉，頁1-2、垣内，〈丸山眞男の「近代化」観の変容について〉，頁14。

21 金原，《日本近代のサブ・リーダー》，頁185、垣内，〈日本研究と近代化論〉，頁3、ヘレン・ハーデカ，市川浩文、畑中健二譯，〈緒言〉，《季刊日本思想史》，No. 61（2002），頁7。

22 Bruce Cumings, "Boundary Displacement: The State, the Foundation, and Area Studies During and After the Cold War," in *Learning Places: The Afterlives of Area Studies,* eds. Masao Miyoshi and H. D. Harootunian (Durham: Duke University Press, 2002), 271; Koschmann, "Modernization and Democratic Values," 227.

加藤周一（英屬哥倫比亞大學助理教授（文藝評論．法國文學））
川島武宜（東京大學法學院教授（民法．法社會學））
高坂正顯（京都大學文學院教授（哲學））
小馬利昂．李維（普林斯頓大學教授（社會學））
丸山真男（東京大學法學院教授（政治學、政治思想史））
大內力（東京大學經濟學院教授（農業經濟學、財政學））
埃德溫．賴肖爾（哈佛大學教授（歷史學、文學））
坂田吉雄（京都大學人文科學研究中心教授（明治史））
遠山茂樹（橫濱市立大學文理學院教授（歷史學、近代史））[23]

除前列等二十八名研究者外，還有兩名觀察員，再加上時任加州大學柏克萊分校研究生的中村貞子（即其後任聯合國難民高等事務官的緒方貞子）等四名日本人，以日本營運委員會（含口譯）身分參加[24]。

（二）現代化社會的九項標準

一九六〇年八月三十日，為箱根會議召開的第一天。擔任主席的霍爾在開幕致詞中表示，「這三天的會議不是有關日本現代化個別的研究發表」，而是以「現代化的觀念與日本」為主題[25]。罕見的是，這場國際會議以日語為「官方語言」，因應需要方使用英語。第一天會議的上午，針對霍爾先前撰寫的論文〈現代化概念中的日本〉（Japan within the Concept of Modernization）中所提出的判定現代化的各項標準，進行探討[26]。霍爾在〈現代化概念中的日本〉所提示的〈現代化社會中九項本質性特徵〉（以下稱「現代化社會九項標準」），如下列所示：

(1) 相對高度的都市化
(2) 廣泛普及的閱讀書寫能力
(3) 較高的個人平均所得
(4) 廣泛普遍的地理社會移動性
(5) 經濟上相對高度的商品化傾向與工業化
(6) 廣泛普及於各階層的大眾媒體網絡

---

23 John W. Hall，金井圓、田辺龍郎編，《箱根会議議事録——Association for Asian Studies Conference on Modern Japan: Proceedings of Preliminary Seminars at Hakone, Japan, August. 30 to Sept. 1, 1960》（Tokyo: Not for Publication），1961年4月，頁77-79。
24 Koschmann, "Modernization and Democratic Values," 228.
25 John W. Hall等編，《箱根会議議事録》，頁1。
26 同前註。

(7) 社會成員在廣泛現代化社會過程中參與和互動

(8) 具備相對高度組織化的政府官僚主義統治形態，社會成員對此廣泛且普遍參與和互動

(9) 在科學性知識發展的基礎下，個人之於環境日漸轉向理性且非宗教的態度[27]

如霍爾本身所指出的，這「九項標準象徵著美國以自身為範例，致力於以客觀且可預測的普遍性過程展示現代化」，吸收、反映出這個時代的美國所進行的「現代化」理論研究[28]。事實上，這些標準的前七項是借自加布里埃爾．阿爾蒙德（Gabriel Abraham Almond）與詹姆斯．科爾曼（James Samuel Coleman）《開發中各地區的政治》（開発途上の諸地域での政治）[29]。另一方面，霍爾指出，這些標準的目標是：「創造包含具有各種歷史變化之現代化過程在內的概念性分析方法」[30]。具體而言，美國方面以霍爾為首的研究者，對於將現代化現象這個社會變動理論昇華為普遍性理論抱持高度興趣，導致箱根會議的爭論趨於激烈[31]。

會議的參與者應該都了解「羅斯托理論」等關於「現代化」的研究，並展現出對現代化論的關心。然而，許多日本研究者對以霍爾為首的美國研究者「未免過於客觀主義式的（中略）研究取徑」抱持疑慮[32]。根據《箱根會議議事錄》，對於霍爾所提出的「現代化社會九項標準」，首先由大內力提出異議。大內認為：「若是太過聚焦於日本的問題，那麼這個現代化的過程，就不得不做為資本主義的問題來思考」，結論指出霍爾的「現代化」範疇排除了社會主義[33]。大內的發言尖銳地說明，霍爾理論隱含的問題，就是「現代化社會九項標準」，最終只是為了討論日本的

現代化而設定，不能「套用在世界上的所有歷史上來討論現代化」。

霍爾等人盡可能簡化測度「現代化」指標的「現代化」理論，意在建構可適用於所有地區的普遍性理論，然而除大內外，也引起丸山真男和高坂正顯的反彈[34]。批判的急先鋒是當時民法與社會學者暨東京大學法學院教授川島武宜。

根據《箱根會議議事錄》，「針對大內氏所提，（霍爾）所謂達成現代化的標準，不但全然受限於資本主義的議題且完全聚焦在日本的一個問題，川島氏有諸多重要發言回應」[35]。首先，川島提問：「我想霍爾先生理應著眼於包含非洲和近東等地區在內的世界史規模演變過程，並在其中為日本找出定位」，指摘了霍爾的意圖。隨後他又陳述：日本研究者追求的「不僅適用於日

---

27 同前註，頁1-2。

28 コシュマン，葛西譯，〈知識人と政治〉，頁417。〔Koschmann, "Intellectuals and Politics." 413〕。

29 ホール，細谷譯，〈日本の近代化にかんする概念の変遷〉，頁15〔Hall, "Changing Conceptions of Modernization of Japan," 17-18〕、垣内，〈日本研究と近代化論〉，頁11。

30 John W. Hall等編，《箱根会議議事録》，頁9-11。

31 垣内，〈丸山眞男の「近代化」観の変容について〉，頁14。

32 コシュマン，葛西譯，〈知識人と政治〉，頁417-418。〔Koschmann, "Intellectuals and Politics." 413〕。

33 John W. Hall等編，《箱根会議議事録》，頁3。

34 垣内，〈丸山眞男の『近代化』観の変容について〉，頁16。

35 John W. Hall等編，《箱根会議議事録》，頁9。

本，而是更普遍的」理論[36]。對此，霍爾的盟友詹森，察覺到川島的發言用意是在指出「現代化社會九項標準」與普遍性的範例模型相去甚遠，於是為了擁護霍爾「策定普遍性現代化標準」的會議目的，如下回應：

但是，身為學者，都會有由事實來創建理論（的衝動），不是嗎？（川島氏）雖說日本人的立場不同，但就算經驗不同，做為學者的興趣並不二致，不是嗎？就方法論來看時，我希望討論資本主義化是否適合做為現代化概念，能夠不要強調美國人、日本人立場的不同。

對此，川島的回應僅止於「我在發言時也是這麼想的」[37]。然而，接下來日本研究者針對霍爾所提的問題取徑提出批判性發言；從中亦透露出日美之間圍繞「普遍性理論」的矛盾。

（三）「政治用語」的定義問題與「民主主義」

日美雙方研究者在箱根會議第一天的討論，由於始料未及地招致日本研究者對於霍爾「現代化社會九項標準」的反彈，而開始偏離初衷。不過，第一天上午，還曾提出另一個問題，是關於討論中所使用的「政治用語」的定義。普林斯頓大學社會學教授小馬利昂．李維在先強調自己「對定義的一絲不苟」後，認為「日本學者和美國學者間的研究取徑差異」，不是存在於日美研究者間的問題。李維認為，問題在於日本研究者是否將「資本主義或封建主義、革命等高度一般性的概念動輒」有如存在被賦予的前提來使用的這一點上。李維向日本研究者提出忠告：「我認為這些概念本身應該更精確地定義」[38]。在《箱根會議議事錄》裡，有關箱根會議第一天上午討論的敘述是以李維的這段發言作結，而川島在箱根會議結束後的一九六一年四月於《思想》所發表的〈「隨想」近代日本史的社會科學研究〉，則提供我們更進一步的訊息[39]。

在〈隨想〉中，川島舉出對立的背景在於，美國研究者認為日本研究者的「概念定義未必明確」。例如，他回憶美國研究者出於「日本人所使用的『封建制度』概念單純只是「『壞事』、『不喜歡的事物』的象徵」之由，認為那是情緒性的概念用法，而有所迴避。並且，文中寫道，甚至還有美國研究者以「你們應該先回答是否認為民主主義有問題？」向日本研究者「尖銳逼問的場面」[40]。川島指出，由於日美雙方研究者間在這些「政治用語」上的認知差異，使得箱根會議偏離「日本的現代化」這個主題。

在會議再度開場的下午，雙方在定義有問題的「政治用語」中特別出挑出「民主主義」，使

36 同前註，頁9-10。

37 同前註，頁10。

38 同前註，頁10-11。

39 川島武宜，〈「随想」近代日本史の社会科学的研究——1960年箱根会議の感想〉，《思想》，No. 442（東京：岩波書店，1961年4月），頁108-109。以下略記為〈随想〉

40 川島，〈随想〉，頁108-109。

得日美研究者間圍繞著「民主主義」的認識斷層趨於明顯。既如所述，霍爾等人在箱根會議上有意將「『現代化』這個概念梳理成具普遍性的用語」，來「分析日本的近代史」[41]。下午的討論，則交織著「政治用語」的定義問題，以及是否將民主主義視作現代化指標的問題，「過程相當紊亂」[42]。不過，縱然是處在這樣「紊亂的」討論中，在下午場討論即將結束時，有關民主主義的討論卻更加明確，歸結到「有關現代化的另一個研究取徑的方向」上[43]。

政治學者暨東京大學法學院教授丸山真男，是這個討論的核心人物。丸山開頭先表示：「不好意思，我要說的話有點抽象」，提出「為何要將現代視為一個問題？」[44]。根據都筑勉的研究，美國研究者主要想加上閱讀書寫能力的普及，以及個人所得的增加等要素的定義，來充實現代化論，霍爾等人的「現代化」理論是不問「現代化」的價值內容，反以可比較的計量指標來給各地區「測定現代化的研究框架」。而丸山則意識到深化「精神氣質」（ethos）和「意識型態」（ideology）等問題討論的必要性[45]。

其實，丸山這樣的問題意識，若是仔細觀察，在第一天上午的時間點就已經凸顯出來。既如所述，霍爾在上午場的開頭，要求與會者對自身所提出的「現代化社會九項標準」中不足的要素，以及加深這些標準的彼此關聯進行討論，他同時呼籲，討論的主題應由現代化的形式面概要，轉換到其內在的價值體系上。丸山表示：

在我看來，這些〔現代化社會九項標準〕太偏向社會學了。例如第九〔項標準〕所列，

> 個人對環境的態度轉向理性，我覺得，這說到底或許就是意識、態度的問題。如果是這個層次，那麼應該要有更加個人的價值體系（value system）等問題被提出來才對[46]（括弧內為原文照錄）

對於丸山的這段發言，霍爾承認：「這〔九項〕一般性標準裡，〔有關個人價值體系的指標〕不太突出」。做為回應，丸山持續批判說：「〔做為價值體系的〕精神氣質只在第九〔項標準〕之處提出一項」，這本身令人「感到霍爾等學者的標準恣意又即興」[47]。應戰的霍爾表示：「第九〔項標準〕是我寫的，但我列上去時，要指的就是現在所說的價值體系和精神氣質。如果有更概念性的說法，我可以寫進去」，但迴避了提出具體的案例[48]。

---

41 都筑，《戦後日本の知識人》，頁390。
42 John W. Hall等編，《箱根会議議事録》，頁11-12。
43 同前註，頁20。
44 同前註，頁21。
45 都筑，《戦後日本の知識人》，頁390、垣内，〈丸山眞男の「近代化」観の変容について〉，頁14。
46 John W. Hall等編，《箱根会議議事録》，頁7-8。
47 同前註，頁7-8。
48 同前註，頁8。

京都大學人文科學研究中心的教授坂田吉雄，延續了丸山價值體系論述的討論。針對丸山和霍爾的交鋒，坂田指出：「說到這些標準顯示出哪些質性變化，最清楚明白的就是價值體系」，「在思考日本傳統和現代化關係時，這部分（價值體系）是重要的」[49]。透過這段發言，坂田指出霍爾的「現代化社會九項標準」，「未必處理到個人意識的問題」，而在圍繞現代化的討論中，則陳述了加深價值體系討論的重要性[50]。京都大學文學院教授高坂正顯更以與丸山提議同調的形式，企圖由近代人這個觀點將討論的方向性導向「現代化」的價值體系的問題。他指出：

> 我想，現代化裡有理性和進步的觀念。而意識型態，是可以作為問題來討論的。總之，討論的是人類、現代人的問題。我想在理想的現代化社會的類型上，增加現代人（modern man）這個部分[51]（括弧內為原文照錄）。

關注到價值體系並視為「現代化」要件的，不只是丸山或坂田、高坂而已。都筑的研究一方面指出：「毋庸贅言，大內力和遠山茂樹這類馬克思主義者，反對以一個「現代化」的概念來涵蓋資本主義和社會主義」[52]，同時又以「日本方面以丸山為首的許多學者，批判美國研究者的看法輕視了應視為社會變動之根本的價值觀和價值意識變化的問題」為由，指出日本以超越意識型態差異的方式，形成了對霍爾等人缺乏對「民主主義」此一價值體系的論述的批判之聲[53]。

日本研究者之所以對「現代化社會九項標準」有所疑慮，是因為他們目睹了一九六〇年六月的安保鬥爭，以及一九三〇年代的言論鎮壓和敗戰。根據川島的說法：

> 對日本人來說，「現代化」是明治以後的實踐性問題，特別在一九三〇年代以後，對於日本的知識分子階層，是脫離專制政治體制、實現「民主主義」各原則的現實問題。結果，許多日本的社會科學家，在面對日本的「現代化」課題時，不但受到刺激，還對實踐的必要性產生興趣，進而主導了他們的取徑方式[54]。

對於日本抱持著如斯意識的研究者來說，縱使美國研究者「對日本現代化的成就賦予相對高的評價」，仍「無法接受」美國不重視「重點在如何取徑的價值意識轉換之課題」[55]。

儘管如此，美國研究者仍欲排除日本研究者所謂現代化中價值體系的問題，亦即主張民主主

49　同前註。

50　同前註。

51　同前註。

52　同前註。

53　都筑，《戦後日本の知識人》，頁390。

54　川島，〈随想〉，頁108。

55　都筑，《戦後日本の知識人》，頁390-391。

義式的政治制度和民主主義式的個人態度，對「現代化」相關理論的指標而言不可或缺。在霍爾和丸山、坂田、高坂的討論中，擁護霍爾的是他的盟友詹森。詹森指出，丸山所謂個人的意識、態度之所以「未納入一到九〔項標準〕裡」，是因為這兩者被設定為「國家和政治參與到達某種極限」後的必然現象，重要的是「〔所有的〕國家組織都完成了」。在討論「現代化」問題時，與其重視民主主義式價值體系的建構，不如應該以開發中國家達成經濟發展為優先，並得以作為統一國家來自立，而民主主義的問題應該先擱置下來，這種思考模式不僅是在美國研究者身上，也能在羅斯托等人的「現代化理論」中看到[56]。

如此，箱根會議的目的——試圖根據日本的現代化來設定「現代化社會九項標準」，建構可在世界應用的普遍理論——終未能達成。根據柯休曼的研究，箱根會議與主辦方美國研究者的意圖有別，「往不同方向，而且是往政治性的方向發展」，問題出在「民主主義是否是現代化不可或缺要素」的這一點上[57]。柯休曼更在與成田龍一、上野千鶴子、西川祐子的座談會（二〇〇六年）上，直截了當地整理了箱根會議的問題焦點。他指出問題在於「應該說日方好幾次都提出民主主義這個問題，丸山真男先生說若沒有現代人，便不可能建構出民主主義，現代化不只是民主主義式的制度，而是要創造人，但美國研究者完全不解為何這會是重要的論點」[58]。結果，箱根會議在日本研究者的記憶裡，無疑蘊釀成一場與美國研究者間形成斷層的會議，主題則圍繞在民主主義這個概念乃至價值體系是以何種方式且如何定位的一個提問上[59]。

二、箱根會議「後」的文字爭論

（一）約翰・霍爾〈日本的現代化〉與川島武宜〈（隨想）一九六〇年箱根會議的感想〉

箱根會議上，日美研究者間有巨大的隔閡，從箱根會議「後」，約翰・霍爾與川島武宜在文字上的爭論之激烈程度便足以說明。點燃論爭戰火的是約翰・霍爾。箱根會議後的一九六一年一月，他向《思想》投稿了一篇題為〈日本的現代化〉的論文。霍爾在該論文中針對箱根會議，其實寫下了「效率極度不佳」、「抱著疑慮回顧」、「由三十人組成的會議，就知識有機體而言，其實非常沒效率」等否定字句[60]。對於「刊載於日本報紙上，有關箱根會議的種種報導（應是指遠山

56　藤岡真樹，〈アメリカにおける近代化論の形式過程と日本への伝播——「近代化」をめぐる諸学知から見た「グローバルな連帯」とその蹉跌〉，《アメリカ史研究》，第44號，（東京都：アメリカ史学会，2021），頁59。

57　Koschmann, "Modernization and Democratic Values," 232-233.

58　成田龍一、ヴィクター・コシュマン、上野千鶴子、西川祐子，〈座談会〉，西川祐子編，《歴史の描き方2——戦後という地政学》（東京都：東京大学出版会，2006），頁252。

59　Koschmann, "Modernization and Democratic Values," 236.

60　J・W・ホール，金井円、森岡清美譯，〈日本の近代化——概念構成の諸問題〉，《思想》，No. 439）（1961年1月），頁40-41。

茂樹、羅奈爾得・多爾在《每日新聞》的投稿文字〕當中，大幅談到了日本學者與西方學者基本觀點的不同」，「不願只以民族為基礎來說明箱根出現的差異」，霍爾更是表達他的不滿[61]。

霍爾陳述道：「過去美國學者感到棘手的〔中略〕問題是，能否將正在全世界發展的許多社會現象列入考量，成就關於現代化的一般理論」[62]。儘管如此，霍爾對於在箱根會議上揭示的「現代化社會九項標準」，「未能受到適切的對待而終」，「雖然暗示了許多觀點的不同，但未見解決，甚或未行討論便止」，他深表不滿，並回顧：「在個人特質、專業領域以及研究背景上，要達成與會者間理想的均衡狀態，〔中略〕並不可能」[63]。

霍爾表示，關於「日本的現代化」，他同意在箱根會議上，「未必在處理自動地達到『更好生活』的過程」，「換言之，『民主主義』、『市民的自由』，或是『經濟平等』等價值，未必是現代化過程的本身」的觀點[64]。但是，霍爾亦就「日本的現代化」提議更改在箱根會議上「未妥善討論便告終的」「現代化社會九項標準」，主張「現代化社會七項標準」[65]。霍爾認為，「如同〔箱根〕會議上揭舉的，『現代性』條件，必須做為整體的有機過程來檢核」，而該「〔七項標準〕必須被看作是在這有機過程中，彼此關聯的事項」，並且也是「在此相關性之下，就如幾位與會者主張那般，這些標準構成了與其他的非現代各條件性質不同的、社會的整體條件」；顯露出霍爾對標準設定的執著[66]。

另一方面，川島也開始對霍爾等人從美國方面攙入的「現代化」理論高聲質疑。霍爾的〈日本的現代化〉論文發表三個月後，川島投搞在《思想》（一九六一年四月）的〈隨想〉如下指出：

當然，現在就某民族、國家而言，「民主主義」於「現代化」過程而言，問題不大。然而，〔中略〕問題在於〔民主主義等價值變革〕應是處於「現代化」這個歷史過程中的所有社會〔中略〕終將〔中略〕面臨的經驗，這場要將蘇聯、中共〔中略〕的社會變革放在「現代化」這個評斷框架來理解分析的會議，完全不提這些問題〔『民主主義』和『人權』等『價值體系』問題〕，對我來說，無論如何都無法理解[67]。

61　ホール，金井、森岡譯，〈日本の近代化〉，頁41、遠山茂樹，〈国際会議のむずかしさ——『日本の近代化——その問題点と方法』の会議から（上）〉，《毎日新聞》，1960年9月8日，頁7、ロナルド・P・ドーア，〈問題意識の相違——世界的な見地と民族的な見地と〈国際会議のむずかしさ——『日本の近代化——その問題点と方法』の会議から（下）〉〉，《毎日新聞》，1960年9月10日，頁7。
62　ホール，金井、森岡譯，〈日本の近代化〉，頁41。
63　同前註。
64　同前註，頁44。
65　同前註，頁41、44-45。
66　同前註，頁45。
67　川島，〈随想〉，108-109頁。

川島更在一九六三年投書《思想》所刊論文〈「現代化」的意義〉中，針對霍爾等人提出的美國「現代化」理論表示：「事到如今，為什麼還要用一個概念（中略）用語，來涵括多樣性的歷史變化呢？」[68]川島從分析箱根會議上，圍繞著展開的「政治用語」定義而展開的爭論說起：「資本主義」這個用語是「針對市民社會而使用的詞彙」，他點破了所謂「在西歐以外地區的（中略）『現代化』」，說穿了「就是在邏輯上預期以西歐（特別是英國）為『模範』的『理想』」。[69]具體而言，川島展開了一個論述，指出霍爾等人欲將「現代化」理論建構成一個在世界任一國家或地區皆能適用的普遍性理論，這難道不是與其背後所存在的歐洲中心主義相互矛盾？這與箱根會議時，大內力的主張相符。並且川島亦指出，如果霍爾等人的目標是，要將「現代化」理論昇華成為一普遍性理論，那麼不考慮到其中「民主主義」這個政治現象，簡直是難以理解。[70]就這一點而言，川島的分析能力和洞察力可謂相當出色。

有關霍爾等人的現代化理論輕視「民主主義」這個價值的背景，柯休曼提及了美國方面的「兩面性」。由美國研究者的觀點來看，日本就是一個「成功完成現代化的非西方（中略）國家，且為值得仿效的模範國家」，但「同時又有落入共產主義者之手這方面政治危機的非西方國家」[71]。這就是日美兩國歷史觀斷層之所在。

（二）霍爾對於川島的反駁

在出版於一九六五年的詹森版《日本現代化的諸問題》中，收錄了約翰．霍爾所撰寫的〈有關日本現代化概念之變遷〉。在回顧箱根會議的同時，霍爾再度表達對川島的反駁，以及「現代化社會九項標準」或是「七項標準」無需包括民主主義。首先，霍爾指出：「當代社會科學者的工作，幾乎局限於各自專業的興趣，而未注意到一個問題，那就是要創造有關現代化的統一概念」，並進一步說明提出「現代化」理論做為「更涵括性」的標準的意圖[72]。霍爾引用箱根會議上，英屬哥倫比亞大學副教授加藤周一的下列引言，提示了在箱根會議上所言「涵括性的現代化論」，以及盼能探討這些標準關聯的理由[73]。引言如下：

> 我們列舉為表的標準，就像個人生病時的症狀。在處理疾病時，我們不會只以不舒服的症狀來進行治療，而是會為了全面地掌握實際情況，考慮到幾個症狀和這些症狀做為症候群的關係。對於現代化亦然，這個綜合性的研究取徑，完美表達了它本身的完整性[74]。

---

68 川島武宜，〈「近代化」の意味〉，《思想》，No. 473（東京都：岩波書店，1963年11月），頁3。

69 同前註。

70 川島，〈随想〉，頁108-109。

71 Koschmann, "Modernization and Democratic Values," 235.

72 ホール，細谷譯，〈日本の近代化にかんする概念の変遷〉，頁9〔Hall, "Changing Conceptions of Modernization of Japan," 11〕。

73 同前註，頁14〔Ibid., 20〕。

74 同前註。

然而，箱根會議討論的是「精神或價值的問題」，「現代化」這個主題「帶有自原有軌道逸脫的政治性格，民主主義和是否為現代化不可欠缺要素的問題混為一談」，霍爾為此感到沮喪[75]。而霍爾以川島武宜是主張「民主主義為現代化不可欠缺要素」的前提為由，引用川島〈〈隨想〉〉的文字。內容在前面已經提到，以下再次引用霍爾所述：

當然，「民主主義」本身，對日本人而言是最關心的議題。〔中略〕現在就某民族、國家而言，「民主主義」之於「現代化」過程而言，問題不大。然而，至少在以「日本的現代化」為研究主題的研究會議上，卻未將此問題劃入研究範圍所及之處，且未視為重要問題納入討論，我認為太過偏頗。〔中略〕問題在於，這應是處於「現代化」這個歷史過程中的所有社會——比如目前正要進入此過程的亞洲、非洲，以及中南美洲社會也是如此——終將以某種程度面臨的經驗，這場要將蘇聯、中共以及亞洲、非洲的社會變革放在「現代化」這個評斷框架來理解分析的會議，完全不提這些問題，對我來說，無論如何都無法理解[76]。

由他引用川島〈隨想〉的長文來看，可以了解到霍爾對川島的執著。霍爾指出，美國有團體主張，「當代缺乏安定性，滿是動亂的根本理由，無非是因為民主主義這個理想在世界的所至之處，在在令人感受到其魅力」，「民主主義的夢想令世界焦慮」[77]，並以此反駁川島。而且，他認為「主導箱根會議的」，不是接受民主主義的極端樂觀主義，而是「更加持疑的氣氛」，他指出這使得「西歐的與會者」將民主主義列入現代化社會的標準討論一事「感到躊躇」。

霍爾又進一步反駁川島。「作為附隨著現代化的社會現象，社會各項關係的合理化，必然『長期地』帶來民主主義各價值的發韌」，「這是西歐學者在箱根會議上，只根據經驗主義式的基礎礙難得到答案的問題」，「這若不觸及政治問題便不易討論」[78]。至此，霍爾討論現代化，仍挺身策定「標準」，迴避將「民主主義」這個價值體系納入指標。

三、美國日本學研究「第三世代」的批判

由前述討論可以知道，霍爾等美國研究者在箱根會議所提示的關於「現代化」的理論中，在計測現代化的各項標準裡，缺乏含括民主主義和個人主義等日本學者視為「近代社會」前提的價值意識或價值體系的指標。而這正是日本研究者批判的重點。不過，美國研究者直到一九六〇年代後半為止，都未接受日本研究者對「現代化」理論所提出的批判。垣内的研究指出，近代日本

---

75 同前註，頁23〔Ibid., 27〕。
76 川島，〈随想〉，頁108-109、ホール，細谷譯，〈日本の近代化にかんする概念の変遷〉，頁24〔Hall, "Changing Conceptions of Modernization of Japan," 27-28〕。
77 引用同前註，頁25〔Ibid., 28-29〕。
78 同前註，頁26〔Ibid., 30〕。

研究會議內部，也就是美國日本學研究者「開始反省過去以來的研究框架」，霍爾的態度出現變化，則要等到一九六〇年代後半以降[79]。

因此，我們應該回顧霍爾的上一世代的日本學研究「第一世代」所受到的反共主義和麥卡錫主義的壓力。這裡將聚焦在於諾曼・赫伯特，所撰有《日本近代國家的成立》（*Japan's Emergence as a Modern State*）、《日本的士兵與農民》（*Soldier and Peasant in Japan*）、《被遺忘的思想家——安藤昌益》（*Ando Shoeki and the Anatomy of Japanese Feudalism, Asiatic of Japan*）等著作，既是加拿大外交官，也是日本學研究者。根據宮本又次的研究，據說諾曼在《日本近代國家的成立》中認為，「江戶時代對現代化是阻止、否定的」[80]。他認為，「人民，尤其是農民和都市貧民由下行動，展開反封建運動」，然而，「新政府（明治政府）〔中略〕對由下而上的要求採取斷然壓制的立場」。諾曼將明治時代理解成江戶時代的延長線，並指出在明治時代誕生了「強大的國家機構，也就是能自由運用警力以及軍力的中央集權政府」[81]。並且根據宮本的研究，諾曼認為：「雖有一八八〇年代初期的自由民權運動，但這也因警察的力量和政府的策略完全遭到破壞，日本對於民主主義的壓力持續到一九四五年投降的那一天」[82]。

如此，諾曼以日本為對象的歷史認識裡，對於日本由江戶時代到明治維新，以及太平洋戰爭敗戰前的「現代化」，做出了否定的認識。毋庸贅言，與這樣的歷史認識全然背道而馳的，是參加箱根會議的美國研究者。和諾曼一樣，連被歸在日本學第一世代的賴肖爾，都在一九四六年的《日本的過去與現在》（*Japan: Past and Present*）和一九五一年的《合眾國與日本》（*The United*

States and Japan）中指出，「日本現代化歷史中所見的不完全性和扭曲，誠然必須討論其理由，但現今更該研究為什麼現代化得以實現」[83]。且賴肖爾認為日本和歐洲一樣，有封建制度發展，「與其說這個封建制度打造了現代化，不如說是容許了現代化」，認為「封建社會雖有各種不良面向，但也有容許新方向、現代化的部分」。也就是說，對於賴肖爾而言，「江戶時代並非否定意義上的前一階段，而是能動意義的前一階段」，是值得肯定的[84]。

一九五〇年代，位處日本學研究主導位置的，是霍爾等人代表的「第二世代」。這方面的細節可以參考宮本的研究。他指出，美國的日本駐軍懷抱著用自身手腕將日本現代化的理想主義轉變為被「征伐共產黨的使命感」所取代，結果諾曼慘遭反共主義的風暴掃除，最終在開羅自殺結束生命」。宮本指出，也就是說，不給予日本江戶時代、明治時代以及太平洋戰爭時代正面評

79　垣內，〈日本研究と近代化論〉，頁7-9。

80　宮本又次，〈概論——アメリカの日本史学〉，宮本又次編，《アメリカの日本研究》（東京都：東洋経済新報社，1965），頁15-16。

81　E．H．ノーマン，大窪愿二譯，《日本における近代国家の成立》（東京都：岩波書店，1993），頁27〔E. Herbert Norman, "Japan's Emergence as a Modern State," in Origins of the Modern Japanese State: Selected Writings of E. H. Norman, ed. John W. Dower (New York: Pantheon Books, 1975), 115〕。

82　宮本，〈概論〉，頁16。

83　同前註，頁17。

84　同前註。

價，期待日本由下而上「現代化」的諾曼，在反共主義混亂的政治狀況下，不僅其學問成就，連生存意願也遭到剝奪[85]。

一九七七年四月，約翰・道爾（John W. Dower）在《思想》「諾曼・赫伯特——死後二十年」特集上發表的論文寫道：「一九六〇年代，他〔諾曼〕的學問遭到汙辱、扭曲，幾乎遭受『現代化理論』和與其學界普遍相關的機構摧殘殆盡」，又指出[86]：

> 我們絕對無法進入諾曼終末日日沉浸在苦惱裡的心靈，〔一九五七年〕也無法充分理解那讓他了斷自我生命的是什麼？不過，我們可以多少確信，最後破壞他生存意志的是麥卡錫主義。〔中略〕試著回顧可知，對於諾曼著作的忽視以及惡評，必須要歸咎到美國「麥卡錫主義」嚴密且滲透的知識遺產上。這項遺產由下列二者構成，一是對政治性報復無法消去的恐懼，另一是自由主義的反「共產主義」，進而反「馬克思主義」的名符其實的十字軍有關[87]。

如道爾所論，從一九五〇年代到一九六〇年代，諾曼等日本學的第一世代，其歷史觀被貼上了共產主義和馬克思主義的標籤。相對地，霍爾和詹森等第二世代，則自認以「價值中立」、「客觀性」為信條，接受了學術訓練。箱根會議約八年後的一九六八年三月，在費城召開的亞洲研究學會年度大會的會長演講上，霍爾提到自己的學問態度說道：「就我們看來，由於政治立場而遭受譴責，這是令人困擾的。〔中略〕而我們這些由區域研究的學問方法栽培出來的戰後世代，堅信能夠發展出外國研究的客觀研究取徑」[88]。他讚揚說：自己所屬的日本學第二世代，具備以「客觀性」指標來測定日本現代化，進一步建構普遍性「現代化」理論的學問基礎。本書第二章也提到了這一點。

另一方面，霍爾無法忽視來自美國日本學研究者的批判[89]。霍爾提到：

> 近來，我們被批判有「帝國主義式偏向」遭到批判，〔中略〕批判我們的，顯然與批判日本政府〔明治〕百年祭紀念計畫的是同一群人。但是，發出責難之聲的不限於這些人。如果是基於政治性動機的批判，也許可以打個折扣，但縱然去除政治性動機，〔美國與日本〕兩國的學界裡，存在許多讓我們陷入思考的明顯差異[90]。

85　宮本，〈概論〉，頁16。
86　ジョン・W・ダワー，大窪愿二譯，〈E・H・ノーマンと自由主義的学問の現代的危機〉，《思想》，No. 634（1977年4月），頁121。以下簡稱為「E・H・ノーマン」。
87　ダワー，大窪譯，〈E・H・ノーマン〉，頁123-124。
88　ジョン・W・ホール，正田健一郎譯，〈近代日本評価の態度〉，《中央公論》新年特大號（東京都：中央公論社，1969年1月號），頁110。
89　垣內，〈日本研究と近代化論〉，頁7。
90　ホール，正田譯，〈近代日本評価の態度〉，頁109-110。

他說，儘管如此，霍爾等人仍表示遭到了受馬克思主義感化的日本，以及繼承諾曼的日本學研究第三世代雙方研究者們的批判。

如本章第一節所述，在一九六〇年的箱根會議上，霍爾揭舉了「使用客觀性諸標準來計測現代化程度的目的」。對此，日本方面的研究者批判這缺乏伴隨封建主義、資本主義以及民主主義等價值判斷的指標。對此，當時的霍爾反駁說：「精確來說，這些一般的用語不能被用來說明現代化的各種原因」[91]。

不過，霍爾在一九六八年的亞洲研究學會會長演講中也承認他們的「現代化」理論「幾乎未提及〔分析現代化時須有的〕過程」[92]。他舉出對於一九六〇年代趨於明顯的議題，如核子戰爭的恐怖和人口爆發等政治、社會性問題的懷疑主義作為理由，並表示「有必要側耳傾聽現代化未必能帶來理想社會的立場」[93]。

霍爾在主張上的轉變，源於其第二世代身處一九六〇年代社會、政治性變動之中的經驗，他體認到「與『社會性棲息環境』密切相關的理想，以決定性的形態定義各個學問領域的性質，而我們不能忽視這個事實」[94]。而與霍爾一同出席箱根會議的賴肖爾也在「辭去大使後，有如捨去對白宮忠誠之衣般，作為自由主義者積極點亮理想主義之火」。「他在一九六七、六八年左右起，開始嘗試批判白宮採取做為『帝國主義』立場的亞洲政策」[95]。具體而言，由於越戰陷入膠著而對於美國外交政策的絕望，使得這位美國日本學研究者轉身成為對霍爾等「現代化」理論的批判者。

垣內指出，在會長演講的最後，霍爾所提及約翰・道爾等第三世代的「現代化」理論批判在於霍爾轉變的原因，對於霍爾所謂應當傾聽其主張的態度，日本學第三世代研究者的批判「相當強烈」[96]。道爾在一九七七年四月《思想》發表的論文中，提到了較自己更早的世代，指出他們「毫無疑問地被教育成可接納『客觀性』、非政治性、非意識型態的經驗主義」、「不受價值判斷拘束的學問」、「觀念的自由市場」等想法，與布爾喬亞性價值、資本主義性結構，以及社會階層以及不平等並未密切關聯」[97]。然後，他們做為「不受價值判斷約束的學問」，感受到布爾喬亞社會中，具有不帶疑問的價值」是美德，反之，他又相當嚴厲地指出，這些第二世代日本研究者，在「學問**應不受**價值判斷**拘束**的信念」的「大量技術主義的學界人階級，對這個道德問題的漠不關心，較與自由主義更具高度的人道理想的現實悖道而馳」的這層意義而言是「有害」的。而這件事，在越戰中，「在最犯罪性的極限中明確表現出來」。例如他指出，如哈佛大學的山

91 ホール，金井、森岡譯，〈日本の近代化〉，頁47。
92 ホール，正田譯，〈近代日本評価の態度〉，頁112。
93 同前註，頁113-114。
94 同前註，頁112-113。
95 金原，《「近代化」論の転回と歴史叙述』》，頁40。
96 垣內，〈日本研究と近代化論〉，頁8。
97 ダワー，大窪譯，〈E・H・ノーマン〉，頁122。

繆・杭亭頓（Samuel Huntington）這輩享譽的社會科學者，觀察〔中略〕因為「都會化」是「現代化」的徵兆，所以越南鄉村地區的人口減少和城市的密集化，在現實上促進了朝向越南近代性的進步」[98]。

道爾更引用詹森所說「重要的是人們**閱讀**，而不是**讀什麼**。是大眾社會參與被一般化的機能，而不是自由的個人是否這麼做」〔旁點部分原文照錄〕[99]。據此，道爾斥責，「以上的意見在一九六〇年代初期，在美國的學者間被若無其事地表明」[100]。而道爾所看待的箱根會議，是放在不受價值判斷拘束的「自由主義式學問」、既積極又消極地引進麥卡錫主義、「國家與大學的分離幾遭捨棄，〔中略〕自由主義式社會科學內部的知識諷刺畫」這條延長線上[101]。

在日本研究者間「現代化」理論流行的高峰舉辦的箱根會議中，「現代化理論被採用，以做為歐美日本研究的基本框架，貫穿一九六〇年，皆是引領性的正統學說。對道爾而言，「現代化」理論不過是「勤勉地寫下其成分的冗長購物表」，「結果很明顯地被單純化」。因此，道爾定義箱根會議上「現代化」理論中的「現代化本質——從而學問研究的適切焦點——是合理化、機械化，以及進步的信念」所構成。「現代化」理論中的三個基本原則，幾近於被以福音式的熱情所倡導。道爾認為這成為自由主義者的「誦經」，但是他也認為，由於越戰「現代社會科學研究支持、助長了美國以及所謂『自由世界』的膨脹主義式、反革命性的活動」時，「一九六〇年代中，歐美的日本學研究，借助於強調日本現代化的『成功』與當其達成時的漸進式、非革命性的手法」[102]。

道爾更針對「現代日本研究會議」在箱根會議以後所舉辦的會議，提到「一九六〇年代以『日本的現代化』為主題，舉辦了六次的重要學會」[103]。道爾同時承認，歐美對日本的認識在這些努力下有大幅進展，所投入的主題、採取的研究方法相當多樣，但不能忽視的一點，就是這些巨額的資金挹注，「引發大學、基金會、政府之間複雜的互動」這個「困難的問題」[104]。道爾指出，「若我對日本學研究領域的印象沒錯，許多歐美的日本學者如今（一九七七年）是以困惑和失望的態度，在回顧這個時期整體的學問成就」。他說，這是肇因於「現代化理論被以文獻證明了基本的反馬克思主義性質，或是這套理論與其說是『理論』，不如說是對抗性的意識型態」[105]。

在大約二〇年後的一九九五年，道爾在《思想》發表題為〈測度日本〉的論文，總括一九六〇年代的「現代化」理論。首先，道爾指出：「自一九五〇年代中期起，隨著日本被認定為

98 ダワー，大窪譯，〈E・H・ノーマン〉，頁123。
99 同前註。
100 同前註。
101 ダワー，大窪譯，〈E・H・ノーマン〉，頁125。
102 同前註。
103 同前註。
104 同前註。
105 同前註。

對美國而言不可或缺的亞洲冷戰盟友，英語圈有關日本的研究產生劇烈變化」，結果「西洋的學者彷彿被現代化理論所推壓似地，」漸漸認為「戰前國家的壓迫和侵略也是一種暫時性的脫序行為」[106]。接著，道爾在〈現代化論的研究取徑〉中，提出如下的意見，完全繼承了諾曼的看法：「明治時期的威權主義遺制被低估，〔中略〕而其所導致的一九三〇年代專制和軍國主義的固有想法遭到摒棄。〔中略〕戰前的經濟，被評價是達成邁向『現代經濟成長』，完成了在本質上健全且美好的進步」[107]。

他甚至指出，一九六〇年代「輸出」到日本的「現代化」理論，在冷戰下「反映出反馬克思主義式且高度自我民族中心主義理論的模型，〔中略〕在這個認知裡，所有非共產主義國家，都應隨著資本主義「現代化」，與歐洲和美國等先進國同質化，並且理當如此」。在此前提下，「直截了當地說，現代化論者認為，日本的社會、政治、經濟在近代發展的軌跡，在內涵上顯露出『收束』至西洋型方法」的認識，識破了霍爾等人帶來的「現代化」理論，與其說是普遍性，不如說是內含歐美中心主義的理論[108]。道爾指出，「這在雙重意義來講是傲慢的」。因為，「現代化」理論「不單假設日本基本上是和其他西洋先進國家以同樣方式、朝向同一方向發展」，也以「日本實際上絕不可能『追上』美國」為前提。借用道爾的話說，日本對美國不僅止於「單純的『後進國』（late developer）。它在抓鬼遊戲中永遠地被賦予了當鬼的角色。結果，以忍耐和寬容來對待日本，正使美國人自我感覺良好」[109]。在箱根會議這個時間點上，日本方面敏銳地嗅到美國方面知識的「傲慢」，要切割太平洋戰爭以前的日本史，追求現代化的普遍性，擬以「現代化」理論將日本誘導至歐美中心主義，這就在箱根會議上造成了無法妥協之爭論的斷層。

四、「民主主義」認識與歷史認識的斷層

霍爾起先未能真心地接受一九六〇年箱根會議已由日本學研究者提出、對於自身「現代化」理論的批判，只專注於反駁日本學研究者。到了一九六〇年代後半，他已能接受美國第三世代的日本學研究者對美國日本學研究的批判。本章第一節探討了箱根會議上的爭論，第二節則梳理了日美之間其後在文字上的爭論，其實，箱根會議後，賴肖爾立即看透了這場爭論的斷層：

> 〔在箱根會議上〕可以看到日本與歐美學者在態度上若干有趣的對比。〔中略〕日本學者是切身地體驗了日本現代化的整個過程，強烈傾向於以價值這一點來考察日本的現代化傾向很強。〔中略〕另一方面，歐美學者沒那麼切身地體驗〔日本的現代化〕，卻能客觀地觀

---

106 ジョン・W・ダワー，梅森直之譯，〈日本を測る（上）——英語圏における日本研究の歴史叙述〉，《思想》No. 855（1995年9月），頁69。
107 ダワー，梅森譯，〈日本を測る（上）〉，頁69-70。
108 ダワー，梅森譯，〈日本を測る（上）〉，頁70。
109 同前註，頁69-70。

察這個現代化。他們只是敘述過去一世紀所發生的事，有所保留而不對這些事下善惡判斷。〔中略〕這個對比無可厚非。由外部研究日本史的歐美學者，當然會將日本史與其他國民的近代史做比較，先建構理論的框架，再將之與事實對比並測定[110]。

「由外部研究日本史的歐美學者」傾向「先建構理論框架，再將之與事實對比並測定」，對於霍爾和箱根會議時的賴肖爾而言，這樣的研究取徑理所當然。另一方面，重視「封建主義」、「社會主義」、「資本主義」和「民主主義」價值體系的日本研究者，終究無法接受美國「有所保留而不對事物下善惡判斷」的態度。甚至，美國方面先入為主的認為，日本研究者整體受到馬克思主義的影響，這也是箱根會議和其後爭論過程中，完全無法納入日本主張的原因。有關於此，本書第二章金嵐便指出，其中存在的差異是，日本與美國的日本學研究者知識課題的差異。亦即日本方面以本國「現代化」的理想型態為重；相對地，美國則以學術方法為優先，並選擇可套用於此的研究主題。

只是，圍繞「現代化」理論的爭論，不僅如此而已。霍爾的盟友詹森在一九七八年投稿到《思想》的論文裡談到，他們的「現代化」理論，被視為「維持今日日本體制、日美協調下的另一根支柱，即政府、基金會、大學層峰聯手推動的惡劣陰謀」，這樣的討論在一九六〇年代的日本既已存在，「他們〔日本學者〕如今從六〇年代末美國年輕學者口中聽到了自身說法的回音」[111]。然而，事實與之相反，應該要說霍爾和詹森等參與箱根會議的研究者，聽到了一九六〇年箱根會議及其後數年間由日本研究者所發出批判的「回音」。他們聽到了出席箱根會議的日本研究者的主張與日本學第三世代主張共振、共鳴的「回音」。日本研究者正在理論化日本的「現代化」，認為不能忽視日本從江戶時代到明治維新、一九三〇年代軍部的暴走與鎮壓、太平洋戰爭敗北等「過去」。因此他們認為，若要討論日本的現代化，民主主義等價值體系，加入「現代化」理論指標是理所當然的。但是，霍爾等人的視角並未看向太平洋戰爭「後」的日本。無論日本過去的經驗多麼慘烈，只要邁向「未來」推動經濟上的現代化即可。道爾已經直言，那就是「日本只不過是『後進國』」，「日本實際上絕不可能『追上』美國，以忍耐和寬容來對待日本，正使美國人自我感覺良好」的思想本身[112]。這就是圍繞一九六〇年代美國日本學研究者所帶來的「現代化」理論所生出的爭論基礎。而在此基礎之上，在圍繞「民主主義」價值體系的認識，以及如何理解太平洋戰爭前日本史的「歷史認識」之間出現了斷層。理解日美一九六〇年代「現代化」理論論爭的關鍵，正在於此[113]。

110　ライシャワー，〈東西「考え方」の交換〉，頁7。
111　マリウス・B・ジャンセン，芳賀徹譯，〈「近代化」論」と東アジア——アメリカの学会の場合〉，《思想》No. 646，1978年4月，頁29。
112　ダワー，梅森譯，〈日本を測る（上）〉，頁69-70。
113　撰寫本章過程中，承蒙鈴木健吾先生提供《箱根會議議事錄》和既有研究的資訊，吉川弘晃先生和進藤翔大郎先生賜教有關戰後日本知識分子的各種文獻。部分史料蒐集還承蒙大形綾女士的協助。此外，受教於參與二〇二〇年度京都大學「多文化社會論1」課程學生們的回應、迴響亦多。謹誌謝意。

參考資料

一手史料

Hall, John W.,金井圓、田辺龍郎編，《箱根会議議事録 —— Association for Asian Studies Conference on Modern Japan: Proceedings of Preliminary Seminars at Hakone, Japan, August. 30 to Sept. 1, 1960』（Tokyo: Not for Publication），1961年4月。

川島武宜，〈〔随想〕近代日本史の社会科学的研究 —— 1960年箱根会議の感想〉，《思想》，No. 442（東京都：岩波書店，1961年4月），頁107-112。

ジャンセン，マリウス・B，芳賀徹譯，〈「『近代化』論」と東アジア —— アメリカの学会の場合〉，《思想》，No. 646（1978年4月），頁25-37。

ダワー，ジョン・W，大窪愿二譯，〈E.H.諾曼と自由主義的学問の現代的危機〉，《思想》，No. 634（1977年4月），頁121。

——梅森直之譯，〈日本を測る（上）—— 英語圏における日本研究の歴史叙述」，《思想》No. 855（1995年9月），頁65-95。

ドーア，ロナルド・P，〈問題意識の相違 —— 世界的な見地と民族的な見地と〔国際会議のむずかしさ ——「日本の現化 —— その問題点と方法」の会議から（下）〕〉，《毎日新聞》，1960年9月10日。

遠山茂樹，〈国際会議のむずかしさ ——「日本の近代化 —— その問題点と方法」の会議から（上）」，《毎日新聞》，1960年9月8日。

ノーマン，E・H，大窪愿二譯，《日本における近代国家の成立》（東京都：岩波書店，1993年），頁27頁〔E. Herbent Norman, "Japan's Emergence as Modern State," In *Origins of the Modern Japanese State: Selected Writings of E. H. Norman*, ed. John W. Dower（New York: Pantheon Books, 1975）, 115〕。

ホール，ジョン・W，金井円、森岡清美譯，〈日本の近代化 —— 概念構成の諸問題〉，《思想》No. 439（1961年1月），頁40-48。

——正田健一郎譯，〈近代日本評価の態度〉，《中央公論》新年特大號，中央公論社（1969年1月號），頁102-115。

ライシャワー，E・O，〈東西『考え方』の交換——「ハコネ会議」に参加して〉，《朝日新聞》，1960年9月11日。

ライシャワー，E・O、中山伊知郎〈日本近代化の歴史的評価（対談）〉，《中央公論》（東京都：中央公論社，第76號第9號），1961年9月，頁84-97。

ライシャワー，E・O，《日本近代の新しい見方》（東京都：講談社現代新書），1965。

二手史料

Cumings, Beuce. "Boundary Displacement: The State, the Foundation, and Area Studies During and After the Cold War," in *Learning Places: The Afterlives of Area Studies*, eds. Masao Miyoshi and H. D. Harootunian, 261-302. Durham: Duke University Press, 2002.

Koschmann, Victor. "Modernization and Democratic Values: The 'Japanese Model' in the1960s," in *Staging Growth: Modernization, Development, and the Global Cold War*, eds. David E. Engerman, Nils Gilman, Mark H. Haefele, and Micheal Latham, 225-249. Amherst: University of Massachusetts Press, 2003.

池井優，〈アメリカの対日政策——ライシャワー大使の役割を中心として〉，《法学研究》第43巻7號，慶応義塾大学法学研究会，1970，頁54-87。

垣内健，〈丸山眞男の『近代化』観の変容について——箱根会議の議論を中心に〉，《比較社会文化研究》第25號（福岡県：九州大学大学院比較社会文化研究科），2009，頁13-26。

——〈日本研究と近代化論——『近代日本研究会議』を中心に〉，《比較社会文化研究》第27號（福岡県：九州大学大学院比較社会文化研究科，2010），頁1-13。

金原左門，《「近代化」論の転回と歴史叙述——政治変動下のひとつの史学史》（東京都：中央大学出版部），2000。

——，《日本近代のサブ・リーダー——歴史をつくる闘い》（東京都：日本経済評論社），2005。

コシュマン、J.ヴィクター，葛西弘隆譯，〈知識人と政治〉，收入アンドルー・ゴードン編，中村政則監譯，《歴史としての戦後日本（下）》（東京都：みすず書房，2001）頁395-432。〔J. Victor Koschmann, "Intellectuals and Politics " in *Postwar Japan as History*.ed. Andrew Gordon (Berkeley and Los Angeles: University of California Press, 1993), 412-414〕。

都筑勉，《戦後日本の知識人史——丸山眞男とその時代》（神奈川県：世織書房，1995年）。

成田龍一、ヴィクター・コシュマン、上野千鶴子、西川祐子，〈座談会〉，西川祐子編，《歴史の描き方2——戦後という地政学》（東京都：東京大学出版会，2006年），頁245-268。

ハーデカ、ヘレン，市川浩文、畑中健二譯，〈緒言〉，《季刊日本思想史》No. 61，2002年，頁6-15。

原田三喜雄，〈日本の近代化と経済発展〉，收入宮本又次編，《アメリカの日本研究》（東京都：東洋経済新報社，1965），頁116-132。

藤岡真樹，〈アメリカにおける近代化論の形成過程と日本への伝播——『近代化』をめぐるから見た『グローバルな連帯』とその蹉跌〉，《アメリカ史研究》第44號，2021，49-66頁。

ホール、ジョン・ホイットニー，細谷千博譯，〈まえがき〉，マリウス・ジャンセン編，細谷千博編譯，《日本における近代化の問題》（東京都：岩波書店，1968年），頁2-4〔John Whitney Hall, "Foreword." in *Changing Japanese Attitude toward Modernization*, ed. Marius B. Jansen, v-vii, Princeton: Princeton University Press, 1965〕。

ホール、ジョン・ホイットニー，（細谷千博訳），〈日本の近代化にかんする概念の変遷マ〉，マリウス・ジャンセン編，細谷千博編譯，《日本における近代化の問題》（東京都：岩波書店，1968），頁2-4〔John Whitney Hall, "Changing Conceptions of Modernization of Japan." in *Changing Japanese Attitudes toward Modernization*, ed. Marius B. Jansen, 7-41. Princeton: Princeton University Press, 1965〕。

松本三之介，《近代日本の知的状況》（東京都：中央公論社，1974）。

宮本又次，〈概論——アメリカの日本史学〉，收入宮本又次編，《アメリカの日本研究》（東京都：東洋経済新報社，1965），頁3-80。

第四章　有關朝鮮知識的形成與馬科恩夫婦

——以太平洋戰爭前後美國學術界與政策制定小組的關係為中心

小林聰明／著
周俊宇／譯

直至太平洋戰爭開始前，美國的大學、國務院和情報機構等政府機關內部，對於朝鮮的情報和知識的積累都極為貧乏。不過，太平洋戰爭爆發後，對於欲有效推動對日作戰的美國而言，有關作為日本殖民地即朝鮮的資訊和分析，是不可或缺的。美國內部有關朝鮮的知識積累急遽增加。其背景為美國的學術界和決策小組間圍繞著知識生產的合作關係。

太平洋戰爭爆發後，專攻東亞地區領域的大學研究者們，受聘於美國戰略情報局和美國戰時情報局等情報機構，從事蒐集和分析所負責地區情報的業務。他／她們的任務雖屬於戰時合作的一環，有關東亞地區的知識也由此產生。這些知識產物雖帶有「戰爭產物」的性質，戰後則在美國學術界中，成為日本學研究、中國研究和韓國（朝鮮）研究等區域研究領域的制度化知識。那麼，有關朝鮮的知識，究竟是如何在學術界和政策制定機構關係下建立起來的呢？

本章目的在於探討：太平洋戰爭爆發至結束，也就是一九四〇年代末的時期，美國國內有關朝鮮知識的形成及動力。論述將透過闡明下列三個主題來展開。

第一、闡明太平洋戰爭時期，有關朝鮮的知識如何產出？這裡擬關注在這些知識生產上扮演最重要角色的一位人物：喬治・馬科恩（George M. McCune）。他受雇於情報協調局（Office of the Coordination of Information, COI）和戰略情報局等美國政府機關，本於朝鮮專家的立場，從事朝鮮情報的蒐集與分析活動。這無非就是喬治以學術界和決策階層為媒介，生產朝鮮相關知識的過程。本章的首要課題除要爬梳其始末外，也要釐清其中知識生產的性質，究竟是學術知識，還是政策知識（作為政策科學〔Policy Science〕的知識）。

第二、在太平洋戰爭時期成長的朝鮮知識，在戰爭結束後，如何立即在美國的學術界制度化成作為區域研究的韓國（朝鮮）研究呢？本文將描述最早期的狀況。戰後，喬治回到加州大學柏克萊分校，在朝鮮相關課程和學程的開設、運作上投注熱情，他在戰略情報局的前上司查爾斯・法斯（Charles B. Fahs）給予支持。戰後，他由國務院轉換跑道到洛克菲勒基金會。此時要關注喬治在加州大學柏克萊分校的活動，以及給予他支持的國務院、洛克菲勒基金會時代的法斯的角色，釐清有關朝鮮的知識如何在戰後不久的美國國內，於學術界和決策階層，以及民間基金會的三者之間，如何建構成為韓國（朝鮮）研究？第二個課題，則是要藉由描繪其痕跡，呈現出他戰爭時期經營的人際網絡，如何為之後美國的韓國（朝鮮）研究發展提供實際的資源。

第三、有關太平洋戰爭後美國國內的朝鮮知識，如何透過與韓國[1]間知識交流而生產、累積的問題，將聚焦於在韓國教授和美國教授間所進行的「通信計畫」（Correspondence Program）進行闡述。通信計畫在一九四七年到一九四九年間，因洛克菲勒基金會的支援，由美國學術團體聯合會[2]執行此計畫。在實施該計畫時，提供最大協助的就是喬治的妻子，艾夫琳・馬科恩（Evelyn B. McCune），如同洛克菲勒基金會和美國學術團體聯合會公認，若無她的協助，通信計畫將無法順利執行。本章將由艾夫琳的協助和洛克菲勒基金會對於艾夫琳研究的金援這兩個觀點來探討通信計畫如何進行，亦同時梳理朝鮮知識作為韓國與美國學術界間知識互動作用而形塑的經過。

馬科恩夫婦是什麼樣的人物呢？在此先介紹其人物生平。喬治是一九〇八年在平壤活動的北長老派傳教士喬治・馬科恩（George S. McCune）和海倫・馬科恩（Helen M. McCune）之子，在當地出生。另一個兒子夏農・馬科恩（Shannon B. McCune）則出生在北方的宣川，但與喬治同樣出生於朝鮮。父親是傳教士，也擔任崇實專門學校[3]校長，是一位教育家。兩個兒子皆成為研究者和教育家。兄長喬治至今仍以馬科恩・賴肖爾表記法[4]發明人而留名於世，留下大量有關朝

---

1 本章所使用韓國一詞，是不限於一九四八年八月大韓民國政府成立前後，作為意指朝鮮半島南部地區的詞彙來使用。韓國人一詞也使用於明顯指居住在朝鮮南部地區，也就是韓國的人們上；不明確時則使用朝鮮人這個稱呼。

2 由人文科學和相關社會科學領域的七十五個團體所組成的非營利民間聯合組織。

3 以北長老派傳教士貝爾德（William M. Baird）在一八九七年於平壤設立的崇實學堂為前身。

4 編註：以羅馬拼音表記朝鮮語的書寫方式。

鮮語言、文化和歷史的紀錄。其弟夏農也踏上以朝鮮為主題的學問之路。日後成為知名的地理學者，對於亞洲研究，尤其是韓國（朝鮮）研究的發展有很大貢獻[5]。

出生於朝鮮，在當地接受初等教育的哥哥喬治，於一九二二年赴美，進入南達科他州的休倫學院（Huron Academy）就讀[6]。在一九二六年至一九二七年間就讀休倫大學後，轉學到羅格斯大學。他在該大學就讀一年後，於一九二八年轉至加州洛杉磯的西方文理大學（Occidental College），於一九三〇年畢業[7]。大學畢業後，喬治回到了平壤。這是為了在崇實專門學校執教。一九三四年為了進入西方文理大學研究所深造，離開平壤，回到了美國。在隔年取得碩士學位的喬治，於同年進入加州大學柏克萊分校的研究所碩士班就讀，埋首於研究。一九三六年起一年間，他為了撰寫以朝鮮時代歷史為主題的博士論文，在朝鮮進行田野調查。一九三九年，喬治獲母校西方文理大學歷史學系聘用為助理教授，約兩年後的一九四一年從加州大學柏克萊分校取得亞洲史的博士學位。一九四二年二月自大學離職的喬治，進入情報協調局服務，負責朝鮮情報的蒐集與分析。

艾夫琳的生涯背景也與喬治類似。一九〇七年，艾夫琳出生於平壤，是一位循道宗傳教士的女兒。一九二二年到二六年間，她在京城完成初等教育後，為接受高等教育而赴美。一九二七年、二八年、三〇年分別畢業於阿爾比恩學院（Albion College）、阿格尼斯史考特學院（Agnes Scott College）、和加州大學柏克萊分校。其後她再度回到朝鮮，在京城外國學校擔任教師和副校長，直至一九三二年。一九三三年，艾夫琳和喬治在朝鮮結婚，回到了美國。一九四〇年到四一年間，她在喬治任助理教授的西方文理大學擔任講師教授東洋美術。隔年即四一年到四二年間，他在位於加州帕莎蒂娜的帕莎蒂娜多元工藝學校（Polytechnic School Pasadena）擔任美術科講師。第二次世界大戰結束不久前的一九四五年七月，在直屬於總統的羅伯茨委員會任研究助理一職[8]。艾夫琳對於東亞美術，尤其是對朝鮮美術，自在朝鮮度過的高中生時代起關心便未曾間斷[9]。太平洋戰爭結束後，艾夫琳任職於加州大學出版社（University of California Press），並在加州大學柏克萊分校的研究所從事朝鮮美術史的研究。

---

5 Shannon Boyd-Bailey McCune Shannon, *The Mansei Movement, March 1, 1919*, (Honolu: The University of Hawaii Press, 1976).

6 "George McAfee McCune, History: Berkeley 1908-1948," Calispher, University of California website. http://content.cdlib.org/view?docId-hb9p30096&doc.view=frames&chunk. id=div0017&toc.depth=1&toc.id=&brand=calisphere.（查詢時間：2020年4月27日）。

7 Application for Federal Employment, McCune, George M. (Term), Box501, 224 Personnel Files, A1, RG226, Office of Strategic Service, National Archives and Records Administration (NARA) at College Park.

8 *The Rockefeller Foundation, Personal History and Application for a Fellowship in Far Eastern History*, August 10, 1956, McCune, Evelyn Becker,1956-1957, 1966, Series 200: United states; Subseries 200. E: Fellowships, Scholarships, Training Awards, Box 14, Rockefeller Foundation Records, Fellowships, Fellowship Files, SG 10.1 (FA244), Rockefeller Archives Center.

9 *The Rockefeller Foundation, Personal History and Application for a Fellowship in Far Eastern History*, ibid.

有關本章要處理的美國國內關於朝鮮知識的形成，意即朝鮮研究或韓國研究，是如何在美國形成和展開的一個課題，與日本學研究和中國研究比較，這部分難稱得上有充分的探討。儘管如此，在韓國和美國已可看到不少的研究積累。二〇〇九年，安鍾哲針對美國國內「韓國研究」[10]制度化過程，以及美國人的朝鮮認識，嘗試著眼於喬治在第二次世界大戰前後的活動進行分析[11]。安鍾哲的研究在分析美國國內韓國研究的歷史開展上，極為重要。但是，在他研究中所處理的史料，只限於論文和新聞報導這些公開發行的文獻；未公開史料方面，也就是私人檔案和民間基金會檔案、政府機關的公文檔案等，不在其考察範圍內。他的研究亦未周及洛克菲勒基金會等民間基金會這些學術界與決策階層以外的行動者。安鍾哲的研究，僅闡明了美國國內韓國研究形成的部分過程。二〇二〇年有《和平部隊志願者與韓國研究》（*Peace Corps Volunteers and the Making of Korean Studies*）出版[12]。本書探討了一九六〇年代美國韓國研究形成過程中，和平部隊（Peace Corps）扮演了何種角色。不過，一九四〇年代、五〇年代被置於討論範圍外，有關太平洋戰爭時期和冷戰初期的朝鮮研究、韓國研究的形成過程，則尚未闡明。另一方面，有關喬治研究的成果積累，在美國和韓國比較豐富。儘管如此，關於喬治在戰略情報局時代的活動，幾乎沒有利用其私人檔案的研究，和洛克菲勒基金會的關係亦未受矚目。在這些研究裡，儘管艾夫琳是一位韓國（朝鮮）研究的傑出研究者[13]，但除了以喬治的妻子姿態登場外，幾乎都看不到她的存在。在戰略情報局和戰時情報局的相關研究中，雖然部分觸及了朝鮮相關知識，但對於喬治在這些知識生產過程中的角色皆未有分析[14]。

為了克服前述既有研究的局限，本章將活用下列三種一手史料。第一是典藏於美國國家檔案館（National Archives and Records Administration, NARA）的戰略情報局檔案等官方檔案。第二是美國民間基金會檔案，本章將分析洛克菲勒基金會的檔案。第三，私人檔案方面則是典藏於夏威夷大學（University of Hawaii at Manoa）的馬科恩檔案（McCune Collection at the Center for Korean Studies）。本章將分別深入這三種史料，描述美國國內有關朝鮮知識的形成及其動力。一九四〇年代中期到末期這極短暫的時期，縱然只是闡述極為有限的面向，但藉由映照仍持續至今的知識冷戰框架[15]，以及冷戰與知識難分難解的關係，將有助於由東亞的脈絡進行探討。

---

10 由於在引述安鍾哲的著作中使用「韓國研究」用語，在此予以尊重，使用韓國研究一稱。

11 안종철（安鍾哲），《미국제도권한국학의탄생과미국의대한인식—조지M·멕큔을중심으로세계속의한국사》이태진교수정년기념논총간행위원회，태학사，2009.

12 *Peace Corps Volunteers and the Making of Korean Studies in the United States*, Seung-kyung Kim and Michael Robinson, eds., (Settle: University of Washington Press, 2020).

13 김서연（金瑞淵），〈조지맥아피맥큔 (George McAfee McCune) 생애와한국연구〉 한국사연구 (181)，2018.

14 同註11，註12。Maochun Yu, *OSS in China: Prelude to Cold War*, (New Haven: Yale University Press, 1996); Robert S. Kim, *Project Eagle: The American Christians of North Korea in World War II*, (Lincoln, NE: Potomac Books, 2017)；加藤哲郎，《象徴天皇制の起源——アメリカの心理戦「日本計画」》（東京都：平凡社，2005），Takashi Fujitani, *Race for Empire: Koreans as Japanese and Japanese as Americans During World War II*, (Berkeley: University of California Press, 2011), etc.

15 Lisa Yoneyama, *Cold War Ruins, Transpacific Critique of American Justice and Japanese War Crimes*, (Durham: Duke University Press, 2016).

一、喬治・馬科恩與美國政府機關

（一）朝鮮專家的戰時合作與作為政策知識的朝鮮知識

在太平洋戰爭開始約半年前的一九四一年六月，杜魯門總統（Franklin D. Roosevelt）指示設立負責諜報和宣傳的政府機關。同年七月十一日，情報協調局作為情報機關成立，威廉・唐諾文（William J. Donovan）任首任局長。

在進行情勢分析時，情報協調局廣泛地向學術界尋求人才。例如，東亞情勢的分析就是由情報協調局雇用的美國中國和日本學研究專家負責。著名人物有中國研究學者費正清和日本學研究學者法斯（Charles B. Fahs）等知名的東亞區域專家。中國研究者蓋樂（Esson M. Gale）也是受情報協調局招聘，負責分析情勢的另一位中國專家。

在負責情報協調局的任務之前，蓋樂是在北西大學政治學系教授中國史的教授。他擁有豐富的中國經驗。一九〇八年六月，他以學生口譯人員的身分，被派遣到北京的美國總領事館。一九一一年二月和同年三月，先後升任為上海總領事館的副領事和翻譯官。其後，蓋樂辭去了領事館的職務，一九一四年十一月到一九二七年七月間，在北京的中國國民黨財政部擔任顧問。情報協調局看好蓋樂的流利華語，並擁有中國相關的學識，甚至是外交實務等經驗，向他尋求合作。蓋樂接受了情報協調局的合作邀請，於一九四一年九月二十六日擔任情報協調局的顧問[16]。

和蓋樂一樣，喬治也是受雇於情報協調局，以朝鮮專家身分負責分析朝鮮情勢的一位研究者。有趣的是，喬治是透過既已受雇的東亞專家知己，向情報協調局毛遂自薦的。

在太平洋戰爭開戰後的一九四一年十二月三十日，喬治寫信給費正清。從相關史料推測該封信是要針對朝鮮進行某種建議、提案。自法斯交接了該信內容的蓋樂，在隔年年初的一九四二年一月十日回信給喬治。信上要求提供在美國展開積極民族運動的朝鮮人領袖的相關情報。在朝鮮人領袖裡，蓋樂對韓吉洙和李承晚尤其有興趣，至於其他領導人，只要是喬治認為重要的人物，也會請求給予評價[17]。

這些要求有如下目的：第一是為了判斷，就美國而言，援助哪個朝鮮人才符合自身的國家利益，希望徵詢精通朝鮮的喬治之看法，是基於務實角度的目的。情報協調局有一個認知是朝鮮人的存在對於美國的軍事作戰非常有利。第二個目的是要「測試」喬治。這不只是為了鑑定喬治的情報蒐集、分析能力，也是為了判斷他是否足以信賴。

喬治通過了這個「測試」。作為回應，情報協調局由過去要求提供情報與分析的層級，拉高到邀請他擔任專任情報協調局要員的層次。事實上，在「測試」及格後不久的一九四二年一月二

16　Application and Personal History Statement, Coordination of Information, September 26, 1941, Gale Esson M (Term), A1 224 Personnel Files, Box258, RG226, NARA.

17　*Letter from E.M. Gale to G. M. McCune*, January 10, 1942, Folder7, Box19, George McAfee McCune Papers.

十九日，在情報協調局遠東課服務的法斯，向喬治發出了一封電報，詢問該課若有適合職位，他是否能在大學的第二學期辦理休學，馬上到華盛頓特區來[18]。

情報協調局希望喬治能儘早接受邀請上任。這是因為因應太平洋戰爭的開戰，急需他的知識[19]。喬治立即應允，自一九四二年二月下旬起就以情報協調局要員的身分開始情報活動。毋庸贅言，在這樣迅速定案和任務開始的背景下，存在著喬治對於情報協調局的積極合作態度和意志。

一九四二年三月十日，情報協調局遠東課長卡爾·里默（Carl Remer），向上任後不久的喬治指示撰寫有關承認朝鮮的報告書[20]。美國政府針對處於日本殖民統治下的朝鮮，評估是否要承認亡命政權。四月二十四日，喬治完成了報告書《支援與日本敵對之朝鮮人的可能性：一九四二年四月二十五日》（*Potentialities of Korean Help against Japan*），提交給里默[21]。

喬治在報告書中分析在美國展開獨立運動的朝鮮領袖和組織。但是，該報告書並未載有里默所要求的，倘若美國政府在法律上不承認大韓民國臨時政府時的替代方案。喬治則對里默說明，法斯和費正清在該報告書裡亦表示，若無法提供替代方案亦無妨的想法。喬治同時也提及該報告書有疑慮之處。那就是分析原則上雖然正確，但細節敘述有所不足。為了補足這些不足，本應由在美朝鮮人蒐集更多有關在中朝鮮人的情報，但他未能達成這點。自在美朝鮮人所獲得的情報，屢有矛盾，有許多事項無法確認，有關在中朝鮮人的情報也有所不足。而由國務院所獲得的情報亦屬曖昧。他說明這些都是細節不夠充分的理由[22]。

認識到這些問題的喬治，在提交該報告書時，亦已展開了新的情蒐活動。他所使用的是對自太平洋戰爭開戰前起就在殖民地朝鮮生活的美國人（傳教士及其家人、技術人員、創業家等）實施口述訪談之方法[23]。

一九四二年六月十三日，羅斯福總統發布總統令九一八二號，決定將情報協調局改制為戰時情報局與戰略情報局。情報協調局的唐諾文局長調任為戰略情報局局長，改由在《紐約時報》和哥倫比亞廣播公司（Columbia Broadcasting System, CBS）等活躍的埃爾默·戴維斯（Elmer Davis）擔任戰時情報局局長。喬治自一九四二年二月二十四日至一九四三年八月二十七日間在情報協調局及戰略情報局擔任遠東局調查分析課（Research and Analysis Branch of the Far East

---

18 *Telegram from C.B. Fahs to G. M. McCune*, January 29, 1942, Folder7, Box19, George McAfee McCune Papers.

19 同前註。

20 Report on "Potentialities of Korean Help against Japan," G. M. McCune to Dr. Remer, April 24, 1942, Folder1, Box20, George McAfee McCune Papers.

21 有關報告書的內容，參閱：小林聡明，〈太平洋戦争期アメリカ情報機関とG・M・マッキューン：1941年12月～43年9月：COI/OSSにおける宣教師らからの朝鮮情報収集活動に焦点をあてて〉，《朝鮮史研究会論文集》（58）（東京都：朝鮮史研究会，2020），頁157-158。

22 同註20。

23 同註21論文。Korean Independence Movement, April 25, 1942, COI, Research and Analysis Branch, Far Eastern Section, Office of Strategic Service, RG226, NARA.

Division）高階調查分析官，從事有關朝鮮半島的分析業務[24]。在此期間，他除了前述的報告書《支援與日本敵對之朝鮮人的可能性：一九四二年四月二十五日》外，至少還撰寫了四種報告書。

第一、是與前述報告書成對編製，日期在一九四二年四月二十五日的報告書《朝鮮獨立》（*The Korean Independence*）。裡頭提供了有關朝鮮和中國、美國國內朝鮮人獨立運動歷史背景的情報[25]。第二、刊行於一九四二年八月二日，分析了中國國內朝鮮獨立運動的報告書[26]。第三、翔實說明了位於重慶大韓民國臨時政府歷史發展和結構的報告書（一九四三年八月二日刊行）[27]。第四則是刊行於一九四三年八月五日，多達一二八頁的大部頭報告書。該報告書調查分析了朝鮮經濟，例如分析了殖民地朝鮮的經濟數據和基礎建設狀況等[28]。

看過這些報告書的內容，將能了解到喬治主要是由政治和經濟的觀點來蒐集、分析朝鮮情報。這與其說是他的觀點，不如說如實地顯示出情報協調局和戰略情報局由什麼樣的觀點凝視朝鮮情勢，即情報協調局和戰略情報局關心之所在。由政治的面向來看，對於情報協調局和戰略情報局而言最重要的關心焦點之一，就是前述大韓民國臨時政府的承認問題。為了探討美國政府對於承認問題的立場，需要有關於朝鮮獨立運動狀況的情報。出自國家利益的觀點，美國政府在朝鮮領袖中應該支持誰？情報協調局和戰略情報局找尋著這些問題的答案。經濟的關注主要在殖民地朝鮮的經濟狀況。朝鮮經濟的情報不只是為了評價日軍兵力，也是出自其他政府機關來探討針對戰爭結束後的朝鮮，該制定、實施哪種政策，以活用這個目的來蒐集、分析的。這凸顯出喬治在戰略情報局打造出朝鮮知識，與其說是學術知識，不如說是較具有利於政策制定之目的的政策知識樣貌。

一九四三年八月，喬治辭去戰略情報局職務，受胞弟夏農服務的經濟戰爭委員會（**Board for Economic Warfare, BEW**）獲聘為高階經濟研究員（**Senior Economic Researcher**）。不過，一九四三年十二月，喬治離開經濟戰爭委員會轉換跑道至國務院。他在國務院一邊兼任在日本課的工作，也以朝鮮專家身分從事分析業務。

作為戰時合作的一環，喬治雖然在美國政府機關生產了有關朝鮮的知識，但自太平洋戰爭結束前就抱持著欲由決策階層回到學術界，重啟研究活動的想法。在這個過程裡，他被告知獲洛克菲勒基金會選為「戰後人文科學獎助金」（**Post-war Fellowship in the Humanities**）的受獎人。那是在德國戰敗不久前一九四五年四月十四日的事。洛克菲勒基金會既已展望戰後，並推動了幾個

---

24 *Letter form Retirement Division, U.S. Civil Service Commission to G. M. McCune*, June 22, 1946, Folder5, Box19, George M. McCune Papers.

25 *Korean Independence Movement*, April 25, 1942, COI, Research and Analysis Branch, Far Eastern Section, Office of Strategic Service, RG226, NARA.

26 *Unification of Korean Independence Groups*, June 15, 1942, OSS, Far Eastern Section, R&A No. 298, Office of Strategic Service, RG226, NARA.

27 *Recent Korean Documents relating to the Korean Provisional Government in Chungking*, August 2, 1943, OSS Research and Analysis Branch, R&A No. 1028, Office of Strategic Service, RG226, NARA.

28 *Economic Survey*, August 5, 1943, R&A No. 774, OSS Far Eastern Section, Office of Strategic Service, RG226, NARA.

計畫項目。該獎助金就是其中一個，規定對於至一九四八年十二月三十一日前的任一時期開始研究，並在十二個月以內結束者，支付總額二五〇〇美元的經費[29]。喬治活用「戰後人文科學獎助金」，計畫要以近代早期到一九四〇年代中期期間為範圍，進行朝鮮史研究[30]。

喬治獲選為獎助金受獎人的背景是著名研究者的強力推薦。費正清也是推薦人之一。他擁有在戰略情報局和戰時情報局從事分析業務的經驗，非常了解喬治的工作態度。在太平洋戰爭結束約一年前的一九四四年八月二十一日，費正清對於洛克菲勒基金會，誇獎喬治的工作成效出眾，而建議為免於無法同時進行教育和執筆，使他能專心撰寫有關朝鮮的原稿，應向喬治提供資金援助[31]。加州大學柏克萊分校教授，斯拉夫、俄羅斯史專家羅伯特．卡納（Robert J. Kerner）也是喬治的推薦人[32]。

洛克菲勒基金會決定提供研究支援的三個月後，喬治決定辭去國務院的工作。他在寫給國務院日本課厄爾．迪科弗（Erle R. Dickover）課長，日期為一九四五年七月十日的信上表示，基於健康上的理由，雖然遺憾但決定辭去國務院職務。其中也寫到喬治認為自己在休息和療養後，也許還可在朝鮮情勢的問題上再度為國家奉獻的期望[33]。一九四五年十月左右，喬治離開了國務院。

如前所述，在太平洋戰爭開戰前的美國，有關朝鮮的知識積累極為貧乏。不過，對日戰爭爆發後，有關朝鮮的情蒐和分析，對於美國政府是當前要務，朝鮮知識生產的步調提升，逐漸地增加了積累。負責這些工作的是從學術界與決策階層合流的喬治等朝鮮專家。在太平洋戰爭時期之美國生產、累積的朝鮮知識，則是以喬治這個朝鮮專家為媒介而行，學術界和決策階層間知識相互作用的產物。

（二）太平洋戰爭前後的喬治與法斯的緊密關係

一九四五年八月，太平洋戰爭結束。世界各地展開了復員和遣返、回歸，產生了數量和規模皆驚人的人流。在美國戰略情報局等機構從事調查分析業務的專家們，成功地「回歸」到學術界。喬治在戰爭期間的工作態度，戰後前上司和同事們皆給予高度評價。

在一九四三年至四五年間服務於戰略情報局的羅倫斯大學（Lawrence University）的克洛克（F. Theodore Cloak）教授，也讚賞喬治在情報協調局和戰略情報局、經濟戰爭委員會、國務院的工作態度。他評價喬治扮演了讓更多人知道遠東現在與未來問題的重要角色，若是沒了他有意義

29 *Letter from Norma S. Thompson to George M. McCune*, April 14, 1945, Rockefeller Foundation Records, Fellowships, Fellowship Files, SG 10.1 (FA244), Series 200, Box14, RAC.

30 *Letter from George M. McCune to Charles B. Fahs*, November 2, 1946, Rockefeller Foundation Records, Fellowships, Fellowship Files, SG 10.1 (FA244), Series 200, Box14, RAC.

31 *George McCune, recommended by John Fairbank*, August 21, 1944, Rockefeller Foundation Records, Fellowships, Fellowship Files, SG 10.1 (FA244), Series 200, Box14, RAC.

32 *Memo, July 19, 1945*, Rockefeller Foundation Records, Fellowships, Fellowship Files, SG 10.1 (FA244), Series 200, Box14, RAC.

33 *Letter from George M. McCune to Erle R. Dickover*, July 10, 1945, George M. McCune Papers, Box19, Folder5.

的貢獻，將無法傳達這些問題予世人[34]。法斯也是高度評價喬治的一位人物。作為戰略情報局遠東課長及喬治上司的法斯，讚賞他的工作態度，甚至表示敬意。

即使是辭了職，喬治不只與戰爭時期的前上司、同事，甚至與國務院仍維持緊密的關係。一九四五年十二月，美英蘇舉辦三國外交部長會議，討論了朝鮮自日本殖民統治解放後的未來。會議結束後發表的聲明裡，闡明了美、蘇、英、中四國將朝鮮置於信託統治下至多五年，朝鮮的獨立在其後應切實執行的朝鮮信託統治案。圍繞著信託統治案，處於美軍占領之下的南朝鮮，分成信託贊成派與反對派，雙方間展開了激烈的對立。由於當初贊成信託統治的美國其後轉向反對信託統治，與蘇聯有明顯的意見相左。朝鮮信託統治問題使南朝鮮情勢陷入混亂旋渦，凸顯出美蘇的對立。為了打破這樣的狀況而探詢破口的國務院，也與朝鮮專家，亦是過去職員的喬治接觸。

一九四六年一月四日，除了朝鮮信託統治問題外，喬治也被國務院要求提供有關朝鮮基礎建設和在朝日人資產、貿易等朝鮮情勢相關的意見和建言。對此，喬治應該是馬上作出了回覆。不過，根據淺見，在馬科恩檔案和美國國家檔案館收藏的國務院檔案中，並未看到能予以釐清的史料。但是，這樣一個與國務院間的互動，令人推測喬治在戰後對於朝鮮問題也擁有一定的影響力，而國務院也信任他的見解。

一九四六年三月十六日，喬治又在這個時機寄信給在國務院服務的法斯，提議設置培訓朝鮮專家的課程。四月八日法斯回信給喬治。信上表示雖然培訓課程非常敏感，但由於極為需要，因此國務院若在行政程序上承認有關朝鮮的研究，有些國務院官員考慮修讀培訓課程，在陸海軍和大學也應有需求的見解。另一方面，法斯也表示了疑慮。由於在國務院內持續著主導權之爭，故不易實施長期的新課程[35]。法斯在指出這點的同時，也明確展現了理解朝鮮專家培訓課程的意義，並支持開設的態度。

法斯和美國學術團體聯合會的莫蒂默・葛瑞夫斯（Mortimer Graves）秘書和洛克菲勒基金會人文科學部馬歇爾（John Marshall）副部長會談，說明了喬治所提議的培訓課程的意義。席間葛瑞夫斯和馬歇爾提出了一個想法：美國海軍日語學校、東洋語言學校（U.S. Navy Japanese Language School and Oriental Language School）或美國陸軍情報部語言學校（Military Intelligence Service Language School）的數名出身者，應修習朝鮮語為第二外語為宜。對此，法斯回覆培訓課程的開設和運作，需有國務院、陸海軍、大學有朝鮮專家之穩定需求的存在。葛瑞夫斯和馬歇爾對於培訓課程有明確的興趣。一九四六年四月八日，法斯也把與葛瑞夫斯和馬歇爾的會談內容傳達給喬治。並且，法斯也表示已找到想和喬治一同學習的美國海軍日語學校和美國陸軍東洋語言學校的傑出人士，若是委託法斯，預料他／她們應該可以獲得美國學術團體聯合會和洛克菲勒基金會的獎學金或獎助金[36]。

---

34 *Letter from F. Theodore Cloak to George M. McCune*, August 30, 1945, George M. McCune Papers, Box19, Folder5.

35 *Letter from Fahs to George M. McCune*, April 8, 1946, George M. McCune Papers, Box19, Folder 5.

36 同前註。

喬治也向法斯以外的國務院關係人士表示有意開設培訓課程的想法。一九四六年三月二十九日，得知其想法的國務院日本、韓國經濟部（Division of Japanese and Korean Economic Affairs）的愛德恩・馬汀（Edwin M. Martin）部長，在給喬治的信上指出：「我完全同意這個點子」，指出培訓課程是針對真正朝鮮專門知識人員不足現狀的唯一解答[37]。

如此，無論是法斯或馬汀皆認識到培育課程的意義，並給予高度評價。不過，他們的共同疑慮是，要國務院為了培訓課程提供資金與人員，非屬易事[38]。

一九四六年秋，法斯離開國務院，轉換跑道至洛克菲勒基金會擔任人文科學部副部長。該基金會除了前述培育課程支援業務外，也促進人文科學和社會科學在大學課程的拓展，更推動了區域研究發展的活動[39]。法斯在一九五〇年前升任人文科學部長後，一九六一年為了復職至國務院，自洛克菲勒基金會離職。法斯在東京的美國大使館擔任負責文化公關業務的公使，直至一九六七年。

如前所述，太平洋戰爭結束後，在喬治身上可以看到對於朝鮮專家培育的強烈熱誠。毋庸贅言，他對於太平洋戰爭中關於朝鮮的知識積累貧乏，專家也有所不足的狀況有所「反省」。不只是喬治，包含法斯等出身學術界人士在內的國務院官員等也有所「反省」。在這樣的「反省」動力下，太平洋戰爭後的美國重新啟動了有關朝鮮知識生產的過程。予以支撐的就是像喬治和法斯間關係這樣，太平洋戰爭期間建構的學術界和決策階層間，同時又生產知識的人際網絡。在下一節將提到，喬治這樣一個對於朝鮮專家的熱情，在加州大學柏克萊分校浮展現的樣貌，以及法斯對其熱情表示共鳴並提供支援的身影。

（三）加州大學柏克萊分校開設朝鮮相關課程、學程的嘗試

一九四六年對於喬治而言是回歸到學術界的一年。離開國務院的喬治，擔任了加州大學柏克萊分校（University of California, Berkeley）的講師。這對他而言，不僅意味著獲得了在研究上的絕佳環境，也取得對於朝鮮抱持興趣之學生提供教育的機會。

一九四六年十月，新學期開始了。喬治負責大學部的朝鮮史課程和研究所聚焦於朝鮮歷史與文化的專題討論課。前者有六名大學部學生，後者則有四名研究所學生參加。這些課程都是加州大學柏克萊分校的正式課程。喬治相信在加州大學柏克萊分校對於朝鮮相關的研究和培育對朝鮮抱持興趣的學生雙方，可以有適當的貢獻[40]。不只正式的課程，加州大學柏克萊分校的課外活動也開設了有關朝鮮的課程。喬治在課外開設朝鮮語學程，希望從十月十四日開始上課，並著手進

---

37 *Letter from Edwin M. Martin to George M. McCune*, May 29, 1946, George M. McCune Papers, Box19, Folder 5, ibid. Edwin M. Martin, Chief Division of Japanese and Korean Economic Affairs to George M. McCune, 7p.

38 *Letter from Edwin M. Martin to George M. McCune*, May 29, 1946, George M. McCune Papers, Box19, Folder 5, ibid. Edwin M. Martin, Chief Division of Japanese and Korean Economic Affairs to George M. McCune, 7p.

39 "Charles B. (Charles Burton) Fahs," The online collection and catalog of Rockfeller Archive Center. https://rockfound.rockarch.org/biographical/-/asset_publisher/6ygcKECNI1nb/content/charles-fahs.〈查詢時間：2020年10月31日〉。

40 *Letter from George M. McCune to David H. Stevens*, September 29, 1946, Rockefeller Foundation Records, Fellowships, Fellowship Files, SG 10.1 (FA244), Series 200, Box14, RAC.

行準備作業。在準備作業的過程中，喬治如下再度敘述了學習朝鮮語言、歷史、文化的理由。朝鮮在國際政治和今後東亞貿易活動中的戰略地位升高，理解朝鮮的政治、社會思考將變得重要。在此情況下，朝鮮語能力和朝鮮的政治、文化、歷史相關知識將有廣泛需求。這就是喬治列舉的理由[41]。

課外的朝鮮語學程全年開授，上課十五週，一年實施三次的形式。該學程採用了太平洋戰爭中美國陸軍、海軍語言學校的外語教授法，要培養朝鮮話的說讀能力，並提供朝鮮歷史、地理和文化的相關基礎知識。

喬治在開設朝鮮語學程之際，大量地參考了法庫哈（Florence Walne Farquhar）的建言。她是同校講授日本學研究的副教授，被視為是主導美國國內日本學研究的知名研究者。法庫哈出生於在日本活動的浸禮宗美國傳教士家庭，一八九五年生於日本。他在哈佛大學和拉德克利夫學院（Radcliffe College）就讀後，受海軍之邀參與柏克萊日語學校的設立計畫。除了大學之外，法庫哈也在海軍的教育機關裡，擁有關於學程計畫和教育的廣泛經驗[42]。

法庫哈考察在位於東海岸的種種研究機關，並撰寫報告書。喬治開的課外課程大量地參考此報告書。此外，在耶魯大學和來自長老派和循道宗團體的學生開設朝鮮語課程的經驗，也由法庫哈傳達給喬治[43]。如此，喬治在加州大學柏克萊分校開設朝鮮語學程裡，本來期待來自法庫哈的建言和支援。但是，由於法庫哈於一九四六年十月離世，未能如願，喬治被迫要尋找另一位能夠對朝鮮語學程的開設和運作提供支援的人物。

沒過多久就找到了適任者。是一位姓李（Frank Youngjun Lee）的朝鮮青年。在太平洋戰爭期間，作為陸軍訓練課程的一環，他擁有在史丹福大學講授日語的經驗，也是一位能教授朝鮮話的人士[44]。喬治高度評價李的課外部門課程，決定擴大課程。開設了以曾聽講日語課的學生為對象的朝鮮話特別學程。喬治了解到朝鮮話高階學程的修習者中，有五、六人對修習這個特別學程感興趣。其中也包括派駐在朝鮮的前美軍人士。喬治表示，對於剛開設朝鮮語課程有興趣的只有傳教士和退伍軍人[45]。

喬治對開設朝鮮相關課程投注的熱情，付出了莫大的努力；然而，他依據「戰後人文科學獎助金」實施研究的進度狀況，則不太理想。一九四六年九月二十九日，喬治致信洛克菲勒基金會人文科學部的史蒂文斯（Stevens）部長，探詢問是否能將為發展韓國研究的「戰後人文科學獎助

---

41 *Intensive Instruction in the Korean Language*, Rockefeller Foundation Records, Fellowships, Fellowship Files, SG 10.1 (FA244), Series 200, Box14, RAC.

42 "Florence Walne Farquhar Japanese: Berkley 1895-1946," The *Interpreter*, Number 152 (October 2010), the US Navy Japanese/Oriental Language School Archival Project, Archives, University of Colorado at Boulder Libraries.

43 *Letter from George M. McCune to Charles B. Fahs*, November 2, 1946, Rockefeller Foundation Records, Fellowships, Fellowship Files, SG 10.1 (FA244), Series 200, Box14, RAC.

44 *Letter from George M. McCune to Charles B. Fahs*, October 7, 1946, Rockefeller Foundation Records, Fellowships, Fellowship Files, SG 10.1 (FA244), Series 200, Box14, RAC.

45 同註43。

金」用在開發有關韓國研究教育教材等項目上，而不只是自己的研究而已。對此，十月二日法斯代替史蒂文斯回信，同意獎助金可用於教育教材的開發。

研究依舊沒有看到明顯進展。一九四六年十一月初，喬治在給法斯的信裡，寫下了對於研究無進展的不滿。信上吐露出加州大學柏克萊分校對於自身的研究和教育而言是絕佳的環境，但被要求擴大工作範圍，時間分割在研究和行政工作上，無法將全數時間用於研究的焦慮。在說明了這樣的狀況後，研究未如預期進展的喬治，向法斯請求盼能延後「戰後人文科學獎助金」的開始時期[46]。

除了研究的進展外，喬治的健康狀態也不理想。一九四七年四月，史蒂文斯和法斯與喬治會談時，目睹喬治雖然有精神，但非常瘦，嘴唇也發青。他們評估當時在美國活動的四、五位朝鮮專家當中，喬治最有能力。因此，他們判斷就算他健康狀態惡化，也必須提供持續韓國（朝鮮）研究的能力和能栽培其繼承人的所有支援[47]。

一九四八年十一月，喬治因病離世。從太平洋戰爭期間到戰後初期的美國國內，喬治主導有關朝鮮的知識生產，使之在大學扎根，對於朝鮮專家的培育投注熱情的心願，壯志未成身先死。其遺志由妻子艾夫琳繼承，也使她正式展開有關朝鮮的研究。法斯個人和洛克菲勒基金會在支援她研究活動的同時，也期待她對於促進韓美知識交流的課程提供協助。作為課程一環實施的「通信計畫」如何發展？艾夫琳所提供的協助，以及她的研究狀況，又是如何在彼此間互動相涉而開展的呢？接下來要對此進行探討。

二、艾夫琳・馬科恩與通信計畫

（一）向艾夫琳請求協助與研究支援

一九四七年七月，法斯造訪東亞地區，也順道訪問了美軍占領下的南朝鮮。他在當地停留了一週，在首爾造訪的大學裡，也和喬治及艾夫琳的友人們會面[48]。在停留首爾期間，法斯和不少韓國教授見面，目睹他們的孤立感而受到衝擊[49]。法斯本身對於孤立未詳細敘述，但可以推測這表露出韓國教授們感覺到被從學問世界切割、拋下的心情。

法斯透過和不少韓國教授會面，察覺到在同一研究領域的韓國教授和美國教授之間，彼此交流的重要性。這個想法是通信可以提升韓國教授們的研究意願，可以循著新的研究和教育方向協助給予他們刺激。「通信計畫」就在這樣的目的下策畫，法斯為了付諸實施而著手進行準備作

46 同前註。

47 *Interviews: CBF*, April 11, 1947, Rockefeller Foundation Records, Fellowships, Fellowship Files, SG 10.1 (FA244), Series 200, Box14, RAC.

48 *Letter from Charles B. Fahs to George M. McCune*, August 1, 1947, 200R, American Council of Learned Societies–Korean Studies, 1947-1950, 1955, Series 200, Box264, Rockefeller Foundation Records, Projects, RG 1.2 (FA387), RAC.

49 *Letter from C. B. Fahs to Cornelius Krause*, November 7, 1947, 200R, American Council of Learned Societies–Korean Studies, 1947-1950, 1955, Series 200, Box264, Rockefeller Foundation Records, Projects, RG 1.2 (FA387), RAC.

業。但是，判斷通信計畫若無精通美韓兩國教育機關人們的持續努力將不易實現的法斯，向他認定擁有在朝鮮的豐富經驗和關於朝鮮有益知識的艾夫琳尋求協助。不唯獨法斯個人，在洛克菲勒基金會方面，也認為艾夫琳有關朝鮮語言與人物的知識，可以促進韓美教授間的接觸，作出認為她是最適合實施通信計畫人物的結論。

自東亞訪問之行歸國的法斯，立刻致信給艾夫琳[50]。信上條列如下問題：

(1) 通信計畫有助於韓國大學的學問發展嗎？
(2) 對實施通信計畫有興趣嗎？
(3) 若有興趣，你認為可以不怠忽對於喬治和家人的義務，並公平分配時間給通信計畫嗎？

除了問題以外，信中也提示了具體的條件。內容為若是願意從事通信計畫，則會支付兼任職員的薪資，也會負擔該計畫所需的經費（文具、郵資、作為禮物的圖書購買費等）。法斯的信顯示出有意招聘艾夫琳為通信計畫營運負責人的明確目的。

一九四七年八月十九日，艾夫琳寫信答覆法斯。信中首先寫下了對於通信計畫意義的回應。艾夫琳對於該計畫表示基本上同意的態度，又指出這是一個以實踐方式來激發韓國教授意願的傑出計畫[51]。另一方面，她也對於通信計畫表示疑慮。韓國教授透過該計畫，或許可以從美國教授這邊得到許多收穫，但美國教授所獲得的反而相當地少，對於美國教授是否有協助該計畫的動機表示疑問。

其次，艾夫琳說明了自身的狀況，探詢了參與通信計畫的具體待遇。當時艾夫琳在加州大學出版部有全職工作，領取二八〇〇美元的薪資。對她而言，在該出版社擔任編輯，可以用更有彈性的時程表居家處理業務，是無可取代的工作。因此，她想以兼職工作的方式來執行通信計畫的業務，一天可以投入五、六個小時，或是全職制勞動的一半以上時間在該計畫的業務上。艾夫琳也具體地提及了經費方面，她主張週薪最少要有四十美元，文具、郵務、禮品費用、翻譯和其他雜費等一個月約需要五十美元的經費。

艾夫琳更表示對於研究的要求。她希望藉由從事通信計畫，發展自身關於朝鮮美術與文學的研究主題，盼能同時進行通信計畫和研究。不過，要這麼做，須有對於研究的經費支援[52]。艾夫琳的答覆凸顯出，在肯定通信計畫意義的前提上，她也從薪資和研究費的經費面向，評估是否接受該計畫的業務。

---

50 *Letter from C.B. Fahs to Evelyn B. McCune*, August 1, 1947, 200R, American Council of Learned Societies–Korean Studies, 1947-1950, 1955, Series 200, Box264.

51 *Letter from Evelyn B. McCune to C.B. Fahs*, August 19, 1947, 200R, American Council of Learned Societies–Korean Studies, 1947-1950, 1955, and *Letter from to Evelyn B. McCune from C. B. Fahs*, September 12, 1947, Series 200, Box 264.

52 *Letter from Evelyn B. McCune to C.B. Fahs*, August 19, 1947, 200R, American Council of Learned Societies–Korean Studies, 1947-1950, 1955, Series 200, Box264.

法斯收到艾夫琳的回信，對於她針對通信計畫表示理解和疑慮，以及表達了自身研究的要求表示感謝。他提議作為解決艾夫琳研究上問題的實際方法，可以活用洛克菲勒基金會的訓練獎助金（Training Fellowship）。對於資助對象，訓練獎助金提供每月一七五美元的金額，支付十二個月。法斯在給艾夫琳的回信中，表示可以透過美國學術團體聯合會來籌措實施通信計畫時所需的速記支援、郵資、圖書、其他經費，一個月至多支付一百美元。他認為，藉由這樣的措施，某種程度將可滿足艾夫琳兼顧通信計畫和研究的期望[53]。法斯向艾夫琳表示，若是能接受這樣的提議，就請她填寫該獎助金的申請書，回覆給洛克菲勒基金會[54]。法斯之所以決定發給艾夫琳訓練獎助金，不只是基於在推動通信計畫上她的協助不可或缺的判斷，也是因為他預期她將能成為有益於韓國（朝鮮）研究發展的重要研究者。

艾夫琳接受法斯的提議，決定投入通信計畫。一九四七年九月三十日，艾夫琳向洛克菲勒基金會人文科學部提出申請書和研究計畫書等相關文件。在她的研究計畫裡可以看到兩個目標。

第一、發展美術研究的方法論，並藉由向在加州大學柏克萊分校美術學院為取得碩士學位和博士學位而進行研究的學生們反饋這樣的方法論，達到教育的效果。他們／她們修習了一九四七年秋季學期開授的中國美術史、佛教美術、朝鮮史、中國文化、有關語言的大學部課程和研究所專題討論課[55]。艾夫琳把有關朝鮮美術的課程編進研究所的課程作業，期望透過自身的研究，在教育方面有所貢獻。

第二、藉由進行有關朝鮮美術的獨創性研究，提供學術貢獻。艾夫琳的具體研究主題是五世紀及六世紀的朝鮮美術史。透過這個研究，她想藉由描繪早期佛教美術以及早期日本美術的明確草圖，為美術史研究有所貢獻[56]。

一九四七年十一月五日，法斯和葛瑞夫斯透過電話協商了通信計畫。葛瑞夫斯盼能親自參與通信計畫，表示這將能連結到使喬治和艾夫琳所進行的韓國研究更進一步發展，提出了美國學術團體聯合會必須是經手通信計畫機關的一個想法。法斯接受了這個意見，彙整出如下建議案，那就是一九四七年十一月一日到隔年一月三十一日間，為執行通信計畫提供美國學術團體聯合會九百美元，並支付艾夫琳每月二百美元的津貼，以及可以支應速記、郵務和其他經費的每月一百美元的經費。

在電話協商兩天後的十一月七日，法斯致信給美國學術團體聯合會會長庫魯捷（Cornelius Kruse），表示為向艾夫琳提供九百美元的補助金（grant），正在進行推薦手續[57]。數日後，法斯

---

53 *Letter from Evelyn B. McCune to C.B. Fahs*, August 19, 1947 and *Letter from to Evelyn B. McCune from C. B. Fahs*, 200R, American Council of Learned Societies–Korean Studies, 1947-1950, 1955, Series 200, Box264.

54 *Letter from Evelyn B. McCune to C.B. Fahs*, August 19, 1947 and *Letter from to Evelyn B. McCune from C. B. Fahs*, September 12, 1947, 200R, American Council of Learned Societies–Korean Studies, 1947-1950, 1955, Series 200, Box264.

55 *Proposed Study Plan*, 200R, 200R, American Council of Learned Societies–Korean Studies, 1947-1950, 1955, Series 200, Box264.

56 *Proposed Study Plan*, ibid.

57 *Letter from C. B. Fahs to Cornelius Kurse*, November 7, 1947, 200R, American Council of Learned Societies–Korean Studies, 1947-1950, 1955, Series 200, Box264.

收到了庫魯捷表示很榮幸可以經手通信計畫的回信[58]。本來是打算以向艾夫琳提供獎助金的方式進行，但如法斯和庫魯捷的電話協商所示，資金的提供改為補助金形式。美國學術團體聯合會收到洛克菲勒基金會的資金，並向艾夫琳提供時，表示希望能不以獎助金形式，而是補助金的方式來進行[59]。這是因為，艾夫琳在加州大學出版部服務，她不能從一個以上的機關或組織收取薪資[60]。

一九四七年十一月十三日，洛克菲勒基金會同意以補助金的形式，針對艾夫琳的研究和推動通信計畫的薪資和經費，向美國學術團體聯合會提供合計三二五五美元[61]。這意味著洛克菲勒基金會再度認定艾夫琳是推動通信計畫最適當的人選。洛克菲勒基金會認為，藉由提供補助金，艾夫琳可以從加州大學出版社離職，投資所有工作量的三分之二在自己的研究上，剩餘的時間可以用在通信計畫上。這時採認的補助金，可以支應一九四七年十一月到隔年一月三個月份的所需。洛克菲勒基金會決定在一九四八年一月，採決是否提供該年二月到十二月為止十一個月份的補助金[62]。

十一月十八日，艾夫琳被法斯告知洛克菲勒基金會決定要提供補助金[63]。與此相時而過，同一天艾夫琳也對法斯回覆了日期在十一月一日的信。信上艾夫琳首先說明越來越可專心於通信計畫。到了十月，因為加州大學出版部找到了接替艾夫琳的人，可以減少她的上班時間，並朝向讓她結束在那裡的工作方向來進行。

其次，又說明了為進行自己可在加州大學柏克萊分校取得博士學位的研究，而配合改定的研究計畫。在艾夫琳新的研究計畫裡，先前研究計畫所提及的學生教育這個面向退居其次，變更為更重視知識生產。具體的研究內容是：第一、執筆撰寫喬治所撰寫的朝鮮史、以及他所編寫的聯合國朝鮮叢書中朝鮮美術的項目；第二、製作有關朝鮮美術的手冊。艾夫琳認為這樣的研究尤其有助於韓國（朝鮮）研究更進一步發展。艾夫琳的信傳達了自身的工作狀況和研究內容，表示若能確保通信計畫的營運資金，就請立刻回覆，展現出對於參與該計畫的積極態度[64]。

如前所述，洛克菲勒基金會在推動通信計畫時，需有艾夫琳合作，並決定提供足以支應其薪資和該計畫相關費用的資金。該資金決定透過美國學術團體聯合會，以補助金形式提供給艾夫琳。藉此，通信計畫脫離了計畫階段，被定位為美國學術團體聯合會課程一環的「通信計畫」，

---

58 *Letter from Kurse to Fahs*, November 12, 1947, 200R, American Council of Learned Societies–Korean Studies, 1947-1950, 1955, Series 200, Box264.

59 *Letter from Fahs to Evelyn B. McCune*, November 7, 1947, 200R, American Council of Learned Societies–Korean Studies, 1947-1950, 1955, Series 200, Box264.

60 *Grant in Aid to the American Council of Learned Societies*, ibid.

61 *Grant in Aid to the American Council of Learned Societies*, RF46142, November 13, 1947, 200R, American Council of Learned Societies–Korean Studies, 1947-1950, 1955, Series 200, Box264.

62 *Grant in Aid to the American Council of Learned Societies*, ibid.

63 *Letter from C. B. Fahs to Evelyn B. McCune*, November 18, 1947, 200R, American Council of Learned Societies–Korean Studies, 1947-1950, 1955, Series 200, Box264.

64 同前註。

便以艾夫琳為實質負責人而付諸實施。

一九四八年一月，洛克菲勒基金會如期採認以艾夫琳為對象的補助金，以及對於美國學術團體聯合會的資金提供。和過去三個月一樣，它們是向艾夫琳支應為推動東洋美術研究和通信計畫支付的每月二百美元的薪資和每月一百美元的經費[65]。

（二）實施通信計畫

通信計畫作為以洛克菲勒基金會為資金提供者的美國學術團體聯合會課程之一而開始。在開始大約四個月的一九四八年四月四日，艾夫琳向葛瑞夫斯報告了通信計畫的現況。首先，她敘述了是以什麼樣的目標來實施通信計畫。在一九四八年春天這個時間點，處在美國軍政下的南朝鮮，有包含農業學校和技術學校在內的二十七所大學，雇用了一二〇〇到一三〇〇位教師。艾夫琳說明這點以後，又寫下了將自通信計畫開始的一年間，韓美教授各有一百五十人參與本計畫定為目標，若能實現則將感滿足的想法[66]。

第二是有關美國人反應的報告。艾夫琳對於美國教授對於通信計畫的反應表示滿意，作為唯一的問題，她舉出他們的回覆在傳達給美國教授上耗時甚長。她指出理由是美國教授們忙於過度繁重的工作，使得回覆上發生遲延的可能性。

第三是有關韓國通信計畫的疑問之處。艾夫琳指出韓國教授對於韓國問題的先入為主觀念和缺乏運用英語能力、對於美國人整體的敵意、與外國人通信的恐懼和猜忌心理，造成通信計畫的障礙[67]。

第四是韓國教授們的反應。根據艾夫琳的說法，如第三點所指出的，儘管在韓國的通信計畫產生障礙，但首爾大學歷史學系的教授和該大學醫學院醫療專家的反應最好。

第五是有關美國軍政下的教授放逐。艾夫琳提及思想自由的首爾大學知名歷史學教授三人，在一九四七年夏天後就消失了蹤影。背後因素是美國軍政的整肅。一九四六年七月，美國軍政廳教育部，發表了要將日本殖民時期設立的京城帝國大學國有化的政策。這是欲透過重整京城帝國大學，設立首爾大學作為國立大學。在此過程裡，有不少教授反對大學國立化。美國軍政將反對的教授視同共產主義者及其同情者、北朝鮮政權的同情者，將之逐出了大學。首爾大學教授的放逐，持續至一八四八年長達兩年。根據艾夫琳的報告，主導放逐戲碼，對於大學教授擁有極大興趣的美國軍政當局，對於通信計畫本身並無興趣[68]。

---

65 *RA H4808, Grant in Aid to the American Council of Learned Societies*, January 7, 1948, 200R, American Council of Learned Societies–Korean Studies, 1947-1950, 1955, Series 200, Box264.

66 *Letter from Evelyn B. McCune to Mortimer Graves*, April 4, 1948, 200R, American Council of Learned Societies–Korean Studies, 1947-1950, 1955, Series 200, Box264.

67 同前註。

68 同前註。

通信計畫的進展狀況也傳達給了法斯。法斯掌握到了艾夫琳與喬治和參加通信計畫的韓國教授，對於政治性的討論保持距離，慎重且具想像力地聚焦在有關學問問題的指教上的狀況。且美國教授對於通信計畫大致上是配合的態度[69]。

艾夫琳頻繁地撰寫有關通信計畫的報告書，提交給美國學術團體聯合會和洛克菲勒基金會。以下，將以數份報告書為基礎，考察當時通信計畫的狀況。

根據一九四八年七月寫成的報告書，在一八四八年夏天這個時間點，有一七七名韓國教授和其半數的美國教授參加通信計畫。該課程尤其受負責醫學和英語的教授們歡迎。而對於專攻美術和考古學的韓國教授們而言，透過通信計畫送達的美國圖書和雜誌，對於他們的研究而言收穫最是豐碩[70]。

接著要看看一九四八年九月撰成的報告書。在該報告書裡，艾夫琳認為通信計畫很順利，一九四八年九月時，已經有三十五件到四十件的通信組對成立，更透露還有五十件到六十件成立的可能性。在艾夫琳看來，通信計畫激發了韓國教授的意願，美國教授配合該計畫，韓國教授們亦表現出積極參與的態度[71]。

如前所述，為執行通信計畫的所需經費，包含了由美國送至韓國的禮品費用。艾夫琳在一九四八年九月為止的期間，著手進行了小至香皂和鈕扣這樣的小物品，大到教科書和學校的必需用品、唱片、學術專業雜誌（醫學、工學、宗教、文學）的訂閱權等二百件以上禮品的籌措和運送[72]。作為回禮的禮品，寫有韓文的物品，也由韓國教授寄至美國教授的手中。根據艾夫琳的說法，來自韓國的禮品看在美國教授眼裡很奇妙，引發了他們的興趣[73]。禮品被定位成補足通信計畫的角色[74]。不只是韓美教授間互相往來的書信，來自美國的禮品，也被用作激發韓國教授們研究意願的手段。同時，從韓國來的禮品，也喚起了美國教授們對於韓國的關注。艾夫琳認為依書信和禮品交換而行的通信計畫，促進了韓美間的知識交流。

與她自認執行順利的通信計畫相比，艾夫琳自身的研究則沒有明顯的進展。她所獲得的補助金至一九四九年一月到期，從三個月前的一九四八年十一月開始，艾夫琳就致信給法斯要求延長補助金。在數天後的十一月五日，喬治離世了。同情艾夫琳的法斯和美國學術團體聯合會會長奧德加（Chares E. Odegard），持肯定的態度表示，只要她願意，一九四九年也可以繼續通信計畫

69 *Excerpt from C. B. Fahs Trip to the Far East*, April 14, 1948, 200R, American Council of Learned Societies–Korean Studies, 1947-1950, 1955, Series 200, Box264.

70 *Letter from Evelyn B. McCune to Mortimer Graves*, July 23, 1948, 200R, American Council of Learned Societies–Korean Studies, 1947-1950, 1955, Series 200, Box264.

71 *Letter from Evelyn B. McCune to C. B. Fahs*, September 11, 1948, 200R, American Council of Learned Societies–Korean Studies, 1947-1950, 1955, Series 200, Box264.

72 *Letter from Evelyn B. McCune to Mortimer Graves*, September 26, 1948, 200R, American Council of Learned Societies–Korean Studies, 1947-1950, 1955, Series 200, Box264.

73 同前註。

74 同前註。

和研究。洛克菲勒基金會和美國學術團體聯合會評估要延長補助金。但是，法斯主張必須詢問艾夫琳是否希望延長補助金，洛克菲勒基金會和美國學術團體聯合會遂未決定補助金的延長與否[75]。

艾夫琳收到了來自法斯關於補助金延長的意願徵詢。這時，她回答表示通信計畫應該再持續一年，但接下來的兩、三個月，她沒有時間從事該計畫的業務。收到其回覆，法斯向艾夫琳請求介紹可以代替實施通信計畫的人物[76]。數日後，艾夫琳向法斯和奧德加提議的候選人是她的父親亞瑟·貝克（Arthur L. Becker）。貝克曾在殖民地朝鮮以循道宗的教育傳教士身分活動，還在美國軍政下的南朝鮮擔任釜山大學校長。艾夫琳介紹貝克時，強調他在美國軍政廳支持的教育領域中有卓越的經驗，並對通信計畫抱有興趣。她也傳達了貝克方面的意願。根據艾夫琳的說法，貝克有意從事通信計畫這樣的工作，若無資金，甚至可以不支領報酬[77]。

儘管曾一度介紹父親作為接任人選，最終艾夫琳再度接受補助金，從事通信計畫和自身研究，直至一九四九年年底。由於目前缺乏可說明期間經緯的史料，按筆者拙見，今後仍須在史料上繼續深掘。

一九四九年六月二十八日，艾夫琳撰成有關通信計畫的最終報告書，並提交給奧德加[78]。法斯經由奧德加的轉交收到這份報告。艾夫琳在該報告書裡指出：禮品當中的圖書尤其扮演了韓美教授間知識和興趣互動帶來刺激的媒介功能，禮品促進了他們的知識交流。最終，藉由通信計畫，隸屬於韓國十一所機關的教授和美國教授之間，建立了通信的交流關係。這些機關是首爾大學（四學系）、梨花女子大學（七學系）、延世大學（三學系）、檀國大學（一學系）、韓國政府教育部演劇藝術課、塞布蘭斯（SEVERANCE）醫科專科大學、高麗大學（五學系）、大邱醫學專科學校、首爾・長老派神學學校、裡里農業學校。其中艾夫琳最感興趣的是下列通信組合。

(1) Dr. Paul Dudley White (Harvard Medical School)與Dr. Ri Tonhi：心血管疾病
(2) Dr. Elliot Newman (Johns Hopkins Hospital)與Dr. Suh Soonku：心臟病學及神經學領域
(3) Dr. Frank N. Wilson (Heart Station, University Hospital, Ann Arbor, Michigan)與Dr. Lee Jongju：心臟病學
(4) Professor A. Cox (Law School, Harvard University)與J. S. Yoon (Korea University)：勞動法
(5) Professor W. H. Coates (University of Rochester)與Dean J. O. Lee (Literary College, Korea University)：歷史哲學

---

75 *Letter from C. B. Fahs to Evelyn B. McCune*, December 6, 1948, 200R, American Council of Learned Societies–Korean Studies, 1947-1950, 1955, Series 200, Box264.

76 同前註。

77 *Letter from Evelyn B. McCune to C. B. Fahs*, December 19, 1948 and *Letter from Charles E. Odegaard to C. B. Fahs*, December 23, 1948, 200R, American Council of Learned Societies–Korean Studies, 1947-1950, 1955, Series 200, Box264.

78 *Korean Cultural Relations Association, June 28, 1948,* 200R, American Council of Learned Societies–Korean Studies, 1947-1950, 1955, Series 200, Box264.

(6) Professor Kelsen (Political Science, University of California)與S. D. Whang (Law School of Korea University)：國際法及法哲學

(7) Professors J. M. Clark and W. C. Michell (Columbia University)與C. S. Hahn (Department of Economics, Korea University)：經濟學教授法

(8) Professor N. T. Dowling (Law School, Columbia University) with Dean J. O. Yoo (Law School, Korea University)：憲法

(9) Professor Allan B. Cole (Department of History, Pomona College)與Sangi Kim (Seoul National University)：東洋史教授法

(10) Professors Wangaard and Hess (School of Forestry, Yale University)與C. S. Shim (College of Agriculture, Seoul National University)：森林利用

(11) Professor K. W. Aschenener (Department of Philosophy, University of California)與H. Pak (Korea University)：科學哲學

(12) Professor G. R. Stewart (novelist, Department of English, University of California)與D. S. Suk (Department of English, Korea University)：未記載領域

這些參加通信計畫的韓國教授服務單位，不只首爾，也遍及慶尚北道的大邱、全羅北道的裡里這些地方城市。參與者的專長領域包括從醫學到法學、經濟學、哲學、歷史學、英語學、法語

學、化學、物理學、冶金學、藝術學、音樂學、家政學、教育學、心理學、體育學、演劇藝術、宗教學、人類學、考古學、政治學、農學，富於多樣性。艾夫琳的結論是，通信計畫促進了各種不同專業領域教授間的知識交流，該計畫更藉著作為交換知識媒介而使用的禮品而更加完善。

在通信計畫所使用的禮品裡，數量最多的是圖書。一八四八年一年之間，有三百冊以上的書從美國送到韓國。這些圖書也包含了新刊書籍，但其中三分之二是舊書。在昂貴的醫學書籍裡，也有由美國的醫師所寄贈者。學術雜誌[79]一年份也是送給韓國教授們的禮物。此外還有簡單的醫療用品、衣物（T恤、襪子、鞋子、領帶、中古西裝）、投影機、筆、時鐘、剪刀、紙、文件夾等物品外，還有講授英文文學的哈佛大學錄音教材等。

最終版本的報告書裡，寫有艾夫琳在從事通信計畫時所感受到的韓國印象。第一點、她寫到韓國從小學到大學都有教師的不足情況，甚至有高中教師在大學教課。第二點、學生很多，但學校的設備卻很貧乏。甚至有激進的教師遭到放逐，這降低了韓國教師們的教學意願。第三點是有關於韓國人對通信計畫的態度。根據艾夫琳的說法，許多韓國人恐於暴露自身的無知，害怕使用英語，對於寫信給美國人感到猶豫。

艾夫琳認識到美韓間因通信計畫所帶來的知識交流意義。通信計畫的確引發了美國對於韓國

79　*The Journals of the Institute of Metals* (American Institute of Physics, London), *Journal of Urology*, *Journal of Biological Chemistry*, *Far Eastern Quarterly* (eight subscriptions), *Newsweek*, *Reader's Digest*, and *Popular Science*.

壓倒性的知識流動，提升了韓國教授們對於美國的關心。一方面也刺激了美國教授們對於韓國的關心。可以發現，這並非韓美間單方面的知識流向，而是雙方面的知識互動作用。

艾夫琳雖然理解通信計畫的意義，但並未抱持該如何與冷戰作連結的想法。然而另一方面，一九五〇年朝鮮戰爭的爆發讓艾夫琳強烈意識到冷戰，讓她深刻烙印了冷戰中熱戰的這個狀況。同時，這也影響了她對於朝鮮的關注，成為決定她日後研究，以及決策階層間距離的最大因素。

一九五〇年，在加州大學柏克萊分校取得歷史學碩士學位的艾夫琳，在朝鮮戰爭最熾烈的時期，由於美軍將首爾國立博物館的貴重收藏品移送到臨時首都釜山的任務，而被派遣到首爾。其後在一九五一年到五二年，以負責人身分在美國國會國書館韓國部門（Korean Section）服務。一九五二年，為了調查韓國圖書館和美術館中圖書和貴重收藏品的受損狀況，她又以國會圖書館及國務院派遣人員的身分，再度被派到首爾。透過這一連串經驗，她發現了向美國陸軍和國務院這些美國政府機關提供協助的意義。進入一九六〇年代，艾夫琳在國務院擔任北朝鮮問題的分析官。太平洋戰爭的爆發後，喬治被決策階層拉攏，扮演學術知識和政策知識的橋樑，創造出朝鮮的相關知識，戰後學術界也持續著這樣的知識生產。艾夫琳也因太平洋戰爭後成為新戰爭的朝鮮戰爭爆發，由學術界轉換跑道到決策階層，時而往來於兩者之間，推動了作為學術知識和政策知識的韓國研究（Korean Studies）和北朝鮮研究（North Korean Studies）。

三、具備學術知識與政策知識雙重性的韓國研究之形成

本章闡述了一九四〇年代中期到後期的美國，有關朝鮮知識在學術界和決策階層，以及洛克菲勒基金會這樣的民間基金會間生成，並透過與韓國的知識交流積累的過程。在此可以看到幾個有特徵的面向。

第一、太平洋戰爭爆發後，在美國開始正式生成、集聚的朝鮮相關知識，帶有政策科學知識（政策知識）的濃烈色彩。太平洋戰爭開戰後，像喬治這樣從學術界聘請過來的專家，在美國政府機關的指示和要求下，負責蒐集和分析有關朝鮮的情報。由專家的立場來看，是為了祖國美國而行的戰時合作之一環。太平洋戰爭下生產出來的朝鮮相關知識，礙難稱得上是學問知識，這以對日勝利至上的美國政府而言，誠屬最需要的政策知識。至於這樣的知識究竟多大程度是專家自律性活動的產物，則有討論的空間。

第二、如喬治所主導的加州大學柏克萊分校朝鮮相關課程、學程的開設、運作的動向所示，在太平洋戰爭時期間塑造的朝鮮相關知識，在戰爭結束後由軍事目的轉換為民事目的。這無非就是作為政策知識的朝鮮相關知識，被拉回到學術知識，在美國的大學裡被制度化成作為區域研究的韓國（朝鮮）研究的過程。予以支持的，則是喬治在戰略情報局時代的上司即法斯，是他其後任屬的洛克菲勒基金會。

第三、在有關朝鮮知識形成的過程中，不只是由美國到韓國的單方面知識流動，也發生了韓

國到美國的知識流動。洛克菲勒基金會成為贊助者，美國學術團體聯合會在艾夫琳協助下實施的通信計畫，將美國最新的知識和情報帶到了韓國。同時，這也對引起了參與通信計畫的美國人對於韓國的關心，提供給他們從幾個方面學習韓國的寶貴機會。通信計畫也為美國國內有關朝鮮知識的生成和集聚帶來效果。韓美之間因此產生了雙向的知識互動。

朝鮮戰爭在美國的大學裡加速了韓國和北朝鮮研究的發展。正如同太平洋戰爭期間也如此一般，朝鮮戰爭爆發後，朝鮮專家仍持續不足。在這個過程中，在史丹福大學和哈佛大學這些主要大學裡，可以看到開設以培養朝鮮專家為目的，處理有關朝鮮半島問題的課程和學程的動向。除了洛克菲勒基金會外，這些動向也獲得了福特基金會和卡內基國際和平基金會（Carnegie Endowment for International Peace）的支援。

有關朝鮮的知識在朝鮮戰爭爆發後急遽累積。這是在大學等學術界形成的學術知識，當然也帶有與北朝鮮展開熱戰／冷戰，為取得勝利所必需的政策知識性質。太平洋戰爭下正式生成的朝鮮知識，之後穿越了熱戰和冷戰的時代，呈現出學術知識和政策知識混合的樣貌，同時在美國學術界中作為韓國研究朝制度化發展。

參考資料

一手史料

RG226, Office of Strategic Service, National Archives and Records Administration (NARA) at College Park.

Rockefeller Foundation Records, Rockefeller Archives Center, New York

George M. McCune Papers, McCune-Becker Collection, Center for Korean Studies, University of Hawaii at Manoa.

二手史料

加藤哲郎，《象徵天皇制の起源——アメリカの心理戦「日本計画」》。東京都：平凡社，2005。

小林聡明，〈太平洋戦争期アメリカ情報機関とG.M.マッキューン：1941年12月～43年9月：COI/OSSにおける宣教師らからの朝鮮情報収集活動に焦点をあてて〉，《朝鮮史研究会論文集》，（58），東京都：朝鮮史研究会，2020，頁157-158。

"Florence Walne Farquhar Japanese: Berkley 1895-1946," *The Interpreter*, Number 152 (October 2010), the US Navy Japanese/Oriental Language School Archival Project, Archives, University of Colorado at Boulder Libraries.

Fujitani, Takashi. *Race for Empire: Koreans as Japanese and Japanese as Americans During World War II*. Berkeley: University of California Press, 2011.

Kim, Seung-kyung and Michael Robinson, eds. P*eace Corps Volunteers and the Making of Korean Studies in the United States*. Seattle: University of Washington Press, 2020.

Kim, Robert S. P*roject Eagle: The American Christians of North Korea in World War II*. Potomac Books, 2017.

Yoneyama, Lisa. Cold *War Ruins, Transpacific Critique of American Justice and Japanese War Crimes*. Durham: Duke University Press, 2016.

Yu, Maochun. *OSS in China: Prelude to Cold War*. New Haven: Yale University Press, 1996.

안종철（安鍾哲）『미국제도권한국학의탄생과미국의대한—인식조지M・멕큔을중심으로세계속의한국사』이태진교수정년기념논총간행위원회，태학사，2009.

김서연（金瑞淵）「조지맥아피맥퀸(George McAfee McCune) 생애와한국연구」한국사연구 (181)，2018.

關鍵思考一　口述歷史與檔案資料學下的戰後史

中生勝美

一九八〇年代初期，我曾在中國山東省進行農村調查，地點就在一九四〇年代南滿州鐵道株式會社調查部執行中國農村習俗調查的地方。當時的研究，便是該調查的追蹤。之後，我的田野範圍逐漸擴展到中蘇邊界的鄂倫春族、香港、臺灣，並在追蹤這些地區人類學者的研究足跡中展開研究，希望釐清日本人類學者究竟是沿著什麼樣的社會脈絡在舊殖民地中進行田野調查，而這些又是如何為戰後研究所繼承。一九九〇年代起，我一邊訪問學會中那些德高望重的前輩們，傾聽他們戰前戰後的經驗，同時重新走訪戰前曾經做過田調的地區、過去研究所的舊址，以人類學的方法寫下人類學史。另一方面，我也搜尋人類學中幾乎很少使用的日本、美國、中國、臺灣檔案，試圖透過整合學術書籍、訪談、田野調查、檔案內容，再構築人類學史。根據個人的口訪經驗，五十年前左右的過去，由於可做參考的檔案資料已經公開，供給者也仍健在，是讓我覺得訪談起來比較容易的時間段。就這點而言，在二〇二〇年代裡想要訪問二戰體驗相當困難，但本書主題的冷戰時期卻最適合在此時進行口訪。

我曾訪問梅棹忠夫、藤枝晃、國分直一、吉良龍夫、石野巖（Iwao Ishino）、別府春海（Harumi Befu）等人。能直接與知名人類學家見面，和他們談話，聆聽他們論文或是著述背後的個人經驗，確實有助於加深對這些學者們筆下研究內容的理解。以及，雖然是理所當然的，戰前的經驗亦連綿不斷地在戰後研究中延續，透過與前人的對話，可以得知延續了戰前經驗，戰後研究在主題及田野的選擇上，受到政治、社會以及經濟環境什麼樣的影響。而研究者與其家族手上的未發表資料、田野筆記、照片或信件中，更留有許多論文中讀不出來，有助於了解研究背景的線索。

但僅仰賴口述訪問所再構築的歷史有其限制，因此，檔案調查對歷史研究而言是不可獲缺的手段。我曾在二〇〇三年及二〇〇五年拜訪密西根州立大學名譽教授石野巖、別府春海（Harumi Befu），他曾在戰後駐日盟軍總司令的民間情報教育局（Civil Information and Educational Section, CIE）中雇用人類學、社會學和法律學者們為助理，協助調查工作。我希望能聽他談談當時的狀況而前往拜訪。但透過那次訪談，我才驚訝地知道，原來他在駐日盟軍總司令的工作，是源自於戰前曾參加的亞利桑那州日裔美國人波斯登集中營（Poston War Relocation Center）[1]調查，也就是人類學家雷頓（Alexander H. Leighton）一九四三年所主持的日裔社會調查計畫。計畫成果頗受好評，五名日裔隨雷頓轉移至戰時情報局。石野當時獲聘為助理，就坐在潘乃德隔壁分析日本情報，不過根據他的說法，因為潘乃德有聽覺障礙，兩人沒有交談過。第二次拜訪石野的時候，我已從美國國家檔案館中整理出駐日盟軍總司令和戰時情報局的資料，便將與他有關的部分一起帶去。戰時情報局資料中有詳細的工作日誌，他很高興地表示對撰寫回憶錄大有幫助。而駐日盟軍總司令資料中也包括了民間情報教育局指揮系統圖，我請石野看過，他回覆道：「這個組織架構圖並不正確，當時沒有這樣的指揮系統」。這正是在研究上結合檔案資料與口述歷史的最佳例子。這次的口訪讓我了解到，即使是檔案的文字資料，也必須以客觀角度看待。

接下來再舉幾個冷戰時期一九五〇到一九七〇年代間人類學、田野調查，以及口述歷史的具體例子。由於冷戰時間無法前往中國進行田調，東亞人類學研究便以香港、臺灣，和東南亞華人為研究對象，且如「殘存的中國」一詞所示，以能夠執行田調的傳統中國社會研究為主流。這段期間並非全無中國大陸研究，芝加哥大學的研究團隊便曾藉由訪談從大陸逃向香港的難民，進行中國大陸調查，此即白維廉（William L. Parish）與懷默霆（Martin King Whyte）所著，芝加哥大學一九七八年出版的《當代中國村落與家庭》（*Village and Family in Contemporary China*）。研究中系統性地訪談逃難至香港的大陸難民，以統計方式分析一九五〇至一九七〇年代末的中國社會變化。另一個應該也與該研究團隊有關的，是陳佩華等人所著的《陳村：中國農村的文革與近代化》（*Chen village: the recent history of a peasant community in Mao's China*，日文版由小林弘二監譯，筑摩書房於一九八九年出版），該研究聚焦在廣東省南部某逃難人數眾多的村落，本書即為該村的民族誌。前述幾個例子都是對於不可能調查的地區，以自該地區逃出的難民取

1 編註：過去亦有書籍譯為遷徙營。早年資料中，日裔美人亦稱該營為「保壽屯」。

代當地調查所進行的研究。這種研究方式，雛型來自於克萊德·克羅孔（Clyde Kluckhohn）擔任所長的哈佛大學俄羅斯研究中心（Russian Research Center，一九四八年設立，今日戴維斯中心〔Davis Center〕前身）做過的俄羅斯難民訪談調查。該調查成果由其與雷蒙·鮑爾（Raymond A. Bauer）、艾力克斯·殷克勒斯（Alex Inkeles）寫成《蘇維埃制度運作：文化、心理和社會》（*How the Soviet System Works: Cultural, Psychological, & Social Themes*, Vintage Books, 1956.）。在香港的難民訪問調查，正是將美國對蘇聯戰略性地域研究的實踐直接套用於中國研究上。同樣的研究手法，近年仍被繼續應用在逃離北韓到中國的脫北者訪談上，並且在數年前發表了透過脫北者家庭調查所得出的餓死人口比例。

受到美國研究的啟發，在日本，專門研究中國經濟的學者中兼和津次自一九七〇年代末起訪問從舊滿州歸國的日本人，詢問他們有關人民公社的問題。訪談的問答紀錄印刷成亞洲經濟研究所的所內資料，嶋倉民生和中兼和津次據此編輯出版了《人民公社制度研究》（《人民公社制度の研究》，經濟研究所，一九八〇年）不過到了一九八〇年代，當中國逐漸開放留學生、研究者入境，當地調查亦成為可能後，研究環境發生了劇烈變化；學界不再需要透過自中國返國人士取得中國大陸的情報。

接下來再回頭談談我的個人經驗。曾於石野手下擔任研究助理的人類學者馬淵東一，他在一九三〇年代從事復原臺灣原住民系譜的田野調查，研究成果彙整為臺北帝國大學土俗人種學研究室所編《臺灣原住民族系統所屬之研究》（《高砂族系統所属の研究》，刀江書院，一九三五年）。[2]這個研究無論我怎麼閱讀，仍感到難以理解，於是在二〇〇二年的夏天，我帶著這套書前往臺灣山區各部落，好與書中記敘進行比對。一九三〇年十月，臺灣中部山區發生泰雅族[3]襲擊霧社公學校運動會，一百三十四人遭到殺害的霧社事件。我前往曾參與霧社事件的部落，詢問書中記載系譜圖中的人的家，被我詢問的人指著某間屋子回答我：「那個人，已經過世了。」系譜圖上記載的當然都是將近一百年前的人，不過這也讓我深深體會到泰雅族連過往人士的名字都能牢記在心的強烈系譜意識。馬淵東一幾乎是靠著雙腳走訪臺灣山區部落，在繪製系譜圖的同時，對照整理系譜上人們的故事，重新構築民族的歷史。根據自身調查的經驗，馬淵表示，人們所能記憶的歷史大約可以回溯到一百五十年前左右。馬淵的感想，和我在臺灣深山中的體驗吻合。正因連民眾的記憶都能追溯到這麼久之前，加上精英階層的經驗也可能以私人檔案的方式留存下來，若能與公共檔案相互比對，應該能為歷史增添更加豐富的面貌。

而現在，正是最適合為冷戰訪談仍在世者，進行口述歷史的時期。透過文獻研究和檔案調查的累積而掌握社會背景的研究者，若能找到相關人士或是遺族進行訪問，不但可能發掘出新的資料，還可能以鮮活的方式描述現代史。期待今後能看到這樣的研究。

---

2 編註：中文版由原住民委員會與南天書局合作於二〇一一年出版。

3 編註：賽德克族過去被劃分為泰雅族下兩大群之一，二〇〇八年申請正名後成為臺灣第十四個原住民族。在此按過去研究分類稱之。

第二部

科學技術

第五章 中國原子能研究的萌芽

——在內戰與冷戰之間

佐藤悠子／著
陳柏傑／譯

作為聚焦在有關科學技術知識形成的第二部首章，本章將討論一九四五年至一九五〇年代初期，國民黨政府與中華人民共和國政府間針對出身中國的科學家們所展開的爭奪戰。

在國共內戰中獲勝並於一九四九年成立的中華人民共和國，在建國之後僅十五年的時間，便取得核試爆成功的成績，並引起世界各國的注目。這群投身其中的中國科學家，捨棄留在海外的優渥收入，祕密參加開發計畫，最終促使計畫成功，如此為國家獻身的表現，至今仍為中國人民津津樂道。然而當冷戰導致分裂國家的局勢確立後，在那時間點前後回歸中華人民共和國的中國科學家便陷入與歐美知識網絡的長期中斷。到底是要留在歐美發展以保持自己的專業水準，還是要為了國家發展而歸國貢獻，這些人必須要在這之間做出足以影響各自人生的決定。

設法讓旅居海外且人數不多的中國科學家歸國、把留在國內的科學家納入自己陣營、培育新銳科學家等事，對於國民黨和共產黨雙方而言，不僅是攸關研究發展的關鍵所在，對於迎入這些科學家的研究單位來說，更是賭上今後單位發展的課題。

史黛西．比勒（Stacey Bieler）曾經進行過有關中國留美學生的研究[1]。但史黛西．比勒的研究是始於清末的通史，自然未聚焦在原子能研究以及中國政府招聘自然科學家的議題。在中國原子能研究的萌芽時期，將此時期視為中國科技萌芽期來切入的研究原本就少，因此以「中國政府爭取原子能研究者歸國」的觀點切入，處理鼓勵海外華人歸國之相關政策的研究更是幾乎沒有。華文出版的科學家個人傳記或口述歷史雖然很多，但在相互對照比較時，會發現有不一致或是欠缺通盤視角的情形。本章將以「中國原子能研究的摸索始於內戰到冷戰這段時期」的觀點來探討相關個人傳記資料及歷史。

如果是從開發核武動輒須上千名人才的觀點來看，或許會認為本文所列出討論的幾個科學家動向不過是零星個案。然而，一九五九年時，名列核武開發「元勳」其中一員的物理學者錢三強，在回顧十年前，也就是中華人民共和國建國的一九四九年時提到，當時中國可以稱得上是物理學者的人才不過十人左右[2]。即使錢三強的發言含有誇張成分，但在新領域人才不足的情況下，哪怕只有促使幾名旅外人士歸國，也會讓最終結果產生很大的不同。這是因為若是知名人物歸國，則會產生宣傳效果，不但可以期待後續會有其他旅外人士跟進歸國，還能期待他們在國內培育新生代人才。因此，促使以物理學者為首的原子能相關自然科學領域學者歸國一事，便成了甫成立的中華人民共和國的一道重要課題。本章將透過前述觀點，針對國民黨及共產黨為了推動原子能研究，分別如何建構並利用科學家網絡，以及科學家對此如何反應進行探討。

一、國民黨政權下的原子能人才

（一）接近美國原子能研究

由蔣介石擔任主席的中華民國政府，在一九四五年八月日本投降後，對原子彈的注意也隨之增強。由於曾親眼見識日軍攻下國民政府首都南京的強大實力，因此，這個能夠結束對日戰爭的新型武器原子彈的出現，對中國而言，是極具震撼力的。國民政府看準將來原子彈的發展，因此開始動員、培養國內擁有的資源。對於電力開發進度落後、戰後欠缺外幣進行基礎建設的中國而言，首要課題便是人才培育及調查埋藏在國家地下的資源。

一九四五年秋天，物理學者吳大猷、數學學者華羅庚、化學學者曾昭掄等三人，接受重慶國民政府軍政部長陳政的命令，負責遴選出五名年輕學者進行原子彈研究。吳等三人，主張中國資

1　Stacey Bieler, *"Patriots" or "Traitors"? :A History of American-educated Chinese students* (Armonk, New York: M.E. Sharpe, 2004).

2　平松茂雄，《中国の核戦力》（東京都：勁草書房，1996），頁128。

金不足，加上欠缺電力，無法召集所需要的大量技術人員，物理學者人數也不夠，因此提出一開始先由他們三人和年輕學者五人共同前往美國進行必要研究，並取得了陳政的首肯[3]。吳大猷選出李政道、朱光亞，華羅庚選出孫本旺，曾昭掄選出唐敖慶、王瑞駪[4]。

一九四六年一月十三日上午，華羅庚拜會身為物理學者的清華大學校長梅貽琦，告知有關軍政部派遣赴美進行研究的相關消息[5]。梅貽琦則在同年的六月十三日於中央研究院，與錢昌祚、吳有訓、薩本棟討論「國防部研究事業計畫」[6]。錢昌祚擔任甫於六月一日成立用來取代軍政部的國防部第六廳廳長。第六廳集合了眾多科學家，進行包含原子彈在內的軍事研究。吳有訓是中央大學校長，同時本身也是一位物理學者，如同後述，也有人認為派遣吳有訓到美國比較合適。薩本棟是物理學者，在俄亥俄州立大學任教後歸國，是當時的中央研究院總幹事。梅、錢、吳、薩四人會談結束兩天後的六月十五日，時任上海市教育局長的物理學者顧毓琇拜訪梅貽琦，提及他下個月將前往美國出差的任務，並談到希望自己能為清大在國防科學領域，如航空、無線物理、原子物理方面爭取到美國的合作，起到促進研究發展之效[7]。顧毓琇在那次出差期間，與在一九二〇年代留學時期曾指導他的萬尼瓦爾．布希（Vannevar Bush）會面，並請他協助國民政府的原子能發展計畫[8]。

實際上，吳大猷、華羅庚、曾昭掄等人的軍政部代表團啟程前往美國的時間是一九四六年秋天。而有關他們即將赴美的消息，美國國務院則是在一九四六年三月獲悉。據聞，除了吳大猷以外，有關華羅庚及曾昭掄的政治忠誠度及能力，在中國國內也有出現質疑的聲音，認為應該要改推派較為年長且有實際作為的物理學者吳有訓及任鴻雋[9]。

就在吳大猷等人在軍政部代表團即將啟程之際，美國在比基尼環礁（Bikini Atoll）進行了核試爆。這場被命名為十字路口行動（Operation Crossroads）的核試爆，同時邀請了包含蘇聯及中

---

3 American Consulate General Kunming, Yunnan, Chinato Walter S. Robertson, Esquire, Charge d' Affaires ad interim, American Embassy, Chungking, March,11, 1946; No. 26 Secret. Subject: Plans of Chinese Government to Acquire Information on Development of Atomic Energy Attached to Office memorandum, U.S. Govt. To U-Mr. Gullion from FC-Jack D. Neel, October 1, 1947; General Records of the Department of State,Office of the Secretary, Special Asst. to Sec. of State for Atomic Energy & Outer SpaceGeneral Records relating to Atomic Energy Matters, 1948-1962, Box 46, Folder 21 "China, Nationalist", RG 59, National Archives at College Park（以下稱ＮＡＣＰ）.

4 吳大猷，《回憶》（北京：中國友誼出版公司，1984）。還有一種說法是，另一人華羅庚選擇了人已在美國的徐賢修。徐賢修清華大學畢業後，一九四七年三月在布朗大學攻讀應用數學的相關事情，可從當時長期停留在歐美超過半年、曾在美國與徐見過面的浙江大學校長竺可楨的日記中讀到。《竺可楨全集》，10卷，頁399-400，一九四九年三月十九日的條目。

5 梅貽琦（黃延復、王小寧整理），《梅貽琦日記：1941-1946》（北京：清華大学出版社，2001），頁197。

6 同前註，頁227。

7 同前註，頁227。

8 佐藤悠子，〈「中国」の核開発——ウラン鉱探査をめぐる国際政治と中国〉，《国際政治》，197號（2019），頁126-141。

9 同註3，American Consulate General Kunming, Yunnan, Chinato Walter S. Robertson. 任鴻雋於一九四六年七月受中華教育文化基金會（中基會）委託前往美國視察，並於隔年二月返國。趙慧芝，〈任鴻雋年譜〉《中国科技史料》，第10卷第3期（1989），頁41。

國在內的許多國家，被選為中國代表的是中央大學物理學教授趙忠堯及駐美武官侯騰。中國給了趙忠堯十二萬五千美元的資金，要他在美國購買加速器並帶回國內，但是因為資金不足，加上牴觸美國的禁運措施，趙忠堯最終僅購買零件。趙忠堯延長了在美停留的時間，一九四七年三月氣象學家竺可楨訪美時，趙忠堯曾多次和竺可楨及其他旅美華人餐聚，並在加州理工學院和麻省理工學院進行原子能研究。趙忠堯最後歸國的時間已經是一九五〇年以後的事了[10]。

無論是對國民黨的政治忠誠或是能力方面，都取得了優於代表團評價的吳有訓，也在一九四七年十二月前往美國出差。雖然吳有訓的出差任務是出席聯合國教育、科學及文化組織（UNESCO）會議[11]，但一般認為，他也會利用此出差機會，與萬尼瓦爾・布希會晤，並代表中國政府向美國國務院傳達某些期望。吳有訓曾留學芝加哥大學物理學系，接受阿瑟・康普頓（Arthur Holly Compton）的指導。康普頓是後來在芝大籌組冶金實驗室（Metallurgical Laboratory），且在此單位領導恩里科・費米（Enrico Fermi）等科學家進行曼哈頓計畫的關鍵核心人物[12]。吳有訓拜託康普頓寫介紹信讓自己得以拜會布希。布希對於在最後一刻臨時取消會面表示歉意，並答應如果吳人還在美國的話會再另行安排時間與他會面。不過布希對於康普頓的介紹信中提到中國政府想要向國務院正式提起某些議題一事，表示除非政府直接聯絡他，否則自己不會主動有所作為，而先予以拒絕。對此，吳有訓回信給布希，表達了想要在次週會面之意，並且表示他能理解布希對康普頓信件內容的立場，但還是想當面向布希說明相關事情[13]。可以從這發現，對於布希而言，他意識到吳有訓並沒有正式代表中國政府的權限，然而吳有訓卻採取了透過康普頓為仲介的方式，運用人脈關係向美方進行探詢。

這種利用留學時期的個人人脈接近美國曼哈頓計畫相關人員的手法，並不限於吳有訓。前面提到過的顧毓琇，也曾向以前的指導教授萬尼瓦爾・布希請託。

一九四九年初夏，隨國民黨政府渡臺的顧毓琇，在該年夏天收到麻省理工學院電機工程學客座教授邀請函，隔年，顧毓琇便攜帶家眷前往美國。後來，顧毓琇考量到一九五二年任期結束後，想繼續留在美國工作，因此向布希請求協助，此外，一九五五年，美國國內的電力公司也曾致電布希，確認就讀於賓夕法尼亞大學的顧毓琇的忠誠度及能力，由此可看到顧毓琇迴避返回臺灣，並借助布希的協助，持續累積自己在美國的工作經歷[14]。

一九四六年，吳大猷接受派遣前往美國時，也是三十幾歲。原本預計約兩年後歸國的軍政部

---

10 周培源，《周培源文集》（北京：北京大學出版社，2002），頁514-515。

11 「行政院長宋子文函國民政府文官處為派杭立武為聯合國教育科學文化組織第二屆大會中國代表團總代表趙元任晏陽初李書華吳有訓陳源為代表請轉陳令派」（1947年9月17日），〈國際各項會議代表任免（四）〉，《國民政府》，臺北：國史館藏，001-032137-00028-038。

12 中沢志保，《オッペンハイマー——なぜ原爆の父は水爆開発に反対したのか》（東京都：中央公論社，1995）。

13 Folder 2948, Box 121, the Vannevar Bush Papers, Library of Congress.

14 July 31, 1950; October 16, 1951; February 18, 1952 from Y.H. Ku to Bush; June 21, 1955 from Mr. T.L. Cole, General Electric Company to Bush, いずれもFolder 150, Box 63, the Vannevar Bush Papers, Library of Congress.

派遣計畫，因為內戰而有了巨變；吳大猷在取得密西根大學學位後留在美國，並曾在數間大學任教。吳大猷既沒有返回中國大陸，也沒有前往臺灣，一九四九年九月，四十一歲時，他擔任加拿大國家研究院（National Research Council, NRC）下轄，也是加國原子能研發中樞的粉筆河實驗室（Chalk River Laboratories）的原子能計畫的研究助理（Associate Research Officer），隔年，他升格為研究員（Junior Research Officer），再隔一年，理論物理學部門成立，他晉升成為該部門的資深研究員（Senior Research Officer），並且出任部長[15]。

獲得晉升之後，在加拿大一待就近十年的吳大猷，在一九五七年及一九五八年兩次與從中華人民共和國前來出席帕格沃什科學和世界事務會議（Pugwash Conferences on Science and World Affairs）的物理學家周培源會面。吳大猷在前往美國之前的一九四六年七月，曾與周培源共同代表中華民國出席在英國舉辦的牛頓誕辰三百週年紀念活動。第二次參加帕格沃什科學和世界事務會議時，周培源在吳大猷居所住了三晚，並在事前發電報，請人在美國普林斯頓高等研究所的陳省身前來，一起就中國的科學、國際關係的未來等，尤其是中華人民共和國成立後的科學技術發展與問題進行討論[16]。雖然周培源並沒有直接從事中國核武開發計畫，但因為擔任北京大學物理學系主任及副校長等職務，因此從那個時候開始便與周恩來建立起了關照及庇護的關係[17]。

在加州理工學院持續進行原子能研究的趙忠堯，於一九五〇年決意返回中華人民共和國。不過，原本預計要搭乘同一艘船、同樣隸屬於加州理工學院的飛彈工程學者錢學森，在登船前遭到拘留，而趙忠堯也在旅途中繼站的橫濱港，被駐日美軍拘留。這件事情讓中華人民共和國政府感到激憤。趙忠堯拒絕與前來保他出來的國民黨政府代表一同前往臺灣。十多天後，趙被釋放返回中國大陸。儘管中華人民共和國對這起事件感到憤怒，但美國國務院內部的理解是錢、趙事件只是特殊案例，認為沒有必要因為他們是隸屬於加州理工學院的中國人而懷疑所有人。

趙忠堯被釋放回國後，在一九五一年為他舉辦歸國歡迎會的，便是接下來會提到的李四光。在這場歡迎會上，趙忠堯提到，美國政府強制科學家製造核武，由於原子物理科學經費的九成都花費在製造原子彈，因此美國加州理工學院的一些物理學者不願意做物理研究工作，轉而從事生物研究[18]。

（二）李四光爭奪戰

地質學者李四光，運用他的地質力學理論引領中國在一九五九年完成宿願，發現大慶油田，因而備受讚揚。比起現今，二十世紀是一個鈾礦、石油等地下資源左右著一國國力的時代。由於

---

15 W. E. K. Middleton, *Physics at the National Research Council of Canada: 1929-1952*. (Waterloo, Ont.：Wilfrid Laurier University Press, 1979),185-86.

16 同註10，頁480。

17 周培源與周恩来的「恩顧・庇護関係」的詳細，請參考佐藤悠子，〈文化大革命期中国におけるアインシュタイン批判：科学・政治・国際関係〉，《国際政治》，179號（2015）。

18 馬勝雲、馬越、馬蘭編，《李四光年譜續編1889-1971》（北京：地質出版社，2011），頁327。

分布調查才剛起步，因此從國共內戰時期起，李四光便備受政治人物矚目。國共兩黨無不對李四光提供最高規格禮遇，且為了得到他而彼此競逐。

李四光赴日留學後，辛亥革命爆發，而後，他在一九一三年前往英國留學，學習礦學、地質學，並在一九一九年學成歸國。當時的英國，無論是在地質學或是物理學領域，都因水準高於美國而引以為豪。一九二八年，中央研究院創建於南京，並設置了地質、物理、社會科學等三個研究所，李四光出任成立於上海的地質研究所所長一職。

李四光在一九三四年再次完成為期兩年的留英之旅後回到中國，此時蔣介石以避免遭受中日戰爭的戰禍波及為由，要求各研究所搬遷至重慶。但李四光拒絕了蔣介石遷至重慶要求，而是將地質研究所遷至廣西省。物理、心理、社會科學研究所也都一同遷至廣西省。因為預算不足的關係，地質研究所的研究活動主要都是以在鄰近的湖北、廣西等地進行地質及礦山資源調查來充數[19]。幸運的是，一九四三年時，李四光的下屬南延宗在廣西省進行地質調查時發現鈾礦，並與協助該調查試驗的吳磊伯在隔年發表論文，他們在論文的開頭便寫下獻給李四光的謝辭[20]。

一九四五年夏天，國民政府外交部長王世杰，拜訪搬到重慶以北約六十公里處的北碚居住的李四光，並表示願意提供療養中的李四光營養補給。然而，李四光考量到王世杰的身分後予以婉拒。數日後，行政院長宋子文來訪，並且表示願意提供駐英大使一職，李四光同樣拒絕了[21]。後來，在同一年夏天，共產黨的周恩來二度來見李四光，促請他召集竺可楨、任鴻雋等人籌辦「中國科學工作者協會」，該協會於七月六日正式成立[22]。

如同前述，李四光成為科學界代表人物的地位就此確立，因為發現鈾礦而被記載於論文謝辭一事，同樣吸引到來自國民黨及共產黨雙方的注意。當時世界各國對於地下資源的戰略性關注度逐漸升高，一九四八年五月時，國民政府行政院長改由過去擔任國民政府資源委員會委員長的地質學家翁文灝出任。如同此例，當時為了開發新的地下資源，以及包含發展原子彈在內的軍事目的，中國地質學家會被要求與政府在政治上進行合作。

一九四八年，李四光為了出席國際會議而再度前往英國，但後來因為看到中國國內情勢的緣故而留在了英國。據推測，李四光就是在停留英國的期間完成論文〈介紹《原子能的軍事及政治後果》〉（*Introducing "Military and Political Consequences of Atomic Energy*）。之所以能如此推斷的根據是，他在論文中介紹《原子能的軍事及政治後果》時，提到「今年二月」。另外，在這篇論文中，還提到由物理學者詹姆斯・弗蘭克（James Franck）等七名參加曼哈頓計畫的芝加哥大學科學家所組成的弗蘭克委員會，在討論原子彈對政治及社會的影響之後，發表了反對在未示警

19 許淑彬、李林，《石迹耿千秋——回憶李四光》（上海：上海文藝出版社，1978）頁3-26。

20 同註18，李四光妻女書中沒有提到發現該鈾礦的事情。關於南延宗等人的發現鈾礦的詳細情況，請參閱拙稿〈ウラン鉱探査をめぐる国際政治と中国〉，《国際政治》，197號（2019）。

21 同註18，頁247、陳群等編，《李四光傳》（北京：人民出版社，2009），頁167。

22 同註18，頁248。

前，便投下原子彈的所謂《弗蘭克報告》（*Franck Report*）一事[23]。作為要讓中國國內鈾礦自給自足最關鍵角色的頭號地質學家李四光，深受國民黨、共產黨雙方最高幹部的注意，而李四光本人應該也明白自己所被期待的，是在原子能發展領域有所作為。

政界希望藉由李四光等人歸國順勢帶動國內原子能的研究，在中央研究院，則是轉換成希望李四光歸國協助中研院取得研究資金的期待。一九四九年初夏，為了躲避內戰而返回英國的李四光總算要回中國的消息傳遍中研院內。中研院的立場是冀望推舉這名能夠籌措到研究資金的看板人物李四光為計畫案代表。當時，疏散到上海的北平研究院副院長吳有訓曾向氣象學者竺可楨說到，只要有研究代表，就能輕易申請到研究資金，因此，他打算要發電報給李四光，力促他歸國。同時在場的陶孟聽到這番話，隨後告訴竺可楨，李四光在寫給他的信裡也如是承諾回國一事，而且，他會經由土耳其回到中國[24]。九月下旬，國民政府駐英大使派人探訪李四光，李四光妻子對前來的人表示，李四光在外地進行地質調查，並且拒絕收下送上門來的五千美元[25]。

十月一日，才剛舉行完建國大典的中華人民共和國中央人民政府，任命尚未歸國的李四光，同時與吳有訓、竺可楨、陳伯達、陶孟和等人共同出任新成立的中國科學院副院長。院長一職由郭沫若擔任。十一月，李四光計畫過境東歐返回中國，政務院總理周恩來下令駐蘇聯大使王稼祥、新華通信社駐布拉格分社長吳文燾，設法與已經祕密抵達東歐的李四光取得聯繫，並指示他們事先與捷克斯洛伐克政府當局進行交涉，確保李四光能夠順利入境並給予保護[26]。

李四光最後順利從英國返回中國，過境香港後抵達南京的時間為一九五〇年四月，抵達北京時已是五月。他在北京接受郭沫若的熱烈歡迎。李四光先在六國飯店住了將近一週後移往北京飯店。抵達北京飯店的隔天，周恩來前去拜訪，兩人談了將近三小時的話。李四光談到他在國外資本主義世界中所看到的科學界變化，並表示希望將來能回南京進行地質科學的研究。對此，周恩來則是談及「新中國的迫切需要」，並說到除了希望李四光能夠在中國科學院工作，協助郭沫若推展自然科學領域的工作以外，同時負責組織全國地質工作者一起為國家建設工作。周李兩人就如何籌組地質工作機關進行初步構想上的意見交換[27]。周恩來為了讓李四光歸國得以成真而四處進行的安排，不外乎就是在思考為了國家，要如何活用李四光的學識及人脈。然後，背負如此政治期望的李四光，他的歸國對其所屬機構來說，則成為取得資金的一大利器。

23 同註18，頁269-284。

24 《竺可楨全集》11卷（上海：上海科技教育出版社，2006年），頁453-454，一九四九年六月五日的條目。當時北平研究所位於上海的福開森路（法國租界）三九五號。

25 同註18，頁290。

26 「關於保護李四光回國的電報」（1949年11月15日）、中共中央文獻研究室編，《建國以來周恩來文稿》第1冊（北京：中央文獻出版社，2008年），頁533。

27 同註21，頁193-194。

（三）取得外幣與共產黨地下黨員的組織化

如同科學家熱中於取得研究資金，共產黨則熱中於取得外幣。因此優秀的科學家便成為共產黨眼中的金雞母。

共產黨會針對在國民政府計畫下出國留學的黨員，提供美元資金的援助。尤其是因為通過國民黨政權舉辦的自費留學考試的合格者具備可用官價購買外幣的資格，因此共產黨得以透過將資金交由有意合作的合格者來購買外幣。也就是說，知識分子成為共產黨取得外幣的一種手段。到歐美留學，除了能夠獲取新知、學習西歐思想以外，更有實質的價值——取得外幣。

資工及電子學家羅沛霖在一九四〇年加入中國共產黨。羅沛霖透過在加州理工學院任教的錢學森推薦而決定前往該校留學，共產黨則提供羅沛霖數百美元的資金。羅沛霖抵達美國留學的時間是一九四八年秋天，當時他三十五歲。羅沛霖知道除了自己以外，還有一些人也是得到共產黨資金援助出國的，其中一人就是張大奇（電機系）。張大奇曾通過國民黨舉辦的自費留學考試，所以保有用官價購買外幣的資格，共產黨會將資金交給張，透過張來購買外幣[28]。

對於當時的國民黨和共產黨而言，取得外幣是非常重要的事。一九四八年一月，國民黨一度暫停舉辦留學試驗的原因，也是因為外幣支出[29]。當時未持有出國護照的個人，無法提領存放於中央銀行的美金。此外，一九四九年初，國民黨政府節節敗退移轉至廣州時，外幣變成只能在廣州提領[30]。

一九四九年三月，共產黨進駐北平時，打開國庫取得國民黨政權遺留下來的外幣。原子能研究所長錢三強請求統一戰線部長李維漢讓他動用這批外幣的其中一部分，金額是五萬美金。之後，錢三強利用這筆錢，前往四月在巴黎召開的世界和平大會，並在會中與菲列特．約里奧—居里（Frédéric Joliot-Curie）接觸，打算提前接收已下訂要購買用於原子能研究的材料。外幣，也是獲取新式武器及技術的一種手段。

被派往外國的中國人留學生，彼此都很能掌握其他人的一舉一動，因為他們經常一起吃飯、行動，為了支付高額房租，還有許多人選擇一同居住。留學結束後歸國的人可參加「歐美同學會」（歐美留學生同學會），光是總會就連續召開數日，是運作熱絡的組織。而共產黨為了督促未歸海外人士歸國而進行組織動員，則是始於一九四八年左右。

根據在美國致力於組織中國自然科學領域留學生組織的錢保功回憶，一九四八年時，受到英國、中國國內相繼成立中國科學工作者協會的刺激，錢保功和薛葆鼎初步磋商後，決定以紐約為據點來創建留美中國科學工作者協會（留美科協）。一九四八年冬，薛葆鼎返回中國，在途經美國各地時，薛向外界透露將成立留美科協的消息。此外，錢保功則與哥倫比亞大學中國留美學

28　羅沛霖口述（王德祿整理），〈羅沛霖：黨派我去留學，我要對得起黨〉，《中共黨史研究》，第1期（2011），頁96-101。

29　王德祿、劉志光，〈1950年代歸國留美科學家的歸程及命運〉，《科學文化評論》，第9卷第1期（2012），頁70。

30　《竺可楨全集》，11卷，頁433，一九四九年五月四日的條目），頁443，一九四九年五月二十日的條目。

生會主席唐敖慶等人聯繫，使留美科協得以成立。一九四八年冬，首次籌備大會在哥倫比亞大學召開，約有二十到三十人參加，錢保功闡述留美科協的成立目的及宗旨，也就是團結廣大的留美科技工作者，鼓勵大家將所學到的最新科學知識帶回祖國服務。會中決定由唐敖慶（物理、化學）、孫本旺（數學）、楊克勤（醫學）、錢保功（科學）和其他數人成立籌備小組，由錢保功擔任秘書工作負責處理紐約市內外的通訊聯絡事項。唐敖慶與孫本旺這兩人原是國民政府軍政部派遣的科學家，也成為留美科協的核心人物。

然而，還有其他的回憶錄更加強烈地指出共產黨干預及指導留美科協的組建[31]。該回憶錄提到，身為共產黨地下黨員的侯祥麟在抗戰勝利前夕，接受黨組織的派遣前往美國，成為麻省理工學院的博士生。一九四八年冬，當他要從波士頓前往芝加哥時，收到共產黨指令，要他在自然科學留學生中成立組織，推行團結教育工作，目的在於為日後促使這些科學家歸國預先鋪路。侯祥麟因此聯絡其他地下黨員，一九四九年一月，在芝加哥成立了留美科協。此後一年間，留美科協在全美各地成立了三十二個分會，會員數達到七百多人，並且定期舉行活動，向會員提供中國國內的最新資訊。

一九四九年底，一篇發表在留美科協雜誌上的〈致留美同學的一封公開信〉文章在中國留學生間流傳，共有五十二人藉署名來傳達自己的歸國決心。第一個簽名者，是時年二十三歲的朱光亞，年輕，且又是被選為吳大猷等人軍政部代表團其中一員的朱光亞名字格外顯眼。一九四九年十一月、十二月時，朱光亞與曹錫華等人在密西根大學所在地安娜堡，多次以留美科協的名義召開中國留學生座談會，呼籲留學生要為了祖國的發展需求歸返祖國。

二、中華人民共和國創建初期薄弱的人才庫

（一）蘇聯的鈾礦開採及中國國內的人才使用情況

無論是中國國民黨或共產黨，都不是只關注海外中國人科學家，他們同時也將目光轉向中國大陸的日本科學家。對此，蘇聯軍方也一樣。一九四三年被派往旅順工科大學、以研究原子核的模型聞名的物理學者彦坂忠義，根據他的門生所言，彦坂在「一九四五年八月十五日來臨時，蘇軍給了彦坂極大的誘惑。蘇聯方面的認知是，日本政府之所以派出彦坂老師是為了使用埋藏在朝鮮及滿洲地底下的鈾礦製造反應爐和原子彈。」[32]

在國共內戰終結之日遙遙無期之際，蘇聯開始入侵日軍撤退後的空白區域開採鈾礦，此舉引發了國民政府的警戒，在一份日期為一九四九年四月十九日的美國國務院內部報告中，也有提到蘇聯在當時的新疆省阿山地區進行鈾礦開採。報告上批示著，由於中國政府已無能為力，因此要

31　王建柱，〈「克利夫蘭總統號」：中國留美科學家的歸國歷程〉，《黨史天地》，第3期（2007），頁38-41。
32　彦坂忠義追悼文集編集委員会編，《木蓮の花：彦坂忠義追悼文集》（彦坂忠義追悼文集編集委員会，1991），頁137。

求應查明情勢、注意觀察狀況[33]。

中華人民共和國建國後，蘇聯的開採問題仍未解決。一九五〇年八月，在一封寫給中共中央新疆分局書記王震以及西北軍政委員會主席彭德懷的電報中提到，政務院總理周恩來向蘇聯駐中國大使羅申（Nikolai Vasilievich Roshchin）諮詢，有關設置於阿山區（今阿勒泰地區）福海縣的採礦機構是否屬於中蘇金屬公司[34]。

國民政府國防部第六廳留住了在中國境內第一個發現鈾礦的地質學者富田達，並讓他改用看起來像中國人的姓名從事研究活動，國民政府同樣有利用日籍科學家的需求。不僅如此，國民政府還調查了包含戰爭結束後返回日本和當時沒有來中國、隸屬於日本理化學研究所或東北大學冶金研究所等機構的，然後評估是否提供等同中國科學家的優渥待遇來招聘他們前來進行原子能研究[35]。

中華人民共和國成立後，在許多方面仍相當仰賴日籍科學家。例如，一九五〇年時大連的化學物理研究所十四名成員當中，就有八人是日本學者[36]。前面談到的彥坂忠義，也是在一九四六年時，接受下屬於國民黨的中國經濟建設學會請託，雖然被蘇聯當局標記成了原子核相關研究者，仍在一九四七年至一九四九年十月期間，在新成立的大連大學擔任教授，教育中國青年[37]。中華人民共和國成立初期仍處於本國科學人才不足的狀態，因此和過去國民政府一樣有利用日籍科學家的需求。

（二）選擇不回國的科學家們

在一九四六至四八年國共內戰期間，出國的留學生和研究者人數眾多。一九五〇年八月三十日，在國外的留學生有五千五百四十一人，其中在美國的有三千五百人，在日本的有一千兩百人，在英國的有四百四十三人。相關單位持續努力促使這批留學生回到中華人民共和國的結果是，在一九五〇至一九五三年這段期間，大約有兩千名留學生和研究者因此回國[38]。不過反過來說，這也代表依然有半數以上的人選擇不回國。

例如物理學者吳健雄，無論國民黨或共產黨，都很期待她回國加入各自陣營，但她選擇不回國。吳健雄以身為參與曼哈頓計畫的科學家聞名，國民黨方面曾下令吳大猷要敦促吳健雄等人回國（國民黨方）。國民政府文官處也在一九四七年十月發布了一份報告書，內容提到假設包含

33　“Uranium in Sinkiang”, 500 Natural Resources (mines and minerals), DOS Memorandum of Conversation, April 19, 1949, Folder “Top Secret (1949)”, Box 15, Lot No. 56, D 151, 1949, Top Secret Subject File, 1945-50, RG59, NACP.

34　中共中央文獻研究室編，《建國以來周恩來文稿》，第3冊（北京：中央文獻出版社，2008）頁201。

35　同註8。

36　《竺可楨全集》，18卷（上海：上海科技教育出版社，2010），頁39-40，一九六六年二月十六日的條目。暫時不前往大連出差的竺可楨，重新檢視自己一九四九年、一九五〇年、一九六四年的日記，在重讀以前到大連的記錄時的記述。

37　同註32，頁158-159。

38　段治文，《中國近現代科技思潮的興起與變遷》（杭州：浙江大學出版社，2012），頁252。

吳健雄在內的數名科學家回國，那麼中國就具備了製造原子彈的研發人才[39]。共產黨方面，也在一九五〇年的中國科學院研究計畫中列入了一個以吳健雄不久後即將回國作為前提的人力部署規畫。然而，吳健雄最終以同為學者的丈夫在美工作為由婉拒了歸國[40]。

除了吳健雄以外，還有其他科學家也是以家庭因素為由拒絕回國。例如根據一九五〇年從巴黎回來的陳士怡表示，人在約里奧—居里研究室的物理學者蔡柏林（蔡元培之子）及秦國獻，便是因為家庭因素而無法離開法國[41]。可以從這些案例中看到，不回國的原因並非所在國政府禁令的所謂外部原因所致，而是出自於科學家個人生活方面的考慮。

（三）拒絕搬遷及對共產黨的不安

一九四八年秋天過後，國民黨軍隊在與共產黨軍隊的三大會戰[42]中節節敗退，在人員限縮的情形下，科學家拒絕遷至臺灣的行動更為高漲。

一九四九年一月十三日，中央研究院地質研究所的許傑、趙金科、斯行健、孫殿卿等十一人，在張文佑住所立誓，嚴正拒絕研究所搬遷，「為尊重學術工作的獨立及自由，同時也鑑於今後生活艱辛，我們一致認為，要留在南京或是上海，若誰違背此誓言，今後將永不再被允許於地質界（地質學學界）立足」。這件事情亦透過信件讓人仍在英國的李四光知悉[43]。

共產黨軍隊分別於一九四九年三月、四月攻陷並進駐北平、南京兩座城市。竺可楨見此局勢，託人傳言，囑咐其妻絕對不可前往臺灣或是廣州。國民政府教育部長杭立武勸說竺可楨到臺灣或廈門赴任，並送上交通費用，但遭到拒絕[44]。五月，上海市政府警察指出當時位於上海的中央研究院雖然已經接收到來自中華民國政府要求搬遷至廣州及臺灣的命令，但是卻遲遲沒有遵照辦理[45]。

然而，即使科學家們有辦法抵制得了一個力量被削弱的政府強迫他們將研究機構搬遷至臺灣的命令，但他們卻沒有辦法得知剛上臺的共產黨對於科學家及科學政策的態度為何。隨著共產黨逐步接管整個國家，中央研究院開始努力想要了解共產黨的科學政策方針。一九四九年六月上旬，位於上海的中央研究院決定派代表前往北京，與中共中央進行接觸以便得知共產黨的科學研

---

39 有關對吳大猷下的指令及國民政府文官處的報告書，可參考註8。

40 葛能全編，《錢三強年譜長編》（北京：科學出版社，2013），頁146，吳健雄和張文裕等都名列於人在美國但近期內回國的人物清單中。不過吳健雄沒有回國，而張文裕則是因為日內瓦會談的成果於一九五六年回國。

41 《竺可楨全集》，12卷（上海：上海科技教育出版社，2007），頁230，一九五〇年十一月二十九日的條目。根據後來一九六六年五月從法國歸國的物理學者鄒國興表示，蔡柏林從事法國原子彈的相關機密研究，加上妻子是法國人，已經取得法國國籍，因此應該是無法歸國。《竺可楨全集》18卷，頁107，一九六六年五月八日的條目。

42 一九四八年九月至一九四九年一月間影響國共內戰最後局勢的三場戰役：遼西會戰（遼瀋戰役，一九四八年九月至十一月）、徐蚌會戰（淮海戰役）以及平津會戰（平津戰役）。

43 同註18，頁85。

44 《竺可楨全集》，11卷，頁431，一九四九年四月三十日的條目。

45 《竺可楨全集》，11卷，頁437，一九四九年五月九日的條目。

究方針[46]。六月十七日，中央研究院由軍管會接管。被派去接收市政府的李亞農在演說中表示，所有的研究都應以人民利益為前提，科學可能遭到少數人利用[47]。

三、共產黨體制下的科學家們

（一）國民黨政權的劣勢及共產黨的攻勢

一九四九年九月初，歐美留學生同學會舉行了為期數日的聯誼活動。會中召開自然科學工作者代表大會籌備委員常務委員會，由曾昭掄擔任主席[48]。呼籲留學生返回中國大陸的留美科協之中有著朱光亞、馬仕俊、唐敖慶、徐賢修等人的名字，吳大猷去了加拿大，李政道和楊振寧一同留在芝加哥大學，曾昭掄則是回到了中國大陸。至於華羅庚在一九五〇年提出聲明，呼籲在美中國留學生歸國，亦助長了歸國行動[49]。至於由國民黨軍政部（赴美時為國防部）送到美國的科學青年團之中，雖然有吳大猷於一九六〇年代回到臺灣的例子，但至少在一九五〇年代初期，並沒有隨國民黨政權一起渡往臺灣的例子。儘管國民黨政權派遣科學家和留學生前往歐美，積極地推動著原子能研究，但如同本書第六章森口（土屋）由香所談到的，原子能研究的重要人物幾乎都沒有跟著國民黨政權出逃到臺灣。森口（土屋）指出，填補此一空缺的是以「美國政府的」顧問身分前往臺灣、在臺灣當地被認同為「中國人」的居住在美國的華人科學家及工程師。如同前述，留學生移動時的多樣性，也呈現出了科學知識與國籍有時會相互矛盾的雙重身分認同。

還有一些科學家是先前往臺灣或是去了外國，後來因為基於某些因素返回中國大陸。曾與美國、瑞士進行鈾礦開採談判的地質學家兼行政院長翁文灝，雖逃往巴黎，但中華人民共和國建政後卻希望回到中國大陸。周恩來向中央人民政府人民革命軍事委員會情報部部長李克農表示，許可翁文灝回國的條件是翁得經香港從廣州入境，且在入境時發表放棄自身過往所有政治經歷的聲明，此舉顯現出周恩來對翁文灝的警戒心[50]。

一九四八年十月，數學學者陳省身接獲普林斯頓高等研究院羅伯特・奧本海默（**Julius Robert Oppenheimer**）邀請他前往美國的信件，與此同時，安排陳省身等人在西南聯合大學任教、並在中研院數學研究所也曾擔任陳省身上司的姜立夫所長，接到來自政府的電報，命令他即刻前來南京進行匯報，並做好遷臺準備。姜立夫將數學所的書籍裝箱後送往臺灣，自己也在一九四二年二月抵達臺北。然而，姜立夫認為，自己要進行的工作在中國大陸，因此在九月時稱病返回廣州。

---

46 《竺可楨全集》，11卷，頁453，一九四九年六月四日的條目。

47 《竺可楨全集》，11卷，頁462，一九四九年六月十七日的條目。

48 《竺可楨全集》，11卷，頁517，一九四九年九月三日的條目。

49 只不過華羅庚回到清華大學後，由於周培源等人是握有權力的校內派系，因此無法當上數學系主任，遭受到冷落。徐利治口述，〈我所知道的華羅庚与陳省身——徐利治先生訪談錄〉，《書屋》5期（2007），頁23-24。

50 《建國以來周恩來文稿》，第2冊（北京：中央文獻出版社，2008），頁340。

後來姜立夫便在廣州度過了餘生。另一方面，陳省身則是在一九四八年的除夕，舉家從上海搭乘泛美航空的飛機，並在一九四九年元旦抵達舊金山再前往位於紐澤西州的普林斯頓[51]。

一九五〇年五月，讓李四光順利歸國的周恩來，六月時下令曾經協助過李四光歸國工作的新華通信社布拉格分社長吳文燾，繼續進行其他學者的歸國工作。物理學家黃長鳳不但是政務院副總理黃炎培的姪子，還曾留法三年，且擁有以原子能專業完成的博士論文。黃長鳳打算經東歐進入蘇聯後返回中國。周恩來因此指示吳文燾，在黃抵達東歐之後進行聯繫並提供手續方面的指導[52]。

李四光受一九五〇年六月韓戰爆發影響，認知到來自美國的核戰威脅，因此一直很重視中國的原子能研究及發展。李四光在《科學通報》第一卷第八期中發表了〈原子戰聲浪的共鳴和反響〉一文，文中嚴厲指出「美帝國主義企圖利用原子彈恫嚇中國及北韓人民。只可惜，它不但挑錯對象，也用錯方式了！」[53]。此時，雖然中國志願軍尚未參戰，但這卻無疑反映出，中國科學家們感受到了威脅，認為中國也有可能被投下原子彈。這篇論說發表後，李四光多次去見擔任近代物理研究所所長的錢三強，聽他說明有關研究所工作的進展以及新歸國科學家在配置上的難處等，然後討論解決方法[54]。

（二）竺可楨與中華人民共和國的原子能開發

中國在中華人民共和國建國前後的原子能研究，也吸引了美國等海外諸國的關注。一九五一年九月，一封來自印度德里美國大使館、指名發送給國務院布魯斯．漢密爾頓（Bruce Hamilton）的電報中，引用了一篇幾天前刊載於印度報紙《東方經濟學人》（*Eastern Economist*）上的一篇題為〈在中國的原子能研究〉報導。該篇報導雖然認為，「對於共產中國的原子能研究情況知之甚少」，也提到「科學家們從國民黨時代就在致力於這方面的工作」，並且注意到最近在漢口舉行的地方產品展示會的焦點之一是鈾礦，還有塔斯社在稍早之前曾報導過的，亞伯拉罕．約費（Abram Ioffe）與德米特里．斯科別利岑（Dmitri Skobeltsyn）等俄羅斯科學院教授及約里奧—居里教授（前法國原子能委員會高級事務官）等三人，已被中國物理學者協會任命為榮譽會員[55]。

一九五二年三月，軍事秘書雷英夫及參謀韋明兩人受國務院總理周恩來之命，拜訪了竺可楨[56]，向他詢問製造原子彈（Sunburst）的相關進展。竺可楨指出，製造原子彈需要資金及人才。三天後，竺可楨從趙忠堯那借到了一本名為《原子武器的影響》（*Effects of Atomic Weapon*）的書籍。

51　張奠宙，王善平，《陳省身傳》（天津：南開大學出版社，2004），頁132-133。
52　《建國以來周恩來文稿》，第2冊，頁464。
53　中國科學院編，《科學通報》，1卷8期（1950年12月），頁515-518。
54　同註18，頁326。
55　To J. Bruce Hamilton from Andrew V. Corry, New Dehli, India, September 16, 1951. Folder 21, Box 46, RG 59, NACP.
56　《竺可楨全集》，12卷，頁764的表。

雖然身為中國科學院副院長，但其實竺可楨是中國為數不多的氣象學者。因此為何竺可楨會被詢問有關原子彈製造的問題呢？這是因為竺可楨與李四光一樣，都非常關心原子彈。竺可楨的日記中經常出現從浙江大學校長時期開始就一直是同事關係的王淦昌，以及中國科學院近代物理研究所的錢三強、彭桓武等人的名字。王淦昌在一九四五年八月下旬，在浙江大學進行了一場主題為原子能的演講，國共內戰期間的一九四七年九月，則是從援華聯合服務會取得獎學金，前往加州大學柏克萊分校留學後歸國。

竺可楨從浙江大學時期起，便開始涉獵原子彈相關的文獻，並且寫下讀書筆記。例如一九四八年二月，他從亨利．阿諾德（H. H. Arnold）收錄於《一個世界或無》（*One World or None*）中的〈原子時代的空軍〉（Air Force in the Atomic Age）文章中摘錄了奧本海默的推算[57]。此外，一九五〇年十一月，閱讀英國雜誌《原子科學家》（*Atomic Scientist*）八月號後，竺可楨向圖書館薦購三本美國出版書籍：《原子科學家公報》（*Bulletin of the Atomic Scientists*）、第八版的《美國科學名人錄》（*American Men of Science*）以及《新進階地理地圖》（*New Advanced Atlas*），當晚與王淦昌一同邀請吳有訓夫婦、何澤慧[58]、彭桓武等權威物理學家共進晚餐[59]。竺可楨在這段期間對弗蘭克報告很有興趣，每天都會記錄下一些相關內容[60]。

（三）釐清錢三強的去向

錢三強曾在一九五二年年底訪問蘇聯，回國後沒多久，又在一九五三年二月率領專家代表團前往蘇聯學習科技，七月歸國後，旋即向中央人民政府主席兼國家計畫委員會主任高崗進行匯報。高崗雖然是東北地方具有影響力的軍人，但他此時已離開東北大行政區，轉往北京中央出任前述職務。國家計畫委員會為五年計畫的主管部門，錢三強從蘇聯返回中國後，率先向高崗進行報告正是因為原子能研究是該計畫的一部分。錢三強向高崗報告關於中國核武科技及核工業的發展情況，高崗回應，由於目前國家經濟困難，要發展核武事業頗有難度，但一定會將錢三強的意見向上呈報[61]。

一九五四年八月，國防部長彭德懷邀錢三強到官邸，講解原子彈的構造及原理[62]。次月，彭德懷接受蘇聯的邀請參觀原子彈試驗。

同樣是一九五四年，李四光所帶領的地質調查隊，分別在富田達過去發現鈾礦的遼寧省海城以及南延宗過去發現鈾礦的廣西省「發現」了鈾礦。海城的鈾礦被視為貧礦，而在廣西省發現的

57 《竺可楨全集》，11卷，頁31。一九四八年二月四日的條目。
58 何澤慧和錢三強一起在居里研究室研究鈾的核分裂方法。與錢結婚成為家人後歸國。何澤慧受到高度重視，在一九四七年十月的國民政府文官處報告書中，也有點名何澤慧是一位製造原子彈的人才。同註8。
59 《竺可楨全集》，12卷，頁226。
60 《竺可楨全集》，12卷，頁229。
61 同註40，頁216。
62 同註40，頁246、王焰主編，《彭德懷年譜》（北京：人民出版社，1998），頁575。

鈾礦，則被取出一塊做為「開業之石」，放入標本盒內收藏，並在一九五五年一月中共中央書記處擴大會議上做為樣品來證明其放射性。在毛澤東等中國共產黨領導群前，錢三強操作著蓋革計數器靠近鈾礦石的實際演示。

錢三強之後也前往蘇聯訪問，他在前述一九五五年一月北戴河中央書記處擴大會議上實際演示放射性反應實驗後，從該年四月起，有將近一年的時間都待在蘇聯。由於錢三強訪蘇在當時是祕密進行的，因此日本內閣調查室也對錢三強的足跡深感關切。應中國科學院的邀請，日本物理學者於一九五七年五月至六月組團到中國進行了一個為期約一個月的訪問行程。日本學者返回日本後，被內閣調查室傳喚，就中國原子能研究的現況進行詢問。內閣調查室給物理學者野上茂吉郎的調查問卷中，包含許多與原子能開發相關的問題，諸如各研究單位受外國（主要指蘇聯）的影響情形、原子能相關礦物的開採現況及其未來、中國科學家如何對人民解放軍進行協助等。野上茂吉郎回答，代表團對於報紙報導以外的事並不知情後，調查室便更具體地詢問，是否看到北京天壇旁一座看似原子能中心的建築物、錢三強從一九五五年起有一年行蹤不明，是否聽聞任何相關消息等[63]。

（四）文化大革命與中美關係改善

在核武器發展中被寄予厚望的留歐、留美科學家們，在一九六四年十月第一次核武試驗取得成功的興奮中被迫退場。試驗成功意味著他們在今後的重要性將會下降，一九六六年五月以後的文化大革命期間，在科學界內部同樣進行著鬥爭。於是，曾經有過重大貢獻的科學家，由於本身從歐美歸國等經歷，因而成為被批鬥的目標。

文化大革命還引發了核武機密被盜的危機。除了直接竊取機密文書的方式，還有透過竊聽長途電話的手段，來取得核武開發地據點與北京之間交互的訊息情報。直接進行這些竊取行動的雖然是紅衛兵，但因為紅衛兵的派系之上，通常有指揮行動的政治領導者，因此相對於竊取情報的攻擊方，站在防守方立場，對於阻止竊聽、保護機密資料等頻頻下指示的，則是國務院總理周恩來[64]。

拯救這些科學家脫離苦境的，則是中美關係的改善。在歐美接受教育的經歷在一夕之間突然反轉，這不僅反映出中國以政治決定一切的國家樣貌，更顯現擁有或重視海外經驗的人，在國內僅占一小部分而已。與國民黨爭相拉攏國共內戰前後赴歐美的中國科學家返國的共產黨，進入冷戰階段後與西方諸國幾乎斷絕關係，又因中蘇對立和文化大革命而在國際上陷入孤立狀態。處於這種特殊局勢之中的中國科學界缺乏接受過歐美教育的青年人才，曾在國共內戰期間赴歐美深造的老一輩科學家們則因中美關係改善，獲得重新評價。

63 野上茂吉郎，〈内閣調査室事件の経過報告（訪華日本物理学代表団員の報告その他：其の二）〉，《素粒子論研究》，17卷Suppl號（1958），頁32-37。

64 中共中央文獻研究室編，《周恩來年譜　一九四九—一九七六》，下卷（北京：中央文獻出版社，1997），頁57、頁75等。

物理學者楊振寧在一九四六年抵達美國後，便一直待在芝加哥大學進行研究，之後取得美國國籍。他與同樣留在美國並取得美國國籍的李政道共同研究，並在一九五七年獲得諾貝爾物理學獎。一九七一年七月，美國總統特使季辛吉祕密訪華，並宣布隔年二月尼克森總統即將出訪中國的震撼消息，也就是在所謂的尼克森震撼（Nixon Shock）後，中國政府一改對旅美華人科學家的態度，開始轉為歡迎，特別是立即批准了楊振寧的訪中請求，因此楊振寧在一九七一年七月底得以短暫歸國。其盛大歡迎的動作，引起當初那批響應共產黨號招而選擇歸國為原子能的發展進行貢獻，後來卻在文化大革命嚐盡苦頭的科學家們不滿。

例如冶金學家葛庭燧去找科學院副院長吳有訓，兩人聊到報紙報導楊振寧歸國的新聞時，葛庭燧對周恩來盛大歡迎楊振寧一事透露出強烈的不滿。葛庭燧不滿當初自己僅因為所認識的人與殷汝耕政權（中日戰爭時的親日地方政權）及CC派（國民黨內派系，在國民黨黨務以及特務情報活動上握有大權）有所關係，就遭隔離了數個月，但背離祖國、取得美國國籍的楊振寧，卻能夠如此受到重視，因而感到極度的不公平。而因為對祖國的愛而選擇歸國的趙忠堯，則尚未獲得釋放，葛庭燧認為，老一輩的知識分子在見到楊振寧受到厚待時，一定是會大為反感[65]。

另一方面，也有科學家因為與美國籍科學家有關係而得到幫助的例子。楊振寧詢問長年私交甚篤的友人鄧稼先近況，這個動作讓當初對於核開發有所貢獻但卻在後來工作受阻被晾在一旁的鄧稼先，因此得以重返工作崗位，鄧稼先的妻子向楊振寧表達了謝意。

此外，由於畢業於清華大學的物理學者獨占了訪中代表團的成員資格，因此無法成為團員的北京大學校友生物學家牛滿江便錯開時間訪問中國，然而科學院卻未能對他的來訪提供安排協助。地質學者黃汲清在文革期間身患重病，一直無法得到適當治療，有人因此擔心訪問團將無法應對缺少地質學者的情況[66]。

綜前所述，中美關係的轉變以及中國政治情勢的變化，大幅左右了具有歐美背景的科學家命運。周恩來在文化大革命中悉心保護菁英科學家，這類單純的論調，難以套用在所有科學家的例子上。

四、獻身報國與科學家的知識網絡

綜觀前述，在國民黨政權下就緒的原子能研究，即使受限於資金、電力等基本國力貧弱而未臻完備，但在當時仍得到同時期美國及印度等其他國家一定程度的理解。該時期是憑藉海外完成研究需要的人才培育，擁有海外經驗、人數稀少的中國科學家，在國民黨政權下獲得政府要職，他們活用在海外時的經驗，請託留學時期的指導教授讓政府間的談判交涉得以順利推展。另一方面，派遣科學家到國外一事，對於共產黨來說，是在國民黨政權下祕密取得外幣的一個手段，也

65 《竺可楨全集》，20卷（上海：上海科技教育出版社，2011），頁457-458。一九七一年八月二十一日的條目。

66 《竺可楨全集》，21卷（上海：上海科技教育出版社，2011），頁154。一九七二年七月二十二日的條目。

是儲備未來優秀人才的方式。

內戰時期出國留學的留學生中，有將近半數的人，並非單純考量是否響應重建戰亂荒廢祖國的呼籲，他們同時受到家人工作所在地或是自己研究的持續性等個人生涯考量影響，才在要回中國大陸，或是拒絕遷臺留在中國大陸等選項中做出抉擇。

國民黨與共產黨間展開了對原子能研究資料及人才的爭奪戰。竺可楨亦因內戰戰情變化拒絕移往臺灣，地質學家李四光更因拒絕國民黨提供的職位及金錢而歸國，在中國傳為佳話。根據周恩來的指示，對發表了引導中國國內鈾礦調查的原子能相關論文的李四光，及在法國進行原子能研究的黃長鳳等人給予歸國保護等行為，則顯現出國共雙方投入心血，想要確保原子能研究人才的實況。

但是像是這樣出自於政治意圖的強烈勸誘，也會因為科學家在國內科學界團體的學閥或是人脈而有所動搖。此外，隨著核試驗的成功及文化大革命等所謂科學家所處大環境的變化，也造成了科學家重要度的消退。

而曾赴歐美研究的科學家再度因政治而受到矚目，則是因為中美關係改善。還沒等到改革開放路線開始，中美在科學領域的交流，於中美關係改善之後便隨即展開，而在其中肩負重任者，則是過去曾經留美的科學家。儘管在這當中存在著對物理學家的優待及清華大學學閥等現象，但中國科學家再次得以加入在冷戰前建構起來的國際科學家網絡[67]。

參考資料

一手史料

American Consulate General Kunming, Yunnan, China to Walter S. Robertson, Esquire, Charge d' Affaires ad interim, American Embassy, Chungking. March, 11, 1946. No. 26 Secret. Subject: Plans of Chinese Government to Acquire Information on Development of Atomic Energy. Attached to Office memorandum, U.S. Govt. To U- Mr. Gullion from FC-Jack D. Neel, October 1, 1947. General Records of the Department of State, Office of the Secretary, Special Asst. to Sec. of State for Atomic Energy & Outer Space General Records relating to Atomic Energy Matters, 1948-1962, Box 46, Folder 21 "China, Nationalist", RG 59, National Archives at College Park (NACP).

"Uranium in Sinkiang", 500 Natural Resources (mines and minerals), DOS Memorandum of Conversation,April 19, 1949, Folder "Top Secret (1949)", Box 15, Lot No. 56, D 151, 1949, Top Secret Subject File, 1945-50, RG59, NACP.

To J. Bruce Hamilton from Andrew V. Corry, New Delhi, India, September 16, 1951. Folder 21, Box 46, RG 59, NACP.

Folder 150, Box 63, the Vannevar Bush Papers, Library of Congress.

Folder 2948, Box 121, the Vannevar Bush Papers, Library of Congress.

「行政院長宋子文函國民政府文官處為派杭立武為聯合國教育科學文化組織第二屆大會中國代表團總代表趙元任晏陽初李書華吳有訓陳源為代表請轉陳令派」（1947年9月17日），〈國際各項會議代表任免（四）〉，《國民政府》，臺北：國史館藏，001-032137-00028-038。

---

67 本文部分內容為二〇一九年十月五日於成蹊大學舉辦日本政治學會中發表報告，大幅改寫而成。

二手史料

日語

佐藤悠子，〈文化大革命期中国におけるアインシュタイン批判——科学・政治・国際関係〉，《国際政治》，179號（2015），頁126-141。

——，〈「中国」の核開発——ウラン鉱探査をめぐる国際政治と中国〉，《国際政治》，197號（2019），頁26-41。

中沢志保，《オッペンハイマー——原爆の父はなぜ水爆開発に反対したか》。東京都：中央公論社，1995。

彦坂忠義追悼文集編集委員會編，《木蓮の花——彦坂忠義追悼文集》。坂忠義追悼文集編集委員會，1991。

平松茂雄，《中国の核戦力》。東京：勁草書房，1996。

野上茂吉郎，〈内閣調査室事件の経過報告（訪華日本物理学代表団員の報告その他：其の二）〉，《素粒子論研究》，17卷Suppl號（1958），頁32-37。

中文

中共中央文獻研究室編，《建国以來周恩來文稿》，第1冊~第3冊，北京：中央文獻出版社，2008。

——，《周恩來年譜　一九四九—一九七六》下卷。北京：中央文獻出版社，1997。

王建柱，〈「克利夫蘭總統號」——中國留美科學家的歸國歷程〉，《黨史天地》，2007年3期，頁38-41。

王焰主編，《彭德懷年譜》。北京：人民出版社，1998。

王德祿、劉志光，〈1950年代歸國留美科學家的歸程及命運〉，《科學文化評論》，第9卷第1期（2012），頁68-87。

吳大猷，《回憶》。北京：中國友誼出版公司，1984。

李四光，〈原子戰聲浪的共鳴和反響〉，《科學通報》，1卷8期（1950年12月），頁515-518。

周培源，《周培源文集》。北京：北京大學出版社，2002。

竺可楨，《竺可楨全集》，10～12、18、20、21卷，上海：上海科技教育出版社，2006～2011。
段治文，《中国近現代科技思潮的興起与變遷——1840-2000》。杭州：浙江大學出版社，2012。
徐利治口述，〈我所知道的華羅庚与陳省身——徐利治先生訪談錄〉，《書屋》，2007年5期，頁16–24頁。
馬勝雲、馬越、馬蘭編，《李四光年譜統編》，北京：地質出版社，2011。
梅貽琦（黃延復、王小寧整理），《梅貽琦日記——1941-1946》。北京：清華大學出版社，2001。
許淑彬、李林，《石迹耿千秋——回憶李四光》。上海：上海文藝出版社，1978。
陳群等編，《李四光傳》。北京：人民出版社，2009。
葛能全編，《錢三強年譜長編》。北京：科學出版社，2013。
趙慧芝，〈任鴻雋年譜（續）〉，《中國科技史料』，第10卷第2期，1989，頁39-55。
羅沛霖口述（王德祿整理），〈羅沛霖：黨派我去留學，我要對得起黨〉，《中共黨史研究》，2011年第1期，頁96-101。

英文

Bieler, Stacey. *"Patriots" or "Traitors"? : A History of American-educated Chinese students.* Armonk, New York:M.E. Sharpe, 2004.

Middleton, W. E. K. *Physics at the National Research Council of Canada: 1929-1952.* Waterloo, Ont. : Wilfrid Laurier University Press, 1979.

第六章　密西根紀念鳳凰計畫與臺灣

——美國公立大學的對外原子能技術援助

森口（土屋）由香／著
陳柏傑／譯

前一章討論了中華人民共和國與國民政府之間，為了留住中國科學家彼此競爭，其中也透露出將科學知識留在國家框架中的困難度。本章亦描述科技知識透過科學家和技術人員的跨境移動而跨越國界；闡明在美國大學中所發展的原子能相關科技知識，雖然逐漸轉化成對外技術援助的國家政策知識，但這些知識在轉移到其他國家（本章中為臺灣）的過程中，未必能在國家制度掌握之中。一般認為美國對臺灣的援助起自一九五一年的《共同安全法案》，並於一九六五年時結束[1]，本章討論的原子能技術援助即於此期間實施，然而其中複雜性，亦難以「從美國到臺灣」

1　李為楨，〈アメリカ合衆国の援助と台湾——経済自立化の途を辿って〉，收入渡辺昭一編著，《冷戦変容期の国際開発援助とアジア——1960年代を問う》（東京都：ミネルヴァ書房，2017年），頁273-296。

的單向知識傳播描述。因為在其中扮演重要角色的是在美國接受教育的中國技術人員，但他們既非屬於中華人民共和國，亦非屬於臺灣。

本章前半焦點將放在美國大學所培養的科技知識被運用在國家對外援助政策上的過程。一九五〇年代末至一九六〇年代初，隸屬於密西根大學的研究人員，以「顧問」的身分被派遣到二十二個國家。這些人員的派遣活動是根據與密西根紀念鳳凰計畫（Michigan Memorial Phoenix Project，以下簡稱「鳳凰計畫」），以及和美國國際合作總署（International Cooperation Administration, ICA，後來在甘迺迪任內改組為國際開發署〔Agency for International Development, AID〕）的合約為基礎。他們屬於艾森豪政府所推動的「原子能和平用途」（Atoms for Peace）政策之一環，支援獲得美製研究用反應爐（以下簡稱「研究爐」）的國家。在亞洲，直到一九六〇年為止，美國與日本（一九五五）、臺灣（一九五五）、菲律賓（一九五五）、韓國（一九五六）、泰國（一九五八）、南越（一九五九）、印尼（一九六〇）等，分別簽署了雙邊原子能協定，供應研究爐、核燃料及運作相關的技術訓練，另外也提供三十五萬美元的財政支援。密西根大學的科學家支援這些國家興建反應爐、研究設施的運作、技術人員的訓練。

鳳凰計畫原本是為了追悼因第二次世界大戰而過世的密西根大學校友及學生，透過地方企業及有志之士的捐款，於一九四八年設立的和平使用原子能相關研究支援制度，與對外援助毫無關係。一九五三年，福特汽車捐贈研究爐給密西根大學，再由美國原子能委員會（United States Atomic Energy Commission, AEC）提供核燃料。到了一九六〇年，鳳凰計畫在密西根大學教員的運作下，已發展成為一套頗具規模的研究支援制度，支援過三百四十一項研究計畫[2]。這個做為州立大學研究支援制度的鳳凰計畫，為何後來會被美國納入政府對外原子能技術援助的一部分？本章提出三個背景原因來說明，為何鳳凰計畫化身為「國際援助計畫」。首先，是美、蘇為了贏得外國政治領導人或「科技菁英」的「人心」，彼此之間的競爭。為了強化和開發中國家在技術方面及人際層面上的連結，美國政府甚至也向科學教育基礎薄弱的國家，提供了反應爐這充滿魅力的尖端科技。結果，為了讓反應爐能在這些國家中運作，美國政府不得已得派出許多技術人員。由於密西根大學自從獲贈「福特反應爐」後，累積了許多使用研究用反應爐所需要的人力資源及技術知識，政府強烈要求鳳凰計畫相關人士提供協助。

第二個原因是，戰後美國科學技術所處的整體情勢。二戰、韓戰、以及和蘇聯之間的技術研發競爭，快速縮小了美國的科技和國家權力間的距離。因此，不管是公立或私立大學的研究室，都開始接受政府資金補助，並從事計畫案類型的研究。美國國際合作總署與密西根大學之間的合約，便是在前述科學技術界整體情勢下的產物。

第三個原因則是，來自開發中國家的強烈要求。在推動國家建設的新興獨立國家眼中，原子能是一種「夢幻科技」，可以帶來電力、增產食糧，將來甚至還可能發展出核武。因此許多國家

2 "Michigan Memorial-Phoenix Project" no date, the Records of the Michigan Memorial Phoenix Project, Bentley Historical Library, University of Michigan（以下稱ＭＭＰＰ），box 20。

將留學生及技術研修生送往美國、英國、蘇聯，或是從這幾個國家聘請技術指導員。有關英美兩國在原子能援助方面的競爭關係，就如同第七章友次晉介所談到的內容。其中，美國接收了最多來自世界各國的留學生，密西根大學則成為外國年輕科學家及技術人員的熱門留學單位。

為了進一步分析前述的第三個原因，也就是開發中國家提出的要求，本章將以鳳凰計畫與美國國際合作總署對ROC（以下指作為組織或政權的臺灣時，使用Republic of China的縮寫「ROC」稱之。另外，指稱地理空間時則稱臺灣）的援助做為研究事例。研究ROC科學史的J．梅根．格林（J. Megan Greene）指出，國府在一九四〇年代初，便已開始重視科學、視科學為國家建設的基石，積極任用在國外受過教育或訓練技術人員的慣例在此時已經確立。這也可以從第五章佐藤悠子提到一九四五年前後，國民黨和共產黨之間展開了一場科學家爭奪戰的事情得到印證。然而，一九四九年，國民黨遷臺後，國民政府的注意力，也從科學技術轉向為了反攻大陸。而唯一讓政府展現出對振興科技有興趣的領域」是核子科學。格林說明，這是因為核子科學技術在軍事上可應用於反攻大陸[3]。根據李為楨的研究，電力發展是美國對ROC援助中最為重要的部分，大部分的援助資金都分配給臺灣電力公司，該公司是接收殖民地時期日本企業為基礎所成立的國營企業[4]。本章所舉事例亦顯示出，國民政府不僅是懷抱「反攻大陸」目的而投入開發核武和電力，也是為了自身的正統性及威信而充實科技領域的研究和教育。

本章將把重點放在密西根大學、華盛頓特區以及成為接受支援的臺灣國立清華大學這三個地方，藉以說明有關鳳凰計畫與美國國際合作總署如何成立及推展對外原子能援助計畫，闡明州立大學所培育的科學及科學家被國家計畫動員，如何在在開發中國家發揮結構性影響力的過程。同時也得以解釋，科學家、技術人員的跨境流動，以及他們多樣化的動機，無法以「從美國到ROC」這樣單向的、單線式的技術知識轉移來的面向。

有關冷戰期間，美國對外援助政策的既有研究成果，除了有伯頓・艾拉・考夫曼（Burton I. Kaufman）處理艾森豪政府對外援助政策演變的經典著作外[5]，尤其關注亞洲的，則有大衛・恩格曼（David C. Engerman）探討以對印度開發援助為中心的美國冷戰政策及其限度的研究[6]、尼克・庫拉瑟（Nick Cullather）聚焦於為了糧食增產所進行的農業支援的研究[7]、布拉德利・

---

3 J. Megan Greene, *The Origins of the Developmental State in Taiwan: Science Policy and the Quest for Modernization* (Cambridge, MA: Harvard University Press, 2008), 7; J. Megan Greene, "The KMT and science and technology, 1927-1980," in *Technology Transfer Between the US, China and Taiwan: Moving Knowledge*, eds. Douglas B. Fuller and Murray A. Rubinstein (London and New York: Routledge, 2013), 7-24.

4 李為楨，〈アメリカ合衆国の援助と台湾〉，頁282-285。

5 Burton I. Kaufman, *Trade and Aid: Eisenhower's Foreign Economic Policy, 1953-1961* (Baltimore: Johns Hopkins Press, 1982)

6 David C. Engerman, *The Price of Aid: The Economic Cold War in India*(Cambridge, MA: Harvard University Press, 2018).

7 Nick Cullather, *The Hungry World: America's Cold War Battle against Poverty in Asia* (Cambridge, MA: Harvard University Press, 2010).

辛普森（Bradley R. Simpson）探討印尼發展獨裁政權與美國關係的研究[8]、潔西卡・埃爾金德（Jessica Elkind）探討對南越的發展援助[9]，而在日文研究方面則有先前所引用的渡邊昭一編著書籍等，過去十幾年，出現了許多使用新的一手史料的重要研究。然而，若限定於原子能技術援助的話，在亞洲的脈絡下進行探討的研究卻是少之又少。本書第七章作者友次晉介的研究，便是為數不多的其中一例[10]。

另一方面，美國的「原子能和平用途」政策則有非常多先行研究，其中，也有討論到開發中國家接受情況的研究。例如，約翰・克雷格（John Krieg）認為，國際會議在點燃第三世界國家的領袖藉由原子能實現近代化的欲念上發揮了作用。朗・茨根伯格（Ran Zwigenberg）聚焦於一九五五年舉行於廣島的「和平利用原子能博覽會」；肯尼斯・奧斯古德（Kenneth Osgood）提及「原子能和平用途」是艾森豪政府政治宣傳政策的一環。最近幾年，雅克・達爾文・漢布林（Jacob Darwin Hamblin）研究「原子能和平用途」向日本、迦納、南非、印度、巴基斯坦、伊朗、伊拉克等國推展的著作出版[11]。另外，本書第七章作者友次晉介還論及未同盟國家對於核能發電技術的關注[12]。不過，據我所知這些研究中都沒有談論到鳳凰計畫。

關於冷戰時期的臺美關係，日文方面雖有前文提到李為楨以及四方俊祐研究[13]，但卻極少將焦點放在科學研究上。前述的格林研究，還有奧德拉・J・沃爾夫（Audra J. Wolfe）關注亞洲基金會對高中科學教科書編撰提供支援的研究[14]，亦皆未以原子能技術為探討重點。

本章依據收藏於密西根大學的鳳凰計畫相關文件檔案（包含顧問群在清華大學所撰寫的報告

書），以及美國國家檔案和紀錄管理局的美國國際合作總署文件檔案（包含華盛頓與臺北、東京

---

8 Bradley R. Simpson, *Economist with Guns: Authoritarian Developmentand U.S.-Indonesin Relations, 1960-1968* (Stanford: Stanford University Press, 2008).

9 Jessica Elkind, Aid Under Fire: Nation Building and the Vietnam War (Lexington: The University Press of Kentucky, 2016).

10 友次晋介，〈「アジア原子力センター」構想とその挫折——アイゼンハワー政権の対アジア外交の一断面〉，《国際政治》，第163號（2011年1月），頁14-27。

11 Jacob Darwin Hamblin, *The Wretched Atom: America's Global Gamble with Peaceful Nuclear Technology* (New York, NY: Oxford University Press, 2021).

12 John Krige, "Techno-Utopian Dreams, Techno-Political Realities: The Education of Desire for the Peaceful Atom," Michael D. Gordin, et al. eds. *Utopia/Dystopia: Conditions of Historical Possibility* (Princeton: Princeton University Press, 2010), 151-155; Ran Zwigenberg, *Hiroshima: The Origins of Global Memory Culture* (Cambridge: Cambridge University Press, 2014); Kenneth Osgood, *Total Cold War: Eisenhower's Secret Propaganda Battle at Home and Abroad.* Lawrence (Kansas City: University Press of Kansas, 2006);Tomotsugu, Shinsuke, "The Bandung Conference and the Origins of Japan's Atoms for Peace Aid Program for Asian Countries," in *The Age of Hiroshima*, eds. Gordin, Michael D. and John Ikenberry (Princeton: Princeton University Press, 2020), 109-128.

13 四方俊祐，〈米国の台湾政策——台湾における経済発展の起点として〉，《神戸大学史学年報》，21號（2006），頁1-24。

14 Audra J. Wolfe, *Freedom's Laboratory: The Cold War Struggle for the Soul of Science* (Baltimore: Johns Hopkins Press, 2018). 其中第七章有討論到關於亞洲基金會參與ＲＯＣ的教科書編輯相關事務。如同眾所皆知，亞洲基金會是美國中央情報局的掩護機構。

的美國大使館間的聯絡），並參照提及國立清華大學原子科學研究所歷史[15]，考察過去研究未曾關注的鳳凰計畫對外原子能技術援助，從中探究科學知識在學術圈、國家，以及個人之間是如何流動，並指出國家按其意向管理學術知識的困難，即使是擁有強大資金的美國政府也是如此。

一、密西根紀念鳳凰計畫與美國國際合作總署的合作

鳳凰計畫旨在振興密西根大學「原子能和平用途」研究，以校友及當地企業所捐助的七百五十萬美元作為經費，針對該大學教員的研究，以尚未取得民間或政府補助款、處於萌芽期階段的研究計畫為對象，提供設備、消耗品、差旅費、出版費用等補助[16]。一九五〇年代，許多美國的大學都引進了研究計畫，其中還有大學在校園內設置研究用反應爐。密西根大學在一九五三年的早期階段，就因為福特汽車的捐助而興建了研究用反應爐。擔任鳳凰計畫代表、同時兼任大學研究所所長的拉夫．索耶（Ralph A. Sawyer），極其熱中於導入反應爐的工作[17]。

同一時期，美國政府也在尋找能夠提供外國人技術者研修課程的大學或企業。繼艾森豪總統在一九五三年十二月八日於聯合國所進行的「原子能和平用途」演說後，美國國家安全會議（National Security Council, NSC）以《與其他國家合作和平使用原子能》（NSC 5431: Cooperation with Other Nations in the Peaceful Uses of Atomic Energy）為題，在一九五四年八月起草了一份政策文件。文件中，規定了美國政府提供友好國家小型反應爐、燃料以及研修課程[18]。起初，這項

援助政策只預計實施「一年左右」，直到國際原子能機構（International Atomic Energy Agency, IAEA）成立為止，但實際上，美國持續提供原子能技術援助的時間，卻比原本預計的更久。一九五五年三月，美國國家安全會議起草了另一份政策白皮書《和平使用原子能》（NSC 5507/2: Peaceful Uses of Atomic Energy），文件中指出，研究爐及技術研修，是為了將來核能發電「自然而然的一步」，提供這方面的援助，應會帶給美國「莫大的心理優勢」，尤其是在和蘇聯競爭期間[19]。簡言之，反應爐及技術研修，被視為有利於開拓未來反應爐市場，同時也能在「贏得開發中國家的人心」的競爭方面有所助益。到一九六〇年年底為止，美國政府以提供研究爐為前提，與三十七個國家締結原子能雙邊協定。為了運用反應爐，這些國家必須培訓技術人員，因此美國原子能委員會在芝加哥近郊的阿貢國家實驗室成立了「國際原子能科學技術學校」（International

15 黃鈞銘主編，《原子能與清華》。新竹：國立清華大學出版社，2011。

16 “Michigan Memorial-Phoenix Project” no date, MMPP, box 20.

17 From Director Ralph A. Sawyer to T. W. Bonner, Department of Physics, The Rice Institute, September 2, 1955, MMPP, box 20.

18 Document 238, “National Security Council Report, NSC5431/1, Statement of Policy by the National Security Council on Cooperation With Other Nations in the Peaceful Uses of Atomic Energy,” August 13, 1954 *FRUS*, 1952-1954, National Security Affairs, Volume II, Part 2, https://history.state.gov/historicaldocuments/frus1952-54v02p2/ d238.

19 Document 14. “National Security Council Report, NSC5507/2, Peaceful Uses of Atomic Energy,” March 12, 1955, *FRUS*, 1955-1957, Regulation of Armament; Atomic Energy, Volume XX, https://history.state.gov/historicaldocuments/frus1955-57v20/d14.

School for Nuclear Science and Engineering, ISNSE），接受外國研修生前往受訓[20]。「國際原子能科學技術學校」成立後的前五年，雖然接收了來自世界各國四百人以上的技術人員，但仍不足以滿足接受美國製反應爐的三十七個國家對技術人員的需求。

於是，美國原子能委員會注意到鳳凰計畫。美國政府最初與密西根大學接觸，是在一九五六年一月，當時美國原子能委員會反應爐部的傑克・考夫曼（Jack Kaufman）致電索耶，探詢鳳凰計畫是否有可能派遣顧問人員到開發中國家。考夫曼拜訪密西根大學，與索耶、鳳凰計畫的副代表亨利・岡伯格（Henry J. Gomberg）、密西根大學副校長馬文・尼厄斯（Marvin L. Niehuss）懇談。索耶強力建議副校長接受美國原子能委員會的請求[21]，並提議「由工學院招募三名新進教員，他們僅需負責普通教員一半的授課教學，另一半的時間，則用於顧問諮詢服務」，密西根大學方面亦允許與美國原子能委員會展開交涉[22]。傑克・考夫曼向索耶表示，「衷心期待提案」，並表示「如果提案可以在兩週內提出」，應可於兩個月內完成簽約。於是，索耶趕緊提交一份提案，但在接下來的四個月裡，都沒有收到美國原子能委員會的回音。

美國原子能委員會之所以未再聯絡的原因，應該是出於內部意見不合。美國原子能委員會內部存在著多方意見，諸如「美國原子能委員會自有管道和國內優秀的原子能技術人員及科學家取得聯繫」，「比起密西根大學，美國原子能委員會反而更能大範圍地邀集有才能的顧問候選者」，與鳳凰計畫簽訂合約，比美國原子能委員會獨自派遣顧問「成本要高出許多」。像這樣，美國原子能委員會和鳳凰計畫之間的競合關係，持續了好幾年。之所以會這麼說，是因為在鳳凰計畫實際著手派遣顧問數年後的文件上，仍看得到記述美國原子能委員會和鳳凰計畫哪一邊比較適合派遣顧問到開發中國家的「持續多年的爭論」[23]。

在美國原子能委員會與索耶中斷聯絡期間，美國國際合作總署透過其他管道，和亨利·岡伯格有所接觸。一九五六年六月，岡伯格出席歐洲經濟合作組織（Organization for European Economic Cooperation, OEEC，經濟合作暨發展組織ＯＥＣＤ前身）的「原子能特別委員會工作小組」會議。在美國提供歐洲經濟合作組織原子能研修中心財政支援的計畫下，岡伯格以美方顧問團一員的身分出席了會議。美國國際合作總署產業資源局原子能課（Nuclear Energy Division, Office of Industrial Resources）課長尤金·史考特（Eugene W. Scott）亦出席了該場會議。受到岡伯格發表的鳳凰計畫所感召的尤金·史考特，將發表後的紙本資料送交國務院，提議請岡伯格

---

20 "Appendix A, Background and Discussion," from Hilberry to Flaherty, September 30, 1954, RG326, ANL Miscellaneous Correspondence & Reports, box 17, National Archives at Chicago. 關於國際原子能科學技術學校更詳細的說明，可參考：森口（土屋）由香，《文化冷戦と科学技術——アメリカの対外情報プログラムとアジア》（京都：京都大学学術出版会，2021），第三章。

21 From Sawyer to Regent Roscoe O. Bonisteel, January 19, 1956, MMPP, box 21.

22 From Sawyer to Vice-President Marvin L. Niehuss, January 28, 1956, MMPP, box 21.

23 From James C. Meem, Chief, Nuclear Energy Staff, Office of Industrial Resources, to Kerr, January 29, 1959, MMPP, box 21. 美國原子能委員會和鳳凰計畫的競爭關係在此後並未消失，甚至在鳳凰計畫開始派遣顧問的數年之後，仍能看到關於究竟是美國原子能委員會還是鳳凰計畫更適合派遣顧問到發展中國家的「長期爭議」描述。

「近期內前來華盛頓，商討有關合約的提案」[24]。岡伯格說明道，其實鳳凰計畫已經向美國原子能委員會提交提案，但四個月以來杳無音信，並表示校方已準備好進行更進一步的討論[25]。

以此為契機，一九五六年十一月六日，美國國際合作總署與密西根大學之間締結合約。根據該合約，密西根大學在使用原子能的研修（training）及實作演習（demonstration）方面，將「向美國國際合作總署提供技術上及諮商建議上的服務」。具體而言，大學方面將會協助「調查有關對象國在技術方面的資源」、「調查使用原子能發展電力的可能性」、「舉辦提供放射性同位素及放射線運用於工業、醫療、農業及其他領域等相關資訊的會議」，並支援當地的美國經濟協助處（U.S. Operation Mission）[26]。為此，密西根大學接受美國國際合作總署指示，任命一名「計畫主持人」、輔助鳳凰計畫主持人的秘書一名、擔任對象國技術顧問的「專任顧問」六名，以及執行各種高度專業建議的「特聘顧問」。另外，鳳凰計畫會向美國國際合作總署提交「每季進度報告書」。全部的顧問業務都會在「美國國際合作總署整體的指揮下」進行，工作人員被要求在當地美國經濟協助處的「管理指揮下行動」。密西根大學原子能工學院的威廉·克爾（William Kerr）教授被任命為「計畫主持人」[27]。「特任顧問」後來又被分成兩大類，一類是「負責解決實際問題」，由經驗豐富的專家所擔任的「特任顧問」，一類是由「青年高階公務員」擔任的「綜合顧問」，透過讓他們輔佐年長專家，以期待培養出在將來擔綱美國對外援助計畫人才[28]。

即使密西根大學將與美國國際合作總署簽訂的合約視為提升大學名聲的活動，不過對美國政府來說，那只是外交手段的其中一部分。一九五五年六月十一日，艾森豪總統在紀念維吉尼亞州立大學創校一百週年的畢業典禮上，公開宣布美國政府將提供反應爐及核燃料、三十五萬美金或是相當於反應爐價格半價的補助金，以及技術研修課程給友好國家[29]。總統的宣言具體實現了前述政策文件NSC 5431及NSC 5507/2的內容。美國政府以戰略角度選擇供應研究爐的對象，以在共產主義的威脅下，對防衛「自由世界」具重要性的國家或地區為優先，而ROC正好符合這樣的條件。一九五七年一月，美國國際合作總署、國務院、美國原子能委員會邀請威廉・克爾及岡伯格參加「政府跨部會會議」，針對政府對他們的期望進行簡報[30]。根據該簡報，鳳凰計畫的研究人員將被賦予擔任「當地美國經濟協助處的顧問」的任務，他們的報告書除了美國國際合作總署，還會受到「國務院及美國原子能委員會的仔細審查」。顧問任期結束時，還要到華盛頓接

---

24 From Scott to Gomberg, July 6, 1956, MMPP, box 21.

25 From Gomberg to C. W. Flesher, Director, Office of Industrial Resources, ICA, June 29, 1956, MMPP, box 21.

26 雖然USOM指的是美國國際合作總署的海外分部，但它同時也發揮著美國政府經濟代表部的作用。

27 "Contract between International Cooperation Administration and the University of Michigan," November 6, 1956, MMPP, box 21.

28 From Arthur G. Stevens, Director of Personnel, ICA to President (of the university?), November 12, 1958, MMPP, box 21.

29 Dwight D. Eisenhower, "Address at the Centennial Commencement of Pennsylvania State University," June 11, 1955, The American Presidency Project, https://www. presidency.ucsb.edu/documents/address-the-centennial-commencement-pennsylvania-state-university.

30 University of Michigan-ICA Nuclear Energy Project ICA-W-209; Quarterly Progress Report No. 1," February 21, 1957, MMPP, box 21.

受「任務匯報」（debrief，以向政府提供資訊為目的的調查詢問）[31]。由美國國際合作總署、產業資源局、原子能課代理課長（後來轉正）的詹姆斯・緬（James C. Meem）在美國國際合作總署內部擔任鳳凰計畫的負責官員。

鳳凰計畫多名核心教授，逐漸深入參與和美國國際合作總署的共同業務。克爾在和同事的通信中提到這個計畫「不僅對國務院做出了極其有益的貢獻，更是一個在原子能和平問題及發展性方面都能取得寶貴見解的機會」[32]。在合約將屆滿三年的一九五九年十一月六日，索耶和克爾強烈主張續約[33]。此時，克爾及密西根大學公衛系教授、被任命為「專任顧問」的G・霍伊特・惠普爾（G. Hoyt Whipple）編纂了題為《通用原子能計畫》（*A General Atomic Energy Program*）的十五頁小冊，內容主要以一九五八年第二次聯合國和平利用原子能國際會議（將於後文談到）所發表的論文為基礎，提供指南給引進原子能的開發中國家[34]。

到了一九六〇年三月，美國國際合作總署與鳳凰計畫的合作業務，已發展成一正式的對外技術援助計畫。表6-1是一九六〇年二月前，鳳凰計畫的顧問群造訪過的國家列表[35]。美國國際合作

31 From Kerr to Frank, July 31, 1959, MMPP, box 21.
32 From Kerr to Robert L. Williams, January 22, 1957, MMPP, box 21.
33 From Ralph A. Sawyer to Leonard J. Saccio, Acting Director, ICA, June 12, 1959, MMPP, box 21.
34 Kerr and Whipple, "A General Atomic Energy Program," no date, MMPP, box 21.
35 From Kerr to Gomberg, March 29, 1960, and attached table, MMPP, box 21.

表6-1　鳳凰計畫的顧問群造訪過的國家列表

訪問國	時間	顧問
資料無法判讀	1957年4月—5月	威廉・克爾
土耳其	1957年6月	威廉・克爾
倫敦	1957年6月	威廉・克爾
巴基斯坦	1957年10月	威廉・克爾 G・霍伊特・惠普爾
伊拉克	1957年10月	威廉・克爾
伊朗	1957年10月	G・霍伊特・惠普爾
哥倫比亞	1958年1月	亨利・岡伯格 韋恩・邁克恩（W. Wayne Meinke）
印尼	1958年3月	羅伊德・布洛內爾（Lloyd Brownell） 查爾斯・賽門斯（Charles Simons）
厄瓜多	1958年4月	亨利・岡伯格
韓國	1958年4月	G・霍伊特・惠普爾
波多黎各	1958年6月	G・霍伊特・惠普爾
日本	1958年8月	亨利・岡伯格
韓國	1958年8月	亨利・岡伯格
南斯拉夫	1958年9月	G・霍伊特・惠普爾
突尼西亞	1958年9月	查爾斯・賽門斯
希臘	1959年1月	亨利・岡伯格
土耳其	1959年2月	查爾斯・賽門斯
臺灣（中華民國）	1959年3月	拉夫・索耶 威廉・克爾
菲律賓	1959年3月	威廉・克爾
臺灣（中華民國）	1959年7-8月	亨利・法蘭克（Henrry S. Frank）
巴基斯坦	1959年8月	韋恩・邁克恩
希臘	1959年10月	亨利・岡伯格
奧地利（IAEA本部）	1959年10月	亨利・岡伯格
以色列	1960年2月	G・霍伊特・惠普爾

總署在海外大力宣傳鳳凰計畫所提供的顧問服務。結果，到一九六二年為止，顧問群總共被派遣到多達二十二個國家，共計三十六次。他們的研究領域包括了原子能工學、化學工學、化學、物理學、動物學、公共衛生學、醫學、生理學等極為多樣。甚至連法學部的教授群，也提供了來自海外造訪密西根大學的原子能相關人士在法律方面的諮詢顧問服務[36]。

因應美國原子能委員會的要求，密西根大學同時在校園內提供外國技術人員研修課程。一九五六年十二月五日，美國原子能委員會反應爐課長W．肯尼斯．戴維斯（W. Kenneth Davis）向校長哈倫．哈徹（Harlan Hatcher）詢問，能否提供外國留學生原子能技術研修課程。由於阿貢的國際原子能科學技術學校能招收的學生人數有限，ACE向各大學詢問有關設置「與國際原子能科學技術學校相當的為期一年研究所課程」[37]。最初，密西根大學是以「不定期」的方式開課，接收少數外國留學生。不過在一九五七年的秋季學期，原子工學系總共有三十三名外國留學生，詳細如下：比利時一名、緬甸一名、智利一名、ROC一名、捷克斯洛伐克一名、英國一名、法國兩名、希臘一名、匈牙利一名、印度兩名、日本兩名、約旦一名、韓國一名、墨西哥四名、挪威一名、菲律賓兩名、西班牙兩名、瑞士一名、泰國四名、土耳其兩名、烏拉圭一名[38]。密西根大學同時接收了在國際原子能科學技術學校完成七個月的研修課程的國外科學家，讓他們在密西根大學使用福特研究爐來進行更進一步的研究。他們選擇密西根大學的原因，在於祖國打算引進和福特反應爐相同的「水池型」反應爐，但是在國際原子能科學技術學校，卻沒有相同款式的反應爐。美國原子能委員會於是請託密西根大學接收他們[39]。

密西根大學與美國國際合作總署的合約，在一九六五年一月期滿結束。在合約期間，總共派遣了十九名顧問（其中十五名是密西根大學教員），對二十二個國家提供各式各樣的支援。在這二十二國之中，派遣顧問前往最多次的是ROC，總計派遣過七次。排在ROC後面的，則是希臘、巴基斯坦、泰國、土耳其，分別派遣「專任顧問」前往了三次[40]。排名前五的國家當中，有三個位在亞洲，這說明了亞洲各國對於原子能技術援助的需求很大，而美國也很重視將原子能技術移轉到這些國家。

---

36 From ICA (Saccio) to USOM, November 12, 1959, MMPP, box 21; From Wayne Meinke to H.D. Bengelsdorf (Division of International Affairs, AEC), January 7, 1963, MMPP, box 15.

37 From W. Kenneth Davis, Director, Division of Reactor Development, AEC, to Harlan Hatcher, December 5, 1956, MMPP, box 21.

38 From Henry J. Gomberg, Assistant Director, MMPP to Theodore J. Wilson, Assistant Chief, Training and Technical Aids Division, Office of Industrial Resources, ICA, November 17, 1959, MMPP, box 21.;"Enrollment Breakdown for Fall Semester (1957)" MMPP, box 15.

39 From Gomberg to R. G. Taecker, Director, International School of Nuclear Science and Engineering, Argonne National Laboratory, October 4, 1957, MMPP, box 15; From Kerr to Gomberg, January 19, 1959, MMPP, box 20; I.E. Wallen, Acting Chief, Training and Education Branch, Division of International Affairs, AEC, to Sawyer, November 22, 1957, MMPP, box 21.

40 "The University of Michigan A.I.D. Nuclear Energy Project, AID-W-209: Final Report," December 1965, MMPP, box 22.

二、新學科「核子工程學」的問世

鳳凰計畫之所以成功地轉型為對外援助計畫，和「核子工程學」（nuclear engineering）這個新興學科領域的興起也有關係。密西根大學的經營者們及工學院希望在這個新領域獲得良好評價。例如岡伯格在一場各大學工學院院長出席的會議上力陳早日確立新學科「核子工程學」的必要，並引用了美國原子能委員會委員威廉．利畢（William Libby）的話表示，在不久的將來，「原子能計畫應該會需要五萬名技術人員及科學家」，指出培養該領域專業人員的重要性[41]。

一九五八年，在日內瓦舉行的第二次聯合國和平使用原子能國際會議，惠普爾和克爾以〈一般原子能計畫〉為題發表論文[42]文中所談到的項目包括原子爐的「管理營運」、「目標選擇」、「導入日程規畫」、「研修」、「健康與安全」等，為發展中國家因應目標導入原子爐提供指南[43]。如同前一小節所提到的，這份論文後來彙整成一本十五頁的小冊，分發給發展中國家。在聯合國和平使用原子能國際會議上的發表，無疑提升了鳳凰計畫的國際知名度。

然而，不只是因為有利於校譽，財政方面的誘因也很重要。為了推展海外業務而新聘用的科學家，一學期（五個月）從事一般教員的教學工作，剩餘時間從事美國國際合作總署的技術援助計畫。透過這種形式所聘用的教員，便能「滿足伴隨原子能科學領域擴大而生的人事補充需求」。校方所負責的是「一般聘用教員成本」，派遣海外所需費用則全部由美國國際合作總署負擔。因此，校方便能透過「人才庫化，輪替工作」的方式，以低成本享受到「確保人員的資質及能力」，且「聚集多樣化的研究人員」等好處[44]。

不過，站在鳳凰計畫的角度來看，與美國國際合作總署的合約並非淨是好處。其中一個嚴重的問題，就是開發中國家反應爐的安全問題。克爾提議成立「研究爐計畫指揮官」一職來負責反應爐的安全，培養能夠擔任這個職缺的人才，便成為了鳳凰計畫顧問的工作之一[45]。另一個令人擔心的問題，在於可能造成核武擴散。克爾在寄給美國國際合作總署的書信中提出警告，「支援外國設置反應爐一事，無庸置疑是長期性的」，即使計畫是「基於相當和平的目的」，但美國所提供的教育訓練及設備，「仍隱含被轉用於發展軍事計畫的可能」[46]。美國政府在一九五〇年代

41 H. J. Gomberg, "Nuclear Engineering: The Impact on Engineering Education," Conference on Science and Technology for Deans of Engineering, September 9-12, 1957," MMPP, box 20.

42 "Phoenix Project Assistance to the United States Atoms-for-Peace-Program," no date, MMPP, box 21.

43 G. Hoyt Whipple and William Kerr, "A Generalized Atomic Energy Program: Submitted for Inclusion in the Second International Conference on the Peaceful Uses of Atomic Energy, Geneva, Switzerland," September 1-13, 1958, MMPP, box 21.

44 From Gomberg to Edmund A. Cumminskey, November 6, 1956; "Approved budget February 1, 1962-January 31, 1963, Contract No. AID-W-209" MMPP, box 21.

45 From Kerr to Ralph J. Strom, Nuclear Energy Staff, Office of Industrial Resources, ICA, August 2, 1957, MMPP, box 21.

46 From Kerr to Richard B. Palmer, Assistant Deputy Director for Operations, Inter-Regional Operations Staff, ICA, July 7, 1961, MMPP, box 22.

時因開發中國家距離自力發展核武尚遠，並不在乎核武擴散的風險，直到進入一九六〇年代以後，才開始關心擔憂這個問題。這份擔憂隨著一九六四年中華人民共和國成功完成核試驗後而現實化。在議論《核武禁擴條約》時，為了「贏得開發中國家人心」而提供反應爐的論調，便成了不合時宜的思維。一九六五年一月，在鳳凰計畫合約期滿時終止了提供顧問服務一事，便反映出此一情況。不過，在計畫執行的八年又兩個月期間，鳳凰計畫與美國國際合作總署確實在發展中國家留下了不可磨滅的足跡。下一節將以ROC為例來進行討論。

三、臺灣國立清華大學的事例

鳳凰計畫的顧問最常被派遣至ROC，主要服務場所則是國立清華大學。該大學前身為以美國退還清朝庚子賠款所成立的「清華基金」在一九〇九年於北京設立的清華學堂，自設立起便派遣留學生前往美國。一九二八年改名為清華大學，並發展為中國以科學技術聞名的頂尖高等教育機構。中日戰爭期間一度疏散到雲南省昆明，和國立北京大學、南開大學組成西南聯校[47]。第二次世界大戰結束後雖於北京展開復校，然而一九四九年中華人民共和國建國，自一九三一年起便擔任清華大學校長的梅貽琦渡美並管理「清華基金」（後為中華文化教育基金會〔China Foundation〕）。不過在一九五五年時，梅貽琦應國民黨政府要求來臺，並著手籌備於新竹恢復清華大學[48]而清華大學亦於北京復校。

兩所清華大學的存在，以及梅貽琦移往臺灣，都是東亞冷戰伴隨著分裂國家的象徵，同時也顯示出不僅是國家，學術知識、教育、技術也都分裂了。如同第五章佐藤悠子的論述，國府和共產黨針對在英美接受教育的中國科學家展開爭奪。在此背景下，在清華大學興建東亞第一座研究爐，恢復該校並將其打造成原子能科學技術最尖端的研究機構，對展現ＲＯＣ身為中國科學技術正統繼承者的權威亦甚為重要。一九五五年，國府與美國政府簽訂原子能雙邊協議後，國府立即派遣技術人員前往美國研究原子爐類型。能有如此迅速的行動，正如佐藤所指出，可能與梅校長本身即為物理學家，並早自一九四五年左右便參與國民政府向美國派遣科學青年團的事務有關。後來，國府選擇以濃縮鈾做為燃料、奇異公司（General Electric Company, GE）製造的水池型反應爐。奇異公司負責提供興建反應爐所需零件及動工時的支援，而「反應爐的組裝及啟動」則是清華大學方面的工作[49]。

然而，由於ＲＯＣ的技術人員極度短缺，只能完全依賴美國進行技術研修。正如佐藤所指出，許多在一九四六年至一九四八年國共內戰期間留學中國科學家留在歐美，並未前往臺灣。一九五六年，清華大學原子科學研究所成立之際，僅十二名員工，其中包含鄭振華（Zhen-Hua

---

47 *National Tsing Hua University Bulletin, 1984-1985*, 5.

48 黃鈞銘（主編），《原子能與清華》，頁2。

49 Ralph A. Sawyer and William Kerr, "Report on Visit to Formosa," May 1959, MMPP, box 21.

ISNSE ALUMNI:

Victor Chen-Hwa Cheng

Early in 1957, a modest and very competent young Chinese engineer, Victor Chen-Hwa Cheng, joined the fourth session of ISNSE. A well-trained electrical engineer and physicist, he had foreseen the early arrival of the day when expanding industry on Formosa would necessitate the use of atomic power on that island, and he wanted to be among those who were leading the way to its practical production.

He speedily established a reputation as a good companion, a hard worker, and a competent scientist. He cooperated well with his associates, shared their activities, and took full advantage of what the School had to offer.

Born in Shanghai in 1921, he grew up there and received his B.S. in electrical engineering from the Universitato Utopia in Shanghai in 1945. Starting work as an electrical engineer for the Taiwan Power Company in November 1946, he began building the reputation for modest efficiency that resulted in his being nominated to attend the fourth session ten years later.

Upon graduation with his class, he was designated to remain an additional year at Argonne, carrying on research and engineering development at CP-5. After a few months back on Taiwan, he was loaned to the Japan Atomic Energy Research Institute, where he spent eight months in research and development in connection with the construction of the JRR-2 reactor, similar to CP-5.

That assignment was followed immediately by a loan of his services to the Institute of Nuclear Sciences at the National Tsing Hua University, where he has spent the last two years and remains as Head of the Reactor and Isotope Department and Assistant Professor of Nuclear Engineering. He is a co-author of the article on Atomic Energy in Formosa in this issue.

Victor Chen-Hwa Cheng at his desk in the fourth floor control room of the Tsing Hua reactor. The reactor bridge is seen in the background.

He now lives in Taipei with his charming wife, Kuo-Sieu, and his two sons, Chin-Yuen, a twelfth-grader, and Wen-Yuen, a ninth-grader. His spare time is occupied by pursuit of his hobby, photography.

He says that the most valuable results of his stay at Argonne were three in number: (1) first-hand knowledge about nuclear engineering; (2) fostering of the spirit of international cooperation; and (3) experience with the American democratic way of life.

Once again we are happy to recognize one of our alumni who is gaining a reputation as a competent leader in his field in his own country.

The Cheng family. (L-R) elder son—Chin-Yuen, Victor, Kuo-sue, younger son—Wen-Yuen, and in the foreground, dog—John.

Tsing Hua Reactor building and radioisotope laboratory.

9

照片6-1　阿貢國家實驗室發行的機關刊物介紹前往研習的國際原子能科學技術學校第四屆學員鄭振華（Victor Cheng）。（出處：National Archives at Chicago, RG326, Publications, 1848-1988.）

Zheng，在美國一般稱之Victor Cheng）、葉錫溶（Xi-Rong Ye）、朱樹恭（Shu-Kung Chu）、錢積彭（Ji-Peng Chien）、戈寶樹（Bao-Shu Ge，在美國一般稱之Paoshu Ko）、楊毓東（Yu-Dong Yang，在美國一般稱之Rudy Yang）以及李名立（Li,Ming-Li）等。除了葉錫溶及朱樹恭兩人，其他都是向臺灣電力公司「借將」在美國受訓過的台電技術人員[50]。例如，鄭振華是曾作為國際原子能科學技術學校第四屆學員在阿貢國家實驗室接受培訓。鄭振華在阿貢國家實驗室發行的刊物專訪中，談到在美國的最大收穫是「親身學習了原子能的相關知識」、「培養了國際合作的精神」、「體驗了美國的民主生活方式」等[51]。

其中一名在ROC擔綱重任的科學家是孫觀漢（Kuan-Han Sun）。孫觀漢出生於一九一四年的中國，畢業於浙江大學，一九三七年，自清華大學申請到海外留學獎學金後，他前往匹茲堡大學留學。一九四〇年，孫觀漢在該校取得博士學位後，成為西屋公司的技術人員。之後的三十年，孫觀漢一直在西屋公司服務，後來成為該公司放射線及原子核工學研究所的所長[52]。一九五九年，孫觀漢應梅貽琦之邀，前往ROC訪問，並且成為研究爐興建計畫委員會的成員。這是孫觀漢參與ROC反應爐計畫的契機。一九六〇、六一年時，孫觀漢以鳳凰計畫顧問的身分被

50 黃鈞銘主編，《原子能與清華》，頁9。臺灣電力公司為整合過去日本統治時期的電力公司後於一九四六年成立的國營企業。以下人名拼寫按當時美國公文紀錄表示，與今日拼音方式有所出入。

51 "ISNSE Alumni: Victor Chen-hua Cheng," *Argonne News Bulletin*, vol. 4, no. 1 (January 1962), p. 9.

52 〈孫觀漢〉，收錄於「清華大學圖書館」：http://archives.lib.nthu.edu. tw/sun/life.htm.

派遣到ROC，在保留西屋公司員工身分的狀態下，出任清華大學原子科學研究所所長一職。被譽為「臺灣原子科學之父」的孫觀漢，同時也是受人尊崇的知識分子和作家，更因營救遭國民黨政府下獄的作家柏楊而被視為民主和人權的捍衛者。他自西屋公司退休後定居清華大學，擔任原子科學研究所顧問，長居臺灣直到二〇〇五年去世。其實驗室曾以原貌長期保存在清華大學原子科學研究所中[53]。梅貽琦所召集的籌備委員會中，除了孫觀漢以外，還有前面提到過的楊毓東、鄭振華、錢積彭、王企祥（C. H. Wong，在美國一般稱之David Wong）等人，所有成員都是畢業於國際原子能科學技術學校，錢積彭和孫觀漢還一起在密西根大學受過六個月的訓練。國際原子能科學技術學校從第二期以後的研修生，一定包含了來自ROC的學員[54]。簡言之，清華大學的反應爐引進計畫，幾乎都是由在美國受訓過，或是居住在美國的科學家及技術人員所推動的，之後也曾屢次邀請「僑居美國或加拿大的中國科學家」前往清華大學「舉行短期講座或擔任客座教授」，但無其他人如同孫觀漢般長期於清華服務[55]。

從美國政府的角度來看，ROC的原子能開發是亞洲整體原子能外交的一部分。在艾森豪總統提出要向友好國家提供研究爐後，美國原子能委員會便在倫敦、布魯塞爾、布宜諾斯艾利斯、東京等四個地方開設支部。其中，東京支部於一九五七年十一月十五日在美國大使館內成立，由過去曾任職於杜邦公司及西屋公司的赫伯・彭寧頓（Herbert W. Pennington）出任支部部長[56]。ROC、日本、菲律賓、越南、泰國、緬甸等，美國對亞洲各國的原子能技術援助，皆透過東京支部進行調度。

一九五八年十二月七日，清華大學開始興建研究爐時，彭寧頓飛到ＲＯＣ。根據彭寧頓的報告書，儘管清華大學人仍存在著人手不足的問題，但隨著申請傅爾布萊特以及ＩＡＥＡ留學獎學金的人數增加，而且每屆國際原子能科學技術學校皆有人前往研修，狀況正逐漸改善。他同時期待，透過「宣傳」（publicity）在ＲＯＣ興建研究用反應爐，能夠吸引到海外的華僑或華裔（overseas Chinese）技術人員[57]。藍適齊在第十章討論了在新聞教育中，有關華僑及華裔人士前往ＲＯＣ留學一事，同樣的情況在原子科學相關領域也能觀察到。

彭寧頓的ＲＯＣ出訪報告書中，也談到美國原子能委員會與國府在很早期的階段就曾經針對核能發電的可行性進行討論。美國原子能委員會雖認為ＲＯＣ應先充分運用研究爐，但沒有

53 孫觀漢、小牛合著，《互吃口水》（臺北：林白出版社，1990），頁227、282-286，黃鈞銘主編，《原子能與清華》，頁5-6。在此對介紹筆者孫觀漢在臺活動以及原子科學研究所歷史的國立清華大學原子科學與技術發展研究中心裴晉哲博士，以及讓筆者有機會能在二〇二三年五月拜訪清華大學的國立政治大學藍適齊教授、清華人文社會學院院長李卓穎教授和歷史研究所王憲群教授，以及協助筆者在清華圖書館收集資料的清華研究生葉峻廷和政大林于庭同學，致上深深的感謝。

54 Ralph A. Sawyer and William Kerr, "Report on Visit to Formosa," May 1959, MMPP, box 21.

55 黃鈞銘主編，《原子能與清華》，頁9。

56 〈ＡＥＣ東京事務省を開設——所長にはペニングトン氏〉，《原子力產業新聞》，第54號，1957年11月25日。

57 From Pennington to A. A. Wells, Director, Division of International Affairs (TOAEC 19), January 14, 1959, MMPP, box 23.

對ROC要在不久的將來引進發電用反應爐一事表示反對[58]。彭寧頓和台電幹部，以及承擔美國對外技術援助的懷特工程公司（J. G. White Engineering）員工進行懇談，所有人達成共識，將一九六七年興建核電廠定為「姑且的目標」。台電公司早已派遣技術人員前往美國學習核能發電。

戈寶樹即是國際原子能科學技術學校的第三屆學員，結業後留在阿貢國家實驗室一年，研究有關實驗用沸水式反應器（EBWR）；國際原子能科學技術學校第四屆學員鄭振華則是在結業後留在阿貢國家實驗室研習，累積了六個月的經驗。除了他們兩人以外，台電公司還有另外兩名員工作為國際原子能科學技術學校的第七屆及一名作為第八屆學員參加了研修培訓，兩名第七屆學員並預定在國際原子能科學技術學校研修結束後前往橡樹嶺國家實驗室（Oak Ridge National Laboratory）參加「反應爐指揮官暨反應爐安全評估課程」[59]。如同前文所述，電力開發是美國對ROC援助中最為重要的項目，因此持續派遣台電公司技術人員赴美，這也透露出遲早將要引進美國的發電用反應爐的企圖。此外，以戈寶樹和鄭振華為首，許多台電公司的技術人員受聘為清華大學教員的情形也值得注意。之後很長一段時間，清華大學與台電公司互相配合，攜手完成核能發電的目標。

如同前述，由於清華大學決定安裝奇異公司的水池型研究用反應爐，因此ROC的原子能委員會（CUSA）、美國經濟協助處，和梅貽琦計畫派遣研修生前往位於加州聖荷西的奇異公司原子能設備部，最後決定派遣國際原子能科學技術學校畢業生In-king Lee（中文不明）和Der-ling Tsing（中文不明）於一九五八年的六至七月前往奇異公司，參加「反應爐研修課程」[60]另外，楊毓東、鄭振華、錢積彭、王企祥等四人，以及四名國際原子能科學技術學校的第七屆學員也同樣被指示前往參加奇異公司的反應爐研修課程[61]。

然而，奇異公司不久後宣布不再接收新的外國人研修生。這是由於美國政府和太多國家簽訂雙邊協定，造成無論國際原子能科學技術學校或是各企業招收的人數皆已達到上限，無法再接收外國研修生。美國經濟協助處雖然向六間公司洽詢能否接收ＲＯＣ技術人員，不過包含奇異公司在內的四間公司都回絕了，不得已只能將技術人員送到沒有水池型反應爐的西屋公司[62]。在此背景下，鳳凰計畫的顧問諮詢服務就更顯現出其重要的意義。

鳳凰計畫的顧問諮詢服務正式開始於一九五九年年初[63]，索耶和威廉・克爾也在同年的三月十七日至四月首次正式出訪ＲＯＣ。他們的任務包括：「評估對ＲＯＣ來說，能在技術層面和經

58 Ralph A. Sawyer and William Kerr, "Report on Visit to Formosa," May 1959, MMPP, box 21.

59 From Pennington to A. A. Wells, Director, Division of International Affairs (TOAEC 19), January 14, 1959, MMPP, box 23.

60 From In-king Lee to George F. Mahoney, Jr. Project Manager, Industrial Training Division, ICA, June 21, 1958, RG469, Entry P185, box 2, National Archives at College Park（以下稱ＮＡＣＰ）。

61 From Haraldson, ICA Taipei to ICA, June 12, 1958; From In-king Lee to George F. Mahoney, Jr. ICA, August 18, 1958; From In-king Lee to George F. Mahoney, Jr. ICA, May 10, 1959, RG469, Entry P185, box 2, NACP.

62 "Note for File" by George F. Mahoney, Jr., September 24, 1959. RG469, Entry P185, box 2, NACP.

63 Ralph A. Sawyer and William Kerr, "Report on Visit to Formosa," May 1959, MMPP, box 21.

濟層面取得最佳平衡的原子能計畫」、「應該評估採購的備品及設施」、「反應爐研修計畫」，還有針對清華大學的「數學、化學、物理學、生物學等各學科領域的研究所教育」給予建議。[64]華盛頓的美國國際合作總署指派索耶和克爾兩人，先順道前往東京拜彭寧頓，並聽從他的指示。於是，兩人前往位於東京的美國大使館，與彭寧頓及美國國際合作總署東京分局局長D・H・錫伯杜（D. H. Thibodeaux）會面。他們在聽取了有關ROC所面臨問題的簡報後，於隔日飛往臺灣。

鳳凰計畫的所有顧問都會向美國國際合作總署提交詳細紀錄，由於這些紀錄的影本都留存在密西根大學的檔案文件中，因此能夠追蹤到他們的詳細經歷。根據索耶和威廉・克爾的報告書，他們認為，最大的問題是清華大學的教員人數不足。雖然有孫觀漢和鄧昌黎兩名傑出的客座教授，但如前文提及，孫觀漢身為西屋公司的技術職，鄧昌黎則是阿貢國家研究室的研究員，皆無法長時間留在ROC。為什麼呢？孫觀漢的情況前面曾談過，他在西屋公司擔任重要的技術職，鄧昌黎則是阿貢國家研究室的研究員。鄧昌黎雖然在中國出生長大，但他在一九四七年赴美，在芝加哥大學留學，並在一九五一年取得物理學博士學位。他後來成為國際上高知名度的加速器專家，一九五五年被阿貢國家研究室聘用，並在一九六一年出任該研究室分子加速部部長。（照片6-2）[65]和孫觀漢一樣，鄧昌黎同樣是以美國作為活動據點的華裔科學家。除了孫和鄧以外，還有

64　Airgram from H. C. Schmid, ICA Taipei to ICA Washington, January 21, 1959, MMPP, box 23.

65　*Argonne News Bulletin International*, vol. 4, no. 2 (April 1962): 2, 8.

照片6-2　出任分子加速部部長的鄧昌黎，一九六二年時登上阿貢國家研究室的機關刊物封面。（出處：National Archives at Chicago, RG326, Publications, 1848-1988.）

六名兼任教授在清華大學進行每週一日的教學。專任教員只有五名，其中一名是教授、四名助理教授。助理教授當中，僅一位擁有博位士學位，其他都是年輕的研究人員。有三人是前面提到過的錢積彭、王企祥、楊毓東，他們忙於「反應爐的設計與興建」，因此沒有多餘的時間教學[66]。聘教員之所以困難，也與低薪及貧困的生活環境有關。一名在加州理工學院留學的中國技術人員，雖曾一度回到中華人民共和國，但後來還是接受了中央研究院的邀約而移往ROC。然而，他卻對薪資及生活環境非常不滿意，在中華中民共和國和ROC的科學家爭奪戰中，這類情況成為重大問題[67]。

作為顧問的索耶和威廉．克爾所提出的第二個問題，是在反應爐設施中缺少明確的指導者。他們建議，「指派興建計畫的負責人」，並推薦孫觀漢為合適人選。另外，他們也對研究室的負責人、反應爐指揮官、反應爐的操作人員、還有諸如安全官等任命方面提出建議。索耶和克爾提出的第三項內容則是關於未來核能發電的可行性。他們向各方面進行訪談調查，最後判斷對於ROC引進核電一事基本上已具備共識[68]。

一九五九年五月，享利．法蘭克（Henry S. Frank）以鳳凰計畫的「特任顧問」身分出訪ROC[69]。雖然法蘭克是匹茲堡大學的化學教授，但他戰前曾於中國廣東省嶺南大學任教，在中國科學界頗有名氣。清華大學的教員中，也有他教過的學生，他同時也是清大的教務長陳可忠的舊識，因為這層緣分，他應邀到清華大學協助解決教員不足的問題[70]。法蘭克提議設置「美國教員招聘中心」，從全美國及全世界募集人才。並主張透過美國國際合作總署、美國原子能委員會、傅爾布萊特計畫等管道持續提供財政支援，以解決教員的經濟窮困，認為這樣「同樣符合美國的國家利益」[71]。他所謂的國家利益，指的是在和中華人民共和國之間的競爭中勝出。中華人民共和國在蘇聯協助下正在發展「有效的原子能計畫」，為與此對抗，法蘭克認為有必要在清華大學推展「有活力又有獨創性的原子科學研究計畫」。同時，他也呼籲，應該要導正「ROC公民及人在ROC的美國公民之間，顯而易見的生活水準巨大差距」，他提出警告，尤其「當美國客座教授與專家必須和中國科學家在同一校園內密切合作和工作」的狀況下，明顯的待遇差距將可能妨礙組織有效率的運作[72]。

66 R. A. Sawyer and W. Kerr, "Recommendations Concerning the Nuclear Science Program at Tsing Hua University," (draft), no date, MMPP, box 23.

67 Ralph A. Sawyer and William Kerr, "Report on Visit to Formosa," May 1959, MMPP, box 21.

68 "Report on Visit to Formosa," May 1959.

69 From Kerr to Harry C. Schmid, Chief, Education Division, ICA Mutual Security Mission to China, May 29, 1959, MMPP, box 23.

70 From Shmid to Kerr, June 19, 1959, MMPP, box 23; Henry Frank, "Report on Visit to Formosa," October 13, 1959, MMPP, box 21.

71 Henry Frank, "Report on Visit to Formosa," October 13, 1959; Henry S. Frank, "Recommendations Concerning the Staffing Problem of the Institute of Nuclear Science, National Tsing Hua University," and cover letter from Henry S. Frank, Consultant to ICA to William Newfeld, Acting Chief Education Adviser, August 25, 1959, MMPP, box 21.

72 Henry Frank, "Report on Visit to Formosa," October 13, 1959, MMPP, box 21.

一九五九年十月，孫觀漢和清華大學的合約期滿，因此他返回了西屋公司[73]。之後，清華大學的教員增募問題仍無法獲得有效解決，且又逢梅校長病倒，失去了梅貽琦帶有個人魅力的領導，教員的士氣都很低落。美國經濟協助處代表哈利．施密德（Harry C. Schmid）決定要再次聘請威廉．克爾和孫觀漢回來幫忙[74]。施密德期待梅貽琦能夠成功說服孫觀漢辭去西屋的工作，接下清華大學原子科學研究所所長一職[75]。孫觀漢抵達ROC後的報告書提到，「部分教員比起做好學問，更關心的是，日子怎麼樣才能過得更好」，問題在於他們「低落的士氣」。孫觀漢建議，「設置副校長或是代理副校長的職位」、任命鄭振華擔任原子科學研究所助理所長（assistant director），並且強烈要求預留預算以聘請優秀的員工作為教員[76]。由克爾提交給美國國際合作總署的一份「機密」報告中，亦列舉了印證孫觀漢所憂心的問題，如決策效率低落或是欠缺長期性計畫等[77]。

或許是孫觀漢和威廉．克爾的指導產生效果，三個月後，克爾再度拜訪清華大學時，情況多少有了改善[78]。反應爐的啟動準備工作似乎進展順利；奇異公司派遣兩名技術員到清大支援啟動作業，密西根大學反應爐物理學者查爾斯．里克（Charles W. Ricker）教授也被招聘來協助啟動工作。彭寧頓也預定從東京前往清大。由於有這些專家的支援，研究用反應爐終於在四月十三日達到臨界點。

里克教授在離開ROC前，向施密德力薦孫觀漢，「基於孫做為科學家及管理者的風評，以及他在中國人之間享有的卓越聲譽」，他認為，孫是最適合出任原子科學研究所所長的人選[79]。

施密德和克爾雖然也持同樣意見，認為梅貽琦校長應該「要提出極致規格的待遇條件以爭取孫觀漢」[80]，一九六一年六月，孫觀漢受邀出席蔣介石總統於臺北召開的會議，或許就是為了說服孫出任原子科學研究所所長的手段之一[81]。爾後，孫觀漢在留職西屋的工作的狀態下，接下原子科學研究所所長的職務，不時往返於美國和ＲＯＣ之間。

不過，差不多在同一時期，清華大學也歷經了一場人才外流的事件；原子科學研究所的創所成員、少數擁有豐富經驗豐的專任教員錢積彭，正計畫離開臺灣「成為美國一間小型學校的教員」之事曝光。錢積彭赴美的主要目的似乎是「為了將來學習尖端科技，因此必須賺取足夠資

---

73 From Schmid to Kerr, October 27, 1959, MMPP, box 23.

74 From Schmid to Kerr, August 16, 1960, MMPP, box 23.

75 From Schmid to Kerr, September 12, 1960, MMPP, box 23.

76 From K. H. Sun, ICA Consultant to Taiwan, University of Michigan Contract, Manager, Radiation and Nucleonics Lab., Westinghouse Electric Coorporation, to Harry C. Schmid, November 4, 1960, MMPP, box 23.

77 From Kerr to Schmid, "Preliminary Report on Visit to Taiwan," October 17, 1960, MMPP, box 23.

78 From Kerr to Schmid, December 29, 1960, MMPP, box 23.

79 Charles W. Ricker, IAEA/ICA Consultant to Harry C. Schmid, Chief, ICA, May 2, 1961, MMPP, box 23.

80 From Kerr to Schmid, May 17, 1961, MMPP, box 23.

81 From Kerr to Schmid, June 15, 1961, MMPP, box 23.

金」，威廉．克爾對此難掩失落[82]。從這件事情，也可以由此發現留住優秀研究人員是非常困難。

一九六四年，鳳凰計畫的技術援助規模逐漸縮小，最後在一九六五年一月，隨著合約期滿而正式結束。然而，從美國的文件檔案及清華大學的紀錄中，明白地顯示出自美國國際合作總署改組而成的美國國際開發署繼續提供顧問服務。換言之，清華大學與阿貢國家研究室是在美國國際開發署居中促成並提供資金下簽署合作協定，阿貢國家研究室提供清華大學文獻及實驗器具，並派遣顧問。而在這時被派到清大的顧問，就是以前也擔任過鳳凰計畫顧問派遣任務的鄧昌黎，因此該顧問服務可謂是鳳凰計畫的延伸[83]。

但正如過去研究所指出，美國在一九六五年全面中止了對ROC的援助。一方面是因為ROC的出口貿易急速增長，一方面是美國財政因為越戰而吃緊[84]。後來阿貢國家研究室與清華大學的合作協定又延長了一年。一九六五年十一月，美國原子能委員會議長、諾貝爾化學獎得主格倫．西伯格（Glenn Seaborg）訪問清華大學。他和蔣介石總統及清華教授群會面後，寫了一封信給美國國際開發署署長，籲請重新評估中止援助ROC一事，他認為，繼續維持清華大學與阿貢國家研究室的夥伴關係及合作計畫，將使美國獲得很大的國家利益。

> 雖然臺灣正值起步，但可用於科學及教育方面的資金仍然很少，在合乎美國國家政策的範圍內，盡可能長期針對這項計畫提供援助，在我看來，我們能取得的回報遠比它所需要的適度投資要大得多。

西伯格同時主張，「長期支援清華大學」也有助於「解決潛在的重大問題」[85]。雖然西伯格避開明言「潛在的重大問題」所指為何，但有證據顯示，這個時期美國政府對於ROC發展核武一事感到憂心忡忡。有鑑於中華人民共和國在此前一年成功完成核試驗，因此美國中央情報局認為，蔣介石有命令中山科學研究院的科學家研發核武[86]。順著此脈絡推測，西伯格所言可能意謂，如果美國願意承諾繼續協助ROC的原子能發展計畫，就能夠讓ROC的核武研發就此打住。雖然無法得知西伯格的書信最後是否奏效，但清大與阿貢的合作協定確實是延長了，之後臺灣電力公司與清華大學也在美國的原子能技術支援下發展核能發電[87]。一九六七年秋，美國總統詹森的科學顧問賀尼克（Donald F. Hornig）率領科學技術團訪問ROC，協商繼續提供技術支援

---

82 From Kerr to Schmid, June 15, 1961, MMPP, box 23.

83 黃鈞銘，《原子能與清華》，11、14頁。

84 "Letter from the Ambassador to the Republic of China (Wright) to the Assistant Secretary of State for Far Eastern Affairs (Hilsman)" December 19, 1963, *FRUS*, 1961–1963, vol. XXII, Northeast Asia, Document 197, https://history.state.gov/historicaldocuments/frus1961-63v22/d197；李為楨，〈アメリカ合衆国の援助と台湾〉，頁273-296。

85 From Chairman, AEC to David E. Bell, Administrator, AID, November 2, 1965, RG59, China Affairs Box 4 FSE1301 Nuclear Power Development, NACP.

86 "Nationalist China: Science," April 1974, (CIA, National Intelligence Survey), the Digital National Security Archives, https://search.proquest.com/dnsa_ci/docview/1679088447/FFCF1444A0C34E28PQ/3?accountid=11929.

87 黃鈞銘主編，《原子能與清華》，頁14、201、218。

事宜，其中亦承諾了核能發電相關支援[88]。一九七二年續簽原子能雙邊協定，美國提供ROC六百兆瓦的反應爐及濃縮鈾。於是在一九七八年，ROC開始了核能發電廠的商業運轉[89]。

四、美國政府的科學知識動員及其界限

從ROC的例子可以看到，發展中國家在人材上呈現常態性短缺，為補足此缺口而持續不斷地與美國產生人的往復流動。ROC的年輕技術人員接連前往美國接受技術培訓，而顧問及客座教員則自美國前來。但如孫觀漢或鄧昌黎等僑居美國的中國技術人員，他們以「美國政府的」顧問身分前往ROC，這讓科學知識與國籍之間的關係變得曖昧。中國科學家在美國學得的科學知識，是否便屬於美國所有?正如格林所指出的，國民政府早自戰前便已習慣任命赴海外學習技術的中國人，由來已久[90]。對ROC而言，歡迎中國科學家和技術人員極其自然，他們帶來的科學知識是否為美國政府所有，並不重要。道格拉斯．富勒（Douglas B. Fuller）和莫瑞．魯賓斯坦（Murray A. Rubinstein）在其共同編著的書籍序章中也提到「個人」在國際科學技術轉移中的重要性。個人不僅擁有只能透過經驗才能獲得的「默會知識」，也能成為傳遞知識的「橋樑」，或是發揮「領導能力」，在跨越國境的知識傳播上發揮重要作用[91]。雖然富勒和魯賓斯坦編著書中事例以冷戰結束後的IT產業為主，但本章討論事例亦清晰地指出一個事實：即使是在冷戰期間的外交政策框架內，科學知識也跟隨著個人跨越了國界。知識不會受限於國籍，也可以說，國

家控制或利用科學技術的能力是有限度的。

然而，正如鳳凰計畫與美國國際合作總署之間的關係所顯示，科學知識受到國家動員並運用於外交，亦為事實。美國政府利用州立大學所培育的經驗和人材強化「自由世界」，大學方面則為開創新學門領域以及提升大學校譽而予以協助。美國政府和研究教育機構的目的雖然各不相同，仍彼此相互合作，致使美國的科學知識在外交上具備影響力。科學知識的霸權性存在方式，與因越境而無法完全收束於國家框架中的科學知識本質，在美國對外的原子能技術援助中同時並存。

88 Greene, "The KMT and science and technology, 1927-1980," 17.

89 "United States and Republic of China Sign Agreement for Cooperation Concerning Civil Uses of Atomic Energy," April 4, 1972, RG59, China Affairs box 14 SE-Atomic Energy Agreement, NACP.

90 Greene, "The KMT and science and technology, 1927-1980," 8.

91 Douglas B. Fuller and Murray A. Rubinstein, eds., Technology Transfer Between the US, China and Taiwan: Moving Knowledge (London and New York: Routledge, 2013), 2-3. 尤其是第五章 Yu Zhou and Jinn-Yuh Shu, ay A. Rubinstein, ents: comparing the roles and strategies of Taiwanese and mainland Chinese returnee entrepreneurs in the IT industry"將焦點放在自海外歸國的技術人員在臺灣與中國的ＩＴ產業發展中所扮演的角色。

參考資料

一手史料

Argonne News Bulletin International, vol. 4, no. 1 (January 1962).

CIA, National Intelligence Survey, the Digital National Security Archives.

Foreign Relations of the United States, 1952-54, National Security Affairs, Volume II, part 2, https://history.state.gov/historicaldocuments/frus1952-54v02p2/d238.

Foreign Relations of the United States, 1955-1957, Regulation of Armament; Atomic Energy, Volume XX, https://history.state.gov/historicaldocuments/frus1955-57v20/d14.

RG59, General Records of the Department of State, National Archives at College Park.

RG469, Records of U.S. Foreign Assistance Agencies, National Archives at College Park.

RG326, Records of the Argonne National Laboratory, National Archives at Chicago.

Records of the Michigan Memorial Phoenix Project, Bentley Historical Library, University of Michigan.

《原子力產業新聞》（國立國會圖書館）。

二手史料

土屋由香，《文化冷戦と科学技術——アメリカの対外情報プログラムとアジア》。京都：京都大学学術出版会，2021。

友次晋介，〈「アジア原子力センター」構想とその挫折——アイゼンハワー政権の対アジア外交の一断面〉，《国際政治》，第163號（2011年1月），頁14-27。

黃鈞銘主編，《原子能與清華》。新竹：國立清華大學出版社，2011。

渡辺昭一編著，《冷戦変容期の国際開発援助とアジア——1960年代を問う》。東京都：ミネルヴァ書房，2017。

Cullather, Nick. *The Hungry World: America's Cold War Battle against Poverty in Asia.* Cambridge, AM: Harvard University Press, 2010.

Elkind, Jessica. *Aid Under Fire: Nation Building and the Vietnam War.* Lexington: The University Press of Kentucky, 2016.

Engerman, David C. *The Price of Aid: The Economic Cold War in India.* Cambridge, AM: Harvard University Press, 2018.

Fuller, Douglas B. and Rubinstein, Murray A., eds. *Technology Transfer Between the US, China and Taiwan: Moving Knowledge.* London and New York: Routledge, 2013.

Greene, J. Megan. *The Origins of the Developmental State in Taiwan: Science Policy and the Quest for Modernization.* Cambridge, AM: Harvard University Press, 2008.

Hamblin, Jacob Darwin. *The Wretched Atom: America's Global Gamble with Peaceful Nuclear Technology.* New York, NY: Oxford University Press, 2021.

Kaufman, Burton I. *Trade and Aid: Eisenhower's Foreign Economic Policy, 1953-1961.* Baltimore: Johns Hopkins University Press, 1982.

Krige, John. "Techno-Utopian Dreams, Techno-Political Realities: The Education of Desire for the Peaceful Atom." In *Utopia/Dystopia: Conditions of Historical Possibility.*edited byMichael D. Gordin, et al., 151-155. Princeton: Princeton University Press, 2010.

Osgood, Kenneth. *Total Cold War: Eisenhower's Secret Propaganda Battle at Home and Abroad.* Lawrence. Kansas City: University Press of Kansas, 2006.

Tomotsugu, Shinsuke. "The Bandung Conference and the Origins of Japan's Atoms for Peace Aid Program for Asian Countries." In *The Age of Hiroshima*, edited by Michael D. Gordin and John Ikenberry, 109-128, Princeton: Princeton University Press, 2020.

Simpson, Bradley R. *Economist with Guns: Authoritarian Development and U.S.-Indonesian Relations, 1960-1968.* Stanford: Stanford University Press, 2008.

Wolfe, Audra J. *Freedom's Laboratory: The Cold War Struggle for the Soul of Science*. Baltimore: Johns Hopkins University Press, 2018.

Zwigenberg, Ran. *Hiroshima: The Origins of Global Memory Culture*. Cambridge: Cambridge University Press, 2014.

網站

Dwight D. Eisenhower, "Address at the Centennial Commencement of Pennsylvania State University," June 11, 1955, The American Presidency Project, https://www.presidency.ucsb.edu/documents/address-the-centennial-commencement-pennsylvania-state-university

Tsinghua University (PRC) website, https://www.tsinghua.edu.cn/publish/thu2018en/newthuen_cnt/01-about-3.html

National Tsing Hua University (ROC) website, http://nthu-en.web.nthu.edu.tw/files/13-1902-75725.php

National Tsing Hua University Library website, http://archives.lib.nthu.edu.tw/sun/life.htm

第七章 日落帝國的科學知識
——去殖民化時代的英國原子能外交

友次晉介／著
陳柏傑／譯

一、維繫舊勢力範圍連結和原子能市場的英國

一九五〇年代以後，美國不僅與歐洲原子能共同體（EURATOM）、英國、日本等工業國家，也和開發中國家陸續簽訂了一系列和平使用原子能協定，並供應其中許多國家小型研究爐。美國這些努力的背後，是為了要在冷戰期間，於不同政治體制孰優孰劣的競爭中取得勝利，因此有必要展示自身的科技能力，同時反駁蘇聯指責美國只會把原能用在軍事的相關政治宣傳。此外，也能看到美國將國際科學合作給予明確的定位，視其為供應友好國家及同盟國的經濟援助手段之一。

問題是，像美國這種意圖在前殖民地各國取得政治影響力，而推行的原子能國際合作運動，

並非唯一特例。英國出於有別於他們的動機，也曾推出原子能援助計畫。本書第六章喚起對中國美籍研究者頻繁往來臺灣與美國，以及這些研究者們因共同文化背景而受到臺灣接納的注意，並展現出對美國而言，有時亦難以駕馭含有敏感資訊的學術知識的越境移動。另一方面，希望維繫帝國連結，保持自身威信的英國，則在國際原子能合作上積極強調與大英國協成員國或英國勢力範圍內新興獨立國家之間的人的交流。

而本章接下來將會討論，英國獨自推動研究發展計畫，並完成反應爐設計概念。克萊曼・艾德禮（Clement Attlee）內閣決定繼續自行研發核武，然後在邱吉爾（Winston Churchill）第二次組閣時的一九五二年初，英國成功完成首次核試驗。如此一來，英國便累積了和平使用原子能的相關經驗。一九五六年十月十七日，於英國女王伊麗莎白二世的親臨見證之下，在英國西北沿岸地區的溫斯喬（Windscale，一九八一年再度改回原名塞拉菲爾德〔Sellafield〕）舉行了科爾德霍爾核電廠（Calder Hall Power Station）啟用典禮。這是西方各國中，首座與供電系統相連結且規格齊備的核電廠。對英國而言，此時的重點是，和平使用原子能除了是維繫舊勢力範圍連結的象徵，同時更是地緣政治上的必要戰略工具。因此，英國主辦了大英國協原子能科學家會議，設置哈威爾反應爐學校（Harwell Reactor School），接著成立《巴格達公約》原子能中心作為凝聚各成員國向心力的據點。

若是考慮到世界上所有反應爐都來自美國的輕水反應爐技術，以及美國向外的「原子能和平用途」攻勢是冷戰下產物的話，便能理解，以早期民生用原子能發展作為切入點的國際關係史研究，為何會容易聚焦於美國。此外，美國向外推展的「原子能和平用途」運動並不只是政府，產業界、大學民間團體也發揮了很大的作用，這使得研究視野得以隨之大幅拓展。這也是本書第六章森口（土屋）由香之所以關注密西根大學的鳳凰計畫對於美國主導的知識傳播發揮的作用，並詳細探討的原因。然而，包括使用同位素，廣義上的原子能民生用途相關知識的外擴，並非全都是由美國主導，英國無疑也發揮了重要的作用。特別是，鑑於英國影響力所及區域的伊朗、印度、巴基斯坦等國的原子能研發在後來成為了國際關係上的一大爭論重點所在，雖然只是一時，但英國對於促進這個區域科技發展的歷史事實卻是難以視而不見的。

本章首先概述英國初期獨自發展原子能的過程，其與美國的情況稍微不同，美國是企圖藉由推動原子能和平用途的合作向共產主義政治體制展現出西方陣營的優越。英國則是希望在被視為其傳統勢力範圍的區域內，透過最小限度的代價來維持自身威信。為了實現此目標，英國尋求整合中東地區必要的地緣政治戰略來推展原子能和平用途使用的合作。此外，本文同時想要釐清，在這段時期，英國試圖透過提供「知識」的方式在將來的國際原子能市場中建立灘頭堡。

二、英國須「自行」發展原子能之源起

英國的原子能發展是從核武發展延伸出來的。根據一九四三年八月魁北克協定，英國為了發展原子彈參與了美國的曼哈頓計畫。邱吉爾與小羅斯福（Franklin D. Roosevelt）於一九四四年

九月在紐約州海德公園的會談中，也曾確認持續合作。然而，接替小羅斯福的杜魯門（Harry S. Truman）卻漸漸不再願意提供英國核武相關技術。在此背景下，一九四五年八月，英國艾德禮內閣成立了稱作七五號情報委員會（Gen75 Committee）的諮詢委員會，開始評估推動核武發展。

艾德禮是最早認知到原子彈已讓戰爭發生革命性改變的人士之一[1]。艾德禮的理解是，若是讓控制德國東部的蘇聯握有核武，那麼英國部署於世界各地的軍備就會失去作用[2]。另一方面，美國在一九四六年八月通過的原子能法規定，直到國會宣布已建立起具備有效及實際影響力的國際保護措施之前，即便是工業用途的原子能運用，也都被禁止與他國進行資訊交流。無法期待美國提供協助的英國，在一九四七年一月正式決定自行研發核武製造。直至一九四九年北大西洋公約組織成立為止，英國皆認為，美國對歐洲防衛的參與並非堅若磐石[3]。

此外，在決定持有自己的核武後，英國於一九四七年八月起，啟動用於生產同位素的石墨低能實驗用反應爐（GLEEP），一九四八年七月，啟動BEPO實驗用反應爐，一九五二年，開始進行初步設計結合了生產鈽及發電的複合功能、代碼為PIPPA的反應爐。與此同時，英國有愈來愈多的人認同用於發展核武的材料、設備及知識，也應該用於電力供應。一九四七年一月，一場歷史性的嚴冬，阻斷了英國國內電廠的煤炭運輸，導致電力供應吃緊。結果，這使得原子能發電逐漸被視為替代能源[4]，而火力發電在英國則逐漸被視為是不具中長期發展可能的夕陽產業。燃料部長傑佛瑞·羅伊德（Geoffrey Lloyd）於一九五四年十月確立了政府方針，決定盡速將煤炭火力發電轉換為原子能，若是探勘到的話，則轉換成天然氣，然後即時轉換成石油[5]。

一九五五年五月，在約克郡有十一萬五千名煤礦工參與史無前例的大規模罷工[6]。這起事件應該也提升了人們以核能替換煤炭做為能源來源的期待。

不過石油存在著地緣政治風險。一九五一年三月，伊朗首相穆罕默德・摩薩台（Mohammad Mosaddegh）斷然實行了「石油國有化」政策，使得人們更加明確地意識到這個問題[7]。伊朗的石油工業原本是由英國的英伊石油公司（Anglo-Iranian Oil Company, AIOC）控制，英國大部分石油也是由該公司供應。一九五三年八月，摩薩台在政變中下臺，伊朗的石油國有化政策因此受挫，但這也再次提醒了英國依賴海外石油的風險。一九五六年第二次以阿戰爭，也加強了英國政

---

1 John Baylis and Kristan Stoddart, *The British Nuclear Experience: The Role of Beliefs, Culture, and Identity* (Oxford: Oxford University Press, 2014), p. 17.

2 河合秀和，《クレメント・アトリー——チャーチルを破った男》（東京都：中央公論，2020），頁283。

3 Lorna Arnold, *Windscale 1957: Anatomy of a Nuclear Accident*, Third Edition (New York: Palgrave Macmillan, 2007) p.6

4 同前註，p. 22.

5 The Statement of Geoffrey Lloyd, National Coal Board,*Annual Report*–in the House of Commons at 12:00 am on 25th October 1954. https://www.theyworkforyou.com/debates/?id=1954-10-25a.1614.0（查詢時間：2020年8月15日）。

6 C. Slaughter, "The Strike of Yorkshire Mineworkers in May, 1955", *The Sociological Review.* Volume: 6 issue: 2 (1958), pp.241-259.

7 岩崎葉子，〈イラン「開発」史——石油国有化とパフラヴィー朝の開発戦略〉，《現代の中東》，第28號（2000），頁18-19。

府的信念，為了復興經濟，有必要尋找並發展替代能源。

在前述背景之下，一九五二年五月英國內閣「官方原子能委員會」發布的備忘錄中指出「我們對於既存的電力來源是否足以應付日漸增加的電力需求存疑。因此，最理想的作法便是努力實現核能發電」，「長遠來看，我們相信『快中子增殖反應爐』是最佳方式」[8]。接著，樞密院議長起草的另外一份備忘錄草案中，提到之所以要實現快中子增殖反應爐的原因，「不僅僅是英國經濟上的需要」，更是因為「雖然有非得克服的巨大困難存在，但如果能先於美國取得成功的話，這將會是向世界展示英國人非凡才能的領域」[9]。英國負責發展原子能的中心是附屬於英國原子能管理局（UK Atomic Energy Authority, UKAEA）的哈威爾原子能研究所。該研究所有效運用了被稱為「英國實驗用反應爐0號」的BEPO（British Experimental Pile Zero）及石墨低能實驗用反應爐（GLEEP）的研究經驗，並且在一九五〇年代累積了三個研究用反應爐的運行經驗，這三個反應爐分別是高濃縮鈾重水型DIDO、同型（亦稱DIDO級）的PLUTO、以及稱作「泳池」（swimming pool）型的LIDO。逐漸累積起信心的英國，在一九五六年十月啟用了本文於開頭提到的科爾德霍爾核電廠。英國在一九五三年卡彭赫斯特（Capenhurst）廠開工之前，尚未擁有鈾濃縮廠，但因為急於發展原子彈，因此選擇了鈽型原子彈。這是因為鈽生產爐以天然鈾為燃料，不需要再進行濃縮。這個鈽生產爐的起源是從發電站名稱借名、也被稱作科爾德霍爾型的石墨氣冷反應爐。不同於不久後美國所研發出席捲全球的輕水反應爐，英國打算採用這個科爾德霍爾型反應爐並將其推廣至全世界。

三、英國原子能公眾外交啟動

（一）前殖民地對使用「原子能和平用途」期待

在英國的傳統勢力範圍內，有幾個國家明確表示出對和平使用原子能的興趣。一九四八年八月十日，就在印度獨立一年後，便在畢業於劍橋大學的霍米·巴巴（Homi J. Bhabha）的帶領下成立了原子能委員會，這時間點遠比艾森豪總統發表「原子能和平用途」演說還早五年以上。一九五三年十二月二十四日，印度首相賈瓦哈拉爾·尼赫魯（Jawaharlal Nehru）在印度國會（下院）表示，「如果我們傾全力發展這個電力源，之後我們便可用手提箱帶著，前往拉吉普塔納（Rajputana）和拉賈斯坦（Rajasthan），把那裡的沙漠變成肥沃的土地」[10]。次年一九五四年八月，原子能部成立。將成為帶領印度原子能發展的巴巴，並沒有對宗主國英國採取敵視態度，反而是奔波其中活用相關人脈。一九五五年五月，他前往英國陸續拜會哈威爾原子能研究所所

8 Cabinet Official Committee on Atomic Energy, The UK Nuclear Reactor Development Programme, Note by Atomic Energy Board, May 1952, AB16/1638, United Kingdom National Archives (hereafter cited as UKNA).

9 "The First Reactor Project Memorandum by the Lord President of the Council" (Date unknown) AB16/1638, UKNA.

10 Thursday, 24th December, 1953, *Parliamentary Debates, House of the People Official Report*, p.3089. 印度管理學院阿默達巴德分校M P Ram Mohan氏協助筆者取得印度下院議事錄，並針對印度的原子能發展史提供惠賜寶貴意見，敬此鳴謝。

長約翰·考克饒夫爵士（Sir John Cockcroft）及英國原子能管理局總裁埃德溫·普洛登爵士（Sir Edwin Plowden），並就供應反應爐及燃料供應、訓練事宜等進行討論。透過這樣的人際交流，印度首座研究用反應爐APSARA得以於一九五六年八月四日便開始啟動。

戰爭期間在倫敦政經學院接受教育的巴基斯坦產業部長阿卜杜勒·卡迪爾·汗（Abdul Qayyum Khan），也在一九五四年的十月表示，要立即在原子能領域展開調查、研究及採取適當作為[11]。在印度著名的社會運動家拉梅什瓦里·尼赫魯（Rameshwari Nehru）的號召下，在一九五五年四月六日所舉辦的非政府組織亞洲國家會議上，來自十六個國家的兩百五十名代表，明白表示要求大國應該要拆除核武，並取出其中的核材料用於原子能的和平用途上[12]。

約一週之後舉行的萬隆會議上，也討論了和平使用原子能的議題。與會各國在此討論了五大主題，包括經濟合作、貿易相關合作、其他問題的相互合作、成立推動亞非國家未來經濟合作的國際組織問題、原子能相關問題[13]。此外，一九五六年七月二十三日，印度、緬甸、印尼、錫蘭、埃及等國在孟買舉辦原子能會議[14]。僅四天後的七月二十七日，埃及就宣布蘇伊士運河國有化。八天後的八月四日，亞洲第一座研究用反應爐APSARA在印度孟買附近的特隆灣（Trombay）開始運作。英國協助設計該反應爐，並供應鈾燃料。霍米·巴巴發出警告表示，即將進入一個「危險時代」，世界會被劃分成「可擁核國家」及「不可擁核國家」。如同在後文會談到的，在霍米·巴巴帶領下的印度，便以不要成為會被壓榨的「不可擁核國家」為目標，發展自主的原子能外交。

英國歷史學家約翰・達爾文（John Darwin）指出，英國不僅強行將舊殖民地諸國納入名為領土的地緣政治型態中，並對各國強制普及西洋人文學，但同時也暗指這些新興國家將西方科學技術視為一種現代性而接納。正如下節內容所述，這些前殖民地國家的熱切盼望，堅定了英國自行發展原子能國際合作的決心[15]。

（二）大英國協首相會議

英國前殖民區域對於和平使用原子能的期待日漸高漲，英國順勢將原子能國際合作定位為維繫大英國協連結的手段。一九四九年四月，就在已完成獨立的印度、巴基斯坦、錫蘭以新加盟國的身分續留之際，大英國協放寬了加盟條件，將過往「對王冠的共同效忠」修改為視英國國王為

---

11 Zia Mian, “The Coming of the Atomic Age to Pakistan,” in Pervez Amirali Hoodbhoy, ed., *Confronting the Bomb: Pakistani and Indian Scientists Speak Out* (Oxford: Oxford University Press, 2013), pp. 38-67.

12 Shinsuke Tomotsugu, “The Bandung Conference and the Origins of Japan’s Atoms for Peace Aid Program for Asian Countries,” in Michael D. Gordin, John Ikenberry, eds., *The Age of Hiroshima* (Princeton: Princeton University Press, 2020), pp. 109-128.

13 同前註。

14 同前註。

15 John Darwin, *Unfinished Empire: The Global Expansion of Britain* (London: Bloomsbury Press, 2013. Kindle edition), No. 4574/8430.（中文版：《未竟的帝國》，麥田出版）

「自由聯盟的象徵」[16]。對英國來說，有必要賦予新興的大英國協向心力。

一九五五年二月二日，舉行了大英國協首相會議，英國、加拿大、澳洲、紐西蘭、南非、印度、巴基斯坦、錫蘭、羅德西亞以及尼亞薩蘭聯邦的首相、副首相或是代理出席的主要內閣成員，聚集在倫敦，討論氫彈、裁軍、和平使用原子能等議題[17]。在這場會議上，英國樞密院議長索爾斯伯利侯爵羅伯特．蓋斯科因源—塞西爾（Gascoyne-Cecil）陳述了英國方面的想法，「我們正在進行的實驗、我們正在興建的反應爐、我們正在訓練的人員，都將成為其他大英國協成員國獲取資訊與協助的經驗庫」，並表示英國政府有意帶領大英國協各國進行原子能和平用途使用的合作[18]。

這場會議過後，大英國協關係部的一位政務官，在一九五七年四月建議道：「為了促使新獨立的國家選擇留在國協內，因此應在國協內部成立一以原子能合作為主體的國際組織[19]。」他另外指出，英國在以雙邊關係做為基礎的、或是在聯合國、或是在《巴格達公約》的框架下所進行的原子能合作，都被隱沒在美國的原子能宣傳中而未獲得充分的感謝，因此呼籲要加強公關宣傳活動[20]。

大英國協關係部希望，在美國影響力擴及到這些新興國家之前，能夠迅速採取行動。而他們的態度似乎又比原子能當局來得積極許多。英國原子能管理局的皮爾森（D. E. H. Peirson）在一九五七年四月三日，與同事一同會面了大英國協關係部政務次官庫斯伯特．阿爾波特（Cuthbert Alport）。會面主題是，第一、英國確實提供了大英國協莫大的協助，但不管是雙邊或是多邊協定皆未能明確反映出是由英國進行主導。第二、英國所供應的協助，似乎被埋沒在美國的廣告中，總而言之，就是沒有收到任何的感謝。第三、必須要建構一個支援各大英國協成員國的框架。最後，應該要大力增強廣告宣傳。皮爾森等人明白，這些動作的真正目的，是為了要提出「有形的誘因」（tangible inducement），好讓大英國協新加盟國留在組織內。只不過，皮爾森等人也提到，在原子能領域，有許多國際組織正在成形，「假設（進入英國的組織框架中）會讓這些成員國感受到，自己好像切斷了發展原子能的潛在助力，尤其是與美國之間的聯繫的話，那這些還在研議中的國家，願意接受大英國協原子能俱樂部會員資格的可能性就不大了」。因此他們主張要謹慎處理。皮爾森等人接著論述最理想的方式，是必須明確化英國所能提供的協助事項，例如供應研究用反應爐等[21]。

---

16 小川浩之，《英連邦——王冠への忠誠と自由な連合》（東京都：中央公論新社，2012），頁127。

17 Minutes of the Third Meeting held at 10, Downing Street London, S.W.I., on Wednesday 2nd February 1955, 11:00 am. RG.25. Vol. 7858, File Dossier, 14000-1-7-40. Library and Archives Canada (hereafter cited as LAC).

18 同前註。

19 Letter UKAEA David Peirson to Sir Cockcroft, April 3. 1957, AB 16/2559, UKNA.

20 同前註。

21 同前註。

另一方面，哈威爾原子能研究所所長考克饒夫爵士在與副所長巴西爾・舍恩蘭（Basil Schonland）的對談中提到，應該更積極推廣一萬到三萬瓩的反應爐，同時多提升大英國協內的小型國家對英國爐型的興趣。隨後又表示，大英國協應該要留意巴基斯坦或紐西蘭，針對大英國協內的小國供應水池式反應爐等，扮演更加積極的協助者角色才是[22]。如同前述，皮爾森與考克饒夫爵士對於要協助大英國協各國到何種程度，以及提供何種形式的協助，意見有所分歧。

即便如此，向大英國協各國推展原子能合作，仍是英國政府的共識。一九五七年夏天大英國協首相會議舉辦之前，英國原子能部的內部便已事先認知到，英國有必要透過現在或是未來可能提供的原子能合作來展現「英國紐帶的價值」，並且和「美國是唯一有能力實現原子能合作的國家」這類密集宣傳互相抗衡[23]。在此方針下，英國在一九五七年的大英國協首相會議上，分發了「有關英國可用於支援大英國協各國發展原子能的設施」之備忘錄，力陳英國能夠在訓練設施、治療或診斷、被使用在農業的放射性同位素、安全措施或包含反應爐在內的機型選擇方面提供建議[24]。

（三）提供教育及培訓

原子能國際合作的核心項目在於教育及訓練。這是因為思考到培育友好英國技術的科學家及技術人員，終將有助於在全球部署自己國家的原子能技術。一九五四年十一月，在有關成立國際原子能機構的國際性議論中，英國聯合國代表部代表皮爾森・約翰・迪克森爵士（Sir Pierson

Dixon）在哈威爾反應爐學校（一九五四年已在哈威爾原子能研究所開課）宣布，將要在隔年，也就是一九五五年六月以後，開始接受外國學生[25]。英國在一九五五年二月發表的《原子能計畫白皮書》（*A Programme of Nuclear Power*: cmd.9389）便依據這點指出，「來自許多國家的物理學者及工程師，都有機會在這個國家參加學校或講座，如哈威爾反應爐及同位素學校，並學習原子能技術」[26]。同月，邱吉爾第二次組閣，其內部傳閱的內閣委員會文書的最終草案中，在「接收外國人及大英國協學生的政策」條目中，示意國際學校從一九五五年九月開始招收學生[27]。此外，該文件還明確指出，一年三期、一期三十人的名額中，會有一半的名額，也就是十五人為英國人以外的學生，如此一來，每年便可招收到四十五名國際學生。

---

22 Cockcroft to Peirson, "Commonwealth Co-operation," 11 April 1957, AB 16/2559, UKNA.

23 Commonwealth Relations Office, F.C. How to H.J. Lintott "Commonwealth Prime Ministers' Conference, Draft Brief" June 12, 1957. AB16/2559. UKNA.

24 Commonwealth Prime Ministers Conference, Note on the facilities available from the United Kingdom to assist the atomic energy development on Commonwealth countries, RG. 25. Vol. 7858, File Dossier, 14000-1-7-40. LAC.

25 P. Dawson to P.G. Oates, Reactor School-Foreign Students, February 24, 1960. AB6/1824. UKNA.

26 1954-55 [Cmd. 9389] "A Programme of Nuclear Power" House of Commons Parliamentary Papers p.9 UKNA. Online. http://filestore.nationalarchives.gov.uk/pdfs/small/cab-129-73-c-55-31-31.pdf（查詢時間：2020年9月19日）。

27 Cabinet Official Committee on Atomic EnergyAdmission of Overseas Students to the Harwell Reactor School, Note of the Atomic Energy Authority, AB12/216, UKNA.

英國有意透過課程訓練，培育出友好英國科學技術的工程師及科學家。例如，英國原子能管理局總裁普洛登爵士，在一九五五年八月十一日的會議中談到，「供應訓練設備是取得他國善意或是增加未來出口生意可能性的重要經濟方式」，他也說明了哈威爾的反應爐學校開放國際學生就讀的原因：「我們希望不只是為來自與我們簽訂有特殊合作協定的國家的學生提供『受訓機會』，也希望能將此機會提供給那些由於其他因素，導致我們不得不給予優惠待遇的國家的學生」[28]。

此外，英國似乎也受到美國類似計畫的刺激，因此加快速度將倡議具體付諸實行。曾參加過曼哈頓計畫、同時也是哈威爾反應爐學校校長的英國科學家德里克・利特勒（Derrick Littler）博士，參訪過美國阿貢原子能國際學校（Argonne International School of Nuclear Science and Engineering, ISNSE）後感觸良多。這所位於美國伊利諾州的學校，在一九五五年三月十四日，便已開第一堂課[29]。德里克・利特勒在八月時表示，他自知英國的哈威爾無法和美國的阿貢匹敵，因此必須趕在英國版的反應爐學校被大家視作阿貢的寒酸次級品（Poor second-best）前迅速採取行動[30]。在這樣的認知下，利特勒博士提議，「讓外國學生接受我們的課程講座是極其重要的事」，「多年後，當我們想要出口反應爐時，便能收割成果」[31]。

哈威爾反應爐學校從一九五五年九月起，開放外國人就讀。一九五八年時，計有三百七十八名英國人及一百二十名國際學生[32]。隔年的一九五九年，也有三百五十名本國學生及一百五十名外國學生[33]。根據一九五五年的資料所示，其課程是由十堂核物理、二十五堂反應爐物理、二十五堂

反應爐工學、十堂冶金學、二堂化學、實作講座的七場實驗所構成。一九五五年二月一場考克饒

---

28 P.Dawson to P.G. Oates, "Reactor School-Foreign students" February 24, 1960. AB6/1824. UKNA.

29 Argonne National Laboratory Nuclear Energy Division website, "Argonne's Nuclear Science and Technology Legacy" https://www.ne.anl.gov/About/hn/news961012.shtml（查詢時間：2020年9月19日）。哈威爾反應爐學校原本是為了培育英國自己的原子能產業及產業聯盟等，於一九五四年開設。接收外國人學生則是一年後的事情。

30 D. J. Littler to John Cockcroft "Reactor School," 1955（日期不詳）AB6/1400, UKNA. 雖然這份文書的日期不詳，但由於文章開頭寫到「關於哈威爾反應爐學校未來的個人想法。（如果哈威爾原子能研究所的所長）您與（副所長的）巴西爾・舍恩蘭（Basil Schonland）博士的同意的話，這或許可以作為一九五五年八月十一日舉辦的第十五回會議的原子能公營企業議事五五的回答基礎」，因此可以推估出德里克・利特勒意見是同年八月所作。另外，前文提到的舍恩蘭是南非法律協會創始人塞爾馬・舍恩蘭（Selmar Schonland）的兒子。第二次世界大戰開戰後，引領了南非發展雷達。訪英期間遇到了考克饒夫爵士，在爵士的勸誘下，一九四一至四四年參加了英國防空研究發展研究所（Air Defence Research and Development Establishment.）的研究群組。一九四五年，應南非首相揚・史末資（Jan Christiaan Smuts）請求，回到了南非，並致力於南非的科學產業研究評議會的創設工作。後來，在一九五四出任了哈威爾原子能研究所副所長，一九五八—六〇年出任所長。（BASIL SCHONLAND: PHYSICIST SEEKS EMPLOYMENT AFTER WORLD WAR II A PERSONAL DRAMA, Royal Society of South Africa Official Website, http://www.royalsocietysa.org.za/?page_id=1671〔accessed, September 20，2020〕）

31 同前註。

32 Joint Committee on Atomic Energy, Congress of the United States, *Scientific research in Great Britain, with emphasis on basic research and research in atomic energy*, December 1959, p.147, Electronic resource Stanford Libraries.

33 A.E.R.E. Reactor School, 12th 1960, AB6/1824. UKNA

夫爵士也出席的會議則顯示，學校有意為共產主義國家以外的國際研修生們打開大門[34]。這所學校似乎營運到一九六五年左右，也就是英國原子能管理局開始負責除了原子能發電以外的更廣泛任務時，方才功成身退，不過這並沒有確切的紀錄。根據筆者所知，雖然這期間的畢業生名冊狀況不明，只能透過一學期的名簿及個人的回憶錄了解片段的參加情況，但大英國協的印度、巴基斯坦、南非都有一定人數的學生參加。在日期為一九五五年十月七日給英國外交部班達爾（D.V. Bendall）的文件中，便附有預定於不久後入學的研修生名單（蓋有哈威爾研究所印章）。根據該名單，十五名國際研修生中有三名印度科學家以及一名巴基斯坦科學家[35]。此外，申請就讀一九五六年四月三十日開學課程的申請清單上，總計二十五名申請入學者中有九名外國人，其中四名來自非大英國協成員國的埃及，亦引人注意（申請者姓名不明）[36]。而根據其自我介紹，巴基斯坦的機械工學、火箭工學的研究者，後來也有參與巴國軍事技術發展的塔里克．穆斯塔法（Tariq Mustafa）也是哈威爾研究所的畢業生，他在所期間應該是在一九五七年以後（確切時間不明）[37]。

（四）大英國協原子能科學家會議

緊接在一九五五年後，一九五七年夏天所舉行的大英國協首相會議上，英國提議一九五八年要在英國舉辦「大英國協原子能科學家會議」。除了才剛獨立的馬來亞以外，所有大英國協會員國都正式接受了英國的邀請。即便英國、澳洲、加拿大、南非、印度等國的原子能領域科學家交流已經非常頻繁，但英國仍將目標鎖定在發展還不及這些國家的其他大英國協國家上。哈羅德・麥米倫（Harold Macmillan）首相於一九五八年初出訪印度、巴基斯坦、錫蘭、紐西蘭等國之際，政府內部便事前準備了概要說明書，強調大英國協各國之間原子能合作的重要性[38]。儘管國內政治因財政大臣彼得・索尼克羅夫特（Peter Thorneycroft）抗議財政緊縮辭職而發生動盪，麥米倫仍未受影響地出訪各國。在去殖民化時代中，為大英國協開拓再生之道更為重要[39]。

34　Extract of AE (O) 55’ 5th meeting minutes, 22, 2.55. “Admission of Overseas Students, to the Harwell Reactor School,” AB6/1400, UKNA. 推測應是哈威爾研究所的會議。此外，雖缺乏確切的證據，但就字面記錄考克饒夫爵士確實出席了會議。這場會議中雖有意見表示不應接受中國和蘇聯的附庸國或未獲日本外務省介紹的日本研修生、在一九五四年簽署的巴黎協定生效前不應接受西德研修生，但也希望這種狀況不會維持太久。事實上哈威爾研究所不久後便開始接受日本研修生學，事例可參考原子力委員會，《原子力委員會月報》No.2（1975）：http://www.aec.go.jp/ jicst/NC/about/ugoki/geppou/V02/N02/195700V02N02.HTML#menu_top.（查詢時間：2021年10月4日）。

35　“Fulltime Students,” “ stamped “Reactor School 26 Sep. 1955,” enclosed in the letter from J. F. Jackson (Affiliation and title unknown) to D. V. Bendall of Foreign Office, October 7, 1955, AB6/1400, UKNA.

36　Reactor School List of Applicant for April 30, 1956. Enclosed in the letter from K. J. Bobin to un known recipient(s), stamped “AERE Director Office, 13. Jan. 1956,” AB6/1400, UKNA.

37　Contributors’ profile “Tariq Mustafa,” in Joseph F. Pilat, Robert E. Pendley, and Charles K. Ebinger, eds., *An Atoms for Peace: Analysis After Thirty Years* (New York: Routledge, 2018, Originally published by Routledge in 1985), p.243.

38　Letter Atomic Energy Authority, F.S. Miles to J.C. Walker, December 10. 1957, EG1/133, UKNA.

39　小川浩之著、梅川正美、阪野智一、力久昌幸編著，〈「豊かな時代」と保守党政権の盛衰——イーデン・マクミラン・ダグラス=ヒューム政権1955～64年〉，《イギリス現代政治史》（東京都：ミネルヴァ書房，2010），頁62-82。

大英國協原子能科學家會議於一九五八年九月十五日至二十日舉行。大英國協關係部在會議開始前的統整文件中，列舉出有關舉辦該場會議的意義所在：「第一，使來自世界各地的代表團看見英國擁有的原子能領域的知識資源及技術」；「第二，對於培養大英國協之間的夥伴意識，以及對發展及應用原子能方面的相互依存感將產生重大貢獻」[40]。這場會議是為了要促進成員國產生團結一體意識的政治活動。

至於考察活動的規畫方面，參加者基本上是以小組形式進行考察。考察的單位，除了哈威爾原子能研究所以外，還有英國中央發電局（Central Electricity Generating Board, CEGB）、英國原子能管理局、科爾德霍爾核電廠、杜恩雷（Dounreay）原子能研究發展據點。哈威爾原子能研究所的考察行程除了參觀DIDO、PLUTO外，另備有三個行程，行程一是參觀位於溫弗里思（Winfrith）的NERO爐。行程二是視察使用同位素進行研發的同位素學校和參觀水池式小型研究爐LIDO等。行程三是介紹包括了熱核研究、放射性同位素研究等研究概要在內的行程。

大英國協各國分別指派了三到六人組成代表團參加這場科學家會議。參加者包括畢業於劍橋大學的印度霍米・巴巴、同樣畢業於劍橋的巴基斯坦首任原子能委員長納齊爾・艾哈邁德（Nazir Ahmed）、南非原子能委員長A・J・A・魯（A. J. A. Roux）等人[41]。九月二十日，伊麗莎白女王與愛丁堡公爵菲利浦王夫在巴摩拉城堡和代表團午宴，為這次的考察活動拉下帷幕。

四、蘇伊士運河危機與原子能公眾外交的戰略關聯

英國出於地緣政治及戰略上的考量，不僅針對大英國協各成員國，也對土耳其、伊拉克、伊朗，以及包括位於新興的大英國協一角的巴基斯坦在內的所謂北層防線（Northern Tier）區域投入心力，英國使覆蓋該區域的《巴格達公約》生效，同時成立《巴格達公約》原子能中心。為了要理解這件事，筆者認為，確認條約成立的政治背景，以及探討如何運用原子能國際合作有其價值。

首先值得注意的，是蘇伊士運河危機。這場危機不僅造成石油供給不穩而促使英國下定決心發展原子能，而且原子能問題可能還多少加劇了這場危機。眾所皆知，美國國務卿約翰・福斯特・杜勒斯（John Foster Dulles）取消亞斯文水壩建案貸款，被此激怒的埃及年輕領導人賈邁勒・阿布杜拉・納賽爾遂決定以填補被取消的建設費用為名義，將蘇伊士運河國有化。一九五六年八月十六至二十三日、九月十九至二十一日，在倫敦召開會議，會中討論使用國應參與運河管理的議題，但並未達成任何協議成果。而英法兩國為了擺脫納賽爾所策畫的軍事干預行動，也如同眾所皆知地完全失敗。

---

40 Commonwealth Relations Office, “Commonwealth Conference of Nuclear Scientists,” September, 1958, DO35/8325, UKNA.

41 Conference of Commonwealth Atomic Scientists, September 25th, 1958. Atomic Energy of Canada Limited. RG.25. Vol. 7858, File Dossier, 14000-1-7-40. LAC.

在此出現一個問題，是什麼原因促使杜勒斯取消納賽爾渴求的水壩建設融資呢？許多研究分析原因，認為是因為埃及在一九五五年九月宣布購買捷克斯洛伐克製軍火的緣故。雖然這個原因就根本而言是正確的，但應注意的是直到決定中止融資為止，期間已經過將近一年。隨著埃及在一九五六年五月承認中國，其與蘇聯在原子能方面的合作加深，便不可能逆轉美國撤出援助水壩建設的走向。如同前述，雖然英美分別以對其忠誠做為所謂的交換條件來提供他國和平使用原子能的相關協助，但在這個領域中，多數的「不可擁核國家」都是未結盟國家，在他們眼中，美國也好，蘇聯也好，英國也好，都是大國，並沒有太大的差別。也許埃及只是在發展自主的原子能外交。如前所述，埃及在七月二十三日於孟買召集了緬甸、印尼、錫蘭、印度等未結盟國家舉行原子能會議。可以想見，對這些國家而言，利用大國之間的競合關係，應該才是防止自己被迫處於從屬地位的作法。納賽爾也可能受到後文會談到的《巴格達公約》原子能中心成立的刺激。然而，美國認為，埃及即使不算是親美，但至少不是反美，因此美國才不只援助水壩建設，還向埃及提出原子能和平用途的相關合作。因此，對於特別是在購買捷克斯洛伐克製軍火的事件過後，仍在和平使用原子能領域向埃及頻送秋波的美國來說，埃及的所作所為被視為嚴重的背叛行為。

早在一九五五年秋天，美國專家就曾訪問過開羅，並建議埃及在購買反應爐之前，應該要先投入心力於使用同位素的訓練。另外，美國大使館和埃及原子能委員會共同舉辦了展期到一九五六年一月的「原子能和平用途」巡迴展，美國大使館甚至為埃及的講習製作手冊。[42]手冊中提到，納賽爾在一九五五年七月二十三日收音機演說中表達對於和平使用原子能的期待，還強調為了增進埃及科學家及技術人員的訓練，美國已捐贈了六千五百二十五冊技術報告書、由美國原子能委員會所匯編的二十八卷研究報告，及總計九卷內含五萬份報告的原子能研究、原子能材料及設備相關資訊卡四萬五千張[43]。

美國由民間組織主導的支援計畫同樣也為埃及做出了許多貢獻。如同森口（土屋）由香在第六章的論述，美國推行的「原子能和平用途」運動，並不只是基於二國間原子能合作協定進行支援的政府部門而已，從旁給予協助的產業界、大學、民間團體也都發揮了重要的作用。而供應森口（土屋）由香在第六章詳細考察的密西根紀念鳳凰計畫部分補助款，並且在活動方面積極地提供合作的其中一個團體，便是由底特律愛迪生公司的社長沃克・李・西斯勒（Walker Lee Cisler）擔任會長的「原子能和平用途基金」（The Fund for Peaceful Atomic Development）[44]。在艾森豪政

---

42 US Embassy in Cairo, *Out of the Dark*, (Original Arabic, but attached English Translation for circulation in the State Department) p.35. RG469, Records of US Foreign Assistance Agencies, 1948-1961. Mission to Egypt Industry & Mining Didion, Subject Files, 1954-56, Agreement-Black Sands Box.1, National Archives-II, College Park, USA (hereafter cited as NACP).

43 Out of the Dark, pp.25-27.

44 此外在「原子能和平用途基金」中，由杜魯門政權時期擔任國防部副部長的威廉・福斯特（William Foster）擔任副會長，占領日本期間參與財政政策、日本人所熟悉的約瑟夫・道奇（Joseph M. Dodge）擔任財務長。西斯勒以他個人、底特律愛迪生公司、福特財團、洛克斐勒財團的捐款作為組織基金，在民間立場上來推動「原子能和平用途」運動。顧問團包括密西根大學鳳凰計畫副代表亨利・岡伯格（Henry J. Gomberg）。「原子能和平用途基金」於一九五

權中負責心理戰、被認為是起草總統的「原子能和平用途」演說草稿的查爾斯・道格拉斯・傑克遜（Charles D Jackson）從一九五四年秋天該基金成立之初便在其中擔任幹部。該基金從一九五四年十二月至一九五六年十二月，為了支援埃及原子能委員會開發和整備同位素實驗設施，曾供應六千六百六十四美元援助，且還派遣麻省理工學院放射科學的青年研究學者羅伯特・杜德利（Robert A Dudley）前往開羅提供協助，杜德利為此在埃及待了大約一年，直待到一九五六年九月才返回美國[45]。

美國雖在一九五六年的一至二月向埃及提出願意繼續提供原子爐，然而埃及卻在一九五六年二月十一日宣布接受蘇聯對設立原子能研究實驗室所的援助[46]。這讓美國政府皺起眉。一九五六年五月十七日，杜勒斯對埃及駐美大使艾哈邁德・胡笙（Ahmed Hussein）復述在埃及決定購買捷克斯洛伐克製軍火時向納賽爾發出的訊息，傳達美國對埃及所持續的態度感到沮喪。杜勒斯表示：「我們的經濟援助計畫、原子能（合作）計畫、（商業銷售美製）武器出售許可，以及我在八月二十六日（一九五五年，外交關係協會上）對以阿局勢的聲明，這些基本上皆基於（西方國家與埃及可能進行合作的）相同想法，」然而「（埃及）與蘇聯的武器供應協定，必然會破壞我們過去所建立的基本前提」[47]。但埃及和蘇聯最終仍是在一九五六年七月十二日正式簽署了雙邊協定[48]。一直以來，美國不只是希望透過亞斯文水壩，也試圖透過原子能合作挽留住埃及人的心。同時，美國也一直敦促著英國謹慎處理與開羅之間的關係，不要輕易採取鷹派的行動。蘇聯塔斯社以輕蔑語氣報導了埃及拒絕美國的原子能和平用途提案[49]。一九五六年三月二十一日，負責政治事務的助理國務卿羅伯特・丹尼爾・墨菲（Robert Daniel Murphy）寫給國務次卿胡佛（Herbert Clark Hoover）的要點現況報告書中先是提到「由於納賽爾被蘇聯滲透，導致非洲的門戶大開」，接著再下一個條目中又提到「蘇聯因為要和埃及政府一起興建研究用反應爐設施，因

四年底至一九五六年底所補助的十九項專案中，補助款項最多的是以提供給墨西哥的鳳凰計畫的研究獎助金$25,236（這是唯一與鳳凰計畫相關的一個專案）。The Fund for Peaceful Atomic Development, The Fund for Peaceful Atomic Development Progress Report 1957: Reporting on activities in the promotion of peacetime programs of atomic energy in other countries, with the cover letter dated May 15, 1957. Jackson C.D.: Papers, 1931-1967, Box No.29. Dwight D. Eisenhower Library (hereafter cited as DDEL).

45 The Fund for Peaceful Atomic Development, "Statement of Contributions, Project Costs and Expenses December 1954 through December 1956" (Date Unknown); *The Fund for Peaceful Atomic Development Progress Report 1957: Reporting on activities in the promotion of peacetime programs of atomic energy in other countries*, with the cover letter dated May 15, 1957. Jackson C.D.: Papers, 1931-1967, Box No.29. DDEL.

46 "Egypt Has an Offer of U.S. Nuclear Aid," *The New York Times*, February 12, 1956.

47 Memorandum of a Conversation, Department of State, Washington, May 17, 1956, 2p.m. Subject: U.S.-Egyptian Relations, Participants: Dr. Ahmed Hussein, Egyptian Ambassador; The Secretary; Mr. Rountree, NEA; Mr. Burdett, NE. *Foreign Relations of the United States, 1955-1957*, Vol. VX Arab-Israeli Dispute, January 1-July 26, 1956, p.645.

48 "Soviet Egyptian Communiqué on Atomic Energy" and "Co-operation between Egypt and UK and between Egypt and Soviet Union on development of Atomic Energy in Egypt," FO371/123144, UKNA.

49 LBBC Monitoring Testing 1630, A28: Egypt Reject US + Atoms for Peace +Programme. Tass Quotes Al Gumhouria, (Tass in English), FO 371/123144, UKNA.

此正在向開羅派遣原子能科學家」[50]。

其中，杜勒斯可能是最感到失望的人。在艾森豪政權中的謹慎派人士當中，杜勒斯認為「原子能和平用途」必須是要有實質內容之物。他在一九五五年二月十日的美國國家安全會議上也曾擔心地表示，對一個一般人來說，要從技術層面論證關於在海外興建反應爐的可行性是很困難的，但若因為這樣就放棄「原子能和平用途」運動的話，那將會給外交政策帶來一場毀滅性的災難[51]。杜勒斯說，如果美國在已經承諾要帶給人類巨大利益卻又什麼都不做的話，那麼「原子能和平用途」運動會變成只不過是一種虛張聲勢（"a dud and a bluff"）之物，美國的立場會變得極為不利。杜勒斯還提到光是一想到在原子能領域被蘇聯搶走領先地位就覺得可怕[52]。

在國家安全會議上的爭鋒激辯過後兩個星期，也就是二月二十五日，杜勒斯出席了在曼谷舉行的「東南亞公約組織」（South east Asia Treaty Organizatior, SEATO）會議，提議提供東南亞公約組織學生反應爐培訓及同位素研修課程[53]。杜勒斯的舉動，反映出了他對於新興獨立國家的民族主義與共產主義相結合的恐懼。考量到埃及和蘇聯在原子能領域簽署雙邊協定的時間點的話，這個協定可能起了臨門一腳作用，促使杜勒斯因此取消掉了亞斯文水壩的貸款計畫。另外，蘇聯於一九五八年在埃及動工興建名為ＥＴＲＲ的反應爐，並於一九六一年竣工。

另一方面，對埃及來說，與蘇聯之間的協定，目的不僅是對美國施加壓力，也可能是為了與下一節將討論到的，推動《巴格達公約》原子能中心構想的英國相抗衡。一九五六年二月六日，也就是前述有關埃及與蘇聯進行原子能合作的報導出來之前，英國駐開羅大使館曾對倫敦的外交部發出警告，「如果我們不反擊的話，就會發生他們真的隨蘇聯陣營而去的危險」[54]。對此，外交部的班達爾（D.V. Bendall）隔天在一份備忘錄中提到：「自一九五五年夏天在日內瓦舉行和平使用原子能的國際展覽會後，埃及原子能委員會的阿卜杜勒（Abdel Rahman）秘書長就一直有在和英國原子能管理局聯絡」[55]。不過，如同班達爾所指，儘管埃及多次向英國的專家提出邀請，駐開羅的英國大使館也向本國政府提出請求，「總之，應該要派遣哈威爾的反應爐專家到埃及與該國官員進行一般性的協議，並進行一些講座」，但英國還是沒能派遣專家前往開羅。因此，班達爾隨即理解到，關於埃及與蘇聯的原子能協議，「是企圖要反抗《巴格達公約》（以將埃及排除在外、在英國和北層防線的各國間推動的形式）的原子能計畫的行為呢，或是企圖對美國施壓

---

50 209. Memorandum from the Deputy Under Secretary of State for Political Affairs (Murphy) to the Under Secretary of State (Hoover) *Foreign Relations of the United States, 1955–1957*, Arab-Israeli Dispute, January 1–July 26, 1956, Volume XV (Kindle edition).

51 February 11, Memorandum, "Discussion at the 236th Meeting of the National Security Council, Thursday, February 10, 1955" p.6. Eisenhower Dwight D.: Papers as President, 1953-61 (Ann Whitman File) NSC Series, Box No.6. DDEL

52 同前註。

53 Onward Saving Telegram from Bangkok to Foreign Office: Addressed to Foreign Office telegram No. 10, Saving of February 25, 1955, FO 371/116923, UKNA.

54 T. F. Brenchely, 1241/2/156, February 6, 1956, FO371/123144, UKNA.

55 D.V. Bendall, "Egyptian/Soviet Atomic Negotiations", February 17, 1956, FO 371/123144, UKNA.

以求獲得更多支援的行為呢，又或者是二者兼具呢」[56]。

儘管埃及提出抗議，但在英國的參與下，《巴格達公約》仍在一九五五年十一月生效。隨著埃及選擇不結盟中立路線的態勢愈加鮮明，就地緣政治的因素，英國不得不投入更多的資源及心力在北層防線的區域內。納賽爾厭惡親英且熱中於擁護條約的伊拉克首相努里・賽義德（Nuri al-Said）的情形，英國其實心知肚明。英國當然知道開羅的政治宣傳廣播「阿拉伯之聲」不斷的怒罵西歐的「帝國主義」。但是，英國卻沒有馬上完全放棄要在未來建立一個包含埃及在內、涵蓋整個中東的區域組織想法。即便英國曾公開表示過，沒有尋求擴大公約的意願，但確實是想要在時機成熟之際，恢復與埃及的協調合作關係[57]。

儘管安東尼・艾登（Anthony Eden）首相不喜歡納賽爾，但英國認為，若能藉由增加經濟及技術支援等附加價值來提升《巴格達公約》的魅力，將促使約旦等中東各國更傾向於加入公約[58]。若真能如此，那麼英國判斷，這個公約或許能更加孤立納賽爾，進而慢慢迫使他鬆綁對於英國的強勢態度。英國並未將該條約單純理解為反共軍事同盟，而是視其為未來更全面的區域政治框架核心所在[59]。

五、《巴格達公約》原子能中心構想的產生及供應反應爐的問題

英國政府內部有人認為，可將「原子能和平用途」運動做為有效工具來展示英國的軟實力。

哈羅德・麥米倫外交部長（Maurice Harold Macmillan）在一九五五年十一月二十日於巴格達召開的第一回《巴格達公約》理事會上發表聲明表示，先不談發電，在和平使用原子能的領域內，英國將向成員國提供相關知識，以此為開端，英國將準備在該區域開設課程講座[60]。作為對該聲明的回應，英國在隔年，也就是一九五六年一月，主導《巴格達公約》經濟委員會理事會上過了「關於和平使用原子能之決議」。當中，英國承諾將會派遣研究核科學領域的基礎及應用的培訓人員、公開機密資訊、供應必要的材料及設備。該決議另外規定，一旦培訓課程順利完成，成員國要求英國盡速「考慮」興建反應爐。

英國接受前述一九五六年一月的決議後，來自外交部、財政部、哈威爾原子研究所等機關的

---

56 同前註。

57 小野沢透，《幻の同盟（上）冷戦初期のアメリカの中東政策》（名古屋：名古屋大學出版會，2016），頁560。

58 同前註。

59 一九五六年三月三十日，杜勒斯收到麥米倫政府外交部長勞合的電文，文中認為向伊斯蘭教各國保證《巴格達公約》有其價值是很重要的。文中勞合外相還提案應該要在近期（4月16日至19日）預計於德黑蘭舉行的《巴格達公約》部長級會議上強調該公約經濟委員會的作用並補充說到英國將會持續對《巴格達公約》原子能中心進行貢獻。參照Behçet Kemal Yesilbursa,The Baghdad Pact: The Anglo-American Defense Policies in the Middle East 1950-1959 (London: Routledge, 2013)。

60 Foreign Office DV Bendall, Draft, "Assistant to Baghdad Pact Countries", March 14 1956, EG1/202,D.V. Bendall, "Brief for Economic Committee Meeting Atomic Assistant to Baghdad Pact Countries" March 29, 1956, EG1/202. UKNA.

七名權責官員在外交部會合，就履行決議進行了祕密協議[61]。各方談妥的結果是，在該研究所內開設八場講座、成立《巴格達公約》原子能中心、暫緩目前的反應爐併設。一九五六年二月十六日至二十日，《巴格達公約》的專家小組委員會提出了一份反映前述英國外交部內部祕密協議結果的建議案，但卻未獲得成員國的贊同。因此，英國被迫接受修正，把「考慮」興建反應爐改為「著手」（**undertaken**）興建反應爐[62]。伊拉克代表達威許・海達里（**Darwish Heidari**）在讚揚美國支援的同時，也痛批英國的支援只不過是政治宣傳。

面對成員國的不滿。英國對美國的態度更是變得愛恨交雜。一九五五年十二月底，英國請求美國派遣專家來支援有關同位素的技術訓練[63]。不過，在英國自認為是自己的版圖上，美國的影響力顯然凌駕自己之上，這對英國來說，並不是一件愉快的事情。而美國大概也知道英國的這些顧慮。一九五六年七月二十七日，駐美英國大使一等書記官J・C・A・羅普耳（**J. C. A. Roper**），在和美國國務院原子能特別助理局的羅伯特・謝澤爾（**J. Robert Schaetzel**）及L・威德・拉桑（**L. Wade Latham**）會談時，希望美國在雙邊基礎上，供應伊朗及伊拉克研究爐的同時，不要損及英國在多邊關係基礎上所進行的同位素使用技術支援[64]。羅普耳叮囑道，「我們必須注意讓雙邊合作和多邊合作的適當關係發揮作用」[65]。

在英國的全力支持下，《巴格達公約》原子能中心在哈希姆家族伊拉克國王費薩爾二世（**Faisal II**）的見證下，於一九五七年三月三十一日順利落成。同日，為了討論區域原子能中心的未來政策，該公約的經濟委員會及科學評議會在安卡拉召開會議。其中，考克饒夫爵士與其他四國（伊朗、伊拉克、巴基斯坦、土耳其）的代表，針對研究爐設置問題進行協議[66]。但是，他們未能針對在該中心設置研究爐的相關議題達成共識，引進研究爐的成本費用將在日後另行調查。此外，伊拉克以自身經費著手準備的研究爐如果興建在中心旁邊的話，那麼中心將獲准使用該設施。根據在巴格達的美國外交高層表示，英國的這種謹慎態度，讓許多人對他們的優柔寡斷感到心煩氣躁[67]。

---

61 U.K. Atomic Assistant to Baghdad Pact, Summary of Conclusions reached at meeting at the Foreign Office, February 2. 1956, EG1/202. UKNA

62 在英國批准的「關於和平目的的原子能決議」（BP/EC1/D14決議）中，有以下文句：一旦原子能中心的計畫有進展到可行階段的話，就會興建研究爐。（BC/EC1/D14 Final Council of the Baghdad Pact Economic Committee Resolution on Atomic Energy for Peaceful Purposes. FO371/121379. UKNA.）《巴格達公約》的專家小組委員會的建議則是「考慮」興建，文意呈現出「後退」，以英國失去自信的方向解讀的話，頗耐人尋味。

63 但美國以無法確定實際可提供何種支援為由，拒絕這項請求。

64 Memorandum of Conversation, "Various Asian Atomic Energy Development" J. C. A. Roper, First Secretary British Embassy, L Wade Latham, NEA Department of State, J. Robert Schaetzel S/AE. Department of State, July 27, 1956. RG 59. Box 356, NACP.

65 同前註。

66 UK. Atomic Assistant to Baghdad Pact, Summary of Conclusions reached at meeting at the Foreign Office February 2. 1956, EG1/202, UKNA.

67 Baghdad to Secretary of State, Telegram, No.1470, March 2, 1957, RG 59 Box 356, NACP.

不過，英國內部的意見也並非鐵板一塊。有些政府官員積極支持供應研究用反應爐。例如駐巴格達英國大使M・賴特爵士（Sir M. Wright）向英國外交部呈報，「很願意盡速無償供應研究用反應爐」[68]。他還在三月二十五日拍電報表示，有鑑於伊朗和伊拉克試圖接受美國援助興建反應爐的現況，因此應該要將供應比美國的水池式更高功率的研究用反應爐納入考慮[69]。在這樣的背景下，英國為了實現前述承諾，開始進行候選爐型的成本調查。另一方面，擔任巴格達原子能中心首任中心長的W・J・懷特豪斯（W.J. Whitehouse）在七月二十五日的一份內部文件中敘述，英國能貢獻的，至多就是協助可能會在一九六〇年代初期開始營運的美國製反應爐進行實驗工作而已吧[70]。英國最終將培訓課程的重點投注在放射性同位素的使用上，從原子能中心開辦之後，至一九五八年七月的短時間內，就從《巴格達公約》的四個國家中接收了六十名學員[71]。

話雖如此，但是首先，原子能中心的成員國請求供應反應爐，而英國內部也有順應相關請求的意見。其次，英國政府內部存在著如同前面提到過的皮爾森・約翰・迪克森爵士所抱持的想法，亦即針對開發中國家提供英國的教育及培訓，或許有助於建構起日後原子能市場的灘頭堡。最後，如果再加上從種種跡象顯示英國政府內部將原子能合作認為是宣示威信手段的話，那麼英國對於供應反應爐猶豫再三的行為原因，無疑成了一道謎。

布勞特・海格默（Målfrid Braut-Hegghammer）在最近的研究中指出，前述行為的原因在於，若是英國供應巴格達反應爐的話，將導致給予伊拉克過多優惠待遇的情況，如此一來，英國擔心將引發其他成員國不滿[72]。然而，如同前面談到的，英國把以伊拉克為中心的《巴格達公約》

定義為中東區域秩序的核心所在，因此一直覺得有必要讓此條約具備吸引力，且尚未有確切證據顯示出英國擔心給予伊拉克過多優惠待遇。至少，英國供應了《巴格達公約》研究爐的資訊，就這一點來看，就算他們對於供應研究爐的態度消極，但至少也沒有擺出一副什麼都拒絕提供的姿態。如前所述，在英國的全面支援下，於《巴格達公約》原子能中心落成的一九五七年三月三十一日所召開的經濟委員會、科學評議會，考克饒夫爵士和其他四國（伊朗、伊拉克、巴基斯坦、土耳其）的代表，在會中針對研究爐的設置問題進行協議。此時該評議會向考克饒夫爵士提出請求，希望獲得設置研究爐方面的相關資訊。作為對這項請求的回應，考克饒夫爵士在一九五七年的某一段期間，書面整理了哈威爾原子能研究所藏有的研究爐資訊。這些資訊顯示，由於哈威爾研究所保有的兩種研究爐DIDO及PLUTO，主要是著重於將來引進發電爐時的材料研究，因此不適合將這兩個研究爐提供給近期內未考慮引進核電的國家用做來進行教育培訓。取而

68 Sir M. Wright, From Baghdad to Foreign Office. March 25, 1957, AB6/1863, UKNA.

69 同前註。

70 Letter D. E. H. Peirson to Heinworth July 25. 1957 attached "Baghdad Pact Nuclear Centre Notes on Its Future" Whitehouse, AB6/2009, UKNA

71 1959. January 28, "Baghdad Pact Nuclear Centre," AB 6/2164, UKNA.

72 Braut-Hegghammer, Målfrid. *Unclear Physics* (Cornell Studies in Security Affairs) (Ithaca: Cornell University Press, 2016), p.25 (Kindle Edition).

代之的，他推薦使用另一款把研究爐LIDO商業化的梅林反應爐（Merlin）。

英國在當時明明進行過前述般評估，但為何最終仍然沒有供應《巴格達公約》反應爐呢？雖然目前還沒有能明確解釋原因的史料，但筆者認為，在英國的決策背後，可能有著以下的綜合原因。第一，英國的科學家及工程師當中，比起政治方面的考量，有人是傾向於單純就被援助國目前所達到的科技水準來提供相對應支援，因此主張還不到提供這些國家研究爐的時機。例如為了準備愛丁堡公爵菲利普親王預計在一九五九年二月巴基斯坦的出訪及要在喀拉蚩發表的演說，白金漢宮上尉大衛・亞歷山大（David Alexander）曾發出詢問事項。對此，英國原子能管理局總裁普洛登男爵（Sir Edwin Plowden）的私人秘書A・K・羅琳遜（A. K. Rawlinson）針對要求供應反應爐態度最為強硬的巴基斯坦，做出了以下的表示[73]：

> 陛下應該明瞭，巴基斯坦是在大英國協中情況最為困難的國家。巴基斯坦明白印度無論是在財政上、人力資源、或是科技領域的質量都凌駕於自己之上，因此巴基斯坦不會願意接受遜於印度的計畫。這導致他們不斷地，有時候甚至是無理地要求外部提供援助，當這些要求未獲充分滿足時，他們就會發生嚴厲的批判。

一九五八年八月一日，接替W・J・懷特豪斯博士出任《巴格達公約》原子能中心長、原本服務於哈威爾研究所的H・A・C・麥凱（H. A. C. McKay）則有更為尖銳的意見[74]：

在我們看來，巴基斯坦的原子能活動簡直天馬行空般的不切實際，欠缺適當的國家政策。喀拉蚩的美國際合作總署（ICA）的杜佛．史東柯斯（DuVal Stonks）也持相同意見。尤其是巴基斯坦為了得到〔美國製〕的CP-5研究爐所付出的努力，反而拖延到他們取得反應爐的速度。因此若要在喀拉蚩設置原子能中心，勢必要持續對巴基斯坦原子能委員會提供支援及進行要求，但是這些要求當中有很多應該是不可行的吧。

第二個原因是，英國研究爐的性能問題。前文提到，英國有三個研究爐，分別是高濃縮鈾重水型的DIDO，同型（亦稱DIDO級）的PLUTO，以及水池式的LIDO。但是這些全是假定要使用高濃縮鈾（百分之九十以上）的研究爐。然而，英國在一九五五年秋天和美國達成協議，基於安全考量，最多只允許鈾燃料濃縮到約百分之二十。丹麥和英國達成供應研究爐的協議，發生在英美達成協議之前的一九五五年六月，當時認為，即使是使用百分之二十的濃縮鈾DIDO也還是可以運作，不會發生什麼大問題。但沒過多久，就發現使用這個濃縮

73 AK Rawlinson, private secretary of Edwin Plowden to Captain David Alexander, FO 371/132942, UKNA.

74 Comments for United Kingdom Consideration on Our Report on the Re-opening of the Baghdad Pact Nuclear Center Re-Opening of the Center, December 15, 1958, in December 24, 1958, Outward Telegram from Commonwealth Relations Office No.227, To Karachi, Saving Confidential, Baghdad Pact Nuclear Center, FO371/132941, UKNA

度的話，無法讓DIDO發揮預期的效能[75]。一九五六年六月，英國支援印度設計首座反應爐APSARA，並在一九五六年八月完成臨界狀態（提供印度百分之八十的高濃縮鈾），同時英國也支援澳洲興建與DIDO同爐型的HIFAR爐（一九五八年一月初臨界狀態）。不管是哪一個，皆未履行和美國之間的協議[76]。因此，英國有可能是因為判斷若供應巴格達公約要使用高濃縮鈾的英國反應爐的話，在政治上並不是容易的事。再加上在一九五七年十一月十六日的科學評議會上，考克饒夫爵士傳閱了有關科爾德霍爾型發電爐的資料，此款黑鉛氣冷反應器（gas-cooled reactor）的電功率達二至九萬瓩，且以天然鈾做為原料，不需要使用濃縮鈾[77]。巴基斯坦代表納齊爾・艾哈邁德（Nazir Ahmed）則主張，科學評議會應該負責針對低濃縮鈾發電爐的成本及其帶給發電成本方面的效果進行估算[78]。這些對話也反映出了要提供使用高濃度鈾的反應爐的困難度。

第三個理由是，一九五七年十月十日位於溫斯喬的鈽生產反應爐發生重大火災事故。負責管理參加美國曼哈頓計畫的英國科學家、同時主導英國研發核武的威廉・彭尼爵士（Sir. William Penney）等人整理出了有名的事故調查報告書，也就是所謂的「彭尼報告」。該報告書中指出，爐心溫度急速上升，連帶造成多根燃料棒熔化，引起石墨燃燒，由於沒有適切的準則手冊指引如何排除所謂的威格納能量（Wigner energy），這可能對周遭環境造成嚴重影響[79]。報告另外點出了英國原子能管理局的營運部門、隸屬在產業群組的研發部門及其他技術相關部門、哈威爾原子能研究所的技術顧問之間，缺乏明確責任分工的問題。此時的英國原子能管理局內部分為三大群組，產業群組由克里斯多福・辛頓爵士（Sir Christopher Hinton）掌管，研究群組由考克饒夫爵士負責，軍事群組則是由威廉・彭尼爵士指揮。當時這份報告的全文不公開，只提交了一份摘要版本給國會。在這樣的情況下，雖然英國原子能管理局特意冷處理而未讓事故釀出軒然大波，但毫無疑問地，這絕對讓這間公營企業受到相當大的衝擊，特別是暫時失去了向發展中國家供應反應爐的動力。

結果，隨著伊拉克實質上愈來愈疏遠《巴格達公約》的活動，英國也變得不再那麼堅持要提供自己國產的反應爐。如同前面所提，英國在進行和平使用原子能的合作時，是抱持著以下目的在推動相關的知識建構：樹立本國威信、維繫自己與傳統勢力範圍間的紐帶、對地緣政治戰略有所貢獻、確保將來國際原子能市場的灘頭堡。然而，不管原因為何，英國終究未能順利供應發展

75 Brief for Chairman's visit to the US "The Danish Reactor," April 26, 1956, AB16/2216, UKNA.

76 同前註。

77 Sir John Cockcroft, "Paper for Baghdad Pact Scientific Council, Graphite Moderated Gas-Cooled Reactor, Fueled with Natural Uranium, Between 20 and 100 M.W" (Date Unstated), AB6/2009, UKNA.; and J.F. Jackson to H.R. Johnson Esq. UKAEA the Industrial Group, January 15, 1958, AB6/2009, UKNA.

78 J.F. Jackson to H.R. Johnson Esq. UKAEA the Industrial Group, January 15, 1958, AB6/2009, UKNA.

79 William Penney, Basil F. J. Schonland, J. M. Kay, Jack Diamond and David E. H. Peirson, "Report on the accident at Windscale No. 1 Pile on 10 October 1957", *Journal of Radiological Protection*, 37 (2017), pp. 780–796.

中國家自己國產的研究爐。如此一來，英國想要移植自己原創知識體系的動機便逐漸消退，變成只重視能否在表面上守住顏面及威信。如同後文將會談到的，英國甚至策畫把美國提供給被援助國的反應爐巧妙地納入本國的品牌倡議。

六、美國擴大干預與研究所的細算

英國曾經零星幾次徵詢，美國是否有意願參加中東地區的原子能中心，而對此，美國採取較為謹慎的態度。國務院主管原子能問題的傑瑞德．史密斯（Gerald Smith）在一九五六年七月表示過，美國對《巴格達公約》成員國和美國在反應爐方面的雙邊合作所表達的關心，是符合英國期待的。但在一九五七年三月十四日的一份文件中，史密斯曾寫道，「如同大家所知道的，這是英國的計畫案，關於研究爐的設置，他們都還沒讓我們了解進展情況，也無法推估他們接下來何時能夠有所進展。在這狀況下，我們若是介入，會惹惱他們」，因此他建議道，「我認為，在目前保持距離、審時度勢是最理想的政策」[80]。

但是大致說來，英國對於美國對《巴格達公約》的態度逐漸不像過往那般敏感。儘管英國駐美大使館在一九五八年三月發給英國原子能管理局的公文電報中，曾對英國一度不歡迎美國以觀察員的身分參加《巴格達公約》經濟委員會附屬的科學評議會表示惋息。但還是期待美國能有更多的參與，也洽詢過美國對於英國主導的多邊原子能工作，究竟能夠進行什麼樣的支援[81]。

一九五八年七月十四日，伊拉克發生軍事政變，推翻君主政體，出席了原子能中心開幕典禮的國王費薩爾二世遭到殺害。在伊拉克退出《巴格達公約》後，英國開始指望美國準備反應爐供應中部公約組織（Central Treaty Organization, CENTO）會員國使用。不過，對英國而言，成員國應該要知道的重點，並非反應爐是源於美國的供應，而是只須知道，反應爐是在英國主導的多邊倡議中，才得以使用的這個事實。此時，英國開始評估原子能中心的遷移地點。負責中心所在地及遷移作業的，是哈威爾研究所的所長H・A・C・麥凱及副所長B・S・史密斯（B. S. Smith）。針對兩人的選擇，駐巴基斯坦高級事務官亞歷山大・西門（Alexander Symon）提出強烈的反對意見[82]：

> 巴基斯坦仰賴英國。除了真正的技術原因外，中心若改設在喀拉蚩，會有許多政治上的好處，使人們了解到公約所帶來的好處。然而，如果是遷往安卡拉或是德黑蘭的話，由於已在土耳其設置公約秘書處，德黑蘭則有農業機械訓練中心，因此巴基斯坦將會大失所望。我希望有關單位能夠給予巴基斯坦強而有力的支持。

80 Department of State, March 14, "Baghdad Pact" 1956, RG 59, Box 356, NACP.

81 W. I. Combs to Foreign Office J.C. Walker, March 24, 1958. AB6/2009, UKNA.

82 Alexander Symon to Gilbert Laithwaite, permanent under-secretary of state for Commonwealth relations from 1955 to 1959, visiting Australia and New Zealand December 5, 1958, FCO371/132941, UKNA.

麥凱及史密斯並不是進行政治判斷的人，他們只是單純就被援助國的科技水準等進行評估後，接著推薦了德黑蘭。一九五九年六月二十三日，《巴格達公約》原子能中心搬遷至伊朗的德黑蘭，並以中部公約組織原子科學研究所的名義重新開幕。科學評議會在這個時機點召開，且表明希望美國以正式會員的身分參加會議，也果真如願以償。另一方面，哈威爾原子能研究所的考克饒夫爵士在德黑蘭的開幕典禮上，盛讚了科爾德霍爾核電廠是英國近年來的偉大成就，同時也提及原子能技術在醫療、農業領域的無數用途。然後明白表示，哈威爾原子能研究所身為所謂的母機構，將持續提供該單位人才、設備及材料[83]。

約翰・考克饒夫爵士在後來給外交部的一份備忘錄中提到，中部公約組織原子能科學研究所已獲得德黑蘭大學原子核物理學教授的協助，而該名教授主導的研究計畫，包含了興建反應爐等項目，他對此給予了肯定的評價[84]。從《巴格達公約》組織搬遷到中部公約組織原子科學研究所後，仍以負責人角色被留任下來的麥凱，也於一九六〇年五月的《自然》（*Nature*）雜誌上談到，他可以像是在使用自己的中心般，自由地使用美國在數英里外的德黑蘭大學所剛興建好的反應爐（即德黑蘭研究用反應爐〔Tehran Research Reactor, TRR〕），說得就像是自己出資蓋的設施一樣[85]。不過，對於反應爐是美國製的事情麥凱在那時是絕口不提的。如此一來，美國與伊朗之間在雙邊框架下的科技合作，便被納進了英國主導的多邊科技合作之中。

美國已經正式成為中部公約組織原子能科學研究所主管的科學評議會的成員。英國希望能在不損及自身中東領導地位的情況下，利用美國的資源。早在一九六三年，美國國務院曾就有關美國更積極參與中部公約組織原子能科學研究所一事，向英國打探想法。因此在同年的五月，英國外交部、英國原子能管理局、哈威爾原子能研究所、皇家科學院就美國的參與進行過議論。皇家科學院的C・R・A・拉耶（C. R. A. Rae）博士主張，中部公約組織原子能科學研究所的關鍵職務應由英國人擔任，這樣美國的參與便不會導致英美影響力失衡而傾向美國，因此不能讓美國工作人員超過英國工作人員的人數[86]。

一九六三年四月三日，美國國務院尤金・克爾克（Eugene G. Kovach）向駐華盛頓特區英國大使館的科學助理研究員D・J・葛哈（D. J. Gerhard）表示，在他的印象當中，英國一直把中部公約組織原子能科學研究所視為自己國家的儲備物，若真是如此的話，那麼，關於美國的參與便不會再有更進一步的提案，反過來說，如果美國並非不受到歡迎的話，那麼美國就會著手評估

83 2nd Draft "Opening of Tehran Nuclear Centre, Future Prospects in the Atomic Energy Field, Address by Sir John Cockroft," FO371/140758, UKNA.

84 Note on the Opening of the Baghdad Pact Nuclear Centre at Tehran by Sir John Cockcroft, June 29, 1959, FO371/140758, UKNA.

85 H. A. C. McKay, "CENTO Institute of Nuclear Science in Tehran" *Nature*, May 14. 1960, pp. 513-514. 另外《自然》提到的開工指準備作業的土木工程。根據IAEA的研究爐資料庫（RRDB），德黑蘭研究用反應爐正式施工是在一九六〇年十月。

86 C. R. A. Rae letter to Percy Cradock, Foreign Office, May 3, 1963, FO371/170247, UKNA.

能提供何種貢獻[87]。葛哈表示，美國的大規模捐助，可能會被視為意圖要控制研究中心。對此，克爾克回應道，美國懇切地希望能夠避免這樣的事態[88]。

倫敦的外交部本營研判，雖然有必要提醒美國，新研究所的營運將繼續由英國主導，但因美國無意掌控中部公約組織原子能科學研究所，因此是可以對美國的協助表達歡迎之意。英國原子能管理局和哈威爾研究所也持相同的看法。前述曾任哈威爾原子能研究所同位素部門長的B·S·史密斯博士於一九六三年談到，雖然理解英國內部對於讓美國全面參與中部公約組織原子能科學研究所一事存有疑慮，但他認為好處會更多。讓美國以新夥伴之姿參與其中，只會提升英國的威信，而非削弱[89]。美國直接參與此研究所的大門因此敞開。

從一九五六年至一九六一年，英國雖然持續透過《巴格達公約》原子能中心及其後繼機關中部公約組織原子能科學研究所，提供會員國研修及教育的課程，但也在這個時期針對任務內容進行調整。一九六〇年四月六日，前面提到過的中部公約組織原子能科學研究所長麥凱在位於倫敦的外交部部長辦公室進行內部討論時指出，研究中心的活動不應局限於原子能領域，而應擴大至一般科學研究，另外還指出該區域內各國的原子能計畫開始和中部公約組織原子能科學研究所的活動重疊，且有依賴特定領域的英國專業工作人員現象，如此一來可能會使將來難以招聘到合適的人員[90]。外交部長塞爾文·勞埃（Selwyn Lloyd）對此表示，第一是研究所的性質會有所變化；第二是英國提供的援助雖然會轉為以雙邊為基礎，但依然會在中部公約組織的組織下進行；第三是為了英國與伊朗的雙邊關係，還有為了中部公約組織的威望，因此該公約的各總部有必要繼續留在德黑蘭[91]。

因此評估，原子能科學研究所從一九六一年開始將活動內容從過往的研修活動，轉變為對區域經濟有助益的科學研究，針對營運項目進行了改革。巴基斯坦、土耳其、伊朗已經擁有足夠的科技能力自辦有關使用同位素的基礎研修課程。在這些國家裡，一些大學和國家研究機關已有自辦的教育課程。而這也意味著，特別是來自巴基斯坦和土耳其的優秀博士生及年輕研究者，將不再願意冒著與母國學界斷聯的風險，千里迢迢跑到中部公約組織原子能科學研究所。一旦喪失了和母國間的聯繫，會減少取得固定正職工作的機會。因此對於有才能的人才而言，中部公約組織的魅力逐漸不再，這成為英國不得不面對的事實。

各成員國之間的科技水準差距也逐漸拉大。巴基斯坦和土耳其期望，若要由國家派遣研究人員過去的話，課程就應該要具備足夠的魅力，因此需新開設先進原子能課程，再不然就是要大幅度放寬中部公約組織原子能科學研究所的活動範圍。不過，伊朗卻依然希望能夠參加有關原子能

87 D. J. Gerhard letter to D. le B. Jones. Office for the Minister for Science,FO371/170247, UKNA.
88 同前註。
89 Letter British Embassy to C. R. A Rae May 18, 1963, OD20/82, UKNA.
90 H. A. C. McKay, “CENTO Institute of Nuclear Science Notes for Director’s Visit to London April 1960,” April 6, 1960, FO371/149732, UKNA. 我認為本文書中所寫的H. E. 首文字是代表「閣下」，也就是外相的意思。
91 同前註。

的專門訓練課程。因此，英國政府內部從一九六三年二月左右開始就針對中部公約組織原子能科學研究所的存廢、縮編，或是擴大活動範圍等研究所將來的發展方向進行討論。在這樣的背景下，一九六四年五月四日至八日在華盛頓特區舉辦的第十三回中部公約組織經濟委員會．科學評議會上，有鑑於各成員國都已分別在自己國家內發展原子能設施，為了讓中部公約組織原子能科學研究所處理範圍更廣的科技問題，因此合意將機構名稱改為中部公約組織原子能科學應用研究所（CRINAS）[92]。會議中還商定製作各國擁有的研究資源的清冊，開放各國派遣更多人員（最少六名）[93]，並認為，由於各成員國都已經在自己國家內部完成原子能設施使用的基礎訓練，因此持續投入力來教導學員初階知識的基礎訓練課程，並非明智之舉。

不過相關人士間也都清楚意識到，成員國的關心所在差異已到了難以協調的地步，因此要改革中部公約組織原子能科學應用研究所已不可能。英國在隔年一九六五年三月對有關各國提議是否將此新組織再度改組為新進科技的研修機關，不然的話就是解散。土耳其和巴基斯坦對於要繼續參加目前設置在伊朗的多邊研究所，表現出消極的態度。因此，結束研究所幾乎是勢在必行，這個持續了約十年的國際組織，終究要被放棄。一九六六年七月，伊朗接手單獨管轄相關設施。一九五七年以來，英國為了維持自身影響力所主導的多邊科學外交，則宣告落幕。

七、去殖民化時代的英國原子能外交遺產

在本章中可以看到，受援國的自主原子能外交如何影響了英國的政策發展，同時又影響到了美國的中東政策。一九五〇年代的英國，對於維持過去的勢力版圖是毫無把握的。另一方面，位於英國傳統勢力範圍內的埃及及印度，一直在發展自身的原子能外交，萬隆會議、亞洲國家會議、印度於一九五六年的孟買舉辦的五國原子能會議便是例證。在此背景下，與美國明顯不同的，是英國嘗試透過原子能技術這個媒介來重組自己的帝國主義。英國版的「原子能和平用途」運動，旨在透過提升英國軟實力來作為科學外交上的工具，並以此維繫，或是重組、強化英國與傳統勢力範圍內各國的紐帶關係。大英國協原子能科學家會議或是反應爐學校便反映出了英國的此一意圖。

重要的是，英國版的「原子能和平用途」運動也是以符合英國地緣政治利益的方式在推動的。英國希望保住自己在安卡拉到喀拉奇之間廣大區域的主導地位，因而成立《巴格達公約》及附屬於中部公約組織的區域原子能中心。為了要在包含埃及在內的中東地區營造出向心力，因此有必要展示實際的科技能力。然而問題在於，對英國來說，存在著美國這麼一個競合對手。而

92 Central Treaty Organization, Economic Committee, Scientific Council, 13th Session, OD20/355, UKNA.

93 同前註。

且，英國在技術上的相對劣勢日漸明顯。因此，矛盾的是，為了爭取這些區域內國家的支持，英國不得不小心翼翼地避免自己的主導地位被人搶走，然後同時巧妙地利用著其競合對手美國的力量。檢視英國主導的原子能中心的起落過程，可以發現英國巧妙地將美國的支援移花接木，並費盡心思將其納入自己的多邊合作架構內。

前述的區域原子能中心確實留下一些遺澤。雖然看似矛盾，但《巴格達公約》及之後的中部公約組織成員國自行發展國內的科技訓練計畫，然後建立起「已再無必要派遣人才前往原子能中心學習」這般程度的科學技術基礎。至少可以說，這些科學技術，是這些國家單靠自己無法完成之物。雖然的確都是基礎的內容，但英國是有想要透過培訓及教育的方式將自己國家的原子能技術移植給這些發展中國家的。毫無疑問地，英國的原子能外交確實激發出該區域許多研究者對於原子能技術的關注和興趣。當然，政府內部的意見並非總是單一的。話說如此，想要繼續保住區域盟主地位的英國，即使是拉攏對手美國的力量進來，仍想繼續提供對成員國有助益的科技合作。英國這樣的態勢，對各成員國而言，或許也是一種公共財[94]。

參考資料

日文

河合秀和，《クレメント・アトリー——チャーチルを破った男》。東京都：中公選書，2020。

岩崎葉子，〈イラン「開発」史——石油国有化とパフラヴィー朝の開発戦略〉，《現代の中東》，28號（2000），頁15-33。

小川浩之著，《英連邦——王冠への忠誠と自由な連合》。東京都：中央公論新社，2012。

——著、梅川正美、阪野智一、力久昌幸編著，〈豊かな時代」と保守党政権の盛衰——イーデン・マクミラン・ダグラス＝ヒューム政権1955~64年〉，《イギリス現代政治史》。東京都：ミネルヴァ書房，2010，頁62-82。

小野沢透，《幻の同盟——冷戦初期のアメリカの中東政策》（上巻）。名古屋：名古屋大学出版会，2016。

英文

Lorna Arnold, *Windscale 1957: Anatomy of a Nuclear Accident*, Third Edition (New York: Palgrave Macmillan,2007).

John Baylis and Kristan Stoddart, *The British Nuclear Experience: The Role of Beliefs, Culture, and Identity* (Oxford: Oxford University Press, 2014).

Målfrid Braut-Hegghammer, *Unclear Physics: Why Iraq and Libya Failed to Build Nuclear Weapons* (Ithaca:Cornell University Press, 2016. Kindle edition).

John Darwin, *Unfinished Empire: The Global Expansion of Britain* (London: Bloomsbury Press, 2013. Kindleedition).

---

94 本章為ＪＳＰＳ科研費（基盤Ｃ）16K03519《英國於大英國協及勢力範圍中之「原子能和平用途」合作』，以及ＪＳＰＳ科研費（基盤Ｃ）19K01501《作為科學技術外交的日本對亞洲地區原子能合作》成果之一部分。

Foreign Relations of the United States, 1955-1957, Arab-Israeli Dispute, January 1-July 26, 1956, Volume XV(Kindle edition).

Joint Committee on Atomic Energy, Congress of the United States, *Scientific research in Great Britain, with emphasis on basic research and research in atomic energy*, December 1959, Electronic resource Stanford Libraries.

Joseph F. Pilat, Robert E. Pendley, and Charles K. Ebinger ed. *An Atoms for Peace: Analysis After Thirty Years* (New York: Routledge, 2018, Originally published by Routledge in 1985).

Thursday, 24th December 1953, The Government of India, *Parliamentary Debates, House of the People OfficialReport*, p.3089.

Behc t Kemal Yesilbursa, *The Baghdad Pact: Anglo-American Defence Policies in the Middle East, 1950-1959*(London: Routledge, 2013).

Thursday, 24th December, 1953, The Government of India, parliamentary Pebates, House of the PeopleOfficial Report, p.3089.

H. A. C. McKay, "The Cento Institute of Nuclear Science in Tehran," *Nature*, May 14. 1960, pp. 513-515.

Zia Mian, "The Coming of the Atomic Age to Pakistan" in Pervez Amirali Hoodbhoy, ed., *Confronting the Bomb: Pakistani and Indian Scientists Speak Out* (Oxford: Oxford University Press, 2013), pp.38-67.

William Penney, Basil F. J. Schonland, J. M. Kay, Jack Diamond and David E. H. Peirson, "Report on the accident at Windscale No. 1 Pile on 10 October 1957," *Journal of Radiological Protection*, 37 (2017),pp.780-796.

C. Slaughter, "The Strike of Yorkshire Mineworkers in May 1955", *The Sociological Review*, Volume: 6 issue: 2(1958), pp.241-259.

Shinsuke Tomotsugu, "The Bandung Conference and the Origins of Japan's Atoms for Peace Aid Program for Asian Countries" in Michael D. Gordin, John Ikenberry, eds., *The Age of Hiroshima* (Princeton: Princeton University Press, 2020), pp.109-128.

US Embassy in Cairo, *Out of the Dark* (Original Arabic, but attached English Translation for circulation in the State Department), Date Unknown.

National Coal Board, *Annual Report*-in the House of Commons at 12:00 am on 25th October 1954.

AB6/1400, United Kingdom National Archive [UKNA].

AB16/1638, UKNA.
AB6/1824, UKNA.
AB6/1863, UKNA.
AB6/2009, UKNA.
AB6/2164, UKNA.
AB16/2216, UKNA.
AB16/2559, UKNA.
DO35/8325, UKNA.
EG1/133, UKNA.
EG1/202, UKNA.
FO371/116923, UKNA
FO371/123144, UKNA.
FO371/121379, UKNA.
FO371/132941, UKNA.
FO371/132942, UKNA.
FO371/140758, UKNA.
FO371/149732, UKNA.
FO371/170247, UKNA.
OD20/82, UKNA.
OD20/355, UKNA.
Jackson C.D.: Papers, 1931-1967, Box No.29, Dwight D. Eisenhower Library [DDEL]. Eisenhower Dwight D.: Papers as President, 1953-61 (Ann Whitman File), NSC Series, Box No.6,DDEL.

RG469, Box 1 National Archives-II, College Park USA [NACP].

RG59, Box 356, NACP.

RG25, Vol. 7858, File Dossier, 14000-1-7-40, Library and Archives Canada [LAC].

"Egypt Has an Officer of U.S. Nuclear Aid," *The New York Times*, February 2, 1956.

網路

1954-55 [Cmd. 9389] "A Programme of Nuclear Power," House of Commons Parliamentary Papers, p.9. UKNA, Online. http://filestore.nationalarchives.gov.uk/pdfs/small/cab-129-73-c-55-31-31.pdf [Accessed, September 19, 2020].

Argonne National Laboratory Nuclear Energy Division website, "Argonne's Nuclear Science and Technology Legacy." https://www.ne.anl.gov/About/hn/news961012.shtml [Accessed, September 20, 2020].

BASIL SCHONLAND: PHYSICIST SEEKS EMPLOYMENT AFTER WORLD WAR II A PERSONALDRAMA, Royal Society of South Africa Official Website. http://www.royalsocietysa.org.za/?page_id=1671 [Accessed, September 20, 2020].

The statement of Geoffrey Lloyd, National Coal Board, *Annual Report*-in the House of Commons at 12:00am on 25th October 1954. https://www.theyworkforyou.com/debates/?id=1954-10-25a.1614.0 [Accessed, August 15, 2020].

原子力委員會，《原子力委員會月報》（No.2, 1957）http://www.aec.go.jp/jicst/NC/about/ugoki/geppou/V02/N02/195700V02N02.HTML#menu_top（查詢時間：2021年10月4日）。

第八章　冷戰空間的再發現

——非軍事區生態調查中的科學政治[1]

文晚龍／著
蔡傳宜／譯

隨著一九四五年光復而南北分隔的朝鮮半島，在韓戰（一九五〇—五三）後成為冷戰的最前線。原本存在於想像中的冷戰化為歷史上的具體現實，韓戰在這其中扮演著催化劑的角色[2]。實際上，亦無其他地區如同朝鮮半島，對冷戰影響如此巨大且具破壞性[3]。儘管如此，南韓仍充分

1　文晚龍，〈비무장지대생태조사의의의와전망〉一文刊載於《대동문화연구》106（성균관대학교대동문화연구원，2019），頁35-64。

2　Masuda Hajimu, *Cold War Crucible: The Korean Conflict and the Postwar World* (Cambridge: Harvard University Press, 2015).

3　*The Global Cold War: Third World Interventions and the Making of Our Times* (Cambridge: Cambridge University Press, 2005)，作者文安立在本書韓文版序言中，對於冷戰為何對朝鮮半島衝擊最為強烈的問題，提出意識形態衝突和殖民化同時進行等為主要原因。

利用冷戰架構下的地緣政治條件，經濟成長迅速。在此發展潮流下，韓國科學技術亦借助政府積極政策的協助，在短期之內留下大量成果[4]。科學家在此過程中扮演重要角色，在政府正式推廣科技政策前，他們便強調振興科學技術的重要性，配合政府政策方向，積極地發展自身研究領域和機構。同時，在其期望和政府政策的實現中，國際環境，或說是科學技術的協助，也成為直接又間接的重要因素[5]。

如本書序言所提，科學技術在贏得第三世界國家的人心發揮了核心作用[6]。尤其是國家分裂且位於冷戰最前線的南韓，冷戰遺產仍以現在進行式運作中，在科學技術上也留下許多痕跡。近年，奧德拉．沃爾夫（Audra J. Wolfe）所著和冷戰、科學相關的作品中，將對文化冷戰的討論擴及科學領域。其著作曾提及的科學家中，領導美國國家科學院（National Academy of Sciences, NAS）太平洋委員會的柯立芝（Harold Jefferson Coolidge），其名於韓國生物學界耳熟能詳。

本章將追溯非軍事區（Demilitarized zone, DMZ）生態調查，這個起源和柯立芝有關的韓美合作計畫的歷史，並闡明韓國與美國生物學者在其中所展現的不同立場，以及在立場上保持距離的北韓對非軍事區的看法，也藉此指出，在推動協助生產被視為客觀性知識的科學知識計畫時，執行者在過程中不同的看法及處理方式，而未能達成最初期望的目標。截至目前為止，已有許多研究冷戰背景下所發展的南韓科學技術事例，本章以生物學這個特定領域為對象，並以屬於一九六〇年代公共外交一部分的美韓科學研究計畫為中心，加深理解冷戰和韓國科學的關係。而涵蓋在軍事冷戰與文化冷戰範疇下的非軍事區生態調查，在國際合作所推動的科學知識生產過程中，其所展現的活力，也非常值得探索。

一、韓國科學家對去殖民化的渴望

一九四五年，迎接解放的韓國人民，對國家重建提出了各式各樣的構想。可以想見的是，多數科學家強調，振興科學技術是最需優先處理的問題。他們擔憂若缺乏足以仰仗的科學技術，即使表面上已完成獨立，實際上仍可能被迫處於等同殖民地的立場。科學家的主張內容各有差異，然其共通意見可化約為：國家應設置能夠有組織地推行科學技術政策的行政機構，以此為基礎準備合適的設備、設立進行研究開發的研究所，並盼能加強科學技術教育[7]。

4 Joel R. Campbell, *The Technology Policy of the Korean State Since 1961* (New York: The Edwin Mellen Press, 2009).

5 Tae Gyun Park, "The Roles of the United States and Japan in the Development of South Korea's Science and Technology during the Cold War", *Korea Journal* 52:1 (2012), pp. 206–231.

6 Audra J. Wolfe, *Competing with the Soviet: Science, Technology and the State in Cold War America* (Baltimore: Johns Hopkins University Press, 2013). 本書第六章亦對原子能技術如何被運用來掌握第三世界菁英一事有著充分描述。此外，近年亦有研究透過冷戰期間的國際博覽會，追蹤冷戰時科學技術的特徵和其扮演的角色。Arthur P. Molella and Scott Gabriel Knowles ed., *World's Fairs in the Cold War: Science, Technology, and the Culture of Progress* (Pittsburgh: University of Pittsburgh Press, 2019).

7 Manyong Moon, "Postcolonial Desire and the Tripartite Alliance in East Asia: The Hybrid Origins of a Modern Scientific

然而在現實中，科學技術問題在政府政策關注對象中並非優先。由於科學家的科技振興構想大多是象牙塔產物，帶有理想論的特徵，在社會混亂和經濟困難下，與政府心目中懸而未決且必須緊急處理的問題有段距離。而高等科技人材的培養在日本殖民期間受到嚴格限制，以致美國軍政府和韓國政府將設立擁有理工學系的國立大學、擴大科技高等教育視為優先事項。

在南韓政府即將成立前的一九四八年六月八日，當時科學技術研究的代表們聚集，舉辦座談會，討論新政府在重建國家上所必須的科學技術及其未來，與科學家的社會角色。他們指出，韓國科學的水準落後國際，並強調為了國家重建，振興科學技術極其必要。然而在座談會上，國立科學博物館的蝴蝶學者石宙明卻展現出有別於他人的自信，說：

> 由於動植物領域具有本土性，舉個例子，雖然這樣的說法有些荒謬，但在物理化學上，即使再過十年、二十年，（韓國的）科學家依然很難能被外國學者視為指導者，並虛心求教。反觀在動植物方面，外國人要來向我們詢問、學習之處卻是不少[8]。

石宙明的自信，建立在他在日本殖民統治期間所累積的特殊研究成果上[9]。然由於生物學家研究本國動植物，相較其他科學領域，對自身研究無不有著基本的自負。與會者聽了石宙明的發言，禁不住笑了出來，可惜石宙明在韓戰期間去世，他的期待並未實現。

至一九五〇年代中期，在重建韓戰破壞的努力中，雖然學界持續要求政府振興科學技術，得到的回應卻相當有限。自美國總統艾森豪〈原子能和平用途〉演說發表後，韓國和美國簽訂核能合作協定，推動原子能計畫，但韓國政府對核能的期待主要在於發電等實用目的[10]。此外，透過美國的國際合作總署協助下實施明尼蘇達計畫，首爾大學醫學院、工學院、農學院在教育及研究上皆顯著地轉換為美國模式[11]。然而，對實用價值不明顯的基礎科學，卻未見支援或是政策，基礎科學研究者的相對性剝奪感逐漸擴大。例如首爾大學的動物學者姜永善，便在一九五七年對科學界的評論中，吐露未受惠於明尼蘇達計畫等海外援助的基礎科學研究者慘況，其描述如下：

> 我國自然科學的基礎領域，在設備及其他各方面上，既無接受海外援助的機會，也不在國內復興計畫之列，可說被棄於韓戰的廢墟之中。因此，對這些領域的研究者而言，如同身

---

and Technological System in S. Korea", *Engineering Asia: Technology, Colonial Development and the Cold War Order*, eds. Hiromi Mizuno, Aaron S. Moore & John DiMoia (London: Bloomsbury, 2018), pp. 165-188.

8 〈座談会：新たな科学を語る夜〉，《現代科學》，8號（1948），頁44-51。

9 Manyong Moon, "Becoming a Biologist in Colonial Korea: Cultural Nationalism in a Teacher-cum-Biologist", *East Asian Science, Technology and Society: an International Journal* 6-1 (2012), pp. 65-82.

10 John DiMoia, "Atoms for Power? The Atomic Energy Research Institute (AERI) and South Korean Electrification, 1948-1965", *Historia Scientiarum* 19:2 (2009), pp. 170-183.

11 Ock-Joo Kim and Sang-Ik Hwang, "The Minnesota Project: The Influence of American Medicine on the Development of Medical Education and Medical Research in Post-War Korea," *Korean Journal of Medical History* 9:1 (2000), pp. 112-123.

處於前所未見的逆境中[12]。

在此局面下，以生物學者為首，韓國基礎科學的學者不得不仰賴己力，摸索自力救濟方法。一九六〇年代後，隨著全面性經濟發展，科學技術方面的支援逐漸增加。然而與產業關聯薄弱的生物領域，仍不屬於援助的對象，生物學者因此必須尋找新的解決方案。其中之一，便是利用個人的國際網路，透過國際機構取得研究經費。

韓國動物學界泰斗姜永善，便利用自身和美國史墨法案（Smith-Mundt Act）交換計畫、亞洲基金會、國際原子能機構、洛克斐勒基金會、美國國家科學院等多個國際機構間所構築的國際關係網，確保多樣化的研習機會和研究經費來源。透過這些途徑，其始於細胞學的研究之路經歷了人類遺傳學、果蠅遺傳學、癌細胞研究，擴及至如魚類遺傳學等，細胞遺傳學的全部領域[13]。亦有研究指出，姜永善所應用的海外研究經驗，是建立在其就讀北海道帝國大學動物學院時所建構的關係網上，認為他仍未能脫離殖民地時代的遺產[14]。然而，姜永善在與海外學者的頻繁交流下，獲得多樣化學科知識和技能，並藉由傳授後輩，鞏固了韓國動物學的基礎。

此外，鳥類學者元炳旿在一九六〇年柯立芝訪韓時，展示自己所蒐集的鳥類標本和研究資料，受到柯立芝的鼓勵，並建議他參加國際鳥類保護會議（The International Council for Bird Preservation，近年改名為國際鳥類聯盟〔Bird Life International〕）於日本舉辦的第十二屆會議。在此契機下，元炳旿與日本學者展開學術交流，取得北海道大學博士學位，並於大會中所認識的國際鳥類保護會議議長西德尼・里普利（Sidney D. Ripley）幕僚從事博士後研究[15]。當時，他收到美國國務員官員徵詢，詢問美國所援助的候鳥移動研究計畫是否應包括南韓，而元炳旿主張，由於大部分自滿洲或西伯利亞南下的候鳥皆會經過韓國，韓國理所當然應包含其中。結果，元炳旿返國後於慶熙大學擔任教授，接受美國提供研究經費長達七年，並在繫放工作中為一百三十五種、共二十萬隻候鳥套上鋁製腳環。他回憶，「日本學者磨練了我的學問基礎，美國學者開拓了我的學問世界」[16]。除此之外，還有許多其他生物學者取得海外研習或留學機會，並接收新知，其中以美國為目標者占壓倒性多數。當然，此現象並非僅出現在生物學界，在其他科學技術領域

12 姜永善，〈丁酉문화계종평자연과학（하）〉，《경향신문》，1957年12月23日。

13 辛香淑、文晩龍，〈강영선의한국생물학만들기〉，《제7회한일과학사세미나발표집》（한국과학사학회，2017），頁79-83。

14 Jaehwan Hyun, "Making Postcolonial Connections: The Role of a Japanese Research Network in the Emergence of Human Genetics in South Korea, 1941-1968", *The Korean Journal for the History of Science* 39:2 (2017), pp. 293-324.

15 柯立芝與里普利在第二次世界大戰期間，是以地區專家暨博物學者身分服務於戰略情報局的夥伴。推動非軍事區生態調查期間，里普利正在史密森尼協會中擔任秘書。Jieun Shin, "“A Wildlife Paradise”: International Collaboration on the DMZ Ecology in the 1960s", Smithsonian Institution Archives blog, https://siarchives.si.edu/blog/%E2%80%9C-wildlife-paradise%E2%80%9D-international-collaboration-dmz-ecology-1960s#disqus_thread.

16 元炳旿，〈새들이사는세상은아름답다〉（다움，2002），頁80-90。

裡，也呈現出同樣趨勢[17]。

一九六三年，生物學者和地質學者組成「韓國自然暨自然資源保護學術調查委員會」，該委員會自一九六四年舉辦濟州島漢拏山綜合學術調查起，便以調查國內主要自然以及自然資源現狀並引領其保存為主要目的[18]，一九六五年，更名為韓國自然保護委員會，翌年代表韓國加入國際自然保育聯盟（International Union for Conservation of Nature and Natural Resources, IUCN）成為會員團體。韓國自然保護委員會自一九六五年起加入國際生物學計畫（International Biological Programme, IBP），意圖藉由執行相關課題的研究，使生物學界獲得大幅度的發展。這可以說是脫離個人層面，由生物學者團體透過國際性支援計畫，引導生物學發展的事例。

國際生物學計畫是以提升生物生產性及人類福祉為目標的國際性研究計畫，在一九六四至七四年間，全世界共有九十七個國家直接或間接參與[19]。配合此研究計畫，南韓生物學家以姜永善為代表，組成國際生物學計畫韓國委員會，計畫派代表前往一九六四年七月於巴黎召開的第一屆大會，然由於無法獲得足夠旅費而未能出席。國際生物學計畫雖為國際研究計畫，但其總部對各國的研究活動，並無提供直接的財政支援，參與國家必須自行確保研究經費。在此情況下，國際生物學計畫韓國委員會為了確保預算，必須反覆拜訪政府或是亞洲基金會。一九六六年的預算在「學者們嘔心瀝血」之下未達成預期的三百萬韓元，僅得四十萬韓元（約一千五百美元）之譜，在經費有限下建立起初期的研究計畫。研究者共計分為七個部門，自一九六六年起展開研究。政府要求韓國國際生物學計畫研究在經濟發展計畫上提出貢獻，為此生物學者不得不依照與政府所進行的交涉，調整研究計畫[20]。即便預算缺乏，他們「使盡全力，最大限度地維護國家形象，以生物資源研究之成長，為國家發展做出貢獻」，且為補足研究經費，必須奔走於國內外各機構之間[21]。

自一九六七年首次發表起，國際生物學計畫韓國委員會的研究成果，皆收錄其年度報告書中。直至一九七五年為止，共七冊的報告書會送至位於英國的國際生物學計畫總部，並發送到全世界的會員國。不僅如此，該計畫除了在南韓國內舉辦兩次大規模研討會外，亦藉由舉辦韓日國際生物學計畫講座、出席國際生物學計畫大會及地區會議等，分享其研究成果。國際生物學計畫最後成為韓國生物學者向國際學術界展現自我存在、發展研究成果的墊腳石。即便金額不多，但促使韓國政府持續提供國際生物學計畫韓國委員會財政支援的背景因素之一，便是非軍事區生態

17 金鍾泳，《지배받는지배자：미국유학과한국엘리트의탄생》，（돌베개，2015）。

18 近年的研究發現，此委員會是在柯立芝的提案下所設立，建議為在南韓設置國家公園，有必要進行研究調查。Jaehwan Hyun, "Brokering Science, Blaming Culture: The US-South Korea Ecological Survey in the Demilitarized Zone, 1963–8", *History of Science*.(2020 December 7), pp. 1-29

19 E. B. Worthington ed., *The Evolution of IBP* (Cambridge University Press, 1975); David C. Coleman, *Big Ecology: The Emergence of Ecosystem Science* (California: University of California Press, 2010), pp. 15-88.

20 "Korean National Programme for the IBP", *Report for the IBP* 2 (1968), pp. 5-19.

21 〈세계의대열에서，한국학술의국제참여〉，《경향신문》，1966年1月26日。

調查。與美國合作計畫下所推展的非軍事區調查，成為對南韓加入國際生物學計畫抱持懷疑態度的南韓政府、對所有生物學者的力量與計畫意義產生信賴的有效證據。

二、重新發現非軍事區的生態調查

根據一九五三年七月二十七日生效的韓戰停戰協定，以軍事分界線為基準，南北各兩公里處被劃為非軍事區（DMZ，即De-militarized Zone），做為防止軍事衝突的緩衝區[22]。雖然名為非軍事區，卻有著南北韓武裝軍隊常駐的前方哨所（Guard Post），以及難以計數的地雷埋設其中[23]，也被稱為重武裝地區或是祕密軍事區。由於人類活動受到限制，非軍事區的自然生態系統在保存上相對良好，成為亞洲黑熊、狐、原麝、中華斑羚、歐亞水獺等多種自然紀念物及瀕危物種的棲息地，亦是丹頂鶴等候鳥為過冬而遷移至朝鮮半島時的停留處。因此，非軍事區也被稱為「亞洲最大自然保護區」。

非軍事區設立大約十年間，與此地區有關的媒體報導，內容大半是南北韓之間規模大小不等的軍事衝突與對立，然而一九六四年二月，《紐約時報》刊載了〈Wood, Field and Stream: Wildlife in Korean Demilitarized Zone Is Unlikely to Be Disturbed〉一文，六日後登上韓國報紙報導，並將標題翻譯為〈野獸樂園：非軍事區〉。作者奧斯卡・戈德布（Oscar A. Godbout）是《紐約時報》的戶外專欄作家，撰文介紹包括美國在內的世界各地大自然與野生動植物。雖然無法確認他是否曾拜訪南北韓非軍事區，但文章採取新的角度，將非軍事區描述為因少有人類直接干涉，鳥類、野獸以及野生動物能夠安心繁衍，呈現自然原貌的地帶。在此之前，一直是重武裝軍隊間事件和意外的發生現場，又是傳播威脅士兵生命怪病（流行性出血熱）區域的非軍事區，以新形式展現出其價值。雖然難以確認這篇報導對非軍事區的觀點變化造成多大影響，但很可能是非軍事區初次生態調查隨即在隔年展開的背景因素之一。

與韓國學術機構以及學者間維持緊密聯繫的柯立芝，同時擔任國際自然保育聯盟及美國科學院太平洋委員會主席，非軍事區生態調查可說是他和韓國生物學者持續交流的結果。一九六五年十一月，柯立芝獲得首爾大學榮譽博士學位，由首爾大學教授姜永善頒發，兩人以此為契機，提出非軍事區生態調查的構想[24]。這個想法不僅是韓國生物學者，就連美國學界也相當感興趣。透

22　關於非軍事區全面性的資料，可參考コリアＤＭＺ協議會，《ＤＭＺ総覧》（ヌルプムプラス，2011）、Lisa M. Brady, “Life in the DMZ: Turning a Diplomatic Failure into an Environmental Success”, *Diplomatic History* 32:4 (2008), pp. 585-611。

23　根據二〇一八年的軍事協議，南北韓試驗性地計畫撤除非軍事區中十一處哨所，亦已移除十處。然而二〇一九年在河內舉辦的第二次美國北韓高峰會談判破裂後，在美國和北韓關係惡化的局面下，剩餘哨所的撤除暫停。現在南北韓非軍事區中仍留有南韓軍六十個、北韓軍隊一百五十個哨所。ヤン・ナクキュ，〈ＧＰの撤収、再び推進する〉，《アジア経済》，2020年1月21日。

24　柯立芝在一九六五年十一月四日接受首爾大學名譽博士學位授予後，發表〈國際自然保育在守護人類自然環境中所扮演的角色〉演說，在開頭提及非軍事區研究的必要性。

過韓國自然保護委員會正式展開自然生態系調查的南韓學者，由於非軍事區調查所提供的機會，得以接受海外援助進行研究。在一九六四年起展開的國際生物學計畫影響下，研究「生態系生態學」[25]的必要性獲得廣泛認識，而美國也得到機會，得以推動對具軍事重要性區域生態的調查。

柯立芝和五名韓國學者在一九六五年十二月對當地進行了為期三天的事前調查，接下來，韓國生物學家在西部地區毗鄰非軍事區的坊築谷（Panchuk valley，漢字不確定）進行首次的生態調查。次年，姜永善帶著先前調查中取得的基本資料，赴美接受四週的短期研修，並在這次的行程中，與美國史密森尼協會（US Smithsonian Institution）達成關於非軍事區調查的協議。包括執行為期兩年的初步研究，十二萬美元的費用將由美方負擔，實地調查則由南韓研究人員執行；為期五年的主要研究計畫則在兩年初步研究後開始[26]。

根據這項協議，一九六六年六月，「非軍事區自然保育與野生生物生態調查暨韓國科學博物館建設之國際會議」舉行，十八名美國學者赴韓訪問，其中部分學者在南韓停留八個月，對當地鳥類、野生動物、植物等進行綜合研究。對多數南韓學者而言，這是他們初次與海外學者共同進行的長期研究計畫。同年九月，姜永善代表韓國出席在日本舉行的太平洋科學會議，提案將非軍事區選定為國家公園，此案獲選為會議的正式議題[27]。非軍事區以生態研究的對象地，而非軍事衝突發生地，在國際學界中亮相。

實地調查在一九六六年十月開始，直到一九六八年八月為止，共劃分為十三類項目進行。根據當時的文獻，在全世界三個非軍事區中，南北韓非軍事區擁有最高的學術研究價值，其研究成果將成為世界科學界的重要資料，因此備受期待[28]。但也由於南北韓非軍事區為高風險地帶，參加調查的研究人員必須簽下自願承擔意外風險的切結書。此外，在韓戰中自北韓來的鳥類學家元炳旿，其父（元洪九）仍在北韓，北韓在政治宣傳以此鼓吹元炳旿返北，受此影響，身邊始終有軍方人員跟隨監視[29]。

史密森尼協會生態學部門負責人赫爾穆特．布希納（Helmut Buechner）於一九六七年十一月訪韓，同時宣布史密森尼協會的援助計畫，將贊助生態研究兩百八十萬美元。布希納表示，他將要求對教育、農林、科學等領域進行援助，預定能獲得必要經費總額一至兩成的補助，除了非軍事區外，也將推動南韓全境的生物、氣象、農業等調查。生態調查的目的是以非軍事區為基準值，測量人類對環境造成的影響，因此在理論上，除了非軍事區地帶外，也需要調查朝鮮半島

---

25 生態系生態學是一門試圖全面了解生態系的生物和非生物組成部分及其在生態系框架內相互作用的研究。

26 此費用中的三萬六千美元是由美國空軍基礎科學研究中心（Air Force Office Scientific Research, AFSOR）所提供，AFOSR至今仍為美國空軍任務所必須的各種基礎研究提供經費。Jaehwan Hyun, "Brokering Science, Blaming Culture."

27 〈한국비무장지대국립공원안채택〉，《동아일보》，1966年9月1日。

28 除朝鮮半島外，以色列和阿拉伯聯合共和國邊境、北越和南越邊境亦設有非軍事區。〈비무장지대횡단촬영마치고현지답사〉，《동아일보》，1966年9月12日。

29 鳥類學者元洪九為北朝鮮的代表性生物學者。元洪九在北朝鮮確認到其子元炳旿所放出的北掠鳥，父子兩人藉著鳥類相會。元洪九與元炳旿父子的故事，可參考遠藤公男著，《アリランの青い鳥》（岐阜縣：垂井日之出印刷所，2013年改訂版）。

上其他受到人類活動大幅影響的區域。此外，也主張設立韓國生態研究所管理此計畫，推動國高中教師和學生團體教育及學術活動，提供韓國學生獎學金與留學美國的機會。為了完成規模龐大的目標，需建立長達二十五年的長程計畫[30]。首先，布希納等史密森尼協會的研究員和賓夕法尼亞州立大學的昆蟲學者金啟中，以顧問身分加入此計畫。他們從韓國研究人員送來的五年研究計畫書中，審查選出二十七個研究主題，甚至還制訂具體實行方案。此方案範圍不僅限於非軍事區生態調查，更展現出欲將美式教育及研究方法移植到韓國生物科學的宏圖，其中也包含生態學在內。

然而，進入一九六八年後，由於北朝鮮軍事挑釁頻繁，非軍事區的調查計畫並無更近一步的進展。青瓦台攻擊未遂事件[31]、普韋布洛號事件[32]以及聯合國軍司令部警備部隊卡車襲擊事件等相繼發生，南北韓之間的軍事緊張程度升高，造成一九六八年九月先行調查結束後，史密森尼協會以研究人員的安全問題為由，取消了為期五年的主要調查。軍事上的冷戰，導致文化冷戰的計畫觸礁。

不過，根據史密森尼協會的年鑑，非軍事區調查計畫會遭到中止，除了軍事上的緊張外，經費來源亦為重要因素之一[33]。在初步研究進行的一九六七年，人稱「ＣＩＡ醜聞」的中央情報局全方位文化冷戰策略遭到公開[34]。受此波及，原先有意援助非軍事區生態調查的有力機構，如亞洲基金會、福特基金會等，對提供援助有了疑慮。在找不到適當贊助人的狀況下，史密森尼協會不得不中止非軍事區的調查計畫。

整整兩年調查成果的最終報告書，於一九六八年九月提交史密森尼協會[35]。布希納在序文中表示，該計畫引發了柯立芝的興趣，他曾考慮，若南北韓能夠統一，將此地帶改建為國家公園的可能性。報告書的第三部分，依研究主題彙整了十五篇由參加非軍事區生態調查的南韓學者所完成的報告。有趣的是，在最終報告書中，除了對整體計畫的綜合評價外，亦對各南韓學者所完成的研究報告做出極為嚴厲的評論。金啟中認為，兩年的初步研究結果之所以不盡人意，是南韓科學家在科學方面的水準不足，以及史密森尼協會對當時學術界環境的判斷不夠正確所導致[36]。意

---

30 Helmut K. Buechner, "Ecological Study in Korea: A Proposal for Research and Education" (Smithsonian Institution, 1 November 1967). 此資料是為與南韓政府協議所製作的提案書。

31 三十一名北韓的特種部隊人員越過軍事分界線，企圖暗殺韓國總統的事件，因日期被稱為「一月二十一事件」，加上唯一倖存者金新潮，又稱為「金新潮事件」。

32 美國海軍情報收集船普韋布洛號，在元山港外海被北韓軍隊襲擊並俘虜的事件，一名船員死亡，其餘八十二人被拘留後遣返美國。

33 Smithsonian Institution, *Smithsonian Year 1968* (1968), p. 288.

34 Tity de Vries, "The 1967 Central Intelligence Agency Scandal: Catalyst in a Transforming Relationship between State and People", *The Journal of American History* 98:4 (2012), pp. 1075-1092.

35 Helmut K. Buechner, Edwin L. Tyson and Ke Chung Kim, *Final Report: A Cooperative Program for Ecosystem Research in Korea, October 1966–September 1968*, (Office of Ecology, Smithsonian Institution, 1968).

36 Ke Chung Kim, "Part Two: The Smithsonian Ecology Program in Korea: Reviews and Recommendations", Helmut K. Buechner, Edwin L. Tyson and Ke Chung Kim, *op. cit.*, pp. 1-10.

即，南韓學術界尚未準備好推動這項計畫。實際上，史密森尼協會所期望的，不僅是單純調查非軍事區的生物相，而是應用生態系生態學概念進行系統化生態分析。然而當時南韓的生物學界，對生態學及生態系研究的理解並不高。此外，在美國和南韓的研究團隊之間，不僅有著學術水準和關注焦點的差異，也存在著文化差異。韓國文化中，指導教授和學生之間相對強烈的階級落差，令美國共同研究者深感困惑。

科學史學者玄在煥詳細分析參加非軍事區生態調查研究人員之間的書信往來，清晰梳理出在計畫實施的過程中，存在著南韓和美方研究人員之間的主導權紛爭、留日學成的南韓中堅生物學者以及在美活動的南韓年輕學者之間的代溝等，各式各樣的文化差異[37]。史密森尼協會的愛德恩·泰森（Edwin Tyson），在計畫初期曾對韓國生物學者的政治以及派系傾向，以及英語溝通能力的問題表示不滿。一九三四年出生、熟知韓國文化且英語流利的金啟中，受雇為協調者（curator）調解此問題。他於首爾大學生物系畢業後赴美留學，姜永善為他大學時期的恩師之一，考慮到韓國的師徒關係，學生金啟中不太可能對老師姜永善提出強烈的要求和指示。因此金啟中在研究團隊中的地位和所扮演的角色，並不符合美國計畫的預期。南韓生物學者無法接受在當地自然環境上了解更深、經驗也更豐富的自己必須遵從美方學術界單方面的指導。姜永善則期望，能將好不容易獲得的研究經費，盡可能公平地分配給在自己領導下參加計畫的科學家。在美國學者眼中，姜永善大概是見錢眼開的頑固老學者，然對姜永善而言，他認為自己是值得驕傲的韓國學術界代表。在泰森的想法中，非軍事區調查並非海外援助計畫，而是由史密森尼協會負責分配研究經費的計畫案，他不能將主導權交給南韓研究人員[38]。雙方對立到最後，連應由韓國政府提供的部分經費也遭中止。這顯示出，非軍事區調查計畫雖是以國際合作方式而推行，然參與人員間互異的利害關係也在背後發揮了強烈的作用。誠然，若無軍事緊張情勢或史密森尼協會經費來源問題，美韓間的糾紛因各自需要而緩和，非軍事區主要調查按預定計畫實施的可能性也相當高。只是，在主要調查因外在局勢巨大影響而遭中止的狀況下，出現在初步調查中的摩擦便特別顯眼。近年，社會學者金仁洙發表的論文清楚分析了在農業經濟學領域中，美國如何以學術活動的援助為媒介，試圖控制韓國學者和學術界[39]。該論文貼切地展現在韓國社會科學的知識生產領域中，冷戰時期，美國的不對稱學術權力如何以知識網絡、研究經費、受訓機會為武器，從知識的內部層面（internal intellectual level）上制定韓國社會科學的發展方向。像這樣關於包含社會政策在內的社會科學學術領域中，民間財團的學術援助，對政策以及學術性論述本身所產生的影響及變化的研究屢見不鮮[40]。相對的，包括醫學在內，關於韓國科學技術領域的研究則較為

37 Jaehwan Hyun, "Brokering Science, Blaming Culture".

38 A letter from Edwin Tyson to Helmut K. Buechner, November 28, 1966.

39 金仁洙，〈냉전과지식정치：朴振煥의 Farm Management Analysis（1966）의성립사정〉，《동북아역사논총》61（2018），頁408-465。

40 洪定完，《전후한국의사회과학연구와근대화담론의형성》（연세대학교 박사학위 논문，2017）；辛珠柏編，《근대화론과냉전지식체계》（혜안，2018）。

少見。這也是由於以科學和技術為主題的研究本身便不多。另一方面，科學技術被認為是具有普遍性和合理性的知識，落後國家接納先進國家的科學技術以提升本國科技能力的嘗試太過自然且理所當然，因而未被視為問題，此亦為因素之一。但美國在科學技術領域上的學術活動援助，同樣是透過向南韓學術界散布特定知識與生產方式的形式進行，其過程絕非僅是單方面輸入先進科學，順暢無阻[41]。尤其是在當地特色影響力強大的生物學上，這點更加明顯[42]。由於當初生態系生態學的普及，在構想上必須以該地區生物相的田野調查為基礎，若無南韓學者的協助，美方難以實現其企圖。美國構想提供計畫執行所需經費，散播生態系生態學的知識和技巧，掌握南韓學術界中的主導權；而南韓學者則企圖將計畫化為能提升自身研究領域的社會形象和支援的舞臺。在非對稱性的權力結構下，相對熟悉此地區棲息生物「本土性」的韓國學者，拒絕在計畫執行過程中淪為消極的接受者，且這種情形因雙方之間的摩擦而持續。美韓學者所追求的生物學知識本身雖然相同，但由於過程始於雙方相異的觀點，計畫未能順利進行。

實際上，國際合作研究計畫在開發中國家實施的過程中，由於文化差異而有所延宕的狀況並不少見。然而，在非軍事區生態調查計畫實行時，面對此類問題並無預先準備的解決方案。而後來提出聘用協調者擔任仲裁角色的方法，在韓國文化因素下仍無法發揮適當的效果。這顯示出海外技術援助若要成功，接受者的吸收能力固然重要，同時技術支援方也必須具備相應的分享能力。

在此情況下，韓國生物學者透過非軍事區生態調查試圖達成什麼目標？即使主要調查未能執行，非軍事區的生態調查，也是探索這個充滿棘手問題區域新面貌的機會，非軍事區重生成為生態的寶庫。此外，藉著與世界性機構進行共同研究，即便得到的評價不足以令南韓生物學者滿足，也能向南韓政府及社會展示其研究活動的價值。當國際生物學計畫這樣的多國聯合計畫即將正式展開之際，卻仍無穩定經費來源時，焦慮的生物學者恰好接獲史密森尼協會的贊助，得到非軍事區生態調查的機會。透過生態調查計畫，生物學者的價值得以展現，且引來政府的正面回應。相對於美國研究者以非軍事區調查做為將韓國生態學和生物學美國化的契機，韓國的研究者則利用這次調查，觸發其研究活動的社會認同及支持。從結果上看，史密森尼協會的企圖未能完全實現，然若考量到對國際生物學計畫的援助，以及下一節所提到一九七〇年代第二次非軍事區生態調查執行等，韓國生物學界的期望則有部分獲得相應的實現。

---

41 有許多研究皆指出，來自先進國家的知識轉移和技術援助，在實行上並非毫無障礙。Zuoyue Wang, "Transnational Science during the Cold War: The Case of Chinese/American Scientists," *Isis* 101 (2010), pp. 367–377; Fa-ti Fan, "The Global Turn in the History of Science", *East Asian Science, Technology and Society: An International Journal* 6:2 (2012), pp. 249-258.

42 作為文化冷戰一環所推行的美國中學的生物教科書《生物科學課程研究》（*Biological Sciences Curriculum Study*, *BBCS*）翻譯以及海外推廣計畫中，會配合當地的生物等進行修改作業，這也能讓我們再次確認，本土知識在生物學領域的重要程度。Audra J. Wolfe, *Freedom's Laboratory*, pp. 145-167.

三、對非軍事區的另一種觀點

一九七二年，南北韓發表聯合聲明，內容包含統一相關同意事項，在兩韓關係解凍風潮中，非軍事區再次引起注意。首先，是一九六八年提交史密森尼協會的非軍事區調查結果英語報告書，在一九七二年六月發行韓文版。該報告書標題雖名為〈非軍事區天然資源研究〉，但內容大部分是植物相和動物相，是為非軍事區周邊生態環境的首部本土報告書[43]。這本韓文版的內容，並非直接翻譯提交給史密森尼協會的報告書，而是刪去生態調查的分析結果後將內容重新編排，分為植物資源、動物資源和地質調查，主要列出棲息在非軍事區的動植物。標題以「天然資源研究」取代生態調查，則是生物學者為強調自身研究實用性而採取的策略。政府在對國際生物學計畫的支援上，要求生物學者必須加入經濟發展考量，天然資源研究便表達了其回應要求的意圖。同一場調查下的兩份報告書在內容和標題上的差異，讀者群不同固然是原因之一，但韓文報告書將論調設定在強調非軍事區內含豐富的動植物相，具有高度研究和保護價值，才是主要的原因。這造成了韓戰停戰後十五年間的生態變化、遭破壞的植被復原等問題遭到推延。

名列報告書作者之一的姜永善表示，「為和平解決以南北韓統一問題為首的所有問題，首要在於南北共同和平利用軍事分界線附近地帶」。除此之外，生長在非軍事區的樹木中，也可能找到適合栽種於南韓土地的樹種，因此非軍事區不僅在學術層面上，在生活上也和南韓人民息息相關。他在結論中提議，動員南北韓科學家合作，共同進行非軍事區的調查，若此期待無法實現，他希望南韓也能獨自繼續進行這項研究。

姜永善在此後不久便接受國土統一院的委託，發表概論南北韓野生動物的報告書[44]。該報告書利用過去研究資料，列出棲息於南北韓的哺乳類、鳥類、爬蟲和兩棲類、淡水魚類，並特別標示出僅出現在兩韓的特有種。當時，國土統一院在南北共同宣言的背景下，為了解北韓以備統一，而就各式主題委託製作報告書。生物學也是其中之一。雖然南北韓的動植物並不吻合「天然資源」所指，但不知何時也成為政府的關注對象。這是非軍事區生態調查所帶來的正面影響。

接著，姜永善又發表了更加具體的非軍事區天然資源南北韓合作研究構想[45]，內容是將雪嶽山—香爐峰—金剛山相連的太白山脈主幹，由南北韓共同合作開發為國家公園；以及在打造出世界性自然公園的前提下，進行為期三年的綜合性學術調查基本計畫。具體則是由南北韓各八十四名成員組成調查團，分為動物部、植物部、生態部、地質部、景觀部等五部門共二十三組，並計畫由雙方團長與各部門負責人組成合作議會，以就重要事項進行討論。這份研究構想，是最早針對非軍事區的南北韓合作生態調查的具體提案。然而，在南北韓關係再次惡化的狀況下，無法引起更加深入的討論，在幾乎已是半個世紀後的現在，此提案依舊仍未實現。

43　姜永善，〈비무장지대의천연자원에관한연구〉，（국토통일원，1972）。

44　姜永善，〈남북한천연자원의비교연구〉，（국토통일원，1972）。

45　姜永善，〈비무장지대공동개발을통한남북한상호협조상의문제점및대책〉，（국토통일원，1973）。

然而，由於生物學者提出有必要對非軍事區生物相進行後續調查，文化公報部文化管理局在一九七二年時，委託韓國自然保護研究會，針對非軍事區再次進行調查[46]。在此委託下，三十三名學者再次拜訪一九六六年曾經調查的四個區域，調查結果在一九七年年時出版為《非軍事區毗鄰區域綜合性學術調查報告書》[47]。研究小組認為，非軍事區及其毗鄰地區「由於限制而受到隔離，成為僅受到自然力量作用的封閉地區域，是為新天地」，再次強調須將涵蓋雪嶽山—香爐峰—金剛山的區域劃定為國家公園。此外，姜永善亦表示，非軍事區一帶生物相的徹底研究，將成為南韓全境生物相研究的基礎。他主張，非軍事區的生物相顯示出，「在沒有人類影響的自然狀態下，該地區生物群落」所產生的變化，超越多樣性的層次，具有生物地理學和生物群落的研究價值。實際上，研究人員也清楚認知到，該地區並非絲毫不受人類影響，但他們相信，非軍事區能夠負擔起生態實驗場或是野外實驗室的功能。

因此一九七〇年代中所推行的非軍事區生態調查，是以文化公報部文化財管理局資助，南韓自然保護研究會成員執行的方式進行。這是由於負責天然紀念物的文化公報部接受生物學者的主張，為保護非軍事區生態環境的良好狀態，必須將此地區劃為天然保護區域，以進行管理。後續研究的必要性也因此受到接納。非軍事區生態調查研究達成了生物學家所期望的結果。而研究成果也從簡單列表進化為生態變化的研究，這顯示出，非軍事區調查成為培養生物學者研究能力的土壤。南北韓非軍事區已脫離毫無生產性的暴力空間或是不毛之地，成為學術探索的場域。以這次的調查為基礎，應將非軍事區劃為生態保護區以進行保護的主張，一九八〇年代後在南韓仍不斷被提起。

反觀與非軍事區接壤的北韓，對待非軍事區的態度則極其冷淡。北韓視非軍事區為普通名詞，貫徹其在字典上的定義：「交戰雙方根據協議所設立，不配置武力的緩衝區域」。在北韓的文件中，幾乎看不到關於非軍事區物種多樣性、生態環境，或是視其為自然保護地區的描述[48]。對北韓而言，非軍事區是停戰產物，不過是為避免進一步軍事衝突而設立的緩衝地帶，因此是必須迅速去除的民族分裂象徵、衝突時代的遺留物。此觀點致使保護非軍事區生態的構想化為永久分裂民族的犯罪性企圖，受到北韓強力譴責。如二〇〇四年，北韓透過祖國和平統一委員會傳聲筒的談話，批評南韓政府希冀南北韓非軍事區能登記為世界遺產的構想是「企圖將民族分裂的不幸與痛苦象徵，又是南北韓軍事緊繃對峙的非軍事區，登記成什麼的『遺產』，這根本是缺乏常識的反民族妄行。」[49]而要將南北韓非軍事區列入世界遺產，開放為國際性觀光地點的嘗試，則是「欲永久分裂民族的反民族、反統一輕率行為」，並強烈表示「非軍事區中的軍事分界線不

46 一九六六年推動非軍事生態調查的韓國自然保護委員會，在一九六七年時改名為韓國自然保護研究會。

47 한국자연보존연구회，《비무장지대인접지역자연종합학술조사보고서》（문화공보부문화재관리국，1975）。

48 例如在論及北韓生態環境的DPR Korea SoE Project Team, *DPR KOREA: State of the Environment 2003* (United Nations Environment Programme, 2003); Ministry of Land and Environment Protection, DPRK, *Democratic People's Republic of Korea: Environment and Climate Change Outlook* (2012)中，便沒有提到非軍事區。

49 〈조국평화통일위원회 대변인담화〉，《노동신문》，2004年10月5日。

值得保存，而是為使我民族能自由地南來北往，必須早日消除其存在的對象」[50]。就北韓採取的立場而言，如要同意保留非軍事區，便必須一併解決西海五島[51]的海上國境等其他政治問題。換句話說，時至今日，非軍事區對北韓來說，仍僅是政治和軍事協商的對象，除此之外別無其他意義，對非軍事區生態調查同樣是貫徹此原則，基於政治判斷來處理。因此，初步調查實行雖已經過了半世紀，至今南北韓仍未能合作實行具體的非軍事區生態調查。

即便北韓未將南北韓非軍事區與生態問題連結，也未曾間斷地展現出對自然環境和生態保護的重視。一九九二年，北韓加入《生物多樣性公約》（*Convention on Biological Diversity*），一九九四年，成為正式締約國，一九九八年，在與全球環境基金（Global Environment Facility, GEF）合作下，制定實施「朝鮮民主主義人民共和國生物多樣性戰略暨行動計畫」。二〇〇三年，依國際自然保育聯盟六大系統分類劃定保護區，根據二〇〇五年的資料，已成立兩百三十四個自然保護區[52]。此外，北韓也在二〇一八年加入《拉姆薩公約》（*Ramsar Treaty*）。

目前，非軍事區仍未被北韓劃為自然保護的指定區域。然而，當為了實現生態上的目標而將焦點聚集在非軍事區時，仍有諸多討論之處，如以丹頂鶴保育為主旨的「安邊計畫」，南北韓以生物為媒介摸索合作方式[53]。即使今日南北韓看待非軍事區的觀點仍有所抵觸，透過與生物相關的合作計畫，應該仍有可能在看法上達成一致。

四、重新解讀非軍事區生態系調查及其影響

非軍事區是韓戰這場激烈戰爭所留下的遺產，是充滿軍事緊張的禁地。雖然在冷戰結束後又經過了一個世代，非軍事區依然橫亙於朝鮮半島中央，並將其一分為二。曾經如同火藥庫的非軍事區，由於具備生態價值，而在一九六〇年後半，因非軍事區生態調查重新受到矚目。即使規畫中的主要調查未能執行，非軍事區也在初步研究調查的影響下搖身一變，成為野生動物的樂園，以及生態學研究的學術性研究場域。可惜，透過非軍事區生態調查創造關於冷戰空間新知識的嘗試，由於各施為者間不同的期待以及外在環境變化，未推展至最初計畫的主要調查階段。在初步調查過程中提出計畫案、提供生態學知識、技術及經費的美國，與接受美方支援實地執行調查的南韓間，形成相當緊繃的關係。而另一個與非軍事區有關的主體北韓，至今仍對非軍事區生態調查抱持極度否定的態度，因此初步調查實際上僅能在毗連地區而非非軍事區中進行，直到現在，

50 〈영구분렬을꾀하는비무장지대보존책동〉，《노동신문》，2004年10月8日。

51 西海五島目前是南韓管轄的島嶼，其包括延坪島、隅島、白翎島、大青島和小青島等五座島嶼除隅島外其餘各島原屬黃海道。一九五三年簽訂韓戰停戰協定後，駐日盟軍總司令在西海五島列島和北韓黃海道之間海域劃分了北方界線（Northern Limit Line），持續到一九七三年，直到北韓持續侵犯北方界線並主張其管轄權。

52 조선민주주의인민공화국，《우리나라의자연보호지역》（2005）。

53 김신환외，《두루미，하늘길을두루두루》（들녘，2015），頁74-91。

此局面仍未有多大改善。就結果而言，非軍事區生態調查以獲得普遍且豐富知識為目標的科學合作計畫，由於環繞在非軍事區地帶的不同立場，只能達成有限的成果。

最初，非軍事區生態調查是韓國生物學者尋找願意支持其研究贊助者的努力，與企圖以生態學為媒介，轉換韓國生物學界的美國史密斯森協會學術計畫結合的成果。初步研究的經費是由美國空軍基礎科學研究中心所提供的事實，亦暗示此計畫並未脫離冷戰漩渦。美國計畫透過調查含有軍事意義的特殊性空間生態，藉著普及「生態系生態學」，以確立美國在生態學、以至於生物學中的主導地位。此計畫目的並不在於僅限一次的調查研究，而是以二十五年為目標，企圖導入美式教育及研究方法，使其生根。文化冷戰便是根植在史密森尼協會此宏圖的背景之中。

不過，生態調查卻未依美國計畫進行。最直接的外在因素是南北韓的軍事緊張，由於北韓持續性的軍事挑釁，基於安全理由，對軍事敏感地帶的非軍事區調查無法繼續進行；文化冷戰的計畫受到南北韓之間的軍事冷戰阻擋。此外，史密森尼協會無法確保該計畫所需要的充足經費來源，財政問題也是因素之一。一九六七年的「ＣＩＡ醜聞」，福特基金會與亞洲基金會不得不謹慎處理文化冷戰計畫的局面，也在此造成影響。

同時在非軍事區生態調查的背後，存在著南韓和美國學者之間，對生態調查計畫認知的差距、文化差異，以及代溝等各式各樣的權力衝突。史密森尼協會的計畫為了能在非軍事區實行，必須由南韓學者執行現場採集動植物並分類的田野調查。因基礎生態調查對象皆為南韓動植物，南韓學者欲據其知識專業性，提高自身對美方的聲量。在美國方面所期盼的生態系生態學出場前，連基本生物相調查也未曾實行的狀態下，南韓學者基於己身具備的南韓生物本土知識，堅拒止步於僅是被動受惠的立場。就如同在本章開頭曾引用的蝴蝶學家石柱明所言，其所展現的自信中可窺見的，是生物學者以生物特有的「本土性」為武器，毫不厭倦地與美國學者之間展開激烈的心理對抗。這也再次顯示出，被認為是普遍性知識的科學技術的轉移，其知識生產的實際過程並非是毫無障礙的單行道。韓國和美國的學者，其所追求的知識雖然在本質上並無不同，然其前往目的地的過程卻非一致。而由於非軍事區生態調查在先行調查階段便急遽終結，也讓這樣的緊張關係更加醒目。

不同的觀點以此方式存在於非軍事區這個冷戰空間，以及環繞著非軍事區的生態調查上，至今仍相互抵觸。圍繞著非軍事區，各式各樣的科學政治參與其中。儘管如此，此空間所具有的生態價值仍不斷增加中。讓人們重新認識這個充滿軍事緊張地區價值的主角，是棲息與此地的動植物，只要這點存在於記憶中，今後非軍事區仍有可能成為改善南北韓關係的有效手段。在半個世紀前短暫實行的非軍事區生態調查，成為日後韓國生物學發展的重要養分。然而，生態調查所播下的種子，尚未結出豐富的果實。這不禁讓人抱持期待，未來將能經由非軍事區區域內穿越往來軍事分界線標記的生物們，達成真正的生態調查以及永久和平的目標。

參考資料

一手史料

姜永善，〈비무장지대의천연자원에관한연구〉，（국토통일원，1972）。

——，〈남북한천연자원의비교연구〉，（국토통일원，1972）。

——，〈비무장지대공동개발을통한남북한상호협조상의문제점및대책〉，（국토통일원，1973）。

한국자연보존연구회，《비무장지대인접지역자연종합학술조사보고서》（문화공보부문화재관리국，1975）。

〈좌담회：새과학을이야기하는밤〉，《현대과학》，8호（1948），頁44-51。

A letter from Edwin Tyson to Helmut K. Buechner, November 28, 1966。史密森尼協會管藏（玄在煥博士提供副本）。

Buechner, Helmut K. "Ecological Study in Korea: A Proposal for Research and Education" (Smithsonian Institution, 1 November 1967)，全北大學韓國科學文明學研究所崔亨燮檔案館藏，崔亨燮在一九七〇年代擔任科學技術部長官，該研究所收藏了一些與他相關的資料。

Buechner, Helmut K., Edwin L. Tyson and Ke Chung Kim, *Final Report: A Cooperative Program for Ecosystem Research in Korea, October 1966-September 1968* (Office of Ecology, Smithsonian Institution, 1968)。史密森尼協會管藏（玄在煥博士提供副本）。

"Korean National Programme for the IBP," *Report for the IBP 2* (1968), 5-19。高麗大學圖書館藏。

Smithsonian Institution, *Smithsonian Year 1968*, 1968.

二手史料

元炳旿，〈새들이사는세상은아름답다〉（다움，2002），頁80-90。

文晚龍，〈비무장지대생태조사의의의와전망〉一文刊載於《대동문화연구》106（성균관대학교대동문화연구원，

2019），頁35-64。
吳翎君著，貴志俊彥・土屋由香編〈戦後台湾におけるロックフェラー財団の援助事業〉，《文化冷戦の時代——アメリカとアジア》。東京都：国際書院，2009，頁119-140。
辛香淑、文晚龍，〈강영선의한국생물학만들기〉，《제 7 회한일과학사세미나발표집》（한국과학사학회，2017），頁79-83。
김신환외，《두루미，하늘길을두루두루》（들녘，2015），頁74-91。
金仁洙，〈냉전과지식정치：朴振煥의 Farm Management Analysis（1966）의성립사정〉，《동북아역사논총》61（2018），頁408-465。
洪定完，《전후한국의사회과학연구와근대화담론의형성》（연세대학교 박사학위 논문，2017）
辛珠柏編，《근대화론과냉전지식체계》（혜안，2018）。
金鍾泳，《지배받는지배자：미국유학과한국엘리트의탄생》，（돌베개，2015）
조선민주주의인민공화국，《우리나라의자연보호지역》（2005）。
貴志俊彥、土屋由香編，《文化冷戦の時代——アメリカとアジア》。東京都：国際書院，2009。
遠藤公男，《アリランの青い鳥》。岐阜：垂井日之出印刷所出版事業部，2013。
Berman, Edward H. *The Influence of the Carnegie, Ford, and Rockefeller Foundations on American Foreign Policy:The Ideology of Philanthropy.* New York: State University of New York Press, 1983.
Brady, Lisa M. "Life in the DMZ: Turning a Diplomatic Failure into an Environmental Success."*Diplomatic History* 32:4 (2008):585-611.
Campbell, Joel R. *The Technology Policy of the Korean State Since 1961*. New York: The Edwin Mellen Press, 2009.
Coleman, David C. *Big Ecology: The Emergence of Ecosystem Science*. California: University of California Press, 2010.
De Vries, Tity. "The 1967 Central Intelligence Agency Scandal: Catalyst in a Transforming Relationship between State and People."*The Journal of American History* 98:4 (2012): 1075-1092.

DiMoia, John. "Atoms for Power? The Atomic Energy Research Institute (AERI) and South Korean Electrification, 1948-1965."*Historia Scientiarum* 19:2 (2009): 170-183.

DPRKoreaSoEProjectTeam,DPRKOREA:StateoftheEnvironment2003（UnitedNationsEnvironmentProgramme,2003）.

Fan, Fa-ti. "The Global Turn in the History of Science." *East Asian Science, Technology and Society: An International Journal* 6:2 (2012): 249-258.

Hyun, Jaehwan. "Making Postcolonial Connections: The Role of a Japanese Research Network in the Emergence of Human Genetics in South Korea, 1941-1968." *The Korean Journal for the History of Science* 39:2 (2017): 293-324.

—— "Brokering Science, Blaming Culture: The US-South Korea Ecological Survey in the Demilitarized Zone, 1963-1968." *History of Science* (2020 December 7): 1-29.

Kim, Ock-Joo and Sang-Ik Hwang. "The Minnesota Project: The Influence of American Medicine on the Development of Medical Education and Medical Research in Post-War Korea." *Korean Journal of Medical History* 9:1 (2000): 112-123.

Latham, Michael E. The *Right Kind of Revolution: Modernization, Development, and U.S. Foreign Policy from the Cold War to the Present*. Ithaca and London: Cornell University Press, 2011.

Masuda, Hajimu. *Cold War Crucible: The Korean Conflict and the Postwar World.* Cambridge: Harvard University Press, 2015.

Ministry of Land and Environment Protection, DPRK, *Democratic People's Republic of Korea: Environment and Climate Change Outlook* (2012).

Molella, Arthur P. and Scott Gabriel Knowles eds. *World's Fairs in the Cold War: Science, Technology, and the Culture of Progress*. Pittsburgh: University of Pittsburgh Press, 2019.

Moon, Manyong "Becoming a Biologist in Colonial Korea: Cultural Nationalism in a Teacher-cum-Biologist." *East Asian Science, Technology and Society: An International Journal* 6-1 (2012): 65-82.

——. "Postcolonial Desire and the Tripartite Alliance in East Asia: The Hybrid Origins of a Modern Scientific and Technological System in S. Korea." In *Engineering Asia: Technology, Colonial Development and the Cold War Order*, eds. Hiromi Mizuno,

Aaron S. Moore & John DiMoia, 165-188. London: Bloomsbury, 2018.

Park, Tae Gyun. "The Roles of the United States and Japan in the Development of South Korea's Science and Technology during the Cold War." *Korea Journal* 52:1 (2012): 206-231. Parmar, Inderjeet. *Foundations of the American Century: The Ford, Carnegie, and Rockefeller Foundations in the Rise of American Power*. New York: Columbia University Press, 2014.

Saunders, Frances Stoner. *The Cultural Cold War: The CIA and the World of Arts and Letters*. New York: The New Press, 2000.

Wang, Zuoyue. "Transnational Science during the Cold War: The Case of Chinese/American Scientists." *Isis* 101 (2010): 367-377.

Westad, Odd Arne. *The Global Cold War: Third World Interventions and the Making of Our Times*. Cambridge: Cambridge University Press, 2005.

Wolfe, Audra J. *Competing with the Soviet: Science, Technology and the State in Cold War America*. Baltimore: Johns Hopkins University Press, 2013.

——. *Freedom's Laboratory: The Cold War Struggle for the Soul of Science*. Baltimore: Johns Hopkins University Press, 2019.

Worthington, E. B. ed. *The Evolution of IBP*. Cambridge University Press, 1975.

網路

Shin, Jieun. "A Wildlife Paradise": International Collaboration on the DMZ Ecology in the 1960s", Smithsonian Institution Archives blog, https://siarchives.si.edu/blog/%E2%80%9C-wildlife-paradise%E2%80%9D-international-collaboration-dmz-ecology-1960s#disqus_thread.

第九章　開發的殉教者

——一九五九至一九七臺灣農業援外工作與越南共和國五年

林于翔（James Lin）／著
蔡傳宜／譯

一九六三年十一月十三日，臺灣稻米種植技術專家張篤生拜訪位於西貢郊外約七十公里處的稻米農業實驗場後，在搭乘吉普車返回市區的途中，遭越南共產黨勢力埋伏槍擊而死亡[1]。這讓張篤生被視為殉教者，但並非戰爭而是「發展」的殉教者。根據臺灣國民黨系報紙《徵信新聞報》（《中國時報》前身）的報導，張篤生是「眾多離鄉背井，援助與臺灣相同或是更加落後的未開發國家發展的技術人員之一」。這些技術人員讓眾多外國人理解臺灣人的勤奮與科學知識，報

1　「外交部電報」（1963年11月14日），〈駐越農技團工作及協助華僑籌建紗廠及張篤生遇難等〉，《外交部檔案》，臺北：中央研究院近代史研究所檔案館藏：11-29-10-04-101，頁38。

導中亦稱讚，其對海外國家的貢獻與對祖國的貢獻同樣偉大[2]。

在接下來許多的新聞報導、訪談和演講中，張篤生的死亡為臺灣與世界的關係打造了新論述。自國共內戰戰敗以來，國民黨政府以與共產主義及中華人民共和國生存之戰的脈絡，架構中華民國的國際關係。如本章所示，一九五九年起派遣至越南的農業發展技術團隊，將此國際關係敘事拓展到反攻大陸之外，把「發展」納入其中。中華民國政府則欲對「南方國家」（Global South，指非社會主義開發中國家）證明其技術、堅韌不拔以及現代性。數十隊臺灣農技團在越南農村與越南農民並肩工作，展示更加清脆水嫩的蔬菜、更有效率且實用的農具，以及強韌的臺灣式農村組織。冷戰中強烈的反共主義依舊健在，並藉由根植於透過經濟自立，獲得近代化及國力的論點，以新的「發展」敘事而增色。到了一九七〇年代至八〇年代，隨著冷戰在東亞逐漸消融，經濟成長與成功成為中華民國政府自身正當性與權力的依據，不久，經濟繁榮便成為超越反共主義的國家重要議題。

「發展」通常是透過農業科學、資本主義經濟、農村組織等「近代性」方法，提升生活品質與條件的實踐，但在一九五九年初次實行時，臺灣規劃者所設想的是一種限定於「技術性」的嘗試。然而正如人類學家詹姆斯・弗格森（James Ferguson）在分析賴索托王國（Kingdom of Lesotho）發展時曾指出，若將「技術性」一詞按字面意義理解，則容易錯失其本質[3]。直到一九七〇年代為止，中華民國的援外技術團也不僅止於技術外援。自一九四五年接收臺灣以來，國民黨政權便透過農會組織、公共衛生、資本金融化、土地改革和現代科學技術，推動發展計畫，以統治和重整臺灣農村。提供越南技術援助的背後，亦是意圖藉此為臺灣吸取發展經驗，例如，如何利用農會組織，作為擴大國家控制、並提高農村透明度的手段。如本章所示，發展在其後數十年間，成為中華民國政府在全球化推力下建立以近代化為基礎的國家認同，並緊接著以知識普及和政治宣傳確立其權威的重要舞臺。

國際援助，是中華民國和世界建立互動關係的新領域。一九五九年的越南農業技術團為臺灣的首次嘗試，也是初次派遣臺灣技術人員和專家前往海外農村的機會。最初的農技團規模不大，僅派出十數名植物栽培、漁業以及農會的專家，支援越南政府主導的品種改良和農村福利計畫。反共主義以及蔣介石欲尋求冷戰聯盟，皆是中華民國派遣援助的地緣政治動機。直到一九六〇年代中，對越南以及其他亞洲非共產國家的技術援助，成為軍事援助相當重要的補充[4]。蔣介石誤

2　〈哀悼張篤生〉，《徵信新聞報》，臺北，1963年11月17日。翻譯檔案位於Folder 842, Bản dịch các bài báo Taiwan liên quan đến cái chết của ông Tu-Sun-Chang, thành viên phái đoàn kĩ thuật canh nông Trung Hoa Dân Quốc đến Việt Nam năm 1963 [Translation of Taiwan articles related to the death of Tusun Chang [Zhang Dusheng], member of the ROC agricultural technical team to Vietnam 1963], Nha Canh Nông [Directorate of Agriculture], Vietnam National Archives II（以下簡稱為ＶＮＡ）。

3　James Ferguson, *The Anti-Politics Machine: 'Development', Depoliticization and Bureaucratic Power in Lesotho* (Cambridge: Cambridge University Press, 1990).

4　在一九六〇年蔣介石與吳廷琰的會談後，中華民國已數次派遣軍人和軍事顧問團前往越南共和國。詳細可參考林孝庭，《台海冷戰解密檔案》（香港：三聯書店，2015），頁288-291。

以為中共完全掌控了北越，視支援越南為超出單一國家單位的廣域國際反共戰略之一環，而發展則提供了阻止中國共產黨擴張的額外手段[5]。發展逐漸成為中華民國越來越重要的外交手段。反過來說，發展更在臺灣國家和國民認同的形成上，發揮了重大的影響力。

越南農業技術團開啟了中華民國參與國際發展援助的先河，因此意義重大。一九六〇至七〇年代間，臺灣農技團增加到二十多隊，遍及亞洲、非洲、南太平洋及中南美洲等世界各地的開發中國家。特別是在共產主義各國以中華人民共和國為核心，有意剝奪中華民國在聯合國中的代表權的局面下，此時期的非洲農技團既是一種援助外交，也是中華民國外交政策的基礎，中華民國政府以農業技術支援，交換脫離殖民的非洲興新諸國在聯合國大會上的一票[6]。在此過程中，運用了許多援助越南時所獲的的經驗，例如訴諸「第三世界的團結合作」、「臺灣人與非洲諸國（或是越南）民眾的共通點」等言論，以及非西方模式在去殖民化後提升國力和獲得自主上的重要性等。

一九五九至七五年第二次印度支那戰爭（越戰）結束為止前，過去僅限單次派遣至越南的農技團，已成為中華民國展現政權正統性的新手段。中華民國的規劃者們透過援外工作，證明臺灣的發展程度足以援助海外國家，幫助海外國家的成長、提升農村生活水準，到達和臺灣相同的程度。而在國內，這些技術能力的證明，則從新的角度強化了政權的權威與國家權力——透過宣揚中華民國是國內外皆知，與西方國家並駕齊驅，經濟自立的現代化國家。中華民國已非發展中國家，其所發展的農業專門知識為世界所需，在農業領域是全球的領先國。

在過去的研究中，農業發展在臺灣近代史中的重要性，以及臺灣對全球發展史上造成的影響皆受到忽視。政治學者高龍江（John Garver）雖曾提過臺灣對越南的援助，但敘述十分簡短，且僅限制於外交框架中[7]。林孝庭討論中華民國與越南共和國的外交關係時，焦點主要集中於軍事援助[8]。過往研究中最重要的，應該是歷史學家西門．透納（Simon Toner），提到在總統阮文紹（Nguyễn Văn Thiệu）領導下的越南共和國官員們，將臺灣與韓國視為潛在的發展範本[9]。他提出關鍵性的觀點，相較於美國或是西洋諸國，「臺灣和南韓（為越南政府——作者註）提供了一種

---

5 此觀點並非直接引用自蔣介石，而是美國駐臺北領事館的解釋。Telegram, "President Appreciation for Actions of Non-Communist Asian Peoples in Vietnam," 7/27/65, #13, "China," Country File, NSF, Box 238, Lyndon B. Johnson Library.

6 James Lin, "Sowing Seeds and Knowledge: Agricultural Development in Taiwan and the World, 1925-1975," *East Asian Science, Technology and Society* vol. 9, issue 2 (2015): issue 2 (2015): pp.127-149, https://doi.org/101215/18752160-2872116; Liu, Hsiaopong. "The Making of an Artificial Power: American Money and 'Chinese' Technicians on African Soil, 1961-1971" (PhD diss., University of Chicago 2006)；王文隆，〈外交下鄉，農業出洋：中華民國農技援助非洲的實施和影響（1950-1974）〉（臺北：國立政治大學歷史學系，2004）。

7 John W. Garver, *The Sino-American Alliance: Nationalist China and American Cold War Strategy in Asia* (Armonk NY: M. E. Sharpe, 1997）

8 林孝庭，〈冷戰時期臺灣與南越的關係〉，《南洋問題研究》，2018年第3期，頁15-30。

9 Simon Toner, "Imagining Taiwan: The Nixon Administration, the Developmental States, and South Vietnam's Search for Economic Viability, 1969-1975," *Diplomatic History*, Vol 41, issue 4 (2017): pp. 772-798.

具有吸引力的統治替代模式，也就是對專制政府忠誠，為經濟發展動員的去政治化大眾」[10]，越南官員們因此在亞洲鄰國身上找到了共通之處。與臺灣相同，南韓和日本亦參與開發援助，特別是在東南亞地區，耗費數十年時間發展了農業、醫療，以及基礎建設[11]。對越南領導人而言，中華民國是理想中越南共和國可能達成的「浪漫」或「想像」：一個已開發獨裁國家。

本章使用臺灣、越南、美國檔案文獻，以及臺灣曾赴越技術支援人員的口述歷史，追蹤臺灣專家如何嘗試將自己國家的現代性移植海外，而越南發展計畫如何成為臺灣人自身的想像。發展的目的既在於近代化亦在於「展演」，而「展演」即是推展臺灣塑造自身的目標，將自己打造為南方國家，尤其是國內民眾眼中現代、科技進步、人道且繁榮的社會。因此，本章將檢討企圖強化其正當性與統治基礎的國民黨政權，如何向分裂的臺灣視聽者展現其援外工作，而對越南與世界的視聽者們，又是如何將開發援助塑造成對「自由世界」友誼和反共國際主義承諾的證據。

一、為什麼是臺灣？越南與農村問題

一九五五年越南皇帝保大帝（Vua Bảo Đại）因軍事政變退位，吳廷琰（Ngô Đình Diệm）就任新成立的越南共和國總統。其為狂熱的反共主義與民族主義者，視法國殖民統治，以及北緯十七度線以北，胡志明（Hồ Chí Minh）所統治的越南民主共和國為敵。法國在印度支那半島為共產主義勢力所敗後，美國持續擴大支援，越南被視為需要美國政府監督與指導的關鍵性區域[12]。數位著名美國發展專家被派赴越南，其中包括農業部的土地改革專家雷正祺（Wolf Ladejinsky）。如同歷史學者愛德華・米勒（Edward Miller）所觀察到的，包括雷正祺在內的技術援助和農村發展專家在赴任越南前，皆有於其他亞洲國家服務的經歷[13]。越南的美國經濟協助處農業顧問菲平（William H. Fippin）亦不例外。

在擔任越南美國經濟協助處農業顧問前，一九五二至五七年間，菲平為臺灣中國農村聯合復興委員會（Sino-American Joint Commission on Rural Reconstruction, JCRR，又稱農復會）兩名美籍委員之一。農復會由三位臺灣委員與兩位美籍委員組成，負責策畫臺灣全島的農業政策，在該會成立初期，身為農村組織專家的菲平曾負責數項農會改革[14]。在農復會五年間的經驗，使菲平不僅十分熟悉農復會中關於農會的活動和專門知識，亦認為臺灣是在農業發展上非常成功的案例。

---

10 Toner, "Imagining Taiwan", p. 782.

11 Mizuno, Hiromi, Aaron Stephen Moore, and John Paul DiMoia, eds. *Engineering Asia: Technology, Colonial Development, and the Cold War Order* (London: Bloomsbury Academic, 2018).

12 Edward Garvey Miller, *Misalliance: Ngo Dinh Diem, the United States, and the Fate of South Vietnam* (Cambridge, MA: Harvard University Press, 2013), p.72.

13 Miller, *Misalliance*, p. 79.

14 「Chiang Monlin to W. I. Myers」（1951年5月25日），〈沈宗瀚文件稿(28)〉，《行政院農業委會檔案》，臺北：國史館藏：034-040500-0028。

一九五七年，美國國際開發總署前身之一的國際合作總署將菲平調任至治安持續惡化的越南。到任後不久，菲平在寫給前同僚農復會委員沈宗瀚的信中指出，在尋求美國援助以對抗持續高漲的共產主義的背景下，對越南人而言「農業計畫是最大也是（除軍事支援外）最重要的」[15]。

一九五九年四月四日，臺灣駐越南外交官員在寫給外交部次長的備忘錄中寫下，「在與美國經濟協助處農業顧問菲平和越南農林部長黎文同（Lê Văn Đồng）的商談中，美國政府已預備三十萬美元，聘請二十至三十名外籍農業專家援助越南」[16]。招募臺灣專家的初步決定，主要是由於菲平根據其農復會經驗而提出的強力要求。臺灣駐越南外交官員繼續寫下：「菲平旅居臺灣多年，與我國許多農業界人士在公務上合作順利，因此強烈推薦邀請我方專家。然而越南農林部長則對招聘法籍專家感到興趣」[17]。考慮到印度支那曾長期為法國殖民地，越南共和國表現出對法國專家的偏好並不令人驚訝，不如說選擇招聘臺灣專家的決定，打破了殖民時期以來的慣例而顯得不尋常，亦展現出美國顧問在吳廷琰政權時代的影響力。然而這並非是越南初次接觸到臺灣的發展。

在吳廷琰的越南共和國政權之前，越南國保大帝時代（一九四五—五四）的越南官員們早在一九四九年已注意到農復會在中國與臺灣的種種發展。在一份越南國公共工程交通部（Bộ Công Chánh và Giao Thông）的文件中——該文件可能是由越南官員譯自農復會英文資料——農復會被描述為將重心放在「為農村民眾帶來收益」，且「亦認識到長期研究與教育的價值」[18]。文件繼續說明，農復會並非旨在大量投入美金，「因為過去在亞洲的經驗顯示，至少在一開始時，很難以合理（明智）的方式迅速支出大筆款項。相反地，這是以查明一般農家（*une famille ordinaire d'agriculteurs*）需求為出發點，充滿生氣的活躍計畫」[19]。即便目前此翻譯所根據的文件仍不明確，然其極可能為公共工程交通部官員們閱讀。相較於高度資本密集的發展計畫，農復會的形象更能切中農村農民需求。

儘管如此，菲平仍是影響一九五九年招聘臺灣發展專家決定的主要因素。菲平身為越南美國經濟協助處農業顧問，且曾擔任農復會主委，其與臺灣方面有著直接的聯繫，但在他的抉擇背後仍有超越偶然和便利的知識因素。

---

15 「Letter from William H. Fippin to Shen Zonghan」（1957年8月31日），〈沈宗瀚文件稿(14)〉，《行政院農業委會檔案》，臺北：國史館藏：034-040500-0014。

16 「Letter to Deputy Minister of Foreign Affairs（次長）」（1959年4月4日），〈駐越農技團（一）〉，《外交部檔案》，臺北：國史館藏：020-011004-0098。

17 同註15。

18 Programme de la Commission Mixte Pour la Reconstruction Rurale en Chine [Program of the Joint Commission for Rural Reconstruction in China], 1949, Folder 02, Tài liệu về chương trình tái thiết nông thôn Trung Quốc năm 1948-1949 [Documents of the rural reconstruction plan in China 1948-1949], Bộ Công Chánh và Giao Thông [Ministry of Public Works and Transportation], VNA.

19 Programme de la Commission Mixte Pour la Reconstruction Rurale en Chine [Program of the Joint Commission for Rural Reconstruction in China], 1949, Folder 02, VNA.

越南共和國的領導層認為，農村問題本質上具有社會與經濟因素。鄉村地區是越南南方民族解放陣線（越共）活動和吸取支持的區域，因此，越南與美國皆瞄準農村地區，展開自一九五四年起（甚至更早，在法國殖民統治和保大帝政權時便已開始）的「綏靖」鎮壓，而一九六二年的戰略村落計畫（Strategic Hamlet Program）旨在將反游擊戰軍事戰術帶入鄉村[20]。

然而，美國與越南這兩個盟友對抗共產黨叛亂的方式並不相同。菲平與其他美國官員察覺，吳廷琰目的旨在盡可能以較少的附加條件積聚大量美金，因此偏重在美方支援下能夠切實達成的低成本高影響方案，試圖藉此阻撓吳廷琰的企圖。反映在政策上，即是將重心放在易於實行，無需大量資金與人力的計畫。菲平寫下，「水，是最大而且最難解決的問題，我們能做的卻相對地少。問題實在太大。曾見早年法國評估，整治湄公河將耗費達數十億美元。這將耗費十分漫長的時間才得以見效，因此我們能做的只有東塗西抹的到處都弄一點。」[21]水是二十世紀發展專家們的重要議題，尤其是湄公河三角洲，它既是美國墾務局（United States Bureau of Reclamation, USBR）也是日本海外開發的目標[22]。但相較於此類規模龐大的問題，菲平更加關心臺灣技術人員能協助解決的問題。

菲平聚焦於臺灣的傑出領域，也就是「品種改良、肥料、病蟲害防治以及栽培方法」[23]。這四項是農復會的主要改善項目，有著源自於中華民國時期的中國，以及日治時代臺灣的農業科學背景[24]。臺灣具有日本殖民地經營所留下的龐大水文遺產優勢，農復會亦在美援下繼續進行水利建設計畫。然而對菲平而言，臺灣所創新的花費較低、且更易轉移應用的開發模式則更加重要，且無疑地更值得注意。菲平在給沈宗翰的信最後寫下：「南部大部分地區僅能栽種浮稻，產量十分低，每公頃約略多於一公噸。這就是這些地區的全部收穫」[25]。臺灣團隊精通於選育高產量稻米，在以半矮品系的低腳烏尖（Dee-geo-woo-gen）為親本，培育出被稱為「奇蹟稻」的IR-8上有所貢獻，他們也觀察到稻米以外作物適合的土壤和氣候條件，如臺灣農耕隊曾在越南栽種的玉米或芥菜。

---

20 Geoffrey C. Stewart, "Hearts, Minds and Công Dân Vụ: The Special Commissariat for Civic Action and Nation-Building in Ngo Dinh Diem's Vietnam, 1955-1957," *Journal of Vietnamese Studies*, Vol. 6, issue 3 (2011): p. 49; Miller, *Misalliance*, p.233; James M. Carter, *Inventing Vietnam: The United States and State Building, 1954-1968*. (New York: Cambridge University Press, 2008), p. 123. 日譯註：此計畫的目的是強制將農民遷移至美軍的監視之下。

21 同註15。

22 Christopher Sneddon, *Concrete Revolution: Large Dams, Cold War Geopolitics, and the US Bureau of Reclamation* (Chicago: University of Chicago Press, 2015); Aaron Stephen Moore, "Japanese Development Consultancies and Postcolonial Power in Southeast Asia: The Case of Burma's Balu Chaung Hydropower Project." *East Asian Science, Technology and Society* vol. 8, issue 3 (2014):pp. 297-322. https://doi.org/10.1215/18752160-2416662.

23 同註15。

24 Lin, "Sowing Seeds and Knowledge"

25 同註15。

二、種籽：臺灣科學移植越南

一九五九年十二月，中華民國開始派遣援外技術團至越南共和國，團隊最初由農會組織、作物改良以及漁業的技術人員及專家組成。此援助計畫在十六年間擴及越南超過二十四省（參照圖9-1），並涵蓋獸醫、昆蟲學、土壤科學及灌溉等領域。

一九五九年的技術團首重作物改良，由頗負盛名的品種改良專家馬保之領導[26]。在中國以農學家開啟職業生涯的馬保之，一九二九年畢業於著名農業科學中心之一的金陵大學，隨後在康乃爾大學取得植物育種學博士學位，並於劍橋大學從事一年的研究[27]。年歸一九三四國後任職於中央農業實驗所，擔任廣西農業試驗場場長，一九四四年就任中華民國農林部農林司司長，其後擔任農林部下協助聯合國善後救濟總署（United Nations Relief and Rehabilitation Administration, UNRRA）中國分署的單位，農業復興委員會的次長。與國民政府一同播遷臺灣後，馬保之成為

---

26 「對外宣傳彩色專刊——中日經濟簡訊、先鋒計畫第三國訓練、中華民國統計提要、歷史經濟資料簿」（1975年4月），〈中華民國對外技術合作 Vol. 2〉，《行政院國際經濟合作發展委員會》，臺北：中央研究院近代史研究所檔案館藏：36-01-006-025。

27 Announcement of the Graduate School, Official Publication of Cornell University, July 15, 1933;vol. 25, page 141; Cornell University Library. Announcement of the Graduate School, OfficialPublication of Cornell University, July 15, 1934; vol. 26, page 157; Cornell University Library.

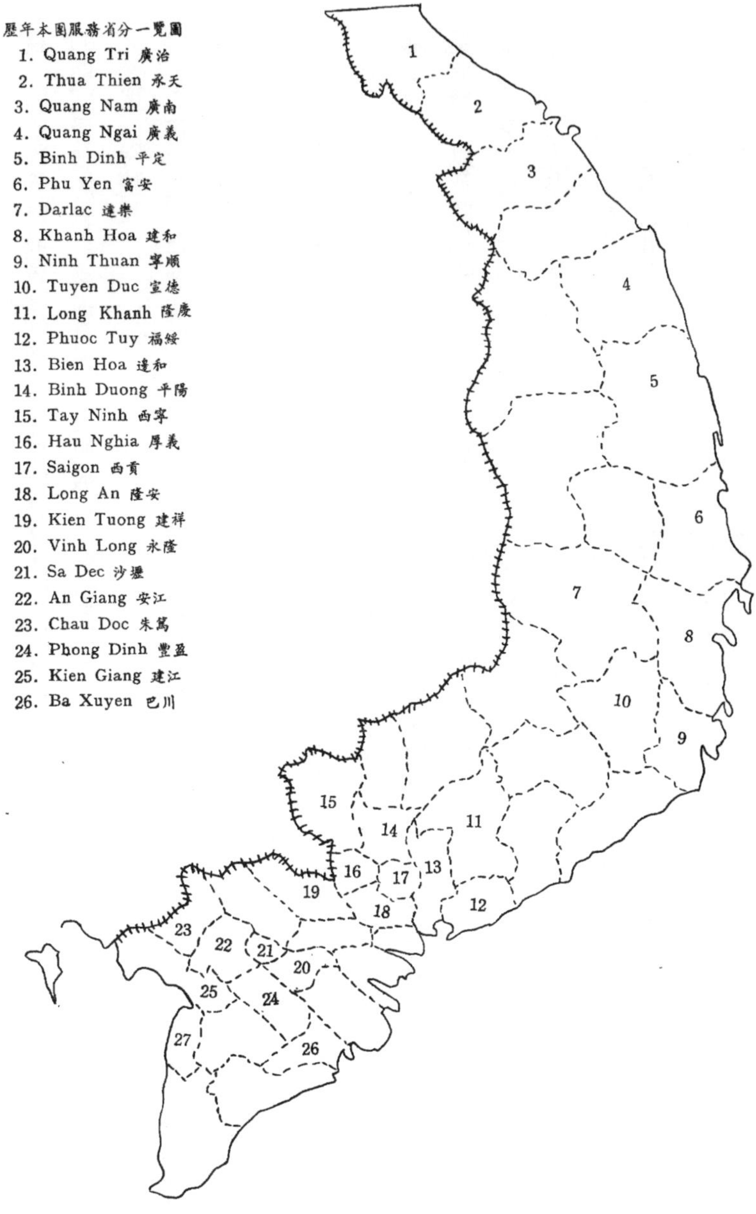
歷年本團服務省分一覽圖
1. Quang Tri 廣治
2. Thua Thien 承天
3. Quang Nam 廣南
4. Quang Ngai 廣義
5. Binh Dinh 平定
6. Phu Yen 富安
7. Darlac 達樂
8. Khanh Hoa 建和
9. Ninh Thuan 寧順
10. Tuyen Duc 宣德
11. Long Khanh 隆慶
12. Phuoc Tuy 福綏
13. Bien Hoa 邊和
14. Binh Duong 平陽
15. Tay Ninh 西寧
16. Hau Nghia 厚義
17. Saigon 西貢
18. Long An 隆安
19. Kien Tuong 建祥
20. Vinh Long 永隆
21. Sa Dec 沙瀝
22. An Giang 安江
23. Chau Doc 朱篤
24. Phong Dinh 豐盈
25. Kien Giang 建江
26. Ba Xuyen 巴川

圖9-1　一九五九至七三年間曾接受臺灣技術援助的越南共和國省分。[28]

名校國立臺灣大學的農學院院長。中華民國任命馬保之為首次派遣越南的技術團作物改良團團長，將國內經驗最豐富的知名品種改良專家派往海外。在越南短期領導改良團後，他在超過十年的期間受聘於聯合國糧食與農業組織（Food and Agriculture Organization, FAO），擔任賴比瑞亞大學農學院院長。

作物改良團在馬保之指揮下，製作越南農業的長篇報告，考慮到其與臺灣同樣皆屬米食文化圈，稻米成為關注要點。一九六四年，臺灣專家估算越南稻作約為面積兩百五十萬公頃，年產量約五百萬公噸[29]。其中一份關鍵報告〈越南稻米種子生產〉在一九六〇年二月出版[30]，該報告調查並概述越南共和國稻米生產，審視種子從生產到流通至各地農家的各個階段，包括檢查、儲藏、流通、補助金以及知識傳播。該報告觸及範圍廣泛，反映出一九五〇年代農復會在臺灣的改革。除了植物育種和新農業種子以及科學技術的應用外，農復會的專家還建立了農會組織作為提供農業信貸，以及向批發商和市場出售農產品的中介機構。而臺灣在越南的研究中，亦含有應用經濟學和農業推廣，與調查和政策制定緊密結合的新構想。

報告焦點在於作物育種。根據作物改良團的調查，越南所種植的稻米，其種子幾乎皆源自於政府經營的原種繁殖農場。繁殖農場採收的稻米送往二次繁殖農場，生產當季足夠分派農民種植的稻種。其中的重要問題是，原種繁殖農場所生產的繁殖用原種僅濾除了不適合繼續分發的變異品種，改良團在報告中表示，這種作法「難以維持理想的純度」，暗示繁殖稻米的標準十分寬鬆[31]。再加上報告書發行的十五年前，也就是一九四五年時曾進行過原種繁殖農場的篩選，而地區別的二次繁殖農場則未曾實施過篩選。報告書暗指越南使用的稻種品種過時，選擇新品種可能提升產量。農作改良團建議，負責水稻育種的政府機構應與稻種繁殖農場密切合作，以選擇和生產適合其供應地區的種子。

農作改良團關於種子繁殖的建議，符合構成綠色革命定義的二十世紀農業科學基本原則，重點在於採用符合準則且合理化的方式進行生產；改良團的建議是要改良國家種子生產系統以符合科學選育的目標，也就是創造出高產量品種，而非任由低產量品種繁殖。稻種必須能夠適應被分發到的廣闊農村地區的特定土壤，氣候，生長季節和其他條件，因此本土化也是選別時的考量。

合理化亦延伸到種植的實踐上。例如讓秧苗之間維持精確且一貫的距離，確保充足生長空間而又能充分利用土地。臺灣農民們引進能在田土上畫出格線利於保持間距的新農具，協助越南當地農民。（參見照片9-1）

---

28 張廉駿編，《十二年在越南》（農復會叢刊第五號，1973年6月），行政院農業發展委員會圖書室藏。

29 〈越南農村改進部官員來華考察肥料配銷〉（1964年9月26日），《外交部檔案》，臺北：國史館藏：020-011002-0087，頁15。

30 Tài liệu của phái bộ kĩ thuật Trung Hoa dân quốc ở Việt Nam về việc sản xuất lúa giống ở Việt Nam năm 1960 [ROC technical team in Vietnam report on Vietnam rice production], February1960; Folder 1313; Nha Canh Nông [Directorate of Agriculture], VNA.

31 Tài liệu của phái bộ kĩ thuật Trung Hoa dân quốc ở Việt Nam về việc sản xuất lúa giống ở Việt Nam năm 1960, page 21.

其後，臺灣派遣至越南，在早期被總稱為中華民國農業技術團的團隊們[32]，在湄公河三角洲的美拖（Mỹ Tho）建立水稻試驗中心，並在越南全境設置試驗站，包括湄公河三角洲的龍川（Long Xuyên）和芹苴（Cần Thơ），以及越南南部的藩朗（Phan Rang）。根據農技團一九六八年的年度報告書，美拖試驗中心收集了七百一十個新品種進行比較實驗，其中八十四種為來自菲律賓洛斯巴諾斯（Los Baños）國際稻米研究所（International Rice Research Institute, IRRI）的海外品種，三十七種來自柬埔寨與泰國。這些新品種被分配到各地區試驗站進行田間試驗，以確認各區域表現

照片9-1　臺灣技術人員指導越南農民使用農具，該農具可協助插秧時維持理想的間距[33]。

最佳的品種。自東南亞鄰國取得的種子，反映出臺灣科學家（以及國際稻米研究所科學家）深信，越南的不同地區與東南亞的大部分地區具有生態相似性。由於越南中部與南部在地勢與地理條件上不盡相同，不僅是在緯度上，兩者之間還有地貌、降雨以及土壤差異，發展計畫制定者以生態學角度看待越南，而非僅是一個由邊界界定的民族國家。

國際稻米研究所育成的IR-8產量優異，每公頃可達五千七百四十四公斤，相較於原生對照品種每公頃三千〇四十九公斤，幾乎是兩倍。IR-8是ＩＲＲＩ研發的新稻種中最為知名的品種，因其高產量而常被稱為「奇蹟稻」，在越南有時則以神農氏（Thần Nông，為農業之神，暗喻其超自然神力。）之名簡稱其為TN-8[34]。一九六〇年代初期由印度ＰＥＴＡ與臺灣低腳烏尖雜交而成的IR-8，普及全球後使許多南亞與東南亞稻米種植地區的產量大幅提升。儘管伴隨著單一種植和依賴化學肥料，以及對化學品和商業化農業的依賴可能帶來災難性的生態後果，IR-8仍對亞

32 中華民國農業技術團英文名稱為Chinese Agricultural Technical Mission，簡稱ＣＡＴＭ。後來改為Chinese Agricultural Technical Group（CATG）。

33 〈嚴家淦總統數位照片——臺灣農技團在越南工作成果〉，《嚴家淦總統文物》，臺北：國史館藏：006-030202-00011-001，頁21。

34 Thi Ut Tran and Kei Kajisa, "The Impact of Green Revolution on Rice Production in Vietnam," *The Developing Economies* vol. 44, issue 2 (June 2006): pp. 167-189. https://doi.org/10.1111/j.1746-1049.2006.00012.x.

洲綠色革命有著決定性的貢獻[35]。身為加拿大傳教士之子，在北京出生長大，終身參與開發事業的美國國際開發總署越南局助理局長的致信沈宗翰表示，他拜訪了在邊和（Biên Hòa）附近種植IR-8的臺灣示範區。在一年後的再度訪問中，葛蘭特提到，「農復會技術人員在越南完成了出色的工作」，他們協助將過去「簡陋的示範區」轉變為「重要的稻米研究中心」。隨信附上的《紐約時報》報導，報導中越南贈送美國IR-8，作為感謝美國在越南引入新品種的象徵[36]。

然而IR-8的田間測試並非全部成功。IR-8特性之一，是繼承自臺灣親本低腳烏尖的半矮性基因（sd1），矮性使稻稈矮壯抗倒伏。倒伏的水稻浸於水中，因而無法收穫造成產量減少。但IR-8在定祥（Định Tường）與豐盈（Phong Dinh）則面臨完全相反的問題，由於兩省雨量較多，水田水位高度足以淹沒較矮的半矮性稻種，臺灣農技團提議提早在四月和十一月播插，七月和三月收割，以避開易於泛濫的季節[37]。來自臺灣的技術人員認識到於不同文化、社會和生態環境下進行國家規模開發的困難，努力分發不同的品種進行田間試驗。正如歷史學家大衛．畢格斯（David Biggs）的研究指出，地區和位置的特殊性帶給美國在安江省（An Giang Province）當地的發展巨大影響[38]。而臺灣農技團則透過調整栽種季節，以適應當地水文狀況，避開了採用IR-8的缺點。然而以奇蹟性產量和獲得廣泛栽種而聞名的IR-8，其所面臨意想不到的障礙，象徵著不僅是臺灣農耕隊在越南，也是世界各地「發展」時面臨的課題。

臺灣農耕隊種植的不僅水稻，還包括洋蔥、胡蘿蔔、大蒜、地瓜、西瓜、大豆、甘藍、高苣、花生、高粱、玉米和綠豆等食用作物（照片9-2）。作物品種來自於美國、澳洲、韓國等，遍

35 Nick Cullather, *The Hungry World: America's Cold War Battle against Poverty in Asia* (Cambridge, MA: Harvard University Press, 2010); Vandana Shiva, The Violence of the Green Revolution: Third World Agriculture, Ecology, and Politics (Lexington: University Press of Kentucky, 2016).

36 「James P. Grant to Shen Zonghan」（1968年11月25日），〈沈宗瀚文件稿〉，《行政院農業委會檔案》，國史館藏：034-040500-0016。

37 〈駐越農技團第四年度工作報告〉（1968年6月1日），《外交部檔案》，臺北：國史館藏：020-011004-0102。

38 David Biggs, "Americans in An Giang: Nation Building and the Particularities of Place in the Mekong Delta, 1966-1973," *Journal of Vietnamese Studies, vol.4, issue 3 (October 2009)*: pp. 139-172. https://doi.org/10.1525/vs.2009.4.3.139.

39 同註33。

照片9-2　攝於定祥，比較由臺灣農技團引進的十四公斤美國品種西瓜Dixie Queen（圖左）與越南本地品種（圖右）[39]。

及先進國和南方國家。在臺灣主持的試驗站中，比較作物品種最多高達二十八種，以洋蔥為例，其比較品種涵蓋德州早玉五〇二（Texas Early Grano 502）到褐玉（Early Lockyer Brown）[40]。

化學肥料是臺灣農技團與種子同時推廣的綠色革命之一環。臺灣派遣至越南的農技團，在一九六四年提交農復會的報告書中判定，化學肥料由於「稻農們不熟悉」而使用稀少，在結論中表示有「絕對必要」增加化肥的使用量。有鑑於一九六〇年代的綠色革命典範為高度仰賴化學，以及對化學肥料反應良好的品種，儘管該典範缺乏環境影響上的遠見，臺灣農技團的結論並不足為奇。臺灣廣泛應用化肥已有數十年，其使用可追溯至日治時期，在一九五〇到六〇年代，更是嚴重倚賴化學物質以實現自身農業奇蹟。最終越南接受臺灣農技團建議，新成立的越南肥料委員會（一個中央與十八個省級）以與臺灣相似的系統，透過農會或是合作社以信貸方式販售肥料。報告書中詳細說明在物流上存在著延遲與混亂的難題，但考慮到肥料之「新」，亦可諒解[41]。

肥料的使用，同樣也經過各水稻試驗站嚴格的田間測試。在巴川（Ba Xuyên）、芹苴、順化（Huế）、藩朗的試驗站中，三種化肥以各種比例在水稻種植中進行測試：氮（N），五氧化二磷（P_2O_5或磷酸）和氧化鉀（K_2O或鉀肥）。試驗反應差異相當地大，有些產量提高將近兩倍，然而在順化種植的水稻，使用化肥者卻較不使用的狀況更差[42]。

在一九六四年的報告書中，臺灣農技團團長描述「臺灣（中華民國）的肥料分配與運用如何贏得東南亞各國讚譽」，如此自我肯定的態度，促使中華民國政府接受四位越南肥料配銷專家來臺，觀察臺灣肥料配銷與使用的示範。然而，這也強化了臺灣的成功獲得受援國家，如南方越南的歡迎和認可[43]。

三、「廣大的社會階層」：農村組織、性別、農業推廣

臺灣技術團建議實行一系列的農業推廣與示範措施。一九六〇年初，農技團在派遣海外第一年提出的初期建議，是建立示範田以適當地栽種與照顧國家選定的種子。他們亦提案與相當於美國四健會的越南4-T合作，提供訓練，以作為示範的補充[44]。4-T在越南接受美國農業發展代表團的資金援助（照片9-3），和四健會同樣是結合農業與公共衛生，以社區青年活動為方式的農村組織。臺灣方面建議讓4-T成員與村領導們一起宣傳種子種植的資訊，而其他促進知識傳播的

40　同註37。

41　同註29。

42　同註37。

43　同註41。

44　日譯註：美國以一九一四年通過之史密斯—李佛法案（Smith-Lever Act）為契機，設立了改善農業與家庭的社會教育機構四健會（4-H Club），其名稱來自頭腦（Head）、心（Hraet）、手（Hand）和健康（Health）英文的字首。戰後美軍占領時期亦將此系統導入日本，可參考：日本４Ｈクラブ編，《４Ｈクラブの研究》（日本力行會，1950），頁2、頁124-127。

建議還包括發行出版品，類似農復會在臺灣籌辦的《豐年》雜誌。最後，報告書亦建議越南政府舉辦比較稻米單位產量的競賽，在競賽中「表現優異的農民將獲得獎勵，並要向其他農民分享其實現目標產量的方法和訣竅」[45]。臺灣專家希望透過非正式比賽激勵農民展示，為越南農村的農夫創造新的資訊交流場所，以相互學習。

領導農會技術團且後來也參與其中的張廉駿，回顧了自己在越南的時光，寫道：「越南之農業環境、耕作方法以及風俗習慣，大體與臺灣相近。識者均認為越南發展農業必須以臺灣為借鏡」[46]。

駐越南農技團的關注焦點不僅在農業科學，他們亦認識到越南最大的需求具有社會性。隨著越共在北越的擴張，越南共和國優先考慮最易受到共產組織影響的農民需

照片9-3　中華民國總統蔣介石之子蔣經國，訪問越南邊和的4-T（四健會）分部[47]。

求。儘管吳廷琰當政時曾試圖以越南行政官員取代法國殖民官員，但越共的叛亂未因綏靖行動（pacification campaigns）而受阻。吳廷琰與其他越南共和國官員轉向農村與社區發展，強調社區為永續性的治理單位，積極的社會變革可由此自下而上地複製，從而擴展到全體越南農村[48]。前述菲平與臺灣的關係在此發揮重大影響。一九五九年五月，在菲平建議邀請臺灣農會組織專家約一個月後，農貸與合作事業處處長陳玉蓮（Trần Ngọc Liên）與菲平以及數名越南官員一同訪臺，親自視察臺灣的農會組織，訪問結束後，陳玉蓮正式邀請臺灣農會組織與合作社專家。十名臺灣農業專業人員受邀短期派駐越南六個月，以「特別是村莊層級的工作」，陳玉蓮表示，「鼓勵、指導、訓練和協助越南新成立的農會組織，使其能穩定建立與運作。」[49]與透過美國仲介加入，來自其他「自由世界」國家團隊共同協力，臺灣農技團的活動有助於建立反共基礎，其目的

---

45 Tài liệu của phái bộ kĩ thuật Trung Hoa dân quốc ở Việt Nam về việc sản xuất lúa giống ở Việt Nam năm 1960, February 1960, Folder 1313, page 21, VNA.

46 張廉駿編，《十二年在越南》，頁4。

47 張廉駿編，《十二年在越南》，頁58。

48 Daniel Immerwahr, *Thinking Small: The United States and the Lure of Community Development* (Cambridge, MA: Harvard University Press, 2015); Geoffrey C. Stewart, *Vietnam's Lost Revolution: Ngô Đình Diệm's Failure to Build an Independent Nation, 1955-1963* (Cambridge: Cambridge University Press, 2017).

49 「Huỳnh Văn Điểm to William Fippin」（1959年4月3日），〈駐越農技團（一）〉，《外交部檔案》，國史館藏：020-011004-0098。

在贏得越南農民的心。

一九五九年十月二十七日，越南副總統阮玉書（Nguyễn Ngọc Thơ）將臺灣顧問團的目標與範圍發送給十一位省長[50]。在十月的協定中，顧問團技術人員增加為十一名，其中八位負責農會組織與合作社，兩位為漁業和農作物合作社，最後一位是訓練。八位專業人員分為三個小組，負責越南中部到南部的廣大區域，每個小組約分配四至五個省。在技術人員熟悉當地狀況後，越南中央要求地方政府「確保專家們能順利進行工作」，以及「提出新想法，釐清需要專家協助與調查的問題」，並呈送至中央農會組織委員會（Central Farmers' Association Committee）和中央政府機關[51]。雖然相較於負責地域面積，臺灣顧問人力偏少，但被交付構思地方政府可能推行的任務，從而為南越政權擴展國家農村政策的努力做出貢獻。

臺灣農會合作社的專業人員，被要求實施強調與農民基層之間互動的農村發展模式。在一九五九年四月九日外交部送達經濟部的備忘錄中，外交部說明工作細節。首先是「工作需廣泛接觸各社會階層，包括含括中央與地方，以及村莊農會組織的最基層」[52]，其次為「工作範圍包括指導、推廣和訓練等相關事務，以期實現農會組織的自給自足與獨立」[53]。而前述工作目的，皆以農會組織「生產農產品」的目標作為補足[54]。聚焦於越南社會最底層，反映出臺灣模式著重鄉村開發，並期望能帶動村落層級。臺灣在組成和應用農會組織以推廣農業知識和分發肥料的成功，符合越南的需求。

在如何實行援外計畫的決定上，中華民國政府選擇了與美國不同的方式。美國發展機構如國際合作總署，為海外任務派遣受過廣泛科學訓練的專家；而臺灣的計畫制定者，主要徵求的則是直接與越南農民一同工作的藍領技術人員。如外交部在四月九日的備忘錄中表示，臺灣「團員不需要高等教育背景，但需具備長期在農會組織或相關機構中服務，以及管理農會組織或相關機構的廣泛實務經驗」[55]。這種選擇相當務實，反映出實際經驗在與農村社會「最底層」互動上的重要性，並能節省成本——技術人員因派駐越南能獲得可觀的艱辛津貼（hardship bonuses），許多熱切盼望提高薪資者為此離鄉背井。即使是率領農技團，人數相對較少的科學家們，也被描述

---

50 Tài liệu của văn phòng phó Tổng Thống, bộ Côn Chánh và giao thông về chương trình hoạt động của chuyên viên Đài Loan về hiệp hội nông dân và giai đoạn thực hành các cấp hiệp hội nông dân liên hệđến bộ Công Chánh năm 1959 [Documents from the Office of the Vice President and Ministry of Public Works and Transportation regarding Taiwanese Specialist Plan to Assist Farmers Associations 1959], October 27, 1959, Folder 202, Bộ Công Chánh và Giao Thông [Ministry of Public Works and Transportation], VNA.

51 Tài liệu của văn phòng phó Tổng Thống, bộ Công Chánh và giao thông về chương trình hoạt động của chuyên viên Đài Loan về hiệp hội nông dân và giai đoạn thực hành các cấp hiệp hội nông dân liên hệđến bộ Công Chánh năm 1959.

52 「Memo from Ministry of Foreign Affairs to Deputy Minister of Economic Affairs」（1959年4月9日），〈駐越農技團（一）〉，《外交部檔案》，國史館藏：11-29-10-04-098。

53 同註52。

54 同註52。

55 同註52。

為在鄉村與越南農民共同勞動。在為臺灣以外，特別是以美國或「自由世界」同盟如越南為對象所寫的報告書中，便展現出研究科學的大學教授與越南農民「肩並肩」工作的景象[56]。

根據在一九六八年至一九六九年間派駐越南的臺灣技術人員張基明的訪問，大部分農技團的技術人員皆招募自農校。張基明畢業於臺中高農綜合農藝科，接受兩個月農復會駐外技術人員的訓練課程後，派赴加入位於西貢西北方約三十五公里處的四人小組，從事自示範到推廣的各種工作，教導當地越南農民如何種植水稻、穀物、蔬菜，以及農具的使用（照片9-4）。在每個階段，都會邀請當地越南農會組織代表前往臺灣農技團的示

照片9-4 國立臺灣大學林正義教授（圖左）與越南農民「肩並肩」，實地示範稻米種植[57]。

範田。通常在每天晚餐後，臺灣技術人員會召集一到兩個小時的集會，向大約十名越南農民講授不同的農業技術[58]，並亦培訓若干越南農民擔任推廣人員，以擔任其他越南農民的講師（照片9-5）。

臺灣農技團在越南推廣和示範的範圍不僅限於農業科學和農會組織，還包括「改善農村生活」。示範中心亦設置可使用於「家政」中的農村手工藝生產工具，展現一種以性別為基礎的觀念，即家庭勞動也是生產勞動。在一九六〇年代，類似於四健會

56 同註33。
57 同註33。
58 筆者口訪張基明，二〇一九年一月十四日。
59 同註33。

照片9-5 作為農業推廣與示範計畫的一環，臺灣技術人員訓練選出的越南農民擔任示範督導員。照片中，受過訓練的督導員正在教導其他越南農民大豆種植方式[59]。

的臺灣農村組織開始組織婦女，生產之後可於市場販售的手工藝品（照片9-6）。這項努力與位於起源於地的美國四健會，以及其對少男少女的性別化有關[60]。臺灣農村社會中由國家主導的性別化，通常伴隨著社區發展，並因中華民國政府提倡已婚婦女勞動以推動農村家庭生產而延續到一九九〇年代，形成後來臺灣工業化經濟成長的「衛星工廠」[61]。在越南，婦女亦於農村地區扮演重要角色。張基明指出，他抵達越南時，大部分男性皆被捲入正在進行的戰爭中，因此常由女性參與普及和推廣活動（照片9-7）[62]。

雖然幾乎所有農業推廣和示範活動都在示範中心或是農場上實地進行，但亦輔以文字資料補充。在臺灣，農會組織與政府機關藉由發行雜誌、文宣，以及其他印

照片9-6　照片中「改善生活督導員」正在邊和的臺灣示範中心操作製作草繩的機器[63]。

刷品作為推廣的核心策略。例如農復會與美新處共同創辦並分發至臺灣農村的《豐年》，其中包含了倫理寓言、漫畫等吸引臺灣廣大農村社會的內容。

---

60 Gabriel N. Rosenberg, *The 4-H Harvest: Sexuality and the State in Rural America* (Philadelphia: University of Pennsylvania Press, 2015).

61 Ping-Chun Hsiung, *Living Rooms as Factories: Class, Gender, and the Satellite Factory System in Taiwan* (Philadelphia, PA: Temple University Press, 1966).日譯註：臺灣在一九八四年參考日本的分包和體系理念，導入「中心衛星工廠制度」，推動大企業（中心工廠）與中小企業（衛星工廠）合作關係的政策。可參考：高杏華，〈台湾の中心衛星工場制度〉，《經濟論叢》第161卷，第5・6號（1998年5月），頁69-91。

62 筆者口訪張基明，二〇一九年一月十四日。

63 同註33。

64 同註33。

照片9-7　越南農民參觀臺灣示範農場[64]。

臺灣在越南的開發上也運用了文字內容。一九七三年一次越南緊急請求臺灣運送化學肥料與種子的事例中，臺灣附上說明肥料使用方式的越南語小冊子，封面名稱為《種子與肥料使用說明書》，將種子與肥料稱為「中華民國的禮物」，並附上簡短的祝福語，願「越南共和國的富饒村莊農民們和平與幸福」[65]。這本使用手冊雖然詳盡說明了包括肥料化學成分的技術性內容，但也是展現臺灣人道主義行動和善意的手段。裝著蔬菜種子的盒子上並排裝飾著中華民國與越南共和國的國旗，顯示出贈禮來源和其與越南人民的夥伴關係（照片9-8）。

中華民國駐越南大使許紹昌在公開贈與約五萬袋種子與肥料的官方典禮上發表演說，概述中華民國對盟邦的看法。整場演說強調中華民國與越南在社會和文化上的相

照片9-8　獲得臺灣援助物品的越南人。外盒上印有中華民國與越南共和國國旗[66]。

似，贈送的物資是「從一位農民送到另一位農名手中」。轉達中華民國期望的同時，大使的演說亦令人聯想到經濟繁榮以及提升農村價值等現代主義語言。種子與肥料是為「幫助個別小農，再次靠自己的雙腳站起」。發給每位農民的物資包裹中包括大量的「高產量雜交玉米種子」，這些種子是「用以示範越南各個省份種植玉米可供盈利，為將來大規模生產玉米供國內使用與外銷鋪路」[67]。此資本主義發言側重於高產量雜交種中的科學現代主義，目的是達成高生產率和大量出口，以同時解決人類基本需求和國民經濟繁榮兩個問題。

四、殉教與認同：海外發展於母國的再現

在臺灣，國內媒體不斷報導，海外仍持續需要中華民國政府提供外援，協助發展。一九五九至七五年間，報紙定期地報導臺灣農技團在越南的新進展和消息。雖然報導通常簡短，但其頻率彌補了篇幅。臺灣各大報報導農技團團長的更替和所達成的項目，尤其是協定的更新。當時這些

---

65 「種子及肥料使用說明書」（1973年1月27日），〈我緊急支援越南農作物種子及肥料〉，《外交部檔案》，國史館藏：020-011008-0007，頁265。

66 「我贈越肥料種子農具值一億七千萬」（1973年5月10日），〈我緊急支援越南農作物種子及肥料〉，《外交部檔案》，國史館藏：020-011008-0007，頁261。

67 同註66。

印刷出版品皆由國民黨經營，或與其關係密切，透過報導中華民國在海外幫助開發中國家所做的努力，來為官方利益服務。

本章開頭提及臺灣稻米種植技術人員張篤生在一九六三年的死亡事件，該事件引發的反應證明了援外工作對中華民國外交部官員的重要性。張篤生出生於一九三五年，在臺灣南部的台南長大，自臺南第一中學畢業後進入臺灣省立農學院（今日的國立中興大學）就讀。畢業後他接受預備軍官的培訓，並被分派擔任基層政治組織工作。退役後曾在一九六一年短暫執教於員林農校，之後就職於臺中農業改良場，從事兩年的稻米改良工作。一九六三年十月十日，張篤生離開國門，加入駐越臺灣農業技術團。

一九六三年十一月十三日，張篤生在工作中遭越南共產黨勢力殺害。如本章開頭所述，他在前往西貢郊外的農業試驗場後，在回西貢的途中「遭遇越共埋伏」，與越南籍翻譯一同遇害[68]。臺灣技術員有時會被捲入軍事作戰。如在一九六八年，順化也曾發生三名臺灣技術人員遭越共部隊包圍的事件。但在類似事件中，技術人員通常由於同盟國（主要是美國）軍隊的介入，或是越共方面承認其非戰鬥人員而能平安脫離險境[69]。筆者的一位受訪者認為，張篤生的小組很可能因為遭到越南共產主義者伏擊而陷入驚慌。越共通常不會將臺灣農技團成員視為攻擊目標，但若非投降成為俘虜而是恐慌企圖逃跑，結果亦可能引發不幸的死亡悲劇。在一份技術人員團隊送給越南農業官員的備忘錄中，提到張篤生的死亡是由「越共狙擊手」造成[70]。然而報紙在報導中卻大幅省略事件細節，改以強調張篤生的工作，以及所有臺灣農技團從事項目所具有的愛國性質。

尤其是附屬於國民黨的《聯合報》或《徵信新聞報》等報紙的社論專欄，為國民黨政權提供藉由開發進行政治宣傳的平台。某篇《聯合報》報導中引用臺灣省政府農林廳廳長張憲秋在事件後訪問時的發言，表示張篤生「正是我國所需青年人才」，張憲秋並進一步說明，像張篤生這樣的年輕技術人員發揮著至為關鍵的作用。自一九五三年起，臺灣農業「主要仰賴實用且相對簡單的實驗結果」。但在一九六三年時「已到達相當高的水準，為了更近一步的發展，需要更精益求精且深入的研究」，但由於臺灣的工作往往「薪資低廉」，因此前往越南等國對張篤生這樣的專業人員而言，是相當良好的機會，「一方面能完成我國協助盟邦的使命，另一方面又能累積儲蓄，歸國後得以安心繼續研究」[71]。

---

68 〈農復會定期追悼張篤生〉，《聯合報》，臺北，1963年11月20日。

69 「Shen Zonghan to Austin B. Sanford」（1968年4月2日），〈沈宗瀚文件稿(34)〉，《行政院農業委會檔案》，國史館藏：034-040500-0028；「Shen Zonghan to Willie Cook」（1968年4月26日），〈沈宗瀚文件稿(7)〉，《行政院農業委會檔案》，國史館藏：034-040500-0007。

70 "News Releases Regarding Death of JCRR Technicians Technicians by Vietcong Snipers," Office Memorandum from Chinese Technical Mission to Vietnam on Crop Improvement to Doan Minh Quan, Chief, Rice Service, December 2, 1963; Folder 842, Bản dịch các bài báo Taiwan liên quan đến cái chết của ông Tu-Sun-Chang, thành viên phái đoàn kĩ thuật canh nông Trung Hoa Dân Quốc đến Việt Nam năm 1963 [Translation of Taiwan articles related to the death of Tusun Chang, member of the ROC agricultural technical team to Vietnam 1963], Nha Canh Nông [Directorate of Agriculture], VNA.

71 〈張篤生在越殉職〉，《聯合報》，臺北，1963年11月16日。

張憲秋強調實用價值和尖端研究的說明，不僅加深臺灣擁有獨創且具利用價值專門知識的論述，亦告知臺灣國內讀者臺灣青年派駐越南的理由：為國家與自身職業前途作出貢獻。這些報導未曾明白指出張篤生的本省人身分，即省籍為臺灣的事實。在國民黨視本省人為「中國人」的官方政策下，官方紀錄中不承認族群差異的存在。然而，有時張篤生出生在臺灣的事實會被提及，伴隨其出生於國民黨接收臺灣前的一九三五年，讀者能輕易推斷他是本省人。一九六〇年代，許多曾在臺灣農村工作，爾後被派駐越南或其他海外國家的藍領技術人員，都是和張篤生同樣的本省人，相對的，如沈宗瀚或馬保之等握有權力的官僚或科學家則多為外省人，即一九四九年隨國民黨來臺，出身大陸的中國人。張篤生的本省人背景，或許讓國際援助工作獲得更多本省人支持，將國民黨外省政權的政治與外交目的，與在海外代表臺灣的本省人犧牲相互連結。

最重要的是，參與國際援助的「發展」工作，有助於正當化本省人眼中的國民黨政權。海外對臺灣技術人員提供的援助需求，以及臺灣人付出生命幫助其他國家的意願，都帶給臺灣人一種民族自豪，證明了臺灣人生性「勤勉」並具備「科學知識」的優越特質[72]。經濟成長，人道主義的慷慨贈與，以及現代科技上的專長，是國民黨政府試圖在其公眾形象中建立的特徵，以藉此維持其於臺灣的威權統治。

五、華僑、國際反共主義與國家建設的意識形態：臺灣「發展」的全球表現

儘管在國民黨開發主義下，國內對張篤生的追憶被打造成理想的臺灣人形象，但此形象的主要受眾不限於臺灣人和農村地區的越南人。國民黨在國際上將自身塑造為「自由中國」的領導者，也就是正統中國政權。此自由中國中亦包含移居海外的華僑。對晚清革命家如孫文而言，華僑從資助國民黨早期革命活動，到為國家建設提供專業技術，都發揮了重大的作用[73]。冷戰期間，為了證明自己是「中國」真正守護者的合法性，華僑成為對國民黨而言非常重要的群體。在一九四九年遷台前便已失去大部分領土的國民黨，慎重地擬定目標，以凝聚如北美西岸和菲律賓等海外主要華僑中心的草根支持。如同歷史學者龔建文所述：「將民族國家嵌入華人社會，連結華僑與臺灣。」[74]

---

72 〈哀悼張篤生〉，《徵信新聞報》，臺北，1963年11月17日。翻譯檔案位於Folder 842, VNA。

73 Marie-Claire Bergère, Translated by Janet Lloyd, *Sun Yat-Sen* (Stanford, CA: Stanford University Press, 1998); Wayne Soon, "Science, Medicine, and Confucianism in the Making of China and Southeast Asia — Lim Boon Keng and the Overseas Chinese, 1897-1937." *Twentieth-Century China* vol. 39, no. 1 (2014): pp. 24-43.

74 Chien Wen Kung, "Nationalist China in the Postcolonial Philippines: Diasporic Anticommunism, Shared Sovereignty, and Ideological Chineseness, 1945-1970s." (PhD diss., Columbia University, 2018), pp. 5-6.

越南自然也不例外。包括越南在內的東南亞，十七世紀明代末期有大規模的中國人口移居至此，許多華僑來自中國東南地區，尤其是廣東話、潮州話、閩南（福建）話的使用者。大量華僑定居在西貢郊外的越南南部城市堤岸（Chợ Lớn），該城後來融合並被併入西貢。中華民國在正式外交上瞄準這些「中國人」，作為構築中華民國庇護下華僑認同的全球性嘗試。根據歷史學者莫美鳳（Mei Feng Mok，音譯）的分析，堤岸的華人社群，特別是與越南以外的臺灣、馬來西亞和香港中國人發展出跨國性的僑民連結，部分是透過中華民國所建立[75]；例如中華民國提供了華僑獎學金和保障名額，鼓勵越南華僑就讀臺灣的大學[76]。

因此越南華人社群成為另一個國民黨在論述中需要說服的對象。利用相同的措詞和形象，以堤岸華僑社群為讀者的越南報紙，報導了國民黨的援助發展。《遠東日報》（*Far Eastern Daily*）為越南發行量最大的中文報紙之一，由潮州裔僑商朱繼興於一九四〇年創辦，流通範圍廣達寮國與柬埔寨[77]。該報的固定專欄討論教育、性別、文學、電影等日常生活議題，以及對中華民國在越南各種行動的報導。在一九六〇年七月十四日的《遠東日報》中，記者訪問當時作物改良團團長馬保之，並報導臺灣團隊技術援助越南的目標[78]，之後《遠東日報》定期報導臺灣農技團的活動，內容涵蓋灌溉專家的來訪到協定更新[79]。前述一九七三年臺灣致贈種子與肥料時，《遠東日報》在報導中借用許紹昌大使演講中相同的語言與措辭，在詳細贈禮的目標時，該報提到贈送這些種子是為了「不僅供應未來國內糧食需求，亦為擴大未來國家作物出口」[80]。

中華民國以描述臺灣與越南同盟的民族主義、亞洲中心和反共語彙，訴諸於越南共和國和吳廷琰政權的反殖民遺產。吳廷琰以愛德華・米勒（Edward Garvey Miller）所謂「無可挑剔的民族主義者聲譽」掌握政權，其名聲在廢除法國支持的保大帝皇位並終結法國在越南的殖民影響力時達到高峰[81]。雖然是強烈的反殖民主義者，吳廷琰亦以其強烈的反共主義，特別是與胡志民越南民主共和國對抗的立場獲得美國支持。如歷史學者陳努安（Nu-Anh Tran，音譯）曾論及，越南共和國設想自身與冷戰盟國建立友好關係，並以「自由世界」的一分子加入國際反共主義[82]。此國際反共主義亦包括參與亞洲人民反共聯盟（Asian Peoples Anti Communist League, APACL），中華民國為其創始成員之一，還包括南韓、泰國、澳門、香港、琉球諸島（沖繩）、菲律賓，以及

---

75 Mok, Mei Feng, "Negotiating Community and Nation in Chợ Lớn: Nation-Building, Community-Building and Transnationalism in Everyday Life during the Republic of Việt Nam, 1955-1975" (PhD diss., University of Washington 2016), p. 89.

76 Mok, "Negotiating Community and Nation in Chợ Lớn" p. 92.

77 Mok, "Negotiating Community and Nation in Chợ Lớn" p. 19.

78 「農技團長馬保之對記者談該團此行任務」（1959年7月14日），〈駐越農技團（一）〉，《外交部檔案》，臺北：國史館藏：020-011004-0098。

79 同註78。

80 同註66。

81 Miller, *Misalliance*, p. 28.

82 Nu-Anh Tran, "Contested Identities: Nationalism in the Republic of Vietnam (1954-1963)" (PhD diss., University of California, Berkeley, 2013), p. 92.

越南的代表團[83]。越南的反共主義者「視國際反共主義為對共產帝國主義的自然反應」，越南政權因此強調其國際關係[84]。

在一份來自一九六〇年越南公共建設與交通省，很可能是將吳廷琰訪問臺灣的中華民國官方報告翻譯成越南文的文件中，將兩國比擬為「兩個擁有正遭受共產主義持續破壞的共同文化根源的人民（或國家）」[85]，並闡述臺越存續皆受到共產主義威脅，「兩國目前皆面臨存亡危機」。該報告讚揚國民黨一九一一年辛亥革命成功，創建中華民國，以及吳廷琰建立越南共和國[86]。亞洲「自由」人民的奮鬥成為自豪的焦點和共通的歷史。出自與共產主義的武力對抗，臺灣和越南皆將自身與不久前的革命相連結。

此外，在中華民國的報告書中，亦善意比較了兩國領導人所擁護的國家意識形態，即由孫文所創，蔣介石採用作為中華民國政治意識形態的三民主義，與吳廷琰的人格主義（Personalism）[87]。人格主義與三民主義具有共通的基本原則。吳廷琰尋找介於激進的共產主義與法國殖民定義的自由主義之間的道路，人格主義即他的解答。其可追溯至法國天主教哲學家艾曼紐·穆尼埃（Emmanuel Mounier）的著作，他在一九三〇年代經濟大蕭條發生後，批判自由資本主義與個人主義，同時也拒絕馬克思主義與其對個人的壓迫傾向[88]。吳廷琰的胞弟吳廷瑈（Ngô Đình Nhu）在其政權中擔任關鍵性顧問和政治角色，以檔案管理員身分於法國留學時，接觸到人格主義。歷史學者潔西卡·查普曼（Jessica Chapman）指出，人格主義最終成為吳廷琰政權下越南共和國官方的立國精神（official state philosophy）[89]。以阮斐文（Phi-Vân Nguyen，音譯）為首的其他歷史學者則證明了越南共和國一九五六年的憲法反映了人格主義的原則[90]。

然而由吳廷琰闡明，並採用於越南共和國脈絡下的人格主義，借用米勒的話來說是「極其晦澀難解」[91]。造成這種狀態的原因之一，是人格主義需發揮擔綱當地意識形態，以及成為後殖

---

83 "Asian Peoples' Anti-Communist Conference, Minutes of the Opening Session," June 15, 1954; History and Public Policy Program Digital Archive, B-387-039, Documents Related to the Asian Anti-Communist League Conference, Papers Related to Treaty-Making and International Conferences; Syngman Rhee Institute, Yonsei University. http://digitalarchive.wilsoncenter.org/document/118328.

84 Tran, "Contested Identities,"p. 92.。

85 Hồ sơ về việc Tổng Thống Việt Nam viếng thăm Đài Loan năm 1960 [Summary of RVN president's visit to Taiwan 1960], Undated (1960); Folder 1161, Bộ Công Chánh và Giao Thông[Ministry of Public Works and Transportation]; VNA.

86 Hồ sơ về việc Tổng Thống Việt Nam viếng thăm Đài Loan năm 1960, Undated (1960).。

87 Hồ sơ về việc Tổng Thống Việt Nam viếng thăm Đài Loan năm 1960, Undated (1960).。

88 Miller, *Misalliance*, p. 46; Geoffrey C. Stewart, *Vietnam's Lost Revolution*, p. 95

89 Jessica Miranda Chapman, *Cauldron of Resistance: Ngo Dinh Diem, the United States, and 1950s Southern Vietnam*. (Ithaca, NY: Cornell University Press, 2013), p. 71.

90 Mitchell Tan, "Spiritual Fraternities: The Transnational Networks of Ngô Đình Diệm's Personalist Revolution and the Republic of Vietnam, 1955-1963," *Journal of Vietnamese Studies*, vol. 14, issue 2 (2019): pp. 1-67, https://doi.org/10.1525/vs.2019.14.2.1; Phi-Vân Nguyen, "A Secular State for a Religious Nation: The Republic of Vietnam and Religious Nationalism, 1946-1963," *Journal of Asian Studies,* Vol.77, issue3 (2018): pp. 741-771, https://doi.org/10.1017/S0021911818000505.

91 Miller, *Misalliance*, p. 46.

民整合平台的功能。如歷史學者傑佛瑞・史都華（Geoffrey Stewart）所言，吳廷琰需要的是一個「可靠的越南『文化公式』，以灌輸人民適當的民族精神，使其願意參與國家建設進程」[92]。人格主義正是此公式。在對理想越南村莊的想像中，吳廷琰相信，要啟動社區與現代越南國家之間的社會連結，需要人格主義中的保守主義和精神[93]。透過考察北越難民遷置越南，歷史學者傑森・皮卡爾（Jason Picard）認為，吳廷琰在越南北部傳統村落中，看到了他們理想中必須複製到越南農村地區的「集體且緊密結合的社區」[94]。人格主義與此願景相關，是故偏重於農村地區。

如同人格主義，孫文的三民主義為提供革命政權正當性，且不會在教條上過於繁瑣的意識形態。孫文自一九〇五年起公開闡述三民主義：民生主義，通常被譯為「livelihood of the people」（人民的生計），或是較少見的「welfare」（福利）；民權主義通常被譯為「democracy」（民主）；民族主義則是「nationalism」。此孫文革命綱領的組織性概念，最後在一九二四年時以《三民主義》之名出版。孫文相當講求實際，三民主義則是具有可塑性的政治道具，可供孫文和中華民國在中國二十世紀初期反滿清與反帝國主義的情緒中獲得民眾支持。根據孫文傳記作者白吉爾（Marie-Claire Bergère）所言，三民主義是「一部政治宣傳之作，一本長篇政治小冊，旨在贏得追隨者而非根植信念，一個訴求行動而非思想的呼籲」[95]。在蔣介石的中華民國政權之下，三民主義主要作為象徵性的政治綱領，在需要時便於展示中華民國的社會福利和革命根源，例如三民主義被整合至學校和軍事院校的課程中，作為培養對中華民國政權威權統治的忠誠與支持的方式。

雖然人格主義與三民主義皆常被運用於政治宣傳目的，運用結果卻常形成如亞洲人民反共聯盟、道德重整運動（Moral Re-Armament）等在現實中延展的網路、運動，和機構，在觀念和外交上帶來影響。歷史學者米契爾・譚（Mitchell Tan）曾貼切地指出，「國族意識形態的生產與擴散，是亞洲新興國家如越南定義自身的重要方式，不僅是在對其國民上，也是在對由於思想衝突——至少有部分是因此——而分裂地區的關係上」[96]。定義國民黨政權及其正當化，無疑是最優先事項。三民主義不僅是政治或是社會意識形態，也是發展主義者的意識形態。在對抗共產主義上，讓臺灣和世界各國人民，如越南民眾，獲得安康的經濟福祉，變得至關重要。

臺灣在駐越農業技術團以及對其他南方國家援外業務中的形象，皆帶有共通的政治意識型態與革命根源。臺灣派往非洲的農技團以及對第三世界官僚的農地改革培訓，亦反映出國民黨如何善於應用去殖民話國家的語言和論述，以展現其團結與共通性。在越南，中華民國利用人格主義、越南共和國的建設，和吳廷琰及其家族背景，藉此能夠展現出以臺灣的革命與科技現代性，

92 Stewart, *Vietnam's Lost Revolution*, p. 99.

93 Stewart, *Vietnam's Lost Revolution*, p. 100.

94 Jason A. Picard, "'Fertile Lands Await': The Promise and Pitfalls of Directed Resettlement, 1954-1958.", *Journal of Vietnamese Studies*, vol.11, issue 3-4 (2016): pp. 84-86, https://doi.org/10.1525/jvs.2016.11.3-4.58.

95 Bergère, *Sun Yat-Sen*, p. 353.《孫逸仙》，（臺北：時報文化出版，2020）。

96 Tan, "Spiritual Fraternities," p.4.

以及堅定的反共團結為中心的最佳形象。

六、自畫像「開發中國家先鋒」的形成

至少從越南共和國的持續需求來看，臺灣在駐越農業技術團上獲得了成功。原本半年的援外計畫延長至三年。一九六一年，農復會原本要將農會技術團團長楊玉昆調派回臺，以處理國內農會組織事務，但陳玉蓮卻因楊玉昆將調離越南一事，向當時農復會主席蔣夢麟發出深切的熱烈懇求：

> 眾多戰略村的建立大幅改善了農村地區的治安，提供我們（農會組織）更加有效擴張服務的機會，在此情勢下，更加急迫地需要熟悉我方狀況的專家。……主席，我必須懇切地請您依據目前越南狀況，重新考慮貴單位三年任期的政策。我們正深陷於激戰之中，所有資源皆已到達極限。戰爭的焦點在於農村地區和農民之間，經驗豐富的指揮和領導在此刻極其重要[97]。

戰略農村計畫的目標，是透過提高支持，從而削弱共產黨叛亂分子外在的農村聯繫，以綏靖農村地區，隨著該計畫的實施，越南共和國在農村組織上尋求臺灣的專業意見。截至一九七

○年，美國共提供臺灣援外工作美金二百○三萬六千○八十八元的援助，作為技術支援的資金成本[98]。在一九七二年一次對臺協定的評估中，擔任美國國際開發總署對越糧食農業部副部長的羅夫·格里森（Ralph Gleason），形容臺灣技術團以「十分實際的手段」達成其援外目標，「如將受援方所精心設置和經營的示範農場作為中間目標，以達到大幅普及改善品種與栽培方式的最終目的」。結果使「受到臺灣駐越南農業技術團協助的農民，由於高附加價值作物收穫量增加，收入因此大幅提升」，然而格里森對越南共和國履行協議的能力感到懷疑，他在表示「是否能達成推廣全國的最終目標，仰賴支援國家的能力和水準」後，又在最後哀嘆「如地主國能提供更加充足的支援，便可能完成更多」。格里森的看法在幾年內獲得證實[99]。儘管臺灣農技團「中間目標」的成功實現了提高所得和示範推廣系統，這些努力最終未能拯救越南共和國政權。臺灣對越支援工作持續不斷，直至一九七五年隨越南共和國的覆亡告終。

97 「Letter from Trần Ngọc Liên to Chiang Monlin」（1962年12月6日），〈駐越農技團（二）〉，《外交部檔案》，臺北：國史館藏：020-011004-0099，頁17-18。

98 Contract Evaluation, May 3, 1972; Folder 3832; Hồ sơ kiểm soát ngân khoản hợp đồng với phái bộ hợp tác tái thiết nông thôn Trung Quốc về yểm trợ tổng quát canh nông cho Việt Nam năm 1969-1973 [Documents pertaining to budgeting and audits of contracts with the Joint Commission for Rural Reconstruction regarding general support for agriculture in Vietnam in 1969-1973], Cơ quan phát triển quốc tế Hoa Kỳ [U.S. Agency for International Development]; VNA.

99 Auditing Report of JCRR, November 14, 1970; Folder 3832, VNA. 2811063

臺灣駐越農業技術團開啟了長達數十年，將臺灣形象塑造為開發中國家先鋒的計畫。在農業科學、農會組織和農村發展上獲得成功後，國民黨的規劃者派遣臺灣科學與技術人員前往海外，發展其他國家。在臺灣農技團具體透過現代高產量種子和化學肥料的實際運用，重現臺灣成功的同時，國民黨強調臺灣農村的現代化，是由於過去農會組織的成功而達成。透過報紙的報導、政治宣傳和官方報告所展現的臺灣發展形象，規劃者們將臺灣描繪成以農村社會為主，透過實現現代科學（育成高產量種子）、（在農業機械化上）創新、（農民和技術人員）勤勉的國度。這種對臺灣現代性的想像，標誌出在國民黨技術官僚政治和中華民國政權中的顯著轉變，將臺灣在發展上的成功運用於外交目的以及強化其國內統治。中華民國不僅對「自由世界」盟邦越南展現堅定的反共信念，亦在國內宣揚發展主義經歷，以轉移對其高壓性威權統治的注意力。如同關於張篤生的官方演講和報導中所展現的，國民黨所想像的是一個現代且人道，為拯救其他國家而犧牲青年的中華民國。以此形象基礎所催生的國際開發平台，在接下來數十年間成為臺灣的定義。

參考資料

檔案

臺北行政院農業發展委員會圖書室

《行政院檔案》（臺北，國史館藏）
《外交部檔案》（臺北，國史館藏）
《嚴家淦總統檔案文物》（臺北，國史館藏）
《外交部檔案》（臺北，中央研究院近代史研究所檔案館藏）
Announcement of the Graduate School, Official Publication of Cornell University, vol. 25 and 26. Cornell University Library, Ithaca, NY.
Lyndon B. Johnson Presidential Library, Austin, Texas.
Syngman Rhee Institute Papers, Yonsei University, via the History and Public Policy Program Digital Archive, Wilson Center, Washington, DC.
Translation of Taiwan articles related to the death of Tusun Chang, Vientnam National Archives II (Trung Tâm Lưu Trữ Quốc Gia II) (VNA), Ho Chi Minh City, Vietnam.

專書與期刊文獻

王文隆，《外交下鄉，農業出洋：中華民國農技援助非洲的實施和影響（1950-1974）》。臺北：國立政治大學歷史學系，2004
林孝庭，《台海冷戰解密檔案》。香港：三聯書店，2015。
——〈冷戰時期臺灣與南越的關係〉，《南洋問題研究》，2018年第3期，頁15-30。
Bergère, Marie-Claire. Translated by Janet Lloyd. *Sun Yat-Sen*. Stanford, CA: Stanford University Press, 1998
Biggs, David. "Americans in An Giang: Nation Building and the Particularities of Place in the Mekong Delta, 1966-1973." *Journal of Vietnamese Studies,*vol.4, issue 3 (October 2009), pp. 139-172. https://doi.org/10.1525/vs.2009.4.3.139.
Carter, James M. *Inventing Vietnam: The United States and State Building, 1954-1968.* New York: Cambridge University Press, 2008.

Chapman, Jessica Miranda. *Cauldron of Resistance: Ngo Dinh Diem, the United States, and 1950s Southern Vietnam. United States in the World.* NY: Cornell University Press, 2013.

Cullather, Nick. *The Hungry World: America's Cold War Battle against Poverty in Asia.* MA: Harvard University Press, 2010.

Ferguson, James. *The Anti-Politics Machine: "Development," Depoliticization, and Bureaucratic Power in Lesotho.* Cambridge, UK: Cambridge University Press, 1990.

Garver, John W. *The Sino-American Alliance: Nationalist China and American Cold War Strategy in Asia.*Armonk, NY: M. E. Sharpe, 1997.

Hsiung, Ping-Chun. *Living Rooms as Factories: Class, Gender, and the Satellite Factory System in Taiwan.* Philadelphia, PA: Temple University Press, 1996.

Immerwahr, Daniel. *Thinking Small: The United States and the Lure of Community Development.* Cambridge, MA: Harvard University Press, 2015.

Kung, Chien Wen. "Nationalist China in the Postcolonial Philippines: Diasporic Anticommunism, Shared Sovereignty, and Ideological Chineseness, 1945-1970s." PhD diss., Columbia University, 2018.

Lin, James. "Sowing Seeds and Knowledge: Agricultural Development in Taiwan and the World, 1925-1975." *East Asian Science, Technology and Society,*vol. 9, issue 2 (2015):pp.127-149. https://doi.org/10.1215/18752160-2872116.

Liu, Hsiaopong. "The Making of an Artificial Power: American Money and 'Chinese' Technicians on African Soil, 1961-1971." PhD diss., University of Chicago, 2006.

Miller, Edward Garvey. *Misalliance: Ngo Dinh Diem, the United States, and the Fate of South Vietnam.* Cambridge, MA: Harvard University Press, 2013.

Mizuno, Hiromi, Aaron Stephen Moore, and John Paul DiMoia, eds. *Engineering Asia: Technology, Colonial Development, and the Cold War Order.* London: Bloomsbury Academic, 2018.

Mok, Mei Feng. "Negotiating Community and Nation in Chợ Lớn: Nation-Building, Community-Building and Transnationalism in

Everyday Life during the Republic of Việt Nam, 1955-1975." PhD diss., University of Washington, 2016.

Moore, Aaron Stephen. "Japanese Development Consultancies and Postcolonial Power in Southeast Asia: The Case of Burma's Balu Chaung Hydropower Project." *East Asian Science, Technology and Society*vol.8, issue 3(2014): pp. 297-322. https://doi.org/10.1215/18752160-2416662.

Nguyen, Phi-Vân. 2018. "A Secular State for a Religious Nation: The Republic of Vietnam and Religious Nationalism, 1946-1963." *Journal of Asian Studies,*vol. 77, issue 3 (2018): pp. 741-771. https://doi.org/10.1017/S0021911818000505.

Picard, Jason A. "'Fertile Lands Await': The Promise and Pitfalls of Directed Resettlement, 1954-1958." *Journal of Vietnamese Studies,*vol. 11, issue 3-4 (2016): pp.58-102. https://doi.org/10.1525/jvs.2016.11.3-4.58.

Rosenberg, Gabriel N. *The 4-H Harvest: Sexuality and the State in Rural America.* Philadelphia: University of Pennsylvania Press, 2015.

Shiva, Vandana. *The Violence of the Green Revolution: Third World Agriculture, Ecology, and Politics.* Lexington: University Press of Kentucky, 2016.

Sneddon, Christopher. *Concrete Revolution: Large Dams, Cold War Geopolitics, and the US Bureau of Reclamation.* Chicago: University of Chicago Press, 2015.

Soon, Wayne. "Science, Medicine, and Confucianism in the Making of China and Southeast Asia — Lim Boon Keng and the Overseas Chinese, 1897-1937." *Twentieth-Century China,*vol. 39, no. 1 (2014): pp. 24-43.

Stewart, Geoffrey C. "Hearts, Minds and Công Dân Vụ: The Special Commissariat for Civic Action and Nation-Building in Ngo Dinh Diem's Vietnam, 1955-1957." *Journal of Vietnamese Studies,*vol. 6, issue 3 (2011): pp. 44-100.

——. *Vietnam's Lost Revolution: Ngô Đình Diệm's Failure to Build an Independent Nation, 1955-1963.* Cambridge: Cambridge University Press, 2017

Tan, Mitchell. "Spiritual Fraternities: The Transnational Networks of Ngô Đình Diệm's Personalist Revolution and the Republic of Vietnam, 1955-1963." *Journal of Vietnamese Studies,* vol. 14, issue 2 (2019): pp. 1-67. https://doi.org/10.1525/vs.2019.14.2.1.

Toner, Simon. "Imagining Taiwan: The Nixon Administration, the Developmental States, and South Vietnam's Search for Economic Viability, 1969-1975." *Diplomatic History,*vol. 41, issue 4 (2017): pp. 772-798.

Tran, Nu-Anh. "Contested Identities: Nationalism in the Republic of Vietnam (1954-1963)." PhD diss., University of California, Berkeley, 2013.

Tran, Thi Ut, and Kei Kajisa. "The Impact of Green Revolution on Rice Production in Vietnam." *The Developing Economie*s, vol. 44, issue 2 (June 2006): pp. 167-189. https://doi.org/10.1111/j.1746-1049.2006.00012.x.

關鍵思考二　從技術援助的觀點看帝國亞洲與冷戰亞洲

水野宏美／著
蔡傳宜／譯

美國冷戰史的研究中，通常會視政府開發援助（Official Development Assistance, ODA）為冷戰時期的新產物；日本外務省的官方觀點也是如此。然而，這種看法未免過於欠缺對過去殖民政策的批判。本文將從「技術援助」的角度切入，檢視從亞洲從帝國主義到冷戰時期的聯繫與轉變。

首先讓我們來重新審視以一九五四年為戰後日本政府開發援助元年的神話。一九五四年簽署《舊金山和約》後恢復主權的日本，在這一年加入了可倫坡計畫（Colombo Plan）。該計畫是以大英國協國家為中心，於一九五〇年成立的國際技術援助組織，目標為開發舊殖民地經濟。這是日本戰後首次加入國際援助組織，較其加入聯合國要早兩年。而一九五四年，也是日本與第一個國家緬甸簽訂戰後賠償協定的一年。接下來，日本與菲律賓（一九五六）、印尼（一九五八）、越南（一九五九）締結賠償協定，與寮國（一九五八）、柬埔寨（一九五九）、南韓（一九六五）

締結了所謂的準賠償協定。所有賠償和準賠償協定中，皆規定日本必須分別提供所規定金額的「日本生產物品及日本人勞務」，也就是藉由提供日本零件、機械以及技術人員的技術，以技術援助而非日幣或美金支付賠償。英國也以這種方式向印度支付戰爭中借款的金額，前述可倫坡計畫亦屬於技術援助。

為什麼日本能透過技術償還戰爭賠償？為什麼大英國協的可倫坡計畫是技術援助計畫？首先能舉出的原因便是世界性的美元不足。但如果要更加深入回答這個重要問題，就必須就「技術」和「援助」兩方面進行探討。包含技術援助在內的開發援助，原本便非僅止於援助國提供受援國協助，而是為了建立起涵蓋各種方向性的網絡；無論是援助國或是受援國，都會期待並仰賴該網絡。對援助國而言這是一種投資，而對受援國家來說，則是一種經濟以及外交手段。而在技術方面，比起構築獨立存在的知識（例如研究室中的發明或是某企業獨有的生產過程改革創新），更重要的仍是網絡的建立。科學家與技術人員是製造人材的聯繫，資源和研究室與工廠結合成物品的連結，學術知識或是當地所習得的訣竅則是資訊傳播的連結，而學術與業界，和政策與政治家的聯合則是資本的連結。進一步而言，為了資本主義的發展，這個網絡必須是能夠持續擴張的網絡。缺乏貨幣、物品和人的流動，經濟便無法成立。

其次必須強調的是東南亞的重要性。東南亞過去曾是英、法、荷等國殖民地，在二戰期間被納入日本帝國的經濟圈中。對歐洲的殖民帝國而言，為了重建經濟，取回東南亞並再次涉足其經濟圈十分重要。對日本而言可說也是如此。戰爭中日本經濟雖是由中國與「滿洲」以及當時的殖民地朝鮮或是臺灣支撐，然而在一九五〇年代不可能和中國大陸與朝鮮半島展開正式貿易的情況下，加入東亞經濟圈是日本經濟重建的必要條件。只要翻開當時亞洲協會等組織的出版品，就能清楚看到當時政治家與企業家異口同聲，一致要求前進東南亞。以往在日本經濟復興上強調美日關係以及韓戰帶來的影響，在歐洲各國經濟復興上將焦點放在歐洲內部經濟圈的重新構築（例如煤鋼共同體〔European Coal and Steel Community, ECSC〕或歐洲經濟共同體〔European Economic Community, EEC〕），這些觀點皆有所偏頗，無視東南亞對此二者的重要性。一九五〇、六〇年代的東南亞不僅是美蘇冷戰角力場域，也是舊帝國為了經濟圈再構築而競爭的區域。

第二次世界大戰後的亞洲也是去殖民地化的亞洲。與前述原殖民帝國的想法相悖，成功獲得獨立的亞洲各國，接下來的目標是經濟上的去殖民化。日本之所以得以技術援助作為戰爭賠償，是由於當時必須在美元不足下推動工業化發展的東南亞各國，希望獲得基礎建設、工廠設備以及工業技術。而提升亞洲各國經濟水準和購買力，也是其作為戰後日本經濟復興所需市場的必要條件。水壩、港灣建設、高速公路、工廠、示範農場等接連出現在東南亞各國。這些新事物與企圖能夠透過戰爭賠償實現，擔任中介者角色的，便是曾在舊日本帝國活躍的技術人員。此時期建築的東南亞水壩大多出自日本工營[1]；創立者久保田豐過去曾在日本殖民地朝鮮從事水力發電的開發工作，日本工營則是為了讓從朝鮮半島或大陸返日的技術人員再就業而設立的建設

1 編註：日本最古老的獨立顧問公司，成立於一九四六年。

顧問公司。日本工營不過是其中一例。各種研究皆曾指出，印尼的戰爭賠償與其首任總統蘇卡諾（Soekarno）之關係密不可分，可追溯至戰前。因賠償計畫而在一九五五年成立的日本海外建設協力會（即今日海外建設協會之前身），也將其活動理解為殖民地時代的延續。以戰後在亞洲所實施計畫而確立的東南亞學為支柱的「亞洲經濟研究所」（即今日的日本貿易振興機構——亞洲經濟研究所〔IDE-JETRO〕），亦為板垣與一、川野重任、岸信介這些和帝國日本經濟與知識構築關聯密切者，仿照滿鐵調查部所建立的智庫，於帝國的網絡與經驗基礎上立足發展。這類與殖民統治時代的緊密聯繫，當然並非日本所獨有；可倫坡計畫也是如此，而荷蘭也將殖民時代的專業人材投入印尼獨立後的援助相關工作中，並將此定位為「開明的自利」（enlightened self-interest）。

馬林諾夫斯基（Bronislaw Malinowski）在一九一〇年代「發現」了新幾內亞的庫拉圈（Kula ring）交換制度，至今仍為人類學者持續研究。在語言和文化皆異的部族島嶼間，紅色貝殼項鍊以順時鐘方向、白色貝殼手鐲則以逆時針方向依次進行儀式性的贈與，軌跡呈現環狀。交換的重點不在於贈與物的內容，透過該行為在部族間所形成和維繫的關係才是目的。在人類學者眼中，此交換制度的「前近代性」似乎充滿魅力；但對研究冷戰時期的亞洲歷史學者而言，值得注意的則是技術合作外交和庫拉圈在功能上的共通點——透過物品贈與這種行為，語言與文化皆相異的國家間建立起外交以及經濟關係。在該網絡中，即便並非所有國家都有個別聯繫，但也能藉由身處其中，擴大各自的政治經濟圈。

物品的流動是近代經濟的基礎。然而一九五〇年代亞洲在冷戰籠罩下，無法如同歐洲般成立經濟共同體。對遭受世界大戰及獨立戰爭或內戰破壞的亞洲與日本來說，藉由「技術」流動而重新建立的網絡，其意義相當重大。日本在戰爭賠償，也就是技術援助，轉換為商業基礎合約的時期裡，確立了世界大二經濟體的地位。

本文雖然將焦點放在東南亞上，然而岸信介內閣的經濟外交一同推動了日本戰後拉丁美洲的移民、技術合作和企業進軍，這也是必須注意之處。

以上，便是本文試將技術援助外交視為帝國主義亞洲和冷戰時期亞洲的交會點，從人材、物品、金錢網絡的重建角度進行討論。雖然冷戰外交研究通常難以避免將重心放在與美國之間的縱向關係上，然而在此之外，也應從批判性角度將包含東南亞及南美在內的橫向連結，以及其中所內涵複雜（包括帝國時代所延續的連結之變化）的重層性納入考量。如此一來，對於在冷戰影響下亞洲的知識構築與外交的研究，也能為美國中心的冷戰研究提供新的研究主題和架構。

第三部
新聞事業

第十章 因「美援」而交會的臺灣「高等」與「僑生」教育

——以政治大學新聞系為例[1]

藍適齊／著
蔡傳宜／譯

二戰結束後，國共內戰隨即再起，並延續到冷戰期間。因此，中國共產黨建立的中華人民共和國與中國國民黨政權下的中華民國之間，持續的進行政治與意識形態的對抗，也使得臺灣成為冷戰緊張關係中的焦點[2]。在韓戰陷入僵局之後，美國正式將臺灣納入全球反共聯盟，也讓一九

1 筆者要感謝國立政治大學的國際拔尖計畫「自由、民主、人權與近代東亞：以臺灣為中心」給予本研究的支持。另外，要特別向日本京都大學的森口（土屋）由香教授，新加坡新躍社科大學的郭振羽教授，在馬來西亞的劉文興拿督、劉雅煌先生、和陸捷景先生致謝。我的研究助理吳博臻，則對本研究提供了無微不至的協助。

2 先行研究中，通常是在美國外交政策的背景下討論，例如：Shu Guang Zhang, *Deterrence and Strategic Culture: Chinese-American Confrontations, 1949-1958* (Ithaca: Cornell University Press, 1992); Robert Accinelli, *Crisis and Commitment: United States Policy Toward Taiwan, 1950-1955* (Chapel Hill, NC: University of North Carolina Press, 1996);

四九年以來在臺灣的中華民國政府得以鞏固其政治基礎。而為提高自我的戰略利益，美國在此後提供了中華民國大量的財政援助，藉以提升其對抗中華人民共和國之優勢。

關於冷戰時期對中華民國（以及對其他同盟國家）的美援，至今已有許多學術研究探討[3]，然而大多著重在政治與經濟層面。近年，則有臺美關係的研究者開始將目光轉向冷戰的社會和文化範疇；例如，川島真在本書的第一章將焦點置於美國對一九六〇年代臺灣「中國研究」的援助上。而本章以相同的脈絡為背景，考察一九五〇至六〇年代臺灣新聞教育的發展與美援所帶來影響。此外，本章以高等教育和政大作為研究的對象；在此點上，亦與森第六章研究臺灣國立清華大學、以及第十一章處理香港中文大學，有共通之處。

由於新聞常常被賦予政治宣傳等目的，新聞學教育亦多帶有教育以外的意涵。冷戰期間，美國對東亞各地的新聞教育提供龐大的援助，首先是日本，接下來是韓國和中華民國。本章將聚焦於一九五〇年代在美國影響下的臺灣新聞教育，探討新聞教育在美援下的發展，尤其是其中接受美援來臺灣讀書的海外華人學生（通稱「僑生」）。具體關注焦點則為臺灣主要大學之一的國立政治大學（以下簡稱政大），其自一九五五年招收首屆學生起便接受美援的挹注。過去的研究，多偏重於「制度史」，關注美援的決策過程和執行機構、以及其中的意識型態和企圖。至於美援對「受眾」的影響，例如本文的焦點在臺灣受新聞學教育的學生們，則尚未完全釐清。本章嘗試從「社會史」的觀點，藉由追蹤畢業生的職涯軌跡，分析政大新聞教育的影響。

一、美國對臺灣新聞教育的援助

過去幾乎所有記者在進入報社工作前，皆未曾接受過正式訓練。然而，二十世紀初期新聞學在美國成為一門學術專業（一九〇八年在密蘇里大學，一九一二年在哥倫比亞大學），新聞教育

Thomas J. Christensen, *Useful Adversaries: Grand Strategy, Domestic Mobilization, and Sino-American Conflict, 1947-1958* (Princeton, NJ: Princeton University Press, 1996); John W. Garver, *The Sino-American Alliance: Nationalist China and American Cold War Strategy in Asia* (Armonk, NY: M.E. Sharpe, 1997); Ruping Xiao and Hsiao-ting Lin, "Inside the Asian Cold War Intrigues: Revisiting the Taiwan Strait crises," *Modern Asian Studies*, vol.52, no.6 (2018): 2109-2136.

3 學者已持續關注這些主題超過半個世紀；關於美國援助中華民國在臺灣的研究，可參考David W. Chang, "U.S. Aid and Economic Progress in Taiwan", *Asian Survey*, Vol. 5, no. 3 (1965), pp.152-160; Neil Herman Jacob, *U.S. Aid to Taiwan: A Study of Foreign Aid, Self-help, and Development* (New York: Frederick A. Praeger, 1966); E.A. Winckler and Susan Greenhalgh, eds., *Contending Approaches to the Political Economy of Taiwan* (NY: M.E. Sharpe, 1988), Nick Cullather, "Fuel for the Good Dragon: The US and Industrial Policy in Taiwan, 1950-1965", *Diplomatic History*, vol. 20, no. 1 (1996), pp.1-25; Merle Goldman and Andrew Gordon, eds., *Historical Perspectives on Contemporary East Asia* (Cambridge, Mass.: Harvard University Press, 2000); Min-hua Chiang, "The U.S. Aid and Taiwan's Post-War Economic Development, 1951-1965", *African and Asian Studies*, vol. 13, no.1-2 (2014), pp.100-120.深入探討美國在亞洲角色的研究，則有Bruce Cumings, *Parallax Visions: Making Sense of American-East Asian Relations at the End of the Century* (Durham: Duke University Press, 1999), and Alice H. Amsden, *Escape from Empire: the Developing World's Journey through Heaven and Hell* (Cambridge, MA: The MIT Press, 2007)。

開始成為大學課程的一部分，繼美國，接下來在中國、日本、西班牙、加拿大等地，大學也開始成為培育職業記者的場所[4]。

在中國，大學層級的新聞教育始於一九一八年的北京大學。到一九三七年為止，中國的公私立三十二所大學中，有二十六所提供新聞教育，幾乎大多都受到美國的影響[5]。國共內戰後，在中華人民共和國的統治下，新聞教育在北京大學以及清華大學繼續延續。另一方面，中華民國政府播遷到臺灣之後，大學層級的新聞教育則隨著一九五四年國立政治大學在臺「復校」同時展開。

作為國民黨的幹部訓練學校，國立政治大學在一九二七年時在南京以中央黨務學校之名成立，一九二九年改稱為中央政治學校，一九四六年改為今日的校名國立政治大學[6]。受國共內戰的影響，政大於一九四九年停止招生與教學。一九五四年，政大在臺灣作為中華民國第一所以「復校」之名建立的公立大學，初始共有四所研究所，包含新聞研究所；翌年設立新聞系在內的五個學系，招收第一屆大學部新生。與亞洲其他國家大學層級的新聞學系相較，國立政治大學是非共產主義華語圈中最早創設的新聞學系之一。如張楊在第十一章中所提，香港中文大學新聞系設立於一九六五年，較政大晚十年。換言之，在一九五五到一九六五年間，臺灣的國立政治大學是在中華人民共和國疆域外唯一大學層級以中文教授新聞學的學校。

自創立以來，政大新聞系便受到不少正式以及非正式的美援。中華民國政府的新聞教育，在歷史上與美國的新聞學院關係密切，尤其與密蘇里大學的關係最為緊密。根據過去的研究指出，自一九二〇年代以來，中國境內的大學在新聞教育上廣泛接受了「密蘇里模式」[7]。政大的前身、位於南京的中央政治學校，其新聞教育為一九三四年馬星野肇始。他是密蘇里大學新聞系的畢業生，也是最早接受基於「密蘇里模式」的專業新聞教育的中國人[8]。政大在一九五四年在臺灣開辦新聞教育（最初為研究所）時，延續了與密蘇里大學在人與物上所有的關聯；例如，在一九五四到五五年間政大的初創期，密蘇里大學新聞學院的教師和圖書館便曾捐贈圖書給政大[9]。

另一方面，更重要的一點是，一九五〇年代以來臺灣國立政治大學的新聞教育發展，應置於與共產主義進行意識型態戰爭的中（華民國）美同盟關係脈絡下來理解。過去的研究指出，意識型態戰爭是由美國新聞處（United States Information Service, USIS）等機構執行；本章則指出美國對中華民國政府統治下臺灣高等教育的援助政策，亦對反共意識型態戰爭大有貢獻。自一九五

4 張詠、李金銓著，李金銓編著，〈密蘇里新聞教育模式在現代中國的移植〉，《文人論政：民國知識分子與報刊》（臺北：政大出版社，2008），頁321-350。

5 同註4。

6 政大校史：http://archive.nccu.edu.tw/history.htm（查詢時間：2020年8月5日）

7 同註4。

8 〈馬星野：一代新聞宗師〉（1990年12月1日），收錄於「國立政治大學傳播學院」：https://comm.nccu.edu.tw/zh_tw/member/link18/retired_teachers/馬星野-一代新聞宗師-41865033

9 〈密蘇里新聞學院贈我政大圖書〉，《聯合報》，1955年4月6日。

〇年代貫穿六〇年代，政大便是這些政策的最大受益者之一。

在這段期間，國立政治大學新聞系持續延聘美國籍教授，充實系所教師陣容及課程。所延聘教授依序包括有孔慕思（Carlton Culmsee，猶他州立大學，一九九五年國務院安排來臺）[10]、郎豪華（Howard Rusk Long，南伊利諾大學，一九五七年）、葛迺頓（Charles Clayton，南伊利諾大學，一九六一年）[11]、克賽（John Casey，奧克拉荷馬大學，一九六三年）等[12]。

最早來臺的孔慕思，曾於一九五〇年代擔任猶他州立大學文理學院院長。根據其私人文件，中華民國政府曾於一九五五至六五年間邀請孔慕思夫婦，並委託他們協助臺灣國立政治大學「復校」[13]。在政大擔任客座教授期間，孔慕思開設「宣傳學」與「公共關係」課程，其夫人亦在校中擔任英語教師[14]。這次訪問機會讓孔慕思能「以其教學活動，還有遍至金馬、遠東的大範圍旅遊經歷」，在美國「眾多地區性和全國性雜誌上發表關於臺灣和東方的文章」[15]。

孔慕思在此時期的寫作內容，與美國和中華民國政府合作推展的意識型態戰爭目標以及戰略一致。一九五六年八月即將離開政大時，孔慕思在一篇以〈中國大陸沿岸的緊張小島〉為題，刊載在《紐約時報雜誌》（*The New York Times Magazine*）的文章中向美國讀者如此介紹金門[16]：

> 這幾年來，許多具有異國情調的遠方地名，由於成為冷戰焦點而突然受到美國人注意，而當衝突中心轉移，這些地名便消失在新聞之中。其中之一是緊靠紅色中國（Red China）東南沿海，在國民黨統治下風吹日曬的小島，也就是金門。

刊登孔慕思的文章並非偶然。此文是在一九五四年九月中華人民共和國砲擊金門島後國共軍事衝突（日後稱為第一次臺灣海峽危機）的高峰、以及美國與中華民國簽署《中美共同防禦條約》強化對臺灣軍事援助之後刊出。在此背景下，孔慕思在文章中以積極且堅定的筆調表明支持美國對中華民國的援助，寫下「金門，雖然人們的生活逐漸改善，但它仍是座遭受包圍的

10 〈美學者三人將來臺任教〉，《聯合報》，1955年9月10日。

11 在任教於臺灣政大後，葛迺頓於一九六〇年代中期在塑造香港新聞教育上扮演了關鍵性角色，甚至被譽為「香港中文大學新聞學院的創辦人」。參見本書第十一章。

12 東京大學著名新聞學者小野秀雄亦於此期間訪問政大，於一九五九年三月至五月擔任客座教授。見〈副總統設宴葛古森柯克並接見小野秀雄〉，《聯合報》，1955年3月5日；〈國立政治大學校長陳大齊贈紀念品予日本小野秀雄教授〉，《中央社》，1955年5月11日，收錄於「國家文化資料庫」：http://nrch.culture.tw/view.aspx?keyword=%E7%B4%80%E5%BF%B5%E5%93%81&s=566896&id=0006449460&proj=MOC_IMD_001#。值得注意的是，小野秀雄於一九六三年成為首位政大授予名譽教授頭銜者，見〈大事紀〉，收錄於「國立政治大學傳播學院新聞學系」：https://jschool.nccu.edu.tw/PageDoc/Detail?fid=10954&id=18225

13 Carlton Culmsee papers, 1897-1993, Archives West. https://archiveswest.orbiscascade.org/ark:80444/xv21850

14 〈政大研究部昨正式上課〉，《聯合報》，1955年10月4日。

15 Carlton Culmsee papers, 1897-1993, Archives West. 原文中用"the Orient"（東方），今天普遍指亞洲地區。

16 〈孔慕思教授昨離臺返美〉，《聯合報》，1956年8月22日；Carlton Culmsee, "Tight Little Island — Off China", the New York Times Magazine, 19 August 1956, P. 188.《紐約時報雜誌》為美國重要大報《紐約時報》每周發行的補充性刊物，其特色為刊載的文章篇幅通常較一般新聞報導和評論來得更長、更深入。

要塞。」[17]

另外一位在臺灣任教的知名美國新聞學教授是郎豪華。他曾於密蘇里大學任職十年，一九五三年轉至南伊利諾大學，一九七二年擔任該校新聞學院的院長[18]，被評為「對南伊利諾大學新聞學系成長及校園報發展有重大的貢獻」[19]。郎豪華在一九五七至五八年間於政大任教共九個月。值得注意的是，臺灣報紙報導他在返美前曾對臺灣的《出版法》表示高度關心[20]；又有報導指出郎豪華回國後不久便在《鵝毛筆》（*Quill*）發表文章，引用中華民國總統蔣介石的發言，說明「中國」（中華民國）《出版法》的目的在於「防堵共產主義」，「一旦局勢允許」其限制便可放寬[21]。

即便今日能取得的資訊有限，根據前述分析可以合理的判斷，美國對國立政治大學新聞教育的援助，強化了雙方政府共同進行的反共意識型態戰爭[22]。而最能反映兩國官方合作的例子，是在一九六二年三月揭幕的政大新聞館。為紀念新建築落成，政大以雙語發行了《政大新聞館落成紀念特刊》，內容包括以下多位國際的——更精確的說應該是來自反共國家的——新聞傳播界領袖和新聞學者所寫的賀詞，均以英文及逐字翻譯的中文譯文雙語呈現[23]。

《政大新聞館落成紀念特刊》首先介紹了新聞館和新聞系。然而，值得注意的是，其中有相當大的篇幅是「來自世界各地的信息」，包括新聞界的領導人物和著名學者的賀詞，同時表達對政治大學的支持。表10-1即列出祝賀名單，同時特刊中也將這些人的肖像按順序列出，看起來就像是來自「自由世界」的報紙、資訊服務（或宣傳）和新聞教育的人名詞典。

在這座同時也被命名為「新聞自由研究中心」的新聞館的落成典禮上，政大公布了來自美國總統甘迺迪的賀文，賀文中明確提及，在美國支援下雙方政府合作實行的新聞教育目標[24]。

---

17 Carlton Culmsee, "Tight Little Island — Off China", *The New York Times Magazine*, 19 August 1956, page 188.

18 ISWNE (The International Society of Weekly Newspaper Editors), "Howard R. Long Scholarship," Feb 14, 2012. https://www.iswne.org/foundation/scholarships/howard_r_long/howard-r-long-scholarship/article_61147c06-575f-11e1-9f55-001871e3ce6c.html（查詢時間：2022年7月25日）。

19 Individual Author Record: Howard Rusk Long, Illinois Center for the Book, Illinois State Library, http://www.illinoisauthors.org/cgi-bin/illinoisAuthors/getSpecificAuthor.pl?uid=6443

20 〈美國南伊利諾州新聞系主任郎豪華昨晨九時乘民航局客機離華飛港轉返美國〉，《聯合報》，1958年6月16日。

21 〈中國編行新出版法旨在防範共產主義一俟情況許可即予放寬郎豪華引述總統談話〉，《聯合報》，1958年7月2日。

《鵝毛筆》是一本在美國發行的「專業新聞工作者的全國性雜誌」，已有超過九十年的歷史，自稱是「為記者、業界領導者、學生和教育者而生，受到讚譽和歡迎的新聞業界核心議題雜誌」。參照其網站：https://www.quillmag.com/about/

22 雖然並不令人驚訝，但值得注意的是，類似的做法和安排訪問學者也出現在同時期的美國與南韓政府之間。正如本書第十二章中論及，美國國務院派遣新聞學者至南韓為當地記者授課以及舉辦研討會，包括在一九九五派遣哥倫比亞大學的羅斯科・艾拉德，一九五七年南伊利諾大學韋恩・羅蘭德，以及一九五九年西北大學的佛洛伊德・厄本。

23 《政大新聞館落成紀念特刊》，一九六二年三月九日發行。英文題名為"Special Issue Commemorating the Dedication of the New Journalism Building, National Chengchi University"。

24 "A Message from the President of the United States"，《政大新聞館落成紀念特刊》，頁23。

表10-1　《政大新聞館落成紀念特刊》發表賀詞名單

班傑明・M・麥克威（Benjamin M. McKelway）	美國聯合通訊社（Associated Press）主席
法蘭克・H・巴多羅姆（Frank H. Bartholomew）	合眾國際通訊社（United Press International）社長
亞瑟・海斯・索爾茲伯格（Arthur Hays Sulzberger）	《紐約時報》董事長
小馬歇爾・菲爾德（Marshall Field, Jr.）	《芝加哥太陽報》（*Chicago Sun-Times*）《芝加哥時報》（*Chicago Daily News*）發行人
亨利・R・盧斯（Henry R. Luce）	《時代雜誌》（*Time*）《生活雜誌》（*Life*）發行人
法蘭克・路德・莫特（Frank Luther Mott）	密蘇里大學新聞學院榮譽院長 密蘇里大學新聞學院院長
厄爾・F・英格利（Earl F. English）	密蘇里大學新聞學院院長
J・T・薩爾特（J.T. Salter）	威斯辛大學政治學教授
米山桂三	慶應大學新聞研究室主任教授
小野秀雄[25]	
岩本清	共同通信社編輯局長
羅伯特・布魯姆（Robert Blum）	亞洲基金會會長[26]

> 貴校新聞館和附設的新聞自由研究中心落成，本人謹以最大的歡欣敬致賀意。貴校在蔣總統創設擘劃下，宏規早立，更因在非共產世界推廣新聞教育居於領導地位而譽滿遠東。自由新聞事業為民主政治制度之礎石，亦為人類決心藉自由表達其思想觀念之方式影響其未來之象徵。本人深粉貴校新聞教育將為嚮往民主人士之精神泉源，亦為光提於自由社會之傳播自由與中國大陸暴政統治下被壓迫的新聞事業一項對比。
>
> 貴國早在一千五百年前誕生報紙，今日復擁有最新之大眾傳播設備，實屬相得益彰。
>
> 謹向先生致最大賀意。
>
> 約翰・甘迺迪

在政大復校的最初十年間，新聞學教育也隨著學校的發展、不斷的擴展規模。而在此同時，美援則為政大帶來另外一項重大影響，那便是促進了「海外華人學生」（僑生）到臺灣求學。

25　小野秀雄是日本最重要的新聞學者，曾任教於東京大學和上智大學，創立了日本在大學中最早的新聞學研究；他曾經擔任日本新聞學會的首任會長長達十六年，被譽為是日本現代新聞學的開拓者。見東京大學對他的介紹，http://umdb.um.u-tokyo.ac.jp/DPastExh/Museum/ouroboros/04_02/onohideo.html

26　布魯姆是亞洲基金會的創會會長(1954-1962)；見亞洲基金會的歷史說明，https://asiafoundation.org/people/robert-blum/

• 23 •

A Message

From

the President

of

The United States

President John F. Kennedy

It is with the greatest pleasure that I offer my congratulations to the National Chengchi University on the occasion of the dedication of its new journalism building and the freedom-of-information center. Your university, which was founded and has grown in stature under the aegis of President Chiang Kai-shek, is already well-known in the Far East for the leading role which it has taken in promoting the teaching of journalism throughout the entire non-Communist world. The institution of a free press is a foundation stone of the democratic system of government and a symbol of man's determination to influence his future by expressing his ideas in his own way. I am hopeful that your school of journalism and its freedom-of-information center will be a source of constant inspiration to those who cherish democracy, and an example of the contrast between the freedom of communications which prevails in a free society and the controlled press of the totalitarian system existing on the mainland of China. It is uniquely fitting that your country, which gave birth to the newspaper some 1,500 years ago, should now have these most modern facilities in the field of mass communication. With all best wishes.

Sincerely,

John F. Kennedy

照片10-1：甘迺迪賀電（出處：同註23）

二、對「海外華人學生」（僑生）在臺灣求學的美援

為阻止海外華人，尤其是東南亞的海外華人前往中華人民共和國接受高等教育，美國政府自一九五四年起大規模的提供中華民國政府資金援助，招收海外華人學生（僑生）來臺灣就學[27]。直到一九六五年美援終止，期間共有數千名「僑生」赴臺留學，大部分取得了大學學位。

對「僑生」的美援分為兩大項目。一是針對個別僑生提供「個人援助」，透過中華民國僑務委員會給予僑生赴臺就學所需的交通費、學費或是獎學金。另一則是一九五四至六二年間的「機構援助」；臺灣的各大學每招收一名僑生，便由教育部核撥一定的美援經費予該校，以建設校園基礎設施（包括教室、宿舍、餐廳、圖書館、體育館、研究室以及其他設備）[28]。在一九五四到五六年間，僑生可於臺灣的公立大學註冊，因此美援的「機構援助」也僅針對臺灣的公立大學。僑生雖在一九五七年後獲准進入私立大學就讀[29]，但直到一九六五年終止時，在美援下赴臺留學的僑生大部分仍進入公立大學，故美國的「機構援助」資金也大多分配予公立大學。

27　有關其國際背景及意涵的詳細研究，可參見Ting-Hong Wong, "College Admissions, International Competition, and the Cold War in Asia: The Case of Overseas Chinese Students in Taiwan in the 1950s", *History of Education Quarterly*, 56:2 (2016), pp.331-357

28　周陸僑編著，《僑生回國升學概況》（臺北：僑務委員會研究發展考核處），1972。頁24-25。

29　同前註，頁38。

由於中華民國政府在一九五〇年代缺乏發展高等教育的資金，美國對臺灣各公立大學提供的金援就更顯得重要。各大學能獲得的「機構援助」金額多寡雖是基於僑生入學人數，但實際的受惠者並不限於僑生。以美援經費興建的學生宿舍中雖有部分僅限僑生住宿，然而教室、餐廳和圖書館則是僑生與臺灣學生共同使用，因此美國提供的資金不僅用於僑生，實際上對臺灣整體的高等教育和學生也是相當重要的援助。

在此期間，招收僑生、接受來自美國「機構援助」的各國立大學中，政大在時機和課程上都有別於臺灣其他的學校。前文曾提及，政大於一九二七年在中國大陸創校，然因國共內戰在一九四九年與其他中華國民政府管理下的大學一同中止在大陸的營運。當國民黨在台統治穩定後，決定將曾於大陸興辦的國立大學「復校」，國立政治大學便是教育部計畫在臺復校的第一所公立大學。經過數年規劃，政大於一九五四年復校。雖然未有證據顯示這是刻意為之，然而政大復校年份，恰與美國開始資助僑生赴臺留學同年。

國立政治大學在一九五四年開始招生，但是第一年只有研究所的學生；翌年招收第一屆大學部學生，也就自一九五五年開始接受僑生入學。相較於臺灣其他自一九五四年起招收僑生的公立大學，政大較晚一年；但美國在此時提供的「機構援助」，對政大則有特殊的價值和意義。其他自一九五四年開始接受僑生入學和「機構援助」的幾所公立大學，都是自日治時期就已建立、歷經數十年發展的學校和校園。例如國立臺灣大學，其基礎為設立於一九二八年的臺北帝國大學；臺灣省立工學院（後於一九七一年更名為國立成功大學），其前身為一九三一年創設的臺南高等工業學校。相較之下，政大則是全新創建的「復校」大學。在中華民國政府教育資金短缺之下，政大必須從零開始建設校園的所有基礎。因此，自一九五五年起因僑生教育而開始接受的美方「機構援助」，對在臺灣剛剛「復校」的政大特別的重要和珍貴。例如，政大第一期大學部教室及學生宿舍的建設計畫，預算為一千五百萬新臺幣，全額皆由「美援」支付[30]。

此外，從以僑生為對象設立課程的觀點來看，國立政治大學亦有別於其他的學校。如前文所述，政大是臺灣的大學中第一所設立新聞系的學校；而需要更進一步指出的是，在一九五五年華語圈的學術界中，提供新聞教育只有三所大學，除政大外其他兩所為中華人民共和國的復旦大學及人民大學[31]。對希望學習新聞學的海外華人（學生）來說，政大是非共產主義圈中的唯一選擇；此局面一直持續到一九六五年香港中文大學在美國協助下創辦新聞系為止（詳情參照本書第十一章）。以美國與中華民國政府同盟推行的反共意識型態戰爭脈絡而言，在一九六五年以前，政大是非共產主義圈中唯一一所能培養華文記者，促進全世界華人和華文讀者反共意識型態的大學。

根據中華民國政府的教育政策，一九九五年政大招收第一屆學生時，共有教育、政治、外交、邊政（今民族學系）、新聞五個學系供僑生與臺灣新生主修。在接下來的十年間，美國針對

30　〈政大新校舍即將興建教室宿舍共四棟〉，《聯合報》，1955年5月2日。

31　Eddie C.Y. Kuo, My academic journey, *Chinese Communication Association Newsletter (CCA News)*, December 2012, p.3

亞洲地區的新聞教育所進行的援助、和對海外華人學生在臺灣求學的兩項援助，很巧合的在政大新聞學系交會。

三、在政大就讀新聞系的海外華人學生

一九五五至六五年間，政大大學部的學系由五個系擴展至近十五個系[32]。但值得注意的是，在此期間新聞系是最受僑生歡迎的主修科系之一。如表10-2所示，一九五九至六一年的三年間，就讀新聞系的僑生新生人數都高過政大其他的學系，一九六二年則以些許差距排名第三，六四年亦為第三，六五年在差距極小的狀況下位居第二。

若僅由新聞系人數來看，則明顯可看出其學生人數僑生占大多數。自一九五五年首屆招生以來，進入新聞系的東南亞僑生人數便不斷攀升，經過十年的期間，僑生幾乎占各年級學生的半數左右。例

表10-2：一九五八年至六五年國立政治大學學系海外華僑新生入學人數排名[33]

年度：總人數	學系及當年僑生新生人數			
1958:127	外文系35	外交系28	教育系26	**新聞系24**
1959:160	**新聞系52**	外交系38	教育系32	
1960: 209	**新聞系74**	教育系51	外文系33	
1961:119	**新聞系32**	教育系25	外文系22	
1962:93	外文系26	教育系25	**新聞系24**	
1963:162	教育系33	外文系31	金融系25	新聞系／企管系22
1964:93	教育系31	外文系28	**新聞系26**	
1965:79	外文系28	**新聞系25**	國貿系21	

如一九五五年入學的在臺復校後的第一屆新聞系畢業生（校方的記錄為自南京創校以來的第十九屆畢業生），一九五九年畢業時該屆共有四十三名生，其中十七名（約百分之四十）為僑生[34]。這點在一九五八年入學的第四屆新聞系學生上更為顯著；該屆新生共有四十七名，其中超過半數的二十四名（百分之五十一）為僑生[35]。接下來數年間，新聞系的學生中持續著看到高比例的僑生人數，具體則如表10-3所示。尤其是一九五九年至六二年間的新生中，僑生人數甚至超過臺灣學生。

以新聞系整體而論，大學部從一九五五年開始招收新生以來的十年間，接受美國資助赴台留學的僑生一直都占了學生總數相當大的一部分、甚至有許多年僑生是多數。而若以政大整體來

32　直到一九六三年，新增大學部主修科系包括中文、東方語言、外文、法律、法律、財管、公共行政、金融、國貿、會計和企管。見〈國立政治大學學則〉（1957年1月18日）收錄於《國立政治大學校務會議紀錄》（臺北：國立政治大學，1958年）；《政大校刊》No.27（1963年12月）。

33　〈國立政治大學學則〉（1957年1月18日）收錄於《國立政治大學校務會議紀錄》（臺北：國立政治大學，1958年）；《政大校刊》No.2（1960年11月）；《政大校刊》No.11（1961年12月）；《政大校刊》No.19（1962年11月）；《政大校刊》No.27（1963年12月）；《政大校刊》No.35（1964年12月）；《政大校刊》No.43（1966年1月）；《政大校刊》No.51（1967年1月）僑生入學總數見：行政院國際經濟合作發展委員會，《僑生教育計劃運用美援成果檢討》（臺北：行政院國際經濟合作發展委員會，1966），頁6。

34　根據該年度的畢業紀念冊中所載的名單和個人通訊處推斷計算。

35　《國立政治大學校務會議紀錄》，（臺北：國立政治大學，1958）。

看，在政大十多個大學部學系中，新聞系也相當明顯地吸引了比例較高的僑生。表10-4即為具體人數和比例。

如表10-4所示，自一九五五年至六五年間進入政大新聞系就讀的學生中，有約半數為僑生。十分明顯地，是美國的援助支持了政大新聞系自一九五五年起持續的擴展規模，並在同時促成了相當數量的僑生到政大接受新聞教育。而自政大畢業的僑生人數（與其比例）和出身地，亦可以進一步的顯示出美國與臺灣（政大）在教育政策上努力合作的結果。

表10-5的畢業生統計數字顯示，一九五九年（接受美援的第一屆、一九五五年入學學生畢業的年份）至一九六九（於美援終止的一九六五年入學的學生畢業的年份）間畢業於國立政治大學新聞系的學生共有六〇三人，其中二三二名為僑生，占總人數百分之三十八以上。畢業僑生中有七十九名來自馬來西亞（馬來亞、砂拉越、沙巴）與新加坡，幾乎達到畢業僑生總數的三分之一。其餘畢業僑生中有七十三名香港僑生，二十二名印尼僑生。

表10-5更顯示出美援與政大的美式新聞教育，在對留學臺灣的僑生施以新聞學訓練上發揮了相當大的作用。畢業僑生中有在臺灣就

表10-3：一九六二年國立政治大學新聞系各年級學生人數[36]

	總人數	僑生人數	僑生比例
四年級	78	45	57%（*1959年入學）
三年級	103	68	66%（*1960年入學）
二年級	58	29	50%（*1961年入學）
一年級	53	25	47%（*1962年入學）

職於新聞業界者，亦有歸國任職於華文媒體機構者。雖然成為記者或任職於海外華文媒體的畢業生人數難以確切掌握，但前述數字展現出一九五〇到六〇年代之間臺灣新聞教育所帶來的幾項重大影響。第一，部分由美國資金和教師所支撐的「專門知識」與政大新聞系，並非僅是臺灣記者的訓練場。新聞系所提供的新聞「專門知識」，亦培養了許多在東南亞華文媒體任職的記者。第二，從數字中可以發現，中華民國與美國合作培育的海外華人新聞人才，尤以在馬來西亞、新加坡，以及香港最為顯著。

36　《政大校刊》No.19（1962年11月）。

37　《政大校刊》No.2（1960年11月）；《政大校刊》No.11（1961年12月）；《政大校刊》No.19（1962年11月）；《政大校刊》No.27（1963年12月）；《政大校刊》No.35（1964年12月）；《政大校刊》No.43（1966年1月）；《政大校刊》No.51（1967年1月）。

表10-4：一九五八年至六五年間各年度新聞系學生人數[37]

	新聞系僑生人數	新聞系中華民國籍學生人數	新聞系學生總人數	僑生占新聞系學生的比例	政大全體僑生人數和新聞系僑生占的比例
1958	85	128	213	39.9%	518　16.4%
1959	111	113	224	49.5%	632　17.5%
1960	164	130	294	55.7%	806　20.3%
1961	172	125	297	57.9%	772　22.2%
1962	167	123	290	57.5%	769　21.7%
1963	147	120	267	55.0%	772　19.0%
1964	99	121	220	45.0%	689　14.3%
1965	102	131	233	43.7%	661　15.4%

表10-5：新聞系畢業生人數[38]

總數	僑生	多數僑生國籍		
第十九屆（1955年入學，1959年畢業）[39]				
43	17	香港13	英屬婆羅洲1	印尼1
第二十屆（1956年入學，1960年畢業）				
52	9	香港4	英屬婆羅洲／砂拉越2	印尼1
第二十一屆（1957年入學，1961年畢業）				
50	11	印尼3	馬來亞／新加坡3	香港2
第二十二屆（1958年入學，1962年畢業）				
52	21	香港8	印尼5	馬來亞／砂拉越／新加坡5
第二十三屆（1959年入學，1963年畢業）				
74	40	香港14	馬來西亞／新加坡9	印尼5
第二十四屆（1960年入學，1964年畢業）				
88	46	馬來西亞／新加坡21	香港10	印尼4
第二十五屆（1961年入學，1965年畢業）				
38	15	馬來西亞5	香港3	印尼3
第二十六屆（1962年入學，1966年畢業）				
40	14	馬來西亞9	香港3	
第二十七屆（1963年入學，1967年畢業）				
53	17	馬來西亞11	香港3	
第二十八屆（1964年入學，1968年畢業）				
59	22	馬來西亞6	香港4	
第二十九屆（1965年入學，1969年畢業）				
54	20	香港9	馬來西亞8	

前述分析顯示出自一九五四年創系起的十年期間，政大新聞系成為兩個獨立卻互有關聯的美援和文化外交項目——「新聞教育」援助與「海外華人教育」援助——的交會點。因此，政大新聞系，或更進一步地說是該系畢業生的動向是分析美國文化外交對新聞傳播領域影響上極佳的研究對象。

更重要的是，美國透過政大新聞系發揮的文化外交影響，亦不僅限於臺灣。在此期間就讀政大新聞系的學生來自臺灣本地以及東南亞兩方面，畢業後的就職地點亦涵蓋臺灣與東南亞，故可藉由追朔政大新聞系畢業生的職涯發展，進一步考察美國文化外交在臺灣與東南亞兩地新聞領域所造成的影響。

接下來的第四節和第五節中，將透過分析從事新聞相關工作的政大新聞系畢業生群體的職業經歷，進一步討論美援下的新聞教育所產生的影響。此畢業生群體為一九五五至六五年間，也就是政大接受美國援助期間，就讀新聞系的東南亞僑生和臺灣學生（即一九五九至六九年間畢業者）。檢視符合此條件的政大新聞系畢業生的工作經歷，便可發現除了記者外亦有相當人數的畢業生從事新聞教育工作。前文曾提及政大新聞系實際上是華語圈中少數，且為一九五〇年代非共

38 這些數字根據一九五九年到一九六九年的《國立政治大學畢業紀念冊》，以及〈歷屆系友名錄（大學部）〉，收錄於「政治大學傳播學院新聞學系」：https://jschool.nccu.edu.tw/zh_tw/AL/SuccessiveOutstandingAlumni

39 大學部畢業生最早可追溯至一九四九年前的一九三七年第六屆畢業生。參見〈歷屆系友名錄（大學部）〉，收錄於「政治大學傳播學院新聞學系」：https://jschool.nccu.edu.tw/zh_tw/AL/SuccessiveOutstandingAlumni

產圈中唯一的新聞教育機構；也就是這個原因，促成許多畢業生在一九六〇年及其後設立於東南亞地區的新聞學術課程中擔任教職。為充分檢視新聞領域中的長期影響，畢業生中的新聞工作者與教育者，都將包含在本研究範圍中。接下來兩節中的焦點，是在華文報紙普及至今的兩個地區——馬來西亞與美國——從事媒體工作的畢業生、以及自一九六〇年代開始在兩個海外華人社會——新加坡與香港——從事新聞教育的畢業生。

四、在海外華文媒體工作的政大新聞系畢業生

本文追溯並分析畢業後成為華文記者、以及從事各種媒體工作的政大畢業生的職業生涯，發現在一九六〇年代至七〇年代初期，有許多僑生在畢業後回到東南亞為當地的華文報紙和其他媒體工作；其中又以在香港及馬來西亞最為明顯，而這也是一九六〇到六三年間前往政大就讀新聞系的僑生人數最多的兩個地區。二戰結束後一直到七〇年代初期，中華民國政府在聯合國作為的中國代表，同時也在美國政府與其冷戰策略支持下，向國際社會、尤其是海外華人展現自身是「中國」的合法政權。而本文發現，一九六〇年代畢業於政大新聞系的部分僑生，透過在各地反共或支持中華民國的海外華文報紙工作，直接和間接的幫助中華民國政府維持其正統「中國」政權的形象，也對反共意識型態的戰爭有所貢獻。

（一）冷戰的鬥士們：馬來西亞的中文報紙

馬來西亞（包括一九六三年馬來西亞成立前的星馬地區）境內有多家的華文報紙，其中主要的有一九二三年由陳嘉庚所創的《南洋商報》。在國共內戰及其後中華人民共和國建國以來，陳嘉庚與《南洋商報》被公認為是親中共路線[40]。另外則是一九二九年由胡文豹與胡文虎兄弟於新加坡創刊的《星洲日報》。在政治上，一九五〇年代的《星洲日報》被認為比較傾向中華民國[41]，此觀點根據在於，該報持續使用中華民國總統蔣介石所題「星洲日報」四字作為頭版刊頭標題，直至一九七六年[42]。

除《星洲日報》之外，《光華日報》的立場亦為親臺。《光華日報》原為孫文一九一〇年在越南創辦，而孫文既是自一九四九年起於臺灣執政至二〇〇〇年的國民黨創始人，也是中華民國（以及中華人民共和國）的「國父」。

此外，另一主要華文報紙《中國報》亦被視為一九五〇年代的親臺報紙[43]。《中國報》為一九四六年李孝式與國民黨籍的華人社群領袖們於吉隆坡共同創辦，其辦報動機為「反共並支持中

---

40 彭成毅，〈保皇與革命，親共與反共：紛擾馬來西亞華文報百年的「路線」之爭〉（2019年12月14日），收錄於「關鍵評論」：https://www.thenewslens.com/article/128772

41 魯虎，《新馬華人的中國觀之研究》（新加坡：新躍大學新躍中華學術中心，2014），頁77。

42 彭成毅，〈保皇與革命，親共與反共：紛擾馬來西亞華文報百年的「路線」之爭〉。

43 魯虎，《新馬華人的中國觀之研究》，頁77。

華民國」[44]。《中國報》本身更在官網上表示，是為了對抗吉隆坡「左翼」報紙所引發的「混亂」局面而創立[45]。

另外值得注意的，是一九六七年由商人梁潤之與小說家金庸（本名查良鏞，亦是香港《明報》的創辦人）創辦的《新明日報》。《明報》並未特別傾向支持臺灣或是中共；但該報在一九六〇年代受到「左翼」的激烈抨擊，金庸本身在一九七〇年代的立場亦與臺灣接近。在一九七三年訪問臺灣並會面中華民國政府領導人後，金庸自發性地向《明報》投稿一系列積極肯定中華民國政府的文章[46]。

在美援期間就讀政大新聞系、而在畢業後返回馬來西亞從事新聞工作的僑生們，有多位就職於立場親中華民國的報社，例如：

- 黃丁龍：一九六二年畢業，擔任《中國報》副總編輯[47]。
- 劉雅煌：一九六四年畢業，曾任職於《光華日報》、《星洲日報》和《新明日報》[48]。
- 陳毓平：一九六六畢業，長年於任職於《中國報》[49]。
- 丁玉珍：一九六八畢業，一九七五年進入《光華日報》，一九九七年出任總編輯[50]。

政大新聞系畢業的僑生中，一九六〇年畢業的李敦嶠可說是最符合中華民國和美國合作推展新聞教育的期望，更對反共意識型態戰爭有著直接的貢獻。他畢業後，首先在一九六〇至六五年於出身地東馬（馬來西亞婆羅洲）砂拉越州政府的新聞單位任職，爾後於一九六六年進入美國新聞處東馬來西亞—汶萊支局工作。值得注意的是，砂拉越州政府在一九八三年授予李敦嶠砂拉越之星有功獎章（Ahli Bintang Sarawak），理由為其在打擊一九六〇年代「地下叛亂活動」（應是指共產主義活動）的心理戰上有所貢獻[51]。同一時期，一九五九年畢業的楊來添也在東馬從事新聞工作。他在一九六六年創辦了一份名為《東馬來西亞晚報》的華文報，當時臺灣的官方報紙《中央日報》還特別加以報導[52]。

---

44 彭成毅，〈保皇與革命，親共與反共：紛擾馬來西亞華文報百年的「路線」之爭〉。

45 〈關於我們〉，收錄於「中國報」：https://www.chinapress.com.my/关于我们/

46 張圭陽，〈金庸與《明報》第一個15年（1959-1973）〉，《明報》，2018年11月1日，世紀版。收錄於「明報新聞網」：https://news.mingpao.com/ins/文摘/article/20181101/s00022/1541062064564/金庸與《明報》-第一個15年（1959-1973）（文-張圭陽）

47 葉觀仕編，《馬新報人錄（1806-2000）》（馬來西亞：名人，1999），頁B20；葉觀仕，《馬來西亞華文報業史（1815-2010）》（馬來西亞：名人，1999），頁173。

48 筆者二〇一九年於馬來西亞吉隆坡訪問劉雅煌。

49 葉觀仕編，《馬新報人錄（1806-2000）》（馬來西亞：名人，1999），頁B13。

50 葉觀仕，《馬來西亞華文報業史（1815-2010）》（馬來西亞：名人，1999），頁191。

51 李敦嶠（Alfred K. Lee），《征戰時運有迷悟：首位砂勝越留臺生半世紀沐恩旅程》（Malaysia: Alfred K. Lee, 2004）。

52 〈僑生楊來添在馬創辦晚報〉，《中央日報》，1966年11月20日。根據政治大學畢業紀念冊記錄其於一九六〇年畢業。

（二）意識形態的敵人：傾向中華人民共和國的記者們

然而自一九七〇年代初期，臺灣培養的海外華人記者、以及其所任職的媒體開始出現顯著的變化。首先是，在東南亞各地華文報社中任職的政大僑生畢業生中，有多人升任社長或是總編等要職，其後更有數位成為東南亞華文媒體中的領導人物。其次，有多位移居美國、加拿大和澳洲的政大僑生畢業生，開始在當地華文報紙擔任營運要職。這些變化，擴展了臺灣所培養的海外華人記者在全球華人社群中擔任的角色和影響力。

第三項，同時也是最為重要的變化，是幾乎所有海外華文報紙的性質皆由「華僑社群」的報紙轉為以華文撰寫的報紙（Chinese-language newspapers）。這顯示出海外華人在認同上發生普遍性轉變，即不再將自己視為居住海外的中國僑民（Chinese living abroad），而是具有不同於中國的國家與政治認同的「華裔」。這個轉變，也反映在華文報紙上；以馬來西亞的主要華文報紙為例，無論是涉及中華民國還是中華人民共和國的新聞，都被歸類為「國際新聞」[53]。換言之，報導和閱讀某個華文報紙關於「中國」的新聞，已不再單純的代表海外華人對兩岸之間某一個政權的忠誠。

需注意的是，這些變化恰與中華人民共和國自一九七〇年代開始在國際的政治和文化影響力提升的軌跡一致，並讓過去將焦點放在臺灣的海外華文媒體（大部分為報紙）開始大量報導有關中共的新聞。這些報導加深了全世界華文閱讀人口對共產黨統治下的中國的認識，且亦助長其對中共的認同。本文更發現在此轉變過程中，原先以東南亞僑生身分受到美國援助、在冷戰高峰期的一九五〇年代後半至六〇年代初於政大新聞系接受美式新聞教育的海外華人記者中，有數名自一九七〇年代後半起在幾個海外華文媒體擔任領導人物，協助形塑了中華人民共和國作為「中國」正統政權的新形象。

首先是，在一九五九年起至六九年間自政大畢業的僑生記者中，有數位被認定為立場親中共。其中一名為一九六三年畢業的陳毓翰。他起先在《中國報》新加坡分社工作，後轉任職於《新明日報》。然而陳毓翰於一九七〇年代初創辦《太陽報》（*The Sun*），該報由於在一九七六年發行畫報特刊大幅報導中華人民共和國最高領導人毛澤東的去世，而遭馬來西亞內政部勒令停辦[54]。另外一個例子，則是一九六四年畢業，任職於《中國報》的陳駒騰。在一九七一年，吉隆坡的中華民國領事館回報外交部，陳駒騰在《中國報》的報導中評論叛逃至中共的中華民國政府官員。根據外交部資料，他在報導中指控「臺灣（政府）在處理外交問題上愚蠢且缺乏能力，對臺灣人隱瞞真相，為社會士氣帶來極為惡劣的影響。」外交部附加表示，根據其他情報來源，「《中國報》中思想最為左傾者」就是曾經留學臺灣的「僑生集團」[55]。

---

53 彭成毅，〈保皇與革命，親共與反共：紛擾馬來西亞華文報百年的「路線」之爭〉。

54 葉觀仕編，《馬新報人錄（1806-2000）》（馬來西亞：名人，1999），頁B12。

55 〈東南亞華僑涉嫌（三）〉（1970年9月1日—1971年9月26日），《外交部檔案》，臺北：國史館藏：020-990600-2919。我要誠摯感謝國立臺灣大學歷史系的曾信豪先生提供我這份檔案的資訊。

在政大新聞系畢業的僑生中，最有名的「親中共」人士應該是在美國的蘇國坤。他是在一九六二年畢業，原出身自香港[56]，一九七〇年代因任職於美國的《星島日報》而廣為人知。《星島日報》為胡文虎於一九三八年在香港所創辦；如前文所述，他與胡文豹同為新加坡《星洲日報》的創辦人。一九七〇年代，《星島日報》由胡文虎之女胡仙經營；如張楊於本書第十一章中所述，胡氏家族為香港的「媒體業界大亨」[57]。而如同其父及《星洲日報》，胡仙和她在香港經營的《星島日報》亦為中華民國的強力支持者。相對於大多數的香港報紙，《星島日報》直到一九八七年為止仍採用民國而非西元紀年[58]。一九六八年，《星島日報》設立紐約分社，開始發行美國版；這被認為是出自蘇國坤向胡仙的提議。《星島日報》美國版的創刊資金中，胡仙占百分之五十一，蘇國坤占百分之四十九；創刊後，該報則委由蘇國坤經營[59]。

然而在一九七〇年代初期，蘇國坤與胡仙在一些問題上產生衝突[60]。其中之一便是報紙的紀年。前文曾提到，香港《星島日報》出於支持中華民國的立場採用民國紀年，但蘇國坤在一九七一年決定美國版《星島日報》採用西曆。一九七一年正是聯合國的中國代表權由中華民國變更至中華人民共和國的時刻。隨後，美國版《星島日報》中關於中共的報導逐漸增加，並邀請出身中國、在耶魯大學任教的美籍華人趙浩生撰寫專欄[61]。此後美國版《星島日報》便被視為「左翼」報紙[62]，蘇國坤與趙浩生也被認為是「親中共」派。趙浩生在美國版《星島日報》的專欄中，更曾寫過一篇標題為〈臺灣即將解放！〉的文章[63]。

美國版《星島日報》的這些變化，引起了臺灣當局與人在香港的胡仙的警戒。受到中華民國政府的壓力，胡仙與蘇國坤見面，並表示欲收購蘇國坤在美國版《星島日報》的股份，但遭到蘇的拒絕[64]。一九七四年鄧小平訪問聯合國總部[65]，美國版《星島日報》刊登了他在聯合國的演說全文；中華民國政府視此為「支持中國共產黨的政治宣傳」，再次施壓胡仙要求驅逐蘇國坤。一九七七年，《星島日報》的紐約辦公室遭到不明人士的攻擊；此事情被認為是中華民國政府特務發

56　根據畢業紀念冊中的通訊地址判斷。

57　更多關於胡家及其「媒體帝國」的討論可參見本書張楊所著第十一章。

58　麥燕庭，〈胡仙：許家屯統戰《星島日報》〉（2018年5月2日），收錄於「法國國際廣播電台（RFI）」：https://www.rfi.fr/tw/中國/20180205-胡仙許家屯統戰星島日報

59　〈美國華人傳媒發展綜述〉（2005年11月04日），收錄於「人民網」：http://media.people.com.cn/BIG5/22114/54740/54742/3830015.html；〈臺灣特務槍擊紐約華人報〉（2006年12月1日），《世界新聞報》，收錄於：http://news.sina.com.cn/o/2006-12-01/150910659500s.shtml

60　李勇，《臺北．香港．紐約》（臺北：皇冠出版社，1983），頁79-81。

61　〈臺灣特務槍擊紐約華人報〉，網址同註59。

62　湯晏，〈生命是行路的影子——悼念林博文〉（2019年2月11日），收錄於「風傳媒」https://www.storm.mg/article/928294

63　阮大方，《非仕之談：向時代嗆聲，對歷史負責》（臺北：風雲時代，2010）。

64　〈臺灣特務槍擊紐約華人報〉，網址同註59。

65　鄧小平一九七四年在聯合國大會演講全文。Deng's speech, Speech By Chairman of the Delegation of the People's Republic of China, Teng Hsiao-Ping, At the Special Session of the U.N. General Assembly, April 10, 1974, https://www.marxists.org/reference/archive/deng-xiaoping/1974/04/10.htm

出殺害蘇國坤的預告。隨後，胡仙對蘇國坤提起美國版《星島日報》經營權的訴訟，最後結果是蘇國坤被迫變更報名為《北美日報》，胡仙則在美國重新發行《星島日報》[66]。

此後一直到《北美日報》在一九八八年停刊期間[67]，蘇國坤明顯的採取親中共之舉動。一九七九年，蘇國坤與趙浩生應中國國家旅遊局邀請拜訪北戴河；該地區最初為中共政府高級官員及軍方領導人的療養地。蘇國坤等人是一九四九年以來，首批拜訪中國的美國海外華人記者；他們的行程由中國國務院負責，其訪問更成為中國官媒《人民日報》報導的主題[68]。

五、在新加坡與香港從事新聞教育的政大新聞系畢業生

除了從事新聞媒體工作的畢業生，在一九五五到六五年間在美國援助下就讀政大新聞系的學生畢業後有多位成為新聞學者。雖然這些從事新聞教育的畢業生並非來自東南亞的僑生，但巧合的是其中有多人後來都曾經在東南亞各地投身新聞學術領域，培育出許多新一代的華文記者和新聞學者。

按照畢業年度的順序，第一位是一九六二年畢業的郭振羽。自政大畢業後，他在一九六四年取得美國國務院東西中心的獎助學金（East-West Center Scholarship，也是美援教育和文化外交的一個項目），前往夏威夷大學社會學研究所求學；而後於一九七二年取得明尼蘇達大學社會學博士學位[69]。郭振羽自一九七三年起在新加坡大學執教，隸屬於社會學系，開設「大眾傳播和社

會發展」課程。根據郭振羽的回憶，這應是新加坡的大學第一次開授大眾傳播領域的課程[70]。其後，他在一九九〇年於國立新加坡大學創立大眾傳播系，翌年該系第一屆新生入學[71]；一九九二年他又於南洋理工大學創設大眾傳播學院，並擔任院長直到二〇〇三年[72]。郭振羽在新加坡學術界迄今近五十年的貢獻，對新加坡新聞學的發展、以及培養新聞傳播人才更是有卓越的成就。

另一位是一九六九年政大新聞所碩士畢業，後又於南伊利諾大學取得博士學位的朱立。其學術生涯始於一九七五年任教於香港中文大學新聞與傳播學院，並在一九八六年至九一年間擔任院長[73]。他在一九九〇年離開香港中文大學，前往澳洲的昆士蘭大學任教。由於朱立長年在香港中

66　〈臺灣特務槍擊紐約華人報〉，網址同註59；湯晏，〈生命是行路的影子——悼念林博文〉。

67　〈臺灣特務槍擊紐約華人報〉，網址同註59。

68　劉心印，〈療養勝地的平民化轉型〉，《國家人文歷史》，第19期（2014），頁69-73；山海關區政協，〈山海關古今（2008年8月4日），收錄於「山海關區政協」：http://www.shgzx.gov.cn/shownews.asp?id=333（查詢時間：2020年11月5日）。

69　Eddie C.Y. Kuo, My academic journey, *Chinese Communication Association Newsletter* (*CCA News*), December 2012, p.4

70　郭振羽，〈初識新加坡〉，《怡和世紀》，37期（2018年10月），頁44。

71　郭振羽，〈新加坡傳播教育：從播種到成蔭（上）〉，《怡和世紀》，40期（2019年7月），頁62。

72　Eddie C.Y. Kuo, My academic journey, *Chinese Communication Association Newsletter* (*CCA News*), December 2012, pp.6-7.；郭振羽，〈新加坡傳播教育：從播種到成蔭（上）〉，頁63。

73　楊倩蓉，〈朱立：為華人傳播學者搭起溝通橋樑〉（2010年11月1日），收錄於「國立政治大學傳播學院人物特寫」：https://comm.nccu.edu.tw/zh_tw/link18/people10/朱立-為華人傳播學者搭起溝通橋樑-38723442

文大學執教，後來曾經擔任該大學新聞與傳播學院的歷屆院長中，有四位皆曾受教於其門下[74]，對香港的新聞教育有很大的貢獻。

而在朱立任教於香港中文大學期間，亦有其他政大新聞系畢業生加入他的行列，包括皇甫河旺和李金銓[75]。皇甫河旺畢業於一九六六年，在一九七七年進入香港中文大學任教。他在二〇〇八年到二〇一六年間擔任香港珠海學院新聞學及傳播學系的系主任[76]。李金銓畢業於一九六九年；與學長郭振羽相同，在一九七一年獲得東西中心獎助學金留學夏威夷大學，後又在密西根大學取得博士學位。李金銓在一九七八至八二年間任教於香港中文大學，爾後在一九八二到二〇〇四年間任教於明尼蘇達大學。在一九九四至九五年、以及一九九六至九八年間，他也擔任香港中文大學的客座教授，並自二〇〇二年起任教於香港城市大學直至二〇一八年退休[77]。如同朱立曾經教導過多位後來出任香港中文大學新聞與傳播學院院長的學者，李金銓也曾指導過五名（四位在香港中文大學，一位在明尼蘇達大學）後來出任香港中文大學新聞與傳播學院院長的學者[78]。

如第十一章中亦將論及，一九五〇年代至六〇年代間臺灣與香港新聞教育，無疑都是在美國的影響之下發展。此外，亦如本節所分析，自一九五五年起始於政大的新聞學學術網路，不久後便擴展至新加坡及香港的新聞教育中；這顯示出直至今日，東南亞的新聞記者培育依然受到美國間接但長期的影響。

六、文化冷戰中的行為主體性

為了追求共同的政治利益與冷戰政治宣傳，美國政府與中華民國政府合作在臺灣的國立政治大學中構築起新聞教育。自一九五〇年代至六〇年代間，在兩國合作下推行的新聞教育招收的不僅是臺灣學生，還包含了來自東南亞的僑生。畢業自國立政治大學新聞系的學生中，有許多後來都在馬來西亞等地的海外華文報紙工作；其中，有部分人在支持反共政策或是同情中華民國的媒體中擔任編輯等要職。值得注意的是，這與一九五〇年代美國國務院以南韓記者為對象所實施的教育交換計畫，有著同樣的效果。如車載永於第十二章所論，南韓的新聞界直到一九八〇年代立

74 Jacqueline Ong，〈朱立　教學40載　育才遍及台港澳〉（2013年1月7日），收錄於「國立政治大學傳播學院人物特寫」：https://comm.nccu.edu.tw/zh_tw/member/link18/retired_teachers/朱立%E3%80%80教學40載%E3%80%80育才遍及台港澳-53187605

75 蘇鑰機，〈細說中大新傳50年〉，原刊於《明報》，2015年10月31日，D4頁。收錄於「香港中文大學新聞與傳播學院」：http://www.com.cuhk.edu.hk/zh-TW/about/school-history

76 鄭明仁，〈一代新聞學者皇甫河旺〉，《明報》，2017年12月15日，時代版。可參見：https://www.pentoy.hk/?p=74775；〈訃告：悼念皇甫河旺教授〉（2017年12月14日），收錄於「珠海學院校內新聞」：https://www.chuhai.edu.hk/news/訃告：悼念皇甫河旺教授

77 楊倩蓉，〈李金銓　首屆一指的中華傳播問題研究學者〉，引自《提燈照路的人：政大新聞系75年典範人物》（2010年），https://jschool.nccu.edu.tw/zh_tw/AL/AlumniOverview/alumni015

78 李金銓，〈傳播縱橫：學術生涯50年〉，《傳播研究與實踐》9卷1期，2019年1月1日，頁145。

場仍相當親美。

本章分析更揭示出，冷戰政治遠比一方是援助提供者美國，另一方是援助接受者的同盟國這樣的二分法更加複雜。首先從政大一九五〇年代至六〇年代的新聞教育來看，可知臺灣（中華民國政府）在身為美援「接受者」的同時，也是援助東南亞海外華人教育的「提供者」。

其次是在超越國家單位的分析架構中，必須將「海外華人」這個跨國群體理解為在冷戰政治中發揮複雜作用的重要主體。在本章以及川島真、佐藤悠子、森口（土屋）由香和張楊所著各章中亦曾論及，「海外華人」學生及學者們，在美國與其同盟國間（如佐藤悠子在第五章中所提，有時甚至是在與敵國之間）的知識及技術轉移上擔任十分重要的角色。同時，「海外華人」本身也是意識型態戰爭中冷戰政治宣傳的目標。因此美國、中華民國與中華人民共和國皆試圖博取「海外華人」的好感，並為推進各自的戰略性進程而嘗試動員他們。而在這樣的冷戰政治脈絡之下，政大在一九五〇年代至六〇年代培養東南亞「僑生」成為職業記者的新聞教育，其重要性就更為明確。

然而應注意的是，這段期間在政大接受新聞教育的「海外華人」與臺灣學生，也未必都會在個人的政治意識形態上完全接受國家的引導。在本章中亦可發現，許多政大新聞系的畢業生具備行動和選擇的能力，尤其是在個人的事業規劃上發揮了行為主體性；這使得美國與中華民國政府合作為冷戰政治宣傳而打造的教育政策，帶來了兩個意外的結果。一是如在馬來西亞和美國的部分華文報紙所顯示的，在一九六〇年代後半到七〇年代間，政大新聞系的畢業生中有不少人對中華民國政府抱持著批判的立場。由於他們持續在海外的華文媒體占有重要的位置，因此持續的在塑造與再塑造中共政權、以及相對的中華民國政府的形象。在政治與意識形態範疇中，這些變化對形成海外華人社群中所謂「親中共」的立場具有相當的影響。政大所培養的華文記者，即便不是主動的破壞、相當程度上亦挑戰了美國與中華民國政府的冷戰政治宣傳意圖。

另一個結果則是，遠離政治與意識型態鬥爭的前線，政大新聞系畢業生中有多位進入學術界發展；其中亦有如同郭振羽及李金銓，又再接受美國國務院獎學金的例子。這些政大畢業生在一九八〇年代以後成為引領新加坡及香港新聞學發展的重要學者，其對新聞教育的影響、以及培養該地區華文新聞記者的貢獻至今持續不輟。這顯示了冷戰期間美援對東亞地區的「區域性」影響、或是在美援下區域內不同國家之間的互相影響；類似的事例，亦可見於第九章研究中華民國對越南農業外援的文章。

由此可知，美國與中華民國政府自一九五〇年代到六〇年代間在臺灣推行的新聞教育帶有極大的政治與意識型態意圖。以政大新聞系觀之，從事新聞相關工作的畢業生則自一九六〇年代起形成了一個跨國的華文媒體網絡。在其中，有人協助落實美國、中華民國、與地主國（如馬來西亞）之間的反共聯盟所追求的意識型態目標。但是，亦有走向不同道路、甚至傾向中共者。因此，即便以最樂觀的角度來看，美國與中華民國政府也只達成了部分的政治與意識型態目標。但是另一方面，在政治層面之外，在美援期間從政大新聞系畢業的校友們其後對東南亞的新聞教育以及華文新聞業發展都扮演了重要的角色。這顯示美國與中華民國在冷戰下的合作雖然在政治目標上不完全符合預期，卻在教育方面意外帶來相當豐碩的成果。

參考資料

一手史料

Carlton Culmsee papers, 1897-1993, Archives West.

Individual Author Record: Howard Rusk Long, Illinois Center for the Book, Illinois State Library, http://www.illinoisauthors.org/cgi-bin/illinoisAuthors/getSpecificAuthor.pl?uid=6443.

「外交部電駐吉隆坡總領事館電文」，〈東南亞華僑涉嫌（三）〉（1970年9月1日—1971年9月26日），《外交部檔案》，臺北：史館藏：020-990600-2919。

《國立政治大學校務會議紀錄》（臺北：國立政治大學，1958年）

《國立政治大學畢業紀念冊》，第十九屆至第二十九屆，1959至1969年。

《政大校刊》No.2（1960年11月）、No.11（1961年12月）、No.19（1962年11月）、No.27（1963年12月）、No.35（1964年12月）、No.43（1966年1月）、No.51（1967年1月）。

《政大新聞館落成紀念特刊》，臺北，1962年3月9日。

二手史料

Accinelli, Robert. *Crisis and Commitment: United States Policy Toward Taiwan, 1950-1955*. Chapel Hill, NC: University of North Carolina Press, 1996.

Amsden, Alice H. *Escape from Empire: the Developing World's Journey through Heaven and Hell*. Cambridge, MA: The MIT Press, 2007.

Chang, David W. "U.S. Aid and Economic Progress in Taiwan." *Asian Survey*, Vol. 5, no. 3 (1965): 152-160. Christensen, Thomas J. *Useful Adversaries: Grand Strategy, Domestic Mobilization, and Sino-American Conflict, 1947-1958*. Princeton, NJ: Princeton University Press, 1996.

Chiang, Min-hua, "The U.S. Aid and Taiwan's Post-War Economic Development, 1951-1965." *African andAsian Studies*, vol. 13, no.1-2 (2014): 100-120.

Cullather, Nick. "Fuel for the Good Dragon: The United States and Industrial Policy in Taiwan, 1950-1965." *Diplomatic History*, vol. 20, no. 1 (1996): 1-25.

Cumings, Bruce. *Parallax Visions: Making Sense of American-East Asian Relations at the End of the Century.*Durham: Duke University Press, 1999.

Garver, John W. *The Sino-American Alliance: Nationalist China and American Cold War Strategy in Asia.*Armonk, NY: M.E. Sharpe, 1997.

Goldman, Merle and Gordon, Andrew eds. *Historical Perspectives on Contemporary East Asia*. Cambridge, Mass.: Harvard University Press, 2000.

Jacoby, Neil Herman. *U.S. Aid to Taiwan: A Study of Foreign Aid, Self-help, and Development*. New York: Frederick A. Praeger, 1966.

Winckler E.A. and Susan Greenhalgh, eds. *Contending Approaches to the Political Economy of Taiwan*. NY: M.E. Sharpe, 1988.

Wong, Ting-Hong. "College Admissions, International Competition, and the Cold War in Asia: The Caseof Overseas Chinese Students in Taiwan in the 1950s." *History of Education Quarterly*, 56:2 (2016):331-357.

Xiao, Ruping, and Lin Hsiao-ting. "Inside the Asian Cold War Intrigues: Revisiting the Taiwan Strait crises." *Modern Asian Studies*, vol.52, no.6 (2018): 2109-2136.

Zhang, Shu Guang. *Deterrence and Strategic Culture: Chinese-American Confrontations, 1949-1958.* Ithaca: Cornell University Press, 1992.

行政院國際經濟合作發展委員會，《僑生教育計劃運用美援成果檢討》。臺北：行政院國際經濟合作發展委員會，1966。

李金銓，〈傳播縱橫：學術生涯50年〉，《傳播研究與實踐》，9卷1期（2019年1月1日）。

李勇，《臺北・香港・紐約》。臺北：皇冠文化出版，1983。

李敦嶠（Alfred K. Lee），《征戰時運有迷悟：首位砂勝越留臺生半世紀沐恩旅程》。Malaysia: Alfred K. Lee, 2004。

阮大方，《非仕之談：向時代嗆聲，對歷史負責》。臺北：風雲時代，2010。

周陸僑編著，《僑生回國升學概況》。臺北：僑務委員會研究發展考核處，1972。

郭振羽，〈初識新加坡〉，《怡和世紀》，37期（2018年10月），頁44。

郭振羽，〈新加坡傳播教育：從播種到成蔭（上）〉，《怡和世紀》，40期（2019年7月），頁62。

虎，《新馬華人的中國觀之研究》。新加坡：新躍大學新躍中華學術中心，，2014。

葉觀仕編，《馬新報人錄（1806-2000）》。馬來西亞：名人，1999。

——，《馬來西亞華文報業史（1815-2010）》。馬來西亞：名人，2010。

劉心印，〈療養勝地的平民化轉型〉，《國家人文歷史》，第19期，2014，http://reader.epubee.com/books/mobile/fc/fcfbe9e11e0e3a9a29e7dfd308e3b9b6/text00008.html.

報紙・雜誌

《聯合報》，臺北。

《中央日報》，臺北。

New York Times Magazine

Kuo, Eddie C.Y. "My academic journey," *Chinese Communication Association Newsletter* (*CCA News*) (December 2012).

網路

Deng's speech, Speech By Chairman of the Delegation of the People's Republic of China, Teng Hsiao-Ping, At the Special Session of the U.N. General Assembly, April 10, 1974, https://www.marxists.org/reference/archive/deng-xiaoping/1974/04/10.htm

"Howard R. Long Scholarship," ISWNE (The International Society of Weekly Newspaper Editors), Feb 14, 2012, https://www.iswne.org/foundation/scholarships/howard_r_long/howard-r-long-scholarship/article_61147c06-575f-11e1-9f55-001871e3ce6c.html

Quill's official website, https://www.quillmag.com/about/.

〈大事紀〉，收錄於「國立政治大學傳播學院新聞學系」：https://jschool.nccu.edu.tw/PageDoc/Detail?fid=10954&id=18225

彭成毅，〈保皇與革命，親共與反共：紛擾馬來西亞華文報百年的「路線」之爭〉（2019年12月14日），收錄於「關鍵評論」：https://www.thenewslens.com/article/128772

〈訃告：悼念皇甫河旺教授〉（2017年12月14日），收錄於「珠海學院校內新聞」：https://www.chuhai.edu.hk/news/訃告：悼念皇甫河旺教授

〈關於我們〉，收錄於「中國報」：https://www.chinapress.com.my/关于我们/

〈歷屆系友名錄（大學部）〉，收錄於「政治大學傳播學院新聞學系」：https://jschool.nccu.edu.tw/zh_tw/AL/SuccessiveOutstandingAlumni

〈國立政治大學校長陳大齊贈紀念品予日本小野秀雄教授〉，《中央社》，1955年5月11日，收錄於「國家文化資料庫」：http://nrch.culture.tw/view.aspx?keyword=%E7%B4%80%E5%BF%B5%E5%93%81&s=566896&id=0006449460&proj=MOC_IMD_001#

〈馬星野：一代新聞宗師〉（1990年12月1日），收錄於「國立政治大學傳播學院」：https://comm.nccu.edu.tw/zh_tw/member/link18/retired_teachers/馬星野-一代新聞宗師-41865033

麥燕庭，〈胡仙：許家屯統戰《星島日報》〉（2018年5月2日），收錄於「法國國際廣播電台（ＲＦＩ）」：https://www.rfi.fr/tw/中國/20180205-胡仙許家屯統戰星島日報

〈美國華人傳媒發展綜述〉（2005年11月04日），收錄於「人民網」：http://media.people.com.cn/BIG5/22114/54740/54742/3830015.html

政大校史：http://archive.nccu.edu.tw/history.htm（查詢時間：2020年8月5日）

Jacqueline Ong，〈朱立　教學40載　育才遍及台港澳〉（2013年1月7日），收錄於「國立政治大學傳播學院人物特寫」：https://jschool.nccu.edu.tw/zh_tw/faculty/RetiredTeacher/emeritus017

山海關區政協，〈山海關古今〉（2008年8月4日），收錄於「山海關區政協」：http://www.shgzx.gov.cn/shownews.asp?id=333（查詢時間：2020年11月5日）

蘇鑰機，〈細說中大新傳50年〉，原刊於《明報》，2015年10月31日，D4頁。收錄於「香港中文大學新聞與傳播學院」：http://www.com.cuhk.edu.hk/zh-TW/about/school-history

〈臺灣特務槍擊紐約華人報〉（2006年12月1日），《世界新聞報》，收錄於：http://news.sina.com.cn/o/2006-12-01/150910659500s.shtml

湯晏，〈生命是行路的影子——悼念林博文〉（2019年2月11日），收錄於「風傳媒」https://www.storm.mg/article/928294

楊倩蓉，〈李金銓　首屈一指的中華傳播問題研究學者〉，引自《提燈照路的人：政大新聞系75年典範人物》（2010年），https://jschool.nccu.edu.tw/zh_tw/AL/AlumniOverview/alumni015

楊倩蓉，〈朱立：為華人傳播學者搭起溝通橋樑〉（2010年11月1日），收錄於「國立政治大學傳播學院人物特寫」：https://comm.nccu.edu.tw/zh_tw/link18/people10/朱立-為華人傳播學者搭起溝通橋樑-38723442

張圭陽，〈金庸與《明報》第一個15年（1959-1973）〉，《明報》，2018年11月1日，世紀版。收錄於「明報新聞網」：https://news.mingpao.com/ins/文摘/article/20181101/s00022/1541062064564/金庸與《明報》-第一個15年（1959-1973）（文-張圭陽）

鄭明仁，〈一代新聞學者皇甫河旺〉，《明報》，2017年12月15日，時代版。收錄於「明報新聞網」：https://m.mingpao.com/pns/作家專欄/article/20171215/s00018/1513275336093/一代新聞學者皇甫河旺

第十一章 冷戰時期香港新聞傳播學教育的形成與美國的影響

張楊／著

一般認為，現代意義上香港新聞傳播學的起步，始於一九六五年香港中文大學新聞學系的創立[1]。該系的創建與美國官方文化機構、私人基金會和美國學者個人對香港的教育支援密不可分。其後不久，香港浸會大學（當時的浸會書院）成立傳理系（Department of Communication），港中大亦將新聞學系擴大為新聞及傳播學系。可以說，美國官私組織對香港新聞傳播專業的持續關注和資助，為後者提供了充足的師資力量、教材和教學輔助設施。香港新聞傳播專業在課程設置、學科理念和新聞倫理方面亦深受美國學術界的影響。香港因此成為美國向外輸出教育思想和價值觀念的成功案例。

1 香港中文大學新聞學系的創立，普遍被視為「香港新聞教育逐漸走上正軌」的證明。該系於一九七四年更名為為新聞傳播學系，《中國新聞傳播學說史1945-2005》（重慶出版社，2006），頁511。

事實上，包括亞洲基金會[2]在內，美國官私組織對香港新聞傳播學的關注和贊助，是冷戰前期美國對外知識輸出的一部分。戰後美國對外教育和文化交流活動中，有相當一部分是以學術為媒介，以知識輸出為主要目標的「爭取心智」活動。通過引導和傳播美國模式的知識體系、興趣方向、研究方法和學科範式，不僅可以幫助美國塑造己方形象、爭取話語權力，還有助於推動目標地區的政治議程，進而影響國際關係格局。而香港由於特殊的地理位置和歷史背景，成為美國對外知識輸出的重點目標區域。

本章透過回顧美國對香港高等教育機構創建新聞傳播專業的扶持，考察美國帶有政治目的的知識擴散活動及其產生的影響。在承認香港與美國新聞傳播學之間有親緣關係的同時，本章更為強調的，是香港本地學者強大的學習吸納和轉化能力。甚至，香港新聞傳播專業的創建，其主要動力之一，是香港知識精英的迫切需求。正是由於有著很強的本土主動性和自覺性，香港新聞傳播學雖然受到美國學術界的巨大影響，但並不拒絕學術的多元化和世界性選擇。此外，中國傳統文化在香港的影響力依然強大。或言之，美國只是提供了「受邀請的影響」，無法完全掌握香港新聞傳播學發展的方向。而此影響的局限性，在第一章和第十章都有類似的論點。

一、冷戰「心智之爭」與美國對香港教育現代化的重視

眾所周知，美國對外知識輸出最初由私人和私人組織進行，帶有極強的文化自覺意識和政

治自覺性。隨著冷戰到來，美國創建國家安全體制（National Security State）[3]，進而確立了承擔「世界領導責任」的自由國際主義戰略。美國對外政策亦相應發生變化，「心智之爭」成為美蘇全球冷戰的重中之重。在「美國國家安全會議」（United States National Security Council）第68/3號文件（NSC 68/3）中，美國政府宣稱：「他國民眾發展並維持其對自身、對自由社會的信心，在很大程度上取決於他們對美國的信任程度」，並最終確認「環境與事態已經將世界事務中的領導頭銜加諸於美國身上」[4]。承擔「世界領導責任」這一使命的確定，以及競爭性意識形態的存在，使得美國國內迅速形成輿論共識，社會資源亦得到快速整合。事實上，與此同時，私人基金會也意識到加強知識輸出的重要性。在福特基金會的綱領性文件〈蓋瑟報告〉（Gaither Report）中這麼寫道：

---

2 正如其他章節所指出的，亞洲基金會是一個「準非政府組織」（Quasi-Nongovernmental Organization）。在一九六七年之前，亞洲基金會接受中央情報局的財務支持和美國國務院的政策指導，從事「政府不能直接參與的活動，即使這些活動與政府直接相關」。The Asia Foundation, Database: the CIA Records Search Tool（以下簡稱CIA CREST），DOC_0001088617.

3 Dauglas T. Stuart, *Creating the NTIONAL security State: A History of the LW That Transformed America* (Princeton, N. J.: Princeton University Press, 2008).

4 NSC 68/3, "United States Objectives and Programs for National Security, " December 8, 1950, Annes No. 5, Database: Digital NATIONAL Security Archive (hereinafter cited as Dnasa), ProQuest Information and Learning Company, Pd00181, p. 4.

> 美國必須「不惜任何代價加強自由人民的力量……必須向他們，特別是未臻發達地區的人民輸出知識、指導和資本，」並且「美國幾乎是唯一可以提供這種幫助的國家。」[5]

由此可知，美國官私組織在知識輸出的重要性方面，已經達成共識。

冷戰時期的「心智之爭」為美國官方參與知識輸出提供了合理依據，國會的系列立法則為其提供了合法性。一九四六年，美國國會通過〈傅爾布萊特法案〉（Fulbright Act of 1946; Public Law 584），意在將美國出售海外戰爭剩餘財產所得的外幣用於資助對外教育交流。一般來說，〈傅爾布萊特法案〉並不被認為是冷戰的直接產品。只不過，隨著美蘇冷戰的展開，該法之下的學者交流項目成為美國整體知識輸出活動的一部分。一九四八年，美國國會通過〈史密斯—蒙特法案〉（Smith–Mundt Act; Public Law 80-402，又稱〈一九四八年美國信息與教育交流法案〉〔U.S. Information and Educational Exchange Act of 1948〕），杜魯門總統隨之建立美國教育交流顧問委員會（Advisory Commission to State Dept on Foreign Educational Exchange）。美國出於冷戰目的實施的對外教育交流活動才算正式開啟。美國國務院明確活動的目標是：「鼓勵世界各國進行技術、文化和知識的廣泛交流，支持所有國家自由和民主生活方式的發展，摒棄危及（國家間）和平關係的偏見。」[6]可見，促進相互理解和輸出制度範式，是美國教育交流活動的原初目標。

一九五七年的「史普尼克危機」（Sputnik crisis）致使美國的科技和教育領導地位遭到質疑。以冷戰話語解讀，當時蘇聯搶先美國發射史普尼克衛星，展現出何種社會制度才能加速推進生產力發展，在科學技術取得最大的成就。沃爾特．羅斯托因此總結道：「一九五七年的『史普尼克危機』，不僅將核問題推向歷史舞台的中心，也將發展中地區（亞洲、中東、非洲和拉丁美洲）的命運問題，推向歷史舞台的中心。」[7]對於亞洲國家和地區，美國政府認為：這些「未臻發達國家」，與其說是欠缺自然資源和農業潛力，不如說是欠缺發展所需的訓練有素的人力資源，特別是能夠幫助培訓亞洲人的教授和專業人員[8]。亞洲各國的人民正極力擺脫貧困，這些國家的領導人在現代國家治理方面缺乏經驗，殖民主義退卻後，分裂主義傾向的回流，亞洲青年人對傳統和上一代價值觀的無視，所有這些都是無法快速解決的問題，「需要知識的方式和目標」[9]。換言之，冷戰「心智之爭」的重心是爭取亞非拉地區「有識領袖和公民」，因為「只有他們受到相

5 H. Rowan Gaither, Jr., *Report of the Study for the Ford Foundation on Policy and Program*(Detroit, MI: Ford Foundation, Nov 1949.

6 Department of State, "1949 Budget Estimates, General Justification," undated, University of Arkansas Libraries, Special Collections Division, Bureau of Educational and Cultural ahc(CU), Box 35, Folder: MC 468 Department of State, 1946 Budget Estimates(1 of 3), 35-2, p.18.

7 W. W. Rostow, *The Diffusion of Power: An Essay in Recdng History, 1957-1972* (New York: The Macmillan Co., 1972), 1, 21-22.

8 Project DTPILLAR, Request for Project Renewal, FY 1961, October 10, 1960, CIA FOIA, Collection: Nazi War Crimes Disclosure Act, DTPILLAR, vol. 3, no.33.

9 Bureau of Educational and Cultural Affairs, Annual Report to the Congress on the International Educational and Cultural Exchange Program, FY 1965, Archives Unbound, SC5111313 7214, pp.45-46.

應的教育，成為合格的公民，才能做出正確選擇，才能認識到一個公正和民主的政府必須建立在自由的、負責任的基石上」[10]。

「史普尼克危機」不僅使美國國會通過了一九五八年〈國防教育法案〉（National Defense Education Act），還使美國政府明確地把知識生產和知識輸出視為國家安全問題。一九六〇年，美國政府依據〈共同安全法案〉（Mutual Security Act）授權創建了美國東西方中心（East–West Center）。該中心的一項重要使命是促進文化間的對話，並「創造對經濟和社會發展極其重要的應用知識。」[11] 一九六一年，美國國會通過「相互教育與文化交流法」（Mutual Educational and Cultural Exchange Act, MECEA），亦稱〈傅爾布萊特—海斯法案〉（Fulbright-Hays Act）。該法正式授權美國行政機構向外國推行促進知識、加強全世界教育、科學和文化的項目；同時向不同發展程度的國家傳授特殊知識和技能[12]。〈傅爾布萊特—海斯法案〉是美國對外教育交流最有力的法源依據，主導了其後美國政府一系列強化版的知識輸出活動。

一九六〇年代，美國政府大幅度提升了知識群體參與對外教育與學術交流的廣度，甚至用一個專門的詞彙——國際知識合作（international intellectual cooperation）來指稱相關活動[13]。對外教育和文化交流活動在亞洲全面鋪展。一方面是由於美國對亞洲的冷戰形勢越來越關注；另一方面則與包括羅斯托在內一批精英知識分子在美國政府任職或擔任顧問有關。在美國知識精英看來，亞洲國家（地區）的大學極度缺乏現代社會所需的「新專業課程」，即社會學、人類學、地理學、法學、心理學和地質學；公共管理、國際關係、企業管理、大眾傳播更是聞所未聞。這些新專業領域不僅影響這些國家的發展方向甚至牽涉它們與美國的關係、與所謂「自由世界」反共事業的成敗。大學的社會科學教育，如國際關係教育可以在廣度和深度兩個層面充分武裝亞洲國家潛在的領導者，使其能夠在複雜國際關係的現實和實踐中，確認並尋找國家利益[14]。而「大眾傳播學和大眾媒體的發展是幫助發展中國家更為有效地應對國家成長、穩定和社會變革等問題的重要措施。」[15]鑑於前述原因，美國在海外教育交流方面相應地制定了促進亞洲教育體系現代化的政策。

---

10 Statement of Representative Adam C. Powell on the Floor of the House of Representatives, introducing a Bill to Provide 12000 Scholarships for Students of Africa, Asia and Latin American "To Become LEADERS", May 1, 1961, President John F. Kennedy's Office Files, 1961-1963, Part 4: Subjects File, Folder: 002250-006-0511, ProQuest History Vault, p. 4.

11 Department of State, Bureau of Educational and Cultural Affairs, Annual Report to the Congress on the International Educational and Cultural Exchange Program, Fiscal Year 1965, Archives Unbound, SC5113137214, pp. 80-81, p.83.

12 Walter Johnson, *A Special Report on American Studies Abroad by United States Advisory Commission on International Educational and Cultural Affairs* (Washington, D. C.: U. S. Government Printing Office , 1963), 4.

13 Memorandum for Honorable Walt Rostow, from the Secretary of Health, Education, and Welfare, May 9, 1966, Archives Unbound, SC5113137214; Bureau of Educational and Cultural Affairs, Annual Report to the Congress on the International Educational and Cultural Exchange Program, FY 1965, Archives Unbound, SC5113137214, p. iii.

14 From the President to All Asia Foundation Representatives, Development Paper: Education in World Affairs, May 10, 1966, Asia Foundation Records, Box P-246, Folder: US & Intl Program, General Development Papers, 7/62, p. 2.

15 Haydn Williams, President, Monthly Report to the Board of Trustees, June 1965, Columbia University Archives, Central Files, Asia Foundation Files, 1954-1969, Box 590.

THE ASIA FOUNDATION

CONFIDENTIAL June 1965

MONTHLY REPORT TO THE BOARD OF TRUSTEES

During June, letters were issued to all field offices once again asking for a preliminary forecast of the next subsequent year's budget. This practice was initiated last year and in addition to obvious direct benefits was found so useful by a number of staff members that it has become a permanent part of our planning process. Such a preliminary survey not only permitted us to focus more clearly on developing program directions but also made the final preparation of the budget a much more concise and manageable exercise. Deadline for receipt of estimates in San Francisco is mid-August.

* * * * * * * * * * * *

The development of a free and responsible press among the newly created nations of Asia has encountered serious difficulties. In many areas, instead of a free press and an objective flow of news, there has been a tendency to establish a controlled press and to restrict the flow of information to what is considered favorable to the government in power. With the rise of one-party governments in many of the newer nations, toleration of opposition views and criticism of government policy have been sharply curtailed or suppressed completely. Under such circumstances major struggles have developed with control of the news media often constituting a significant focal point.

In the Foundation's efforts to help modernize Asian societies, support for the effective development of the news media plays a key role. This support takes many forms. In countries such as India, Malaysia, Hong Kong, Korea and the Philippines, the communication media are making special efforts to strengthen professional competence. National press institutes and training programs for journalists have been established in the last few years in each of these five countries, assisted by the Foundation directly and through the International Press Institute.

The International Press Institute, of which our Trustee Mr. Barry Bingham is Chairman, is a twelve-year-old organization of newspaper executives from more than 50 countries who feel that a free and responsible press is essential to the development of free societies. The Foundation's cooperation with the IPI goes back to 1955, and since 1962 a three-year grant to this Institute totaling $90,000 has enabled it to send a number of editorial and management consultants to Asian newspapers requesting their services, to hold regional seminars such as the one in Manila in March, and to sponsor research by qualified Asian journalists on problems confronting the press in their respective countries. IPI has inspired journalism in-service training projects in several countries, such as one in Kuala Lumpur, Malaysia, to which the Foundation contributed $17,000, about one-fourth of the expenses.

圖11-1　海登・威廉斯（Haydn Williams）主席向理事會提交的每月報告（一九六五年六月，出處：同註15）

與此同時，香港正處於中美兩國文化冷戰對抗的夾縫中。一九四五年八月，英國統治香港後，在港推行「新聞自由」原則，香港由此成為各種政治力量競爭影響力的重要陣地。一九四九年以後，香港的地理位置益加重要，成為各種政治力量和各國媒體匯集之地。另一方面，大陸媒體人和報刊媒體有幾波遷移至香港的高潮，香港原有的商業化新聞媒體也比較繁榮；另一方面，冷戰開始以後，中國和美國在當地競爭影響力，政治化新聞媒體開始增加。此外，香港是距離中國大陸最近的觀察點和資訊站，其對中國大陸的報導受到全世界的關注。美國駐香港外交人員很早就發現了香港的資訊和情報價值；亞洲基金會的香港代表曾表示，「香港是美國、英國和其他國家記者在亞洲的基地。」[16]當時在美國新聞處（United States Information Service, USIS，簡稱美新處）和亞洲基金會等機構資助下，香港各院校和機構承擔了數量不菲且與中國研究相關的項目；為美國提供資訊服務的還有諸如友聯系統（union system）這樣的美援機構——友聯研究所、友聯出版社和友聯地區中心等，為美國提供了相當數量有關中國大陸的研究資料和新聞報導[17]。

香港還代表另外一個重要符號，即它是大中華圈的文化集成之地，在海外華人圈有巨大影響力。香港是東方與西方、傳統與現代、共產主義與自由民主思想衝突交流的平台，「窗口」示範

---

16 Letter from L. Z. Yuan to the President of the Asia Foundation, "Journalism Training in Hong Kong," May 20, 11964, Box P-266, Folder: Hong Kong Program, Education Journalism Teacher Training 7/62.

17 Social and Economic Groups: Ccultural, Union Research Institute, Hoover Institution Archives, Asia Foundation Records, Box P-55, Hong Kong, Budget General 1954/55.

效應顯著。如前所述，一九五〇年代末至六〇年代初，美國政治精英和社會精英以現代化理論來改造發展中國家、進而對抗共產主義的決心前所未有地增強。教育現代化成為美國對外教育和文化交流的重要目標。著名「中國通」戴德華（George E. Taylor）在為亞洲基金會撰寫的一份報告中寫道：「在東西方思想鬥爭中，民主武器庫的主要武器之一是科學方法——民主世界得以運行的偉大哲學假設之一。學習科學方法是理解西方傳統的必然前提。這是西方世界最接近共識的哲學體系，提供了馬克思主義之外的又一選擇」。報告建議進一步加強美國在東南亞地區教育體系中，各個層面的努力[18]。從文化冷戰的角度出發，美國對香港教育現代化尤其重視，亞洲基金會對香港的資助力道遠高於亞洲其他地區。美國官私機構在香港陸續開展了以「推銷現代教育理念」為目的的教科書計畫，以「刺激現代思想並增強活力」為目的的研究生交流計畫，和以「改造中國傳統文化」為目的的中國學基礎研究計畫[19]。正是在此背景下，美國從事文化外交工作的前線人員，逐漸把視線轉向香港的新聞和大眾傳播教育，試圖透過塑造香港的新聞傳播學來實現美國的冷戰政策目標。

二、現代化抑或美國化？：美國與香港中文大新聞學系的創建

一門新興學科的創建，影響因素眾多。就香港新聞傳播學而言，香港新聞學本身的知識傳承和文化背景以及香港學人自身的努力固然重要，美國官私機構數量不菲的資金投入和人力資源的

引入同樣重要。如前文所述，在總體文化冷戰的氛圍下，美國資助香港高等教育有促進相互理解、爭取香港知識分子和輸出民主自由等多種意圖，一九五〇年代後期，則聚焦於教育現代化，希望通過教育現代化從根本上擊敗共產主義。然而，從香港新聞傳播學的創建歷程來看，美國不僅支持香港各高校新聞傳播學的實體創設，還透過各種方式影響其學術範式的發展、研究議程的設置和學科思想的傳遞。所謂促進香港教育現代化努力在某種程度上，變成了推進當地教育的「美國化」。

（一）籌建香港新聞傳播學系的早期嘗試

一九四五年的香港只有一所正規大學，即香港大學。受英式教育理念的影響，香港大學並未設立有關新聞傳播學的院系或規劃。中國內戰和新中國成立後，大批難民知識分子和學生從大陸湧入香港，陸續興建了幾所中文書院和夜校，但生存艱難。香港難民知識分子引發美國政府內外的廣泛關注。美國新聞處認為，這些大陸來港人員，多為文化教育界精英和新聞媒體人，對美

18 Prof. George E. Taylor, Report on the Asia Foundation's Chinese Programs, Hong Kong, October 31, 1953, Hoover Institution Archives, Asia Foundation Records, Box P-97, Folder: General, Overseas Chinese Program, p.34.

19 Youtth and Related Activities, Hoover Institution Archives, Asia Foundation Records, Box P-55, Hong Kong, Budger General 1954/55; Letter frp, W. Mallory-Browne to Chien Mu, October 25, 1961, Hoover Institution Archives, Asia Foundation Records, Box P-171, Hong Kong Program, Education Schools & Univ, New Asia Research Institute Fellowship Program.

國的反共宣傳有重要作用[20]。美國國務院很早就醞釀在香港成立一所「中文難民大學」（Chinese refugee university）[21]，同時決心全面影響香港的出版、發行、傳媒、教育和其他文化組織，以便「在遠東鼓勵有利於美國的政治氛圍。」[22]

由於香港傳媒業發展迅速，社會對新聞從業者的需求增加。一九五一年，港英政府在新成立的高級漢文夜校（Advanced Han Wen Evening Institute）設立了一個三年制的新聞學科系，但僅持續四屆，到一九五六年就中止了。另一所私立學校——香港聯合書院——亦設立了新聞學科系，同樣也很快停止招生。兩所學校的新聞學科系提供的都是職業教育（vocational training）。即以教授新聞採編等實用技能為主。更重要的是，負責教學工作的，全是來自中國大陸的知名學者，如譚維漢、謝扶雅和陳世育等人，很難為美國所用[23]。

美國官私組織在亞洲的文化活動在當時正在起步階段，影響新聞傳播教育的手段僅限於培養記者和教師。傅爾布萊特計畫本身就是一個巨大的教師交流計畫，雖然具體人數不詳，但包括查爾斯．克萊頓（Charles C. Clayton）在內，許多在香港新聞傳播教育中有重要影響力的美國學者，都是以傅爾布萊特學者身分到香港的[24]。〈史密斯—蒙特法案〉通過後，美國對外資訊和教育交流計畫中，包含了「服務外國記者」（Service to Foreign Journalists），每年幫助約五百名記者尋找資訊來源，或與美國涉及國家事務、工業、農業和其他領域的領導者建立聯繫[25]。一九五〇年代，美國國務院國際教育交流服務中心（International Educational Exchange Service）的記者訪問計畫，其目標同樣是要通過「親身經歷」使這些記者學習並觀察美國的社會生活[26]。美國新聞處在香港的辦公室從一九五〇年代開始，就利用香港的中國媒體精英製作親「自由世界」、反共產主義的雜誌、書籍、電影、廣播稿和其他素材，其受眾主要是東南亞的華人。亞洲基金會也將其在東南亞的地區辦公室設在香港，協助美國新聞處提供資訊和教育計畫給海外華人[27]。

亞洲基金會在亞洲教育領域投入了相當多的人力和財力，新聞學教育是其中一個重要面向。然而，在此時期，無論是美國新聞處，或是亞洲基金會，都將主要精力放在推動香港幾所難民書

---

20 Assessment Report, “USIS Hong Kong, Objectives III, “ Mar 29, 1960, Records of the Office of Research, Foreign Service Despatches, 1954-1965, RG 306, Box 3, National Archive II.

21 這就是後來的香港中文大學的創立過程，請參考拙著。Yang Zhang, “Cultural Cold War: The American Role in Establishing the Chinese University of Hong Kong (CUHK),” in *The Power of Culture: Encounters between China and the United States, ed. Priscilla Roberts*, (Cambridge Scholars Publishing, 2016), 148-169.

22 Memorandum from James L. Meader to Mr. Edward W. Barrett, December 14, 1951, DTPOLLAR, Vol. 1, No. 83, p. 2.

23 Kennth W. Y. Leu g, Leonard Chu, and Paul S. N. Lee, “Journalism and Communication Education and Research in Hong Kong, “ in *Global Trends in Communication Education and Research*, eds. Kenneth W. Y. Leung, James Kenny, Paul S. N. Lee, (Cresskill, NK.:Hampton Press, 2006), 192-193.

24 Clayton to Head Journalism School in Hong Kong, in CIA-Crest, CIA-RDP73-00475R000402100001-0.

25 International Information and Educational Exchange Activities, Box 35, Folder: MC 468 EP Congressional Budget, 1950, 35-7, p.323.

26 Participants in the Far Eastern Journalist Project, 1955, Box, P-39, Folder: US & Intl. Individuals, General Tours Far Eastern Journalists, 1955.

27 Paper regarding U. S. policy toward Hong Kong. Memo. National Security Council, undated, CK3100473459.

院合併為一所中文大學的活動中，新聞傳播學教育並非主要的關注點[28]。或許更重要的是，此時亞洲基金會還沒有足夠的能力來推動理想中的、符合美國標準的新聞傳播學院建立。一九五七年年初，華商弗蘭克・蘇（Frank M. S. Shu）[29]有意向現有的新聞學院或某一華人書院內部新成立的新聞學院，每年捐款一萬美元。九月，亞洲基金會香港代表袁仁倫（L. Z. Yuan）組織數名教育家、出版界人士和有美國教育背景的華人記者進行了長達一個月的討論。可惜討論的結果是：香港三所主要書院——崇基、新亞和聯合書院都沒有條件能夠妥善運用這筆捐款。

崇基書院英語教育基礎較好、條件較佳，但校長凌道揚（D. Y. Lin）明確表示，對於成立新聞學院不感興趣。這被認為是代表了港英政府的官方立場。書院原校長何明華會督（Bishop Hall）曾經表示，沒有必要成立一個新聞學院來培訓記者，英國就沒這麼做[30]。前文提到，聯合書院曾經有設立新聞學科系的規畫，但只是為中文媒體培養新聞記者。在袁仁倫看來，聯合書院新聞學規畫存在嚴重的問題，其沒有提供諸如新聞倫理這樣的課程和其他新聞學必修課，而「這些課程是任何民主媒體背後的哲學，為未來的記者提供超出香港這一狹窄視域的廣泛視野。」[31]只有新亞書院校長錢穆明確表達了建立新聞學院的願望，但袁仁倫認為，新亞以中國文學和中國史為主，英語系剛有起色。未來一到兩年，學生的英語標準會有很大提升，要到那時，新亞才有能力接受資助。亞洲基金會曾試圖先解決教師問題，因此聯繫了美國西北大學梅迪爾新聞學院的查爾斯・艾倫（Charles L. Allen）來港授課。艾倫對東南亞的新聞教育非常感興趣，可以為香港培養雙語記者的新聞學院準備課程表[32]。不過，由於前述提到的種種困難，亞洲基金會總部最後給袁仁倫的指示是，暫時不採取進一步行動[33]。也就是說，亞洲基金會並不贊同為傳統的中式新聞學教育投入資金，其對英語能力的強調也清楚表明，美國理想中的香港新聞傳播學教育，是與中文語境相背離的西式教育。儘管如此，受「史普尼克危機」的影響，美國在亞洲推進教育現代化的決心前所未有地加強了。亞洲基金會在亞洲啟動了一項探索性科學計畫，旨在與亞洲科學家和科學組織建立良好聯繫，並間接影響他們倒向西方意識形態[34]。由於大眾傳媒被視為突破政治限制的主要手段，「可以引介真正民主社會所需的思想」，所以受到特殊的重視[35]。亞洲基金

---

28 The Requst for Renewal of Project DTPILAR for FY 1957, December 18, 1956, DTPILLAR, Vol. 2, No. 17.

29 弗蘭克・蘇生平還有許多不明之處。Maurice May. Inc. of New York City, Maurice May Ltd. Of Singapore, Kung Shin Co. of Hong Kong同時擁有好幾家公司。

30 L. Z. Yuan, Memo to the Record, "Journalism Education in Hong Kong, " Sep 3, 1963, Box P-266, Folder: Hong Kong Program, Education Journalism Teacher Training 7/62.

31 Letter from L. Z. Yuan to The President of the Asia Foundation, "Proposed Jounalism School Grant," Sep 12, 1957, Box p-57, Folder: Hong Kong Program, MEDIA General.

32 Letter from L. Z. Yuan, September 12, 1957.

33 Letter from Jack E. James to L. Z. Yuan, Proposed Journalism School Grant, October 2, 1957, Box p-57, Folder: Hong Kong Program, MEDIA General.

34 Request for Renewal, FY 1959, December 1, 1958, DTPILLAR, Vol. 2, No, 3.

35 Committee of Correspondence, "Seminar for Women of Press and Radio, " August 10, 1960, Series V. Correspondents and Field Work — Regions: Europe: Country Files — Italy: Correspondence, L-R. N. d. Papers of the Committee of Correspondence. Sophia Smith Collection, Smith College. Archives Unbound. Gale Doucument Number: SC5105067430.

會特別設立了「新聞學教師培訓專案」（Journalism Training Project），並陳述其設立此專案的原因是：發展中國家（地區）傳播能力的改善是促進當地社會和經濟現代化的重要因素[36]。雖然名為「新聞學教師培訓」，但專案參與者到美國接觸到的，則是新聞傳播學的系統培訓。一九六二年，當時在香港大學校外課程部任職的教學雜誌編輯余也魯得到亞洲基金會的專案資助，到史丹福大學的傳播研究所（Institute for Communication Research）學習，師從美國「傳播學之父」宣偉伯（Wilbur Schramm），受其影響深刻[37]。

（二）港中大新聞學系的建立與學科思想傳遞

一九六三年，香港中文大學成立，香港的新聞傳播學再次遇到發展契機。時任香港中文大學校長的李卓敏特別有志於將香港的新聞學由技職教育（vocational training），提升至專業教育（professional education）[38]（照片11-2）。香港中文大學準備在社會研究所（Institute of Social Studies）創建大眾傳播中心（Mass Communications Center），提供碩士學位，同時成立一個提供

36　Seven Asian Journalist Study in US Prgrams, Box P-266, Folder: Hong Kong Program, Education Journalism Teacher Training 7/62.

37　Seven Asian Journalists Study in US Programs.

38　Letter from W. Mallory-Browne, to the President of the Asia Foundation, Foundation, "Journalism Training Project in Hong Kong," November 3, 1964, Box P-266, Folder: Hong Kong Program, Education Journalism Teacher Training 7/62.

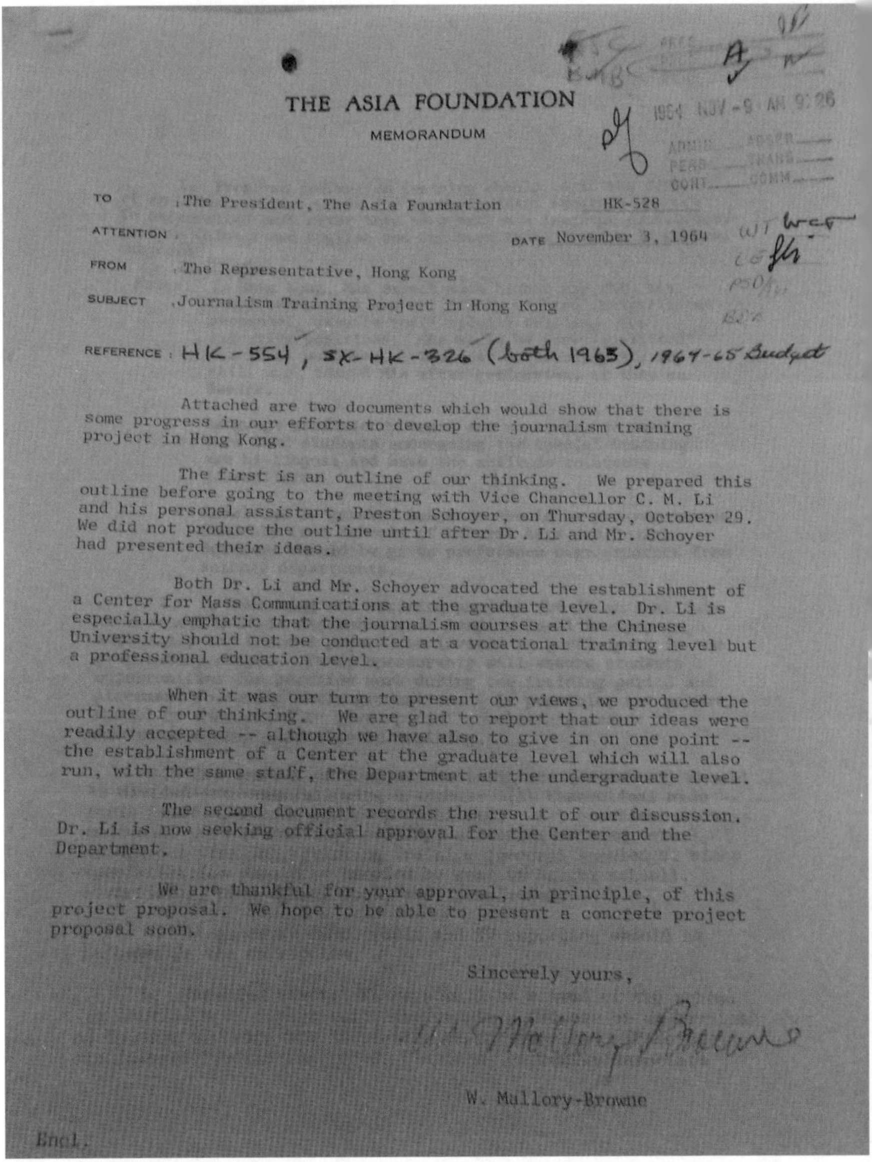

THE ASIA FOUNDATION

MEMORANDUM

1964 NOV -9 AM 9:26

TO : The President, The Asia Foundation HK-528

ATTENTION :

DATE November 3, 1964

FROM : The Representative, Hong Kong

SUBJECT : Journalism Training Project in Hong Kong

REFERENCE : HK-554, SX-HK-326 (both 1963), 1964-65 Budget

Attached are two documents which would show that there is some progress in our efforts to develop the journalism training project in Hong Kong.

The first is an outline of our thinking. We prepared this outline before going to the meeting with Vice Chancellor C. M. Li and his personal assistant, Preston Schoyer, on Thursday, October 29. We did not produce the outline until after Dr. Li and Mr. Schoyer had presented their ideas.

Both Dr. Li and Mr. Schoyer advocated the establishment of a Center for Mass Communications at the graduate level. Dr. Li is especially emphatic that the journalism courses at the Chinese University should not be conducted at a vocational training level but a professional education level.

When it was our turn to present our views, we produced the outline of our thinking. We are glad to report that our ideas were readily accepted -- although we have also to give in on one point -- the establishment of a Center at the graduate level which will also run, with the same staff, the Department at the undergraduate level.

The second document records the result of our discussion. Dr. Li is now seeking official approval for the Center and the Department.

We are thankful for your approval, in principle, of this project proposal. We hope to be able to present a concrete project proposal soon.

Sincerely yours,

W. Mallory-Browne

W. Mallory-Browne

Encl.

照片 11-2 亞洲基金會理事長 W. Mallory-Browne 提到「香港新聞業的培訓」

學士學位的新聞學系（Journalism Department）。亞洲基金會最先響應。事實上，其檔案文件顯示，基金會一直計畫幫助香港成立一新聞學院，使用雙語教學，而即將成立的香港中文大學為其提供了良好契機[39]。亞洲基金會不僅同意為港中大提供資金，用來聘請一名訪問教授和一名高級講師，還將設立一專案，協助管理新成立的新聞學系[40]。

學科思想傳遞，其最重要的途徑莫過於教師和研究者的培養。客觀地說，包括後來成立的港中大傳播學系在內，香港新聞傳播學的師資，大多由美國學者或者是接受美國教育的中國學者充任。從現有檔案來看，聘請師資的經費主要由美國國務院以傅爾布萊特計畫的形式資助，或者由亞洲基金會直接資助[41]。例如港中大新聞學系教師魏大公的薪資一直由亞洲基金會提供，直到一九六七年[42]。一九七〇年代以後，支援變得多元化，香港本身的贊助經費亦逐漸增加。無論是從美國邀請學者到香港講學，還是派香港學者前往美國接受培訓，這些贊助只有一個目的，即從美國學術界汲取香港新聞傳播學發展所需的教育理念和學術思想。

事實上，美國官私機構為香港新聞傳播學遴選師資人員，並不特別考慮美國學術發展的實際情況，亦很少提及各個學術流派間的爭議和立場。對於美國項目實施者來說，他們需要的是與行政機構和基金會有密切聯繫的學者，或者是透過各種人際網絡可以取得聯繫的學者，以便實現美國的冷戰政策目標。美國著名傳播學家宣偉伯為學術行動主義者，致力於將大眾傳播學的理念向外擴散。他同時也是「冷戰知識分子」，與美國行政機構內的文化部門和諸如亞洲基金會這樣的隱蔽機構有密切合作關係。這是宣偉伯頻繁出現在美國對外教育交流相關檔案紀錄中，並在美國新聞傳播學海外擴展中發揮重要作用的原因。

在港中大新聞學系的創建過程中，亞洲基金會最初想邀請哥倫比亞大學的喻德基（Frederick T.C. Yu）和臺灣政治大學的朱謙博士分別擔任訪問教授和高級講師。兩人都與亞洲基金會有聯繫，喻德基和宣偉伯的私人關係也非常好。然而，喻和朱都無法立刻成行，「計畫中的港中大傳播中心因此可能推遲建立」[43]。亞洲基金會後來與就職於南伊利諾大學、畢業於密蘇里大學新聞學院的查爾斯．克萊頓聯絡。後者很快以傅爾布萊特訪問學者身分來到港中大。他在赴任前表示，「這一壯舉堪稱一項紀錄，因為截至去年八月，所有這一切還只是一個想法和亞洲基金會資助該系前兩年的經費承諾。」[44]這也間接證明了，亞洲基金會在港中大新聞傳播專業創建過程中

---

39 Stephen Uhalley, Jr., "Letter of Agreement: Mr. Timothy Yu, "September 4, 1964, Box P-266, Folder: Hong Kong Program, Education Journalism Teacher Training 7/62.

40 Letter from Edgar N. Pike, "The Representative, Hong Kong, to The President of the Asia Foundation," Feburary 9, 1965, Box p-266, Folder: Hong Kong Program, Education Journalism Teacher Training 7/62.

41 Letter from W. Mallory-Browne, November 3, 1964.

42 Edgar N. Pike, Memo to the Record, "Lunch Conversation with Dr. C. M. Li," Jun 2, 1967, Box-266, Folder: Hong Kong AP-1022 I Program, Education School & Univ Chinese Univ Vice-Chancellor/ Advisor on Chinese Studies, 7/62.

43 Letter from Lawrence Eisenberg, "Timothy Yu and Mass Communications Center, Chinese University," Feburary 17, 1965, Box P-266, Folder: Hong Kong Program, Education Journalism Teacher Training 7/62.

44 Clayton to Head Journalism School in Hong Kong, in CIA-CREST, CIA-RDP73-00475R000402100001-0.

的影響力。

在課程設計方面，一般認為，一九六五年港中大新亞書院著手新聞學規畫時，主要設計者是來自哥倫比亞大學的喻德基，其後則是來自南伊利諾大學的查爾斯・克萊頓[45]。無論是喻德基，還是克萊頓，有一點非常明確，即港中大新聞傳播學從一開始就是美國學科建制和學術典範所主導。

除了港中大新聞傳播學，一九六八年香港浸會大學創建傳理系時，也不可避免受到美國的學術影響。香港浸會大學傳理系的課程設計者是余也魯。除了傳播學的主要課程——國際傳播（International Communication）、心理學（Psychology）和傳播理論（Communication Theory）之外，還參加了史丹福大學具針對性的特殊課程，如發展中國家的傳播方式（Methods of Communication in Developing Countries）和傳播在國家發展中的個案研究（Case Studies of Communication in National Development）[46]。余也魯回到香港後，在香港浸會大學和香港中文大學輸出美國新聞傳播學的資訊和知識。除此以外，他還是美國傳播學文獻的主要翻譯者和編譯者。余也魯譯述的宣偉伯著作《傳媒、信息與人：傳學概論》，相當長時期內，是唯一一本系統性介紹傳播學的中文書[47]。余也魯則認為，該書是「行為學領域這一新興方向（傳播學）的首部中文系統介紹。」[48]事實上，《傳媒、信息與人：傳學概論》一書影響深遠，這是無數使用中文的傳播學者最早、最直接的思想來源。

一九七七年，宣偉伯受港中大邀請，以胡文虎客座教授的身分訪問香港。此前，港中大已經將新聞學系改為新聞與傳播系。宣偉伯到港中大之後，進一步調整了新聞與傳播系的課程體系，並創立香港首個傳播學哲學碩士課程。這一時期，該系的教員幾乎全部是美國訪問學者或者畢業於美國的中國學者，列舉如下：畢業於密蘇里大學的魏大公、波士頓大學的沈承怡、西北大學的查爾斯・艾倫、南伊利諾伊大學的歐文・阿特伍德（Erwin Atwood）、密西根大學的羅伯特・畢曉普（Robert Bishop）、華盛頓大學的亞歷克斯・埃德爾斯坦（Alex Edelstein）和美國東西方中心的朱謙[49]。從香港新聞傳播專業的發展歷程來看，美國出於教育現代化的目的，在亞洲進行的教育文化活動中，事實上推動了香港新聞傳播學的「美國化」。包括亞洲基金會在內的美國機構，一方面推動了香港新聞傳播學的加速發展；另一方面，基於冷戰目的進行的知識輸出，必然導致目標群體的路徑依賴，從而限制了香港新聞傳播教育的多元化選擇。

---

45 Leung, Chu, and Lee, "Journalism and Communication Education and Research in Hong Kong," 196.

46 Letter from Timothy Yu to Dr. Robert Schwantes, Head of the NE Asian Division, The Asia Foundation, May 4, 1965, Box P-266, Folder: Hong Kong Program, Education Journalism Teacher Tranining 7/62.

47 伍靜，《中美傳播學早期的建制史與反思》（山東人民出版社，2011），頁140。

48 Letter from Timothy Yu, May 4, 1965.

49 Leung, Chu and Lee, "Journalism and Communicaiton Education and Research in Hong Kong," 196.

三、香港新聞傳播學創建與發展的本土因素

不可否認的是，香港的新聞傳播專業受到美國學術界的深刻影響。港中大新聞與傳播學院官網自稱是「以密大哥大為藍本」，因為新聞學系創立時，哥大畢業的喻德基為其進行了課程設計，而第二任系主任魏大公則畢業於密蘇里大學，由此「決定了港中大新聞學系的發展方向。」[50]其後港中大在傳播學課程設計上又直接受益於宣偉伯的指導。而在南伊大的官網上，查爾斯．克萊頓被稱為港中大新聞學系的創建者[51]。無論如何，美國學術典範對香港新聞傳播學的影響可見一斑。然而，就香港新聞傳播學實際的發展走向而言，前文所說的「美國化」可能只是其重要特徵。毋庸置疑，香港新聞傳播學受到美國學術思想的深刻影響，但其創建動力和落地後的走向，卻受到多種因素制約，具有鮮明的在地化和多元化特徵。

首先，香港本地的中華文化傳統一向深厚。包括錢穆在內一批中國「難民知識分子」赴港後，香港的中華文化經歷了一次現代復興。很大程度上在「難民知識分子」的努力下，香港中文大學才得以建立，香港殖民地教育和中華文化教育得以並行不悖。港中大新聞學系創建過程中，香港本地知識精英的主動性和參與性表現得非常突出。中國自晚清至民國，就一直有「新聞救國、言論報國」的思想。錢穆在提到港中大創辦新聞學系時，使用的是「重建」二字[52]。可見對於香港知識分子來說，創辦新聞學系和創建港中大的目的是一致的，都是為了保存和復興中華文化。其次，香港新聞業的繁榮，使其對新聞水準有很高的要求，因而對新聞學教育有持續的

需求。東南亞報業巨頭胡氏家族一直關注新聞教育。胡氏家族掌握著整個東南亞的報紙帝國，老當家胡文虎去世後，胡氏家族深陷內鬥。他的女兒胡仙（Sally Aw Sian）最終控制了香港報紙產業，包括香港的《星島日報》（*Sing Tao Jih Pao*）、《星島晚報》（*Sing Tao Man Pao*）、《星島周報》（*Sing Tao Weekly*）、《香港虎報》（*Hongkong Standard*）。由於掌握著龐大的新聞集團，胡仙對於香港的報業發展非常了解。據胡仙觀察，當地多數畢業生都無法正確使用中文，香港的新聞學教育遠不夠充分。友聯和亞洲基金會都有類似的看法[53]。事實上，亞洲基金會向來所持的觀點是：很大程度上，由於相當低落的新聞水準，一些親西方華文報紙無法吸引知識分子，才為親共報紙提供了市場[54]。也有學者視野更廣一些，認為香港很適合成為為整個亞洲提供新聞教育的基地，因此必須保持香港新聞教育的高水準。臺灣《中國新聞》（*China News*）編輯部主任斯

---

50 蘇鑰機，〈學院簡史——細說中大新傳50年〉，https://www.com.cuhk.edu.hk/zh/about/brief-history/（查詢時間：2024年5月1日）原〈細說中大新傳50年〉《明報》2015年10月31日。

51 Charles C. Clayton(1902-1988), Southern Illinois University Special Collections Research Center, https://archives. lib.siu edu/?p=creators/creator&id=233.

52 Letter from L. Z. Yuan, to The President of the Asia Foundation, "Proposed Journalism School Grant, "

53 L. Z. Yuan, Memo to the Record, "Journalism Education in Hong Kong, " Sep3, 1963, Box P-266, Folder: Hong Kong Program, Education Jounalism Teacher Training 7/62.

54 Letter from L. Z. Yuan to the President, The Asia Foundation, "Chinese Language Sunday Supplement", Jul 6, 1955, Box p-57, Folder: Hong Kong Program, General (Trip & Rpts-LZ Yuan) 1955.

坦韋・陳（Stanway Cheng）和正在臺灣政治大學任教的朱謙都持這種觀點[55]。總之，對香港學者來說，新聞學的發展主要是要解決當地需求。港中大新聞學系成立後，港媒報導了香港文化界人士的立場：「由於香港人口日增，精神糧食亦跟著需要，報紙業務正方興未艾。」新聞學系的設立，「將可解決本港目前報紙從業人員的補充缺乏，亦足提高新聞業人員的質素，而促使新聞事業更形發展。」[56]

第三，新聞傳播學的發展，歸根結底是與社會需求直接聯繫，這一點美國資金的力量也無法左右。香港本土的新聞學教育，在很長一段時間內以技職教育為主，就是為因應香港社會的需求。港中大校長李卓敏是創建新聞傳播學的積極倡導者。但他很清楚，興辦教育首先要考慮就業問題。其時，香港的現實情況是，報紙最為流行。報業雖然需要新聞專業人才，但不需要學歷過高的研究型人才[57]。這是早期傳播學沒有發展起來的現實原因。一九六〇年代中期以後，香港新聞傳播教育理念雖然受到美國機構的諸多影響，但香港教育界和學術界對美國典範的接受，特別是對傳播學理論的接受，很大程度上與香港社會進入經濟起飛和消費繁榮階段有關[58]。可以說，在香港新聞傳播學創建過程中，美國只是提供了「受邀請的影響」（invited influence）[59]。創辦新聞傳播系、新聞傳播系的課程設置，源於香港人自己迫切的本土需求（urgent local needs）。「胡文虎客座教授計畫」的設立，以及該計畫邀請的第一位學者宣偉伯，都可以視為本土需求的明確證據。

正因為如此，香港新聞傳播學的在地化特徵非常明顯。新聞傳播系的創建和發展，是為解決當地的問題，也結合了當地的既有模式。例如，香港高校的新聞傳播院系有一個共同特點是，非常重視學生在校內外的實習環節。這與美國模式傳進之前，香港媒體就與高校密切合作有關。香港幾乎各大新聞傳播院系都有自己的報紙、刊物，都擁有相當齊全的廣播電視節目製作設備。香港新傳學院學生的實踐能力和社會影響力也非美國學生可比[60]。當然，新聞傳播系所師生遇到的政治壓力是美國人無法想像的。如一九六七年發生的著名《沙田新聞》事件。由於學生獨立報導港中大學生求職受挫的事件引發國際關注，導致港中大四名教師被停聘，《沙田新聞》因而停刊[61]。這樣的困境可能是美國學生無法想像的。此外，由於對美國的政治意圖非常敏感，所以在接受美方資助時，香港機構和個人一般會非常小心謹慎。前述提到胡氏報業集團繼承風波時，胡

55 From L. Z. Yuan to the Record, "Journalism Training: Conversation with Stanway Cheng and Godwin Chu, "Sep 30, 1963, Folder: Hong Kong Program, Education Journalism Teacher Training 7/62.

56 〈中文大學擬開設四年制新聞學系〉《華僑日報》，1964年12月。

57 Letter from W. Mallory-Browne, to the President of the Asia Foundation, "Journalism Training Project in Hong Kong," November 3, 1964, Box P-266, Folder: Hong Kong Program, Education Journalism Teacher Training 7/62.

58 Leung, Chu, and Lee, "Journalism and Communication Education and Research in Hong Kong," 193.

59 Norton Wheeler, The Role of American NGOs in China's Modernization: Invited Influence (London and New York: Routledge, 2013), 2.

60 同註1，頁512。〈學院簡史——細說中大新傳50年〉。

61 馮德雄，〈舊聞補遺——「沙田新聞」事件〉《明報》，2013年6月23日。

仙想與美國合作。但當亞洲基金會的香港代表袁仁倫與胡仙協商合作事宜時，胡仙要求亞洲基金會確認其不會將胡氏報業變成親美宣傳品，但她同時表示支持亞洲基金會的期待，即加強亞洲獨立的、非共媒體的發展[62]。一九七七年，港中大設立傳播學研究生計畫，其課程體系是宣偉伯和余也魯設計的，但本地化的特徵仍然非常明顯。研究生一年級的課程是完整的傳播學理論和傳播研究方法，研究生二年級則開設了傳播理論與實際、文化與傳播、中華傳統中的傳播形態和傳播問題研討等課程[63]。

最後，香港新聞傳播學發展另一重要因素，是港英政府的態度和英國學術界的影響。美國在香港的教育交流活動雖未遭到在其他民族國家活動時面對的那種強烈質疑，但仍然面臨兩個方面的挑戰：一是前面提到的，香港華人媒體人和中國知識分子對美國援助意圖的懷疑；二是港英政府對於美國介入香港事務的矛盾態度。時任香港教育司負責人的唐露曉（Peter Donohue）曾與美國亞洲基金會駐地人員進行協商，兩個機構應當保持密切溝通，以免因利益不同而引發尷尬。一九六〇年代初，港英政府也在思考改革香港的教育體系，出於現實考量，主要調整方向是加強香港的技術教育[64]。港英政府內部也有人對港中大創建新聞學系感興趣，如港英政府新聞處長華德（Nigel Watt），但主要是為保障香港有「更負責任的記者」[65]，對傳播學這樣源於美國的學術思想和學科體系並不感興趣。正因為如此，深受英式教育影響的香港大學，直到一九九九年才成立新聞及傳媒研究中心。

總之，冷戰時期美國海外教育交流活動直接推動了香港現代新聞傳播學的興起，港中大新聞學系的創建是美國總體冷戰知識輸出戰略的一部分。在對外知識輸出的過程中，美國政治精英和社會精英在推動目標地區現代化，或是「美國化」問題上，一直有分歧。二戰剛結束時，費正清曾主張，「結合科學與民主，在中國傳統文化的背景下，應用於廣大群眾的生活。」[66]也即主張推動中國現代化，而非「美國化」。隨著冷戰「心智之爭」的強化，隨著「查爾斯河學派」[67]在政治上的影響力增強，「現代化即美國化」主張逐漸占據上風。美國對香港新聞傳播學的推動，為其知識「美國化」努力提供了一個典型案例。然而，學科建設本身是個高度複雜問題，接受者的社會需求，目標群體獲取知識的主動性和學術自覺意識，學者的批判和反思能力，都要考慮在

---

62 Letter from L. Z. Yuan to Mr. James L. Stewart, April 29, 1955, Box P-57, Folder: Hong Kong Prgram, General (Trip & Rpts-LZ Yuan) 1955.

63 鄭貞銘，《大眾傳播與現代化》（臺北：時報文化，1981）頁280。

64 Memorandum to the Record, "Conversation with the Hon. Peter Donohue, Director of Education Department , Hong Kong, "June 5, 1962, Box P-171, Folder: Hong Kong Program, Education General.

65 Letter from L. Z. Yuan to the President of the Asia Foundation,"Journalism Training in Hong Kong, "May 20, 1964, Box P-266,Folder: Hong Kong Program, Education Journalism Teacher Training 7/62.

66 費正清，《費正清對華回憶錄》（臺北：知識出版社，1991），頁223-224。

67 一九五〇年代末到六〇年代初期，麻省理工學院及哈佛大學的經濟學者主導，以社會現代化的視角，討論第三世界家經濟成長與美國對外援助的政策，以「查爾斯河學派」稱之。主要代表人物有沃爾特・羅斯托（Walt W. Rostow）、馬克斯・密立根（Max F. Millikan）、約翰・加爾布雷斯（John Galbraith）。

內。香港新聞傳播學的歷程或許提供了另外一個案例，即看似知識「美國化」的背後，實際上是一些國家和地區尋找「現代化道路」的一種手段。

參考資料

一手史料

Asia Foundation Records, Box, P-39, Folder: US & Intl. Individuals, General Tours Far Eastern Journalists, 1955, Hoover Institution Archives, Stanford, CA.

Asia Foundation Records, Box, P-55, Hong Kong, Budget General 1954/55, Hoover Institution Archives, Stanford, CA.

Asia Foundation Records, Box, P-57, Folder: Hong Kong Program, MEDIA General 1954/55, Hoover Institution Archives, Stanford, CA.

Asia Foundation Records, Box, P-57, Folder: Hong Kong Program,General (Trip & rPTS-Lz Yuan)1955, Hoover Institution Archives, Stanford, CA.

Asia Foundation Records, Box, P-97, Folder: General, Overseas Chinese Program, Hoover Institution Archives, Stanford, CA.

Asia Foundation Records, Box, P-171, Hong Kong, Program, Education Schools & Univ, New Asia Research Institute Fellowship Program, Hoover Institution Archives, Stanford, CA.

Asia Foundation Records, Box, P-246, Folder: US & Intl Program, General Development Papers, 7/62, Hoover Institution Archives, Stanford, CA.

Asia Foundation Records, Box, P-266, Folder: Hong Kong Program, Education Journalism Teacher Training 7/62, Hoover

Institution Archives, Stanford, CA.

Asia Foundation Records, Box, P-266, Folder: Hong Kong AP1022 I Program, Education School & Univ Chinese Univ Vice-Chancellor/ Advisor on Chinese Studies, 7/62, Hoover Institution Archives, Stanford, CA.

Columbia University, Rare Book & Manuscript Library, Central Files, Asia Foundation Files, 1954-1969, Box 590, New York, NY.

Records of the Office of Research, Foreign Service DEspatches 1954-1965, RG 306, Box 3, National Archive ll, College Park, MD.

University of Arkansas Libraries, Special Collections Division, Bureau of Educational and Cultural Affiairs Historical Collection (CU), Box 35, Folder: MC468 Department of State, 1946 Budget Estimates (1 of 3), 35-2, Fayetteville, AR.

Database: the CIA Records Search Tool (hereafter cite as CIA CREST).

Database: CIA Freedom of Information Act Electronic Reading Room (hereafter cite as CIA FOIA), Collection: Nazi War Crimes Discloure Act, DTPILLAR records.

Database: Digital National Security Archive (hereinafter cited as DNSA), ProQuest Information and Learning Company.

Database: Arcives Unbound, Gale Primary Sources.

Database: History Vault-American Politics and Society from JFK to Watergate, 1960-1975, ProQuest.

費正清，《費正清對華回憶錄》（臺北：知識出版社，1991）。

二手史料

伍靜，《中美傳播學早期的建制史與反思》（山東：山東人民出版社，2001）。

徐培汀，《中國新聞傳播學說史1945-2003》（重慶：重慶出版社，2006）。

鄭貞銘，《大眾傳播與現代化》（臺北：時報文化，1981）。

Gaither Jr. H. Rowan. *Report of the Study for the Ford Foundation on Policy and Program.* Detroit, MI: The Ford Foundation, November 1949.

Johnson, Walter. *A Special Report on American Studies Abroad by United States Advisory Commission on International Educational and Cultural Affairs*. Washington, D. C.: U. S. Government Printing Office, 1963.

Leung, Kenneth W. Y., Leonard Chu, and Paul S. N. Lee, "Journalism and Communication Education and Research in Hong Kong." *In Global Trends in Communication Education and Research*, eds. Kenneth W.Y. :eung James Knny, Paul S. N. Lee, Cresskill, NJ.: Hampton Press, 2006.

Rostow, W. W. *The Diffusion of Power: An Essay in Recent History, 1957-1972*. New York: The Macmillan Co., 1972.

Stuart, Douglas T. *Creating the National Security State: A History of the Law That Transformed America*. Princeton, N. J.: Princeton University Press, 2008.

Wheeler, Norton, *The Role of American NGOs in China's Modernization: Invited Influence*. London and New York: Rouledge, 2013.

Zhang, Yang. "Cultural Cold War: The American Role in Establishing the Chinese University of Hong Kong (CUHK)." In T*he Power of Culture: Rncounters between China and the United States*, ed. Priscilla Roberts, Cambridge Scholars Publishing, 2016.

報紙

馮德雄，〈舊聞補遺——『沙田新聞』事件〉《明報》，2013年6月23日。

〈中文大學擬開設四年制新聞學系〉《華僑日報》，1964年12月2日。

網路資料

〈學院簡史——細說中大新傳50年〉，https://www.com.cuhk.edu.hk/zh/about/brief-history/

Charles C. Clayton(1902-1988), Southern Illinois University Special Collections Research Center, http://archives.lib.byu.edu/agents/people/9366

第十二章 美國教育交換計畫與冷戰期間韓國新聞的美國化

車載永／著
蔡傳宜／譯

一九五三年韓戰停戰以來，美國政府不僅在經濟重建上給予南韓莫大的援助，為使各社會領域迅速以美國模式近代化，實施多樣的支援計畫[1]。美國如此對南韓推動近代化政策，出自於認定南韓在冷戰局勢中，具備特殊戰略性價值，其領導階層將南韓視為與北韓對峙的冷戰第一線國家。故基於戰略性考量，為將南韓打造成新生國家中，在政治、社會、經濟各領域代表自由民主陣營的模範國，而準備並施行了各式各樣的援助計畫。其中，美國國務院透過教育交換計畫，一方面邀請南韓政治、行政、法律、教育、文化、新聞等各領域的從業人員，前往美國大學或是相

1 許殷，《미국의헤게모니와한국민족주의》（서울：고려대학교민족문화연구원，2008），頁15-28；G. Brazinsky, Nation Building in South Korea: Koreans, Americans, and the Making of a Democracy（Chapel Hill: University ofNorth Carolina, 2007）나종남（역）（2011）〈대한민국만들기，1945~1987：경제성장과민주화，그리고미국〉（서울：책과함께），頁13-31。

關機構接受進修及訓練；另一方面，則派遣專家前往南韓，向相關領域人士及大學生傳達、普及專門知識。

在對南韓教育交換計畫中，美國將重點置於新聞領域。曾於美國駐南韓大使館中負責文化外交的官員韓德森（Gregory Henderson）[2]便表明，美國國務院專業人員教育交換計畫對象的各類團體中，新聞記者所占比例最高。美國國務院重視南韓新聞業界有其緣由。有鑑於新聞傳播為動員輿論最為有力的管道，美國官員之間有培育親美記者為當務之急的共識。同時，這也是出於如下評價：南韓新聞業界太過落後，並非針對大眾，而是以菁英為受眾，無法期待能發揮大眾媒體應有的效果[3]。

美國官員認為南韓新聞落後，理由是當時美國新聞追求客觀報導，徹底區分事實與意見、核實事實，以中立和公正性為基本原則。相對的，南韓新聞卻不區分事實與意見，驗證事實的程序粗糙，報導傾向帶有政治派別色彩。美國的新聞在報導上，經歷過自派系轉向客觀的歷史發展，美國官員因而理所當然地視美國新聞為進步，並認為南韓新聞應轉變成美國形式，以達成其現代化。而其判斷南韓新聞以菁英階層為主要讀者，則是由於當時大部分的南韓報紙，所刊登的報導混合韓文字和漢字，不易教育水準較低者閱讀。

在歷史上，相較於單純傳達事實，韓國記者具有重視意見發表的傾向，亦曾因此被稱為志士。自一八八〇年代官方公報《漢城旬報》與《漢城週報》，以及一八九六年民間報紙《獨立新聞》等近代報紙發行以來，韓國記者便以教導、喚醒大眾的角色自居[4]。直到一九一〇年，日本殖民韓國，韓國記者便透過發行報紙介紹西洋近代文物，以啟蒙國民，鼓吹民族意識，藉此守護韓國主權[5]。日本殖民統治時期，一九二〇年時，總督府僅許可三份韓文報在當局嚴格檢閱下發行，其中包括《朝鮮日報》、《東亞日報》。直到一九三七年第二次中日戰爭爆發，進入戰時動員體制前的這段期間，韓國記者則透過報導，致力於支援國內外民族運動，推廣民族文化[6]。一九四五年光復後，美國軍政時期的三年間，左派報與右派報紙之間因理念而產生的對立擴大，但由於軍政府介入，左派報紙幾乎消失，右派報勢力高張。在第一共和建立的一九五〇年代，南韓報紙大多具有強烈的政論報（political paper）特質，可分為支持政府、反對政府以及中立三種立場，而記者亦大致根據所屬報社的政治傾向活動[7]。誠然，在一九六一年政變掌權的軍政府政策下，報社走向企業化，意即與從前不同，由追求政治的影響力轉變為追求利潤的極大化。這種轉變逐漸惡化，進入一九七〇年代後，在新聞業界內外皆出現了記者已淪為上班族而非志士的批

2 グレゴリー・ヘンダーソン，「韓米間の文化関係」，《国際評論》，2號（1959），頁74。

3 Semi-Annual USIS Report, January 1-June 30, 1955, USIS-Korea to USIA, December 15, 1955, National Archives and Records Administration Record Group（以下，R G）469, Korea Subject Files, 1953-1959, Box 36.

4 姜明求，《훈민과계몽：한국훈민공론장의역사적형성》（서울：나남，2016），頁127-137。

5 鄭晉錫외，《한국근대언론의재조명》（서울：민음사，1996），頁14-30。

6 朴贊勝，《언론운동》（천안：독립기념관한국독립운동사연구소，2009），頁109-189。

7 金珉煥，《한국언론사》（서울：나남，2002），頁415-418。

評[8]。然而，在一九八〇年代末，民主化完成後，時至今日，南韓報社依舊帶有強烈的政治派系色彩，記者依然被評為報導容易混同事實與意見[9]。

美國國務院因此自一九五五年起，每年大量邀請南韓記者赴美研習，且每兩年派遣美國新聞專家前往韓國，教育當地記者的同時，也掌握南韓新聞界現狀，並提出新對策[10]。美國國務院的目標是藉此在南韓新聞業界培養出親美（pro-U.S.），也就是對美國抱持善意、支持其外交政策的人士，並透過普及美式媒體制度及文化，也就是包括客觀報導的媒體專業素養等，使南韓新聞業達成美國式的近代化。此處專業素養是為一種專業意識形態，指從事醫師、律師等特定職業者追求專門知識的保存、確保執業過程中的自主權、公共利益的參與等目標。通常這些專業人員為實現前述目標，會制定如倫理守則般的自律規範，或成立職業團體、設立教育機構[11]。一九二三年，美國報業編輯協會（America Society of Newspapers Editors, ASNE）成立，訂立〈新聞守則〉（Canons of Journalism），便被視為媒體專業素養在美國的開端。

實際上，第二次世界大戰結束後，美國政府和新聞業界為將美式媒體制度與文化傳播至全世界，曾付出全面性的努力。國務院聯合美國報業編輯協會，試圖將涉及言論自由和媒體專業素養的美式概念普及至海外，便是其中代表性的例子[12]。為此，美國邀集許多國家的記者接受教育和研習，培養某些國家的記者，設立再教育所需要的新聞教育機構，或是提供經營上的金援。日本、南韓、臺灣以及香港，都是東亞地區中主要的對象國家。

本章首先將分析自一九五〇年代中期起，美國國務院針對南韓記者所實行的兩項計畫，即南韓記者邀請計畫和美國新聞專家派遣計畫的具體內容及性質，並討論計畫成果以及對南韓新聞界的影響，再將其與美國於東亞的臺灣和香港新聞界的支援進行比較。期待能透過以上分析與討論，對韓國新聞業界在一九五〇年代末和六〇年代初期所經歷的性質變化，能有更為適當的理解。

一、美國國務院記者教育交換計畫的實行

開始分析南韓記者教育計畫之前，首先，要對美國國務院於一九五〇年代初期所實行的記者教育交換計畫進行整體性概述。美國國務院的記者教育交換計畫，是以一九四八年通過的〈史墨法案〉為基礎。二戰結束後，由於多數美國民眾對繼續耗費巨額預算對外宣傳的必要性表示懷

8 朴用圭，《한국의언론인정체성을묻다：지사에서샐러리맨으로》（서울：논형，2015），頁309-319。

9 李載景，《한국형저널리즘모델：한국저널리즘선진화를위한성찰》（서울：이화여자대학교출판부，2013），頁72-88。

10 許殷，《미국의헤게모니와한국민족주의》，頁235-238、차재영，〈1950년대미국무성의한국언론인교육교류사업연구：한국의언론전문직주의형성에미친영향을중심으로〉，《한국언론학보》58권2호（2014），頁219-245、〈1950년대미국무성의미국언론전문가파견사업연구：한국언론에미친영향을중심으로〉《한국언론정보학보》87호（2018），頁243-276。

11 姜明求，《한국언론전문직의사회학》（서울：나남，1993），頁221-227。

12 M. A. Blanchard, *Exporting the First Amendment: The Press-Government Crusade of 1945-1952*, (New York: Longman, 1986), 1-4.

疑，包含教育交換在內，美國的外交宣傳活動大幅縮減。但隨著美蘇冷戰加劇，輿論產生轉變，新法案獲得通過機會，美國對外宣傳活動得以再度活躍發展[13]。在〈史墨法案〉頒行後，國務院便可實行邀請海外各領域的領導人或從業人員赴美、或派遣美國專業人士前往海外的計畫。

一九五三年，美國國務院將〈史墨法案〉所授權的教育交換計畫通告駐外外交機構，此類計畫最重要的目標是，「改善海外對美國的理解，增進美國國民與外國人民間的相互認識」[14]。為達成此目標，計畫主要將針對「能對輿論產生影響，或是能在不久的將來發揮此類影響」的團體所屬成員，基於此，新聞記者成為國務院教育交換計畫的焦點，可說是理所當然。

概觀而言，針對新聞業界的教育交換計畫，在邀請海外記者赴美的計畫上，可分為三種方案。其一相當於領袖專案，此專案邀請報社、廣播電視台的負責人或是擔任高階主管的記者赴美遊歷，並訪問希望拜訪的報社、廣播新聞網、公共機構等，與主要人物會面。另外兩種可稱為專業人士專案，一為〈聯合支援記者計畫〉（Jointly-Sponsored Journalist Project），邀請海外記者前往美國各地報社或廣播電視台，累積一定期間的工作經驗；另一項則為〈多國海外記者計畫〉（Multi-National Foreign Journalist Project），邀請數個國家的新聞記者赴美，一定期間於大學中學習美國新聞學的基本原則及報導編輯技術後，再前往報社或廣播電視台實習，累積工作經驗[15]。

這三種方案皆有南韓記者獲選。其中以〈多國海外記者計畫〉獲選人數最多，其次是領袖專案，僅極少數記者被選入〈聯合支援記者計畫〉。這應該是由於少有南韓記者的英語和實務能力，足以勝任美國報社或廣播新聞台工作之故[16]。〈多國海外記者計畫〉的參加者亦至少需具備能就讀大學課程的英語能力，但這與〈聯合支援記者計畫〉所要求的語言水準難以相提並論。

另一方面，美國國務院為計畫而選拔現役記者和主要研究領域為新聞學的教授以派遣海外，然其所發揮的功用各有不同。派遣至海外的美國記者，並非以當地記者，而是以工會團體領導人、地方社會領袖，以及政府官員等為對象，介紹美國的新聞業界，此外，亦對其所關心的美國勞工以及政治、種族等問題提供解說。另一方面，美國的新聞學專業教授，則幾乎全員投入教導海外記者美國新聞學的原則和技巧，有時亦探討當地新聞業界所面臨的種種議題，並提出改善方案[17]。

---

13 Henderson, *The United States Information Agency*, 39-48.

14 Educational Exchange Service-Foreign Leader Program, Foreign Service Information and Circular No. 86 from Department of State, May 28, 1953, National Archives and Records Administration RG 59, General Records of the Department of State, Bureau of Educational and Cultural Affairs Office, Decimal File（以下簡稱 Decimal File）Box 1.

15 國務院教育交換計畫基本上以學習（study）、工作（work）、旅行（travel）三大要素組成。前文中三項海外記者教育計畫亦由此三大要素組合而成。「領袖計畫」以旅行方式實施，〈聯合支援記者計畫〉則以工作與旅行構成，而〈多國海外記者計畫〉則涵蓋學習、工作、旅行三大要素。參考：History of International Visitor Program, 1948~1968, Manuscript by Dean Mahin, 1968, University of Arkansas Libraries Special Collections, J. William Fulbright Papers, Bureau of Educational and Cultural Affairs Historical Collection（以下簡稱 CU）Group IV, Box 151, Folder 32, p.7。

16 附帶一提，一九五四年美國駐南韓大使館提交國務院的次年度教育交換計畫方案中記載，目前具參加〈共同支援記者計畫〉資格的南韓記者僅有一名。Educational Exchange: Prospectus Call 1955-56, Amerian Embassy, Seoul to Department of State, June 25, 1954, RG 59, Decimal File, Box 2541, p. 3.

17 J. E. Grunwell, "Exchange of Journalists Helps Tell America's Story to the Free World." *The Quill* 42, no.5 (1954 May): 9-10.

此計畫於一九五三年實行時，美國國務院接到報告表示，結果十分成功。西北大學新聞學院院長肯尼士．歐森（Kenneth Olson）被派往希臘，以「記者的責任與重要性」、「新聞的價值——新聞取材——報導的開始與構成」等，當時美國新聞業界的規範性原則與基本採訪技巧等主題，舉辦以記者為對象的講座，每次皆聚集數百名當地記者，在嚴肅的氣氛中發表和討論，獲得成果豐碩的評價[18]。受此結果鼓舞的國務院官員，廣為宣傳計畫成效，包括南韓大使館的世界各駐外使館的請求湧入，計畫因而擴大。

二、南韓記者赴美研修計畫

美國國務院與美國駐韓國大使館協商後，決定於一九五四年邀請韓國記者赴美研修，同時也派遣美國新聞專家到韓國，並於一九五五年開始同時進行這兩個計畫。

美國駐南韓大使館在一九五五年選出十一名年輕記者，前往西北大學新聞學院進修，南韓記者研修邀請計畫就此展開[19]。獲選參加此計畫的記者皆為三十歲左右，且在韓國光復後進入新聞業。這大概是由於美國官方認為，相較於日本殖民時期便從事新聞活動者，這些人更適合擔任韓國新聞業的改革核心。在此計畫下，一九五七年上半年，共有七名南韓記者受邀就讀密蘇里新聞學院，而在下半年時，又有十一名南韓記者與其他國籍記者共同於西北大學研修，此後計畫名稱變更為〈多國海外記者計畫〉。該計畫接下來在一九五八年（七位）、一九五九年（六位）於西北大學實行，一九六〇年起，地點改至印第安納大學，並持續實施至一九七〇年代[20]。

西北大學新聞學院能獲得委任實行該計畫，是由於該學院早於一九五〇年代初期，美國國務院對德國再教育（reeducation）及重新定位（reorientation）政策[21]一環的德國記者教育計畫中，便曾有過多次主導的經驗[22]。而新聞學院的奧森院長也在早期便對海外新聞記者的教育抱持極大興趣，他與西北大學其他學系一同，自願參與一九五〇年代國務院的教育交換計畫並獲選[23]。

南韓記者研修邀請計畫，如同針對德國記者的計畫，其目的不僅在於培養親美南韓記者，在

---

18 Grunwell, 9.

19 Educational Exchange: Foreign Specialists, FY 1955-Group Project for Korean Journalist at Northwestern University, Evanston, Illinois, Department of State to American Embassy, Seoul, September 8, 1955; Educational Exchange: U.S. Specialist Roscoe Ellard-Visit to Korea, November 14, 1955, American Embassy, Seoul to Department of State, Washington, RG 59, 1955-1959 Central Decimal File, From 511/95B3/1-355 to 511.95B3/12-3156, Box 2246.

20 車載永，〈1950년대 미국무성의 한국 언론인 교육 교류사업 연구：한국의 언론 전문직주의 형성에 미친 영향을 중심으로〉，頁226-227。

21 二戰後，聯合國為使占領區內的德國國民去納粹化，民主化極權主義的教育與文化所實施的政策（Hurwitz, 1984）。

22 Grunwell, "Exchange of Journalists," 8-9.

23 Education for Journalism: Watch Dog of Democracy, Address by Kenneth E. Olson to the Northwestern University Trustees and Associates, February 24, 1949, Library of Northwestern University, University Archives, Kenneth E. Olson Papers, Series 16/12, Box 1; Exchange-Visitor Program No. P-213, U.S. Department to American Diplomatic and Consular Officers, June 26, 1950, RG 59, Decimal File, Box 2259.

韓國民眾中醞釀對美友好的輿論，更包含著移植美國自由主義的媒體制度及文化，以促使落後的南韓新聞業近代化。美國駐韓大使館在一九五六年三月送往國務院的文件中，新聞業界的相關內容中以「盼今後能繼續送出年輕有才華的記者，以增強我方在南韓新聞業界之影響力，強化南韓報紙力量」，簡要說明該計畫目的[24]。在此所謂的「影響力」，應是指透過南韓新聞業界，塑造對美善意輿論的影響能力，「強化報紙力量」則應是意味著將美式媒體專業素養和客觀報導的模式輸入南韓，使報業產生轉變，藉此強化力量。

美國駐南韓大使館的官員十分熟悉南韓新聞業的實情[25]，他們評論南韓的新聞業，在威權性格的南韓政府強力控管之下，報紙卻能維持著政論報性質，分成支持政府和反對政府，毫不厭倦於煽情的報導，完全脫離了大眾[26]。因此美方官員判斷，新聞業無法於美國追求迅速重建並在南韓社會近代化的政策目標過程中扮演適當角色，為改變此局面，開始推動南韓記者的研修邀請計畫。在美國官員的想法中，大眾難以對政治派別色彩強烈且報導煽情的報紙產生信賴，而可信度低下的報紙，亦難有助於說服南韓國民加入國家重建與近代化的行列。

在美國駐南韓大使館與國務院的討論下，研修邀請對象將經過數階段的選拔。首先，獲得南韓報社及通信社推薦的記者將接受美國大使館的英語測驗，淘汰部分候選人後，接下來，由南韓各大報社主管以及外交部官員、美國大使館助理新聞官員和文化外交負責官員等人所組成的委員會面試，以遴選出候選人員。爾後，邀請對象的候選人名單以及個人資料將提交至國務院，經過國務院的內部討論，通知美國駐南韓大使館最終的邀請人名冊[27]。通常英語能力是決定候選人合格與否的主要因素，但有時健康狀況或政治考量亦會有所影響。

經此過程所選出的南韓記者將前往美國，在大學接受為期約兩個月的學習課程，再花費兩個月時間於兩所地方報社或是廣播新聞台擔任實習記者，完成後可在美國各地旅行一個月，這便是研修邀請計畫的進行流程。而在所有研修課程結束後，參加者將再次聚集在華盛頓特區或西北大學舉辦的研討會上，對計畫整體提出評價或是改善建議[28]。

---

24 Educational Exchange: Appraisal of Country Plan, American Embassy, Seoul to Department of State, March 15, 1956, RG 469, Korea Subject Files, 1953-59, Box 53.

25 自一九五四年起，美國駐南韓新聞處（USIS-Seoul）透過南韓記者的協助，每年製作兩份關於南韓新聞業現狀的分析報告，發布給駐南韓的美國政府及民間機構和軍隊，甚至包括一部分美國駐日機構。兩份報告書名稱分別是《南韓政府公報及言論政策》（2級機密）、《南韓新聞業界的政治與專業結構》（不對外公開）。Despatch from USIS, Seoul to USIA, Washington, Annual Analysis of the Korean Press, May 25, 1955, RG 469, Office of Far Eastern Operations, Korea Subject Files, 1953-59, Box 36.

26 Semi-Annual USIS Report, January 1-June 30, 1954, USIS-Korea to USIA, September 9, 1954; Semi-Annual USIS Report, January 1-June 30, 1955, USIS-Korea to USIA, December 15, 1955, RG 469, Korea Subject Files, 1953-59, Box 36.

27 Educational Exchange: FY58 Foreign Specialists Group Project in Journalism, American Embassy, Seoul to Department of State, March 10, 1958; Educational Exchange: Foreign Specialists, FY 1955-Group Project for Korean Journalists at Northwestern University, Evanston, Illinois, Department of State to American Embassy, Seoul, September 8, 1955, RG 59, Decimal File, Box 2246.

28 Final Report of Program Coordinator for Foreign Journalist Program at Northwestern University, September 15, 1957 to February 1, 1958, CU Group IV, Box 157, Folder 17.

西北大學所舉辦的教育計畫，包含美國新聞學、美國生活與文化，以及比較新聞學三大課程。這些課程由新聞學院專任教授擔任講師，如有課程上的必要，亦會邀請同大學社會學系的教授，或芝加哥的記者擔任客座講師。這些課程內容幾乎相當於研究所的程度，但在開設上，則和正式的新聞學院課程分開[29]。此外，在課程目的上，則是要讓計畫參加者學習赴報社實習時所必要的背景知識和基礎新聞報導技巧，足以大致理解美國面臨的種種社會問題，並提供比較美國和參加者母國新聞業的機會。

在報告中，幾乎所有南韓記者都對西北大學開設的學習課程印象深刻。根據美國駐南韓大使館所提交的報告書，參加一九五七年年度研修計畫的記者，認為在美國的經驗整體良好，表示「在所有的研修課程中，西北大學的學習課程特別有幫助」[30]。統領計畫的佛洛伊德．厄本（Flayd G. Arpan）教授也主張，大部分的參加者都對西北大學課程時間太過短而感到遺憾，「他們表示，比起在報社實習，大學的課堂上能學習到的更多」[31]。

計畫參加者在西北大學完成學習課程後，將透過與厄本教授的討論，從美國國務院為該計畫所召募的報社中，選出兩家報社並前往實習[32]。然而，大概是為配合參加者個人的英文能力，南韓參加者可以選擇要實地參與採訪並撰寫報導，或是單純參觀美國記者的活動。

結束在報社的實習後，參加者可獲得機會，前往自身所期待的美國境內地區旅遊[33]。有時，國務院考慮到提供給每名參加者的等額旅費以及每日限額等條件，為節省經費，會調整部分參加者的旅行行程，讓他們在前往實習的媒體途中，經過想訪問的地區。

國務院也建議計畫參加者向母國或是美國報紙提供稿件。參加者通常在美國報社實習、旅行的途中發表文章，除了極少數的例外，這些稿件大多對美國社會或是人們的生活方式充滿善意[34]。誠然，由於提供媒體稿件屬於獎勵項目，南韓參加者中僅少數實際撰寫文稿，例如在報告

---

29 根據教育計畫的總負責人厄本教授所言，該計畫課程僅有六週，時間太短，故無法被列為新聞學院的正式課程。Final Report of Program Coordinator for Foreign Journalist Program at Northwestern University, September 15, 1957 to February 1, 1958, CU Group IV, Box 157, Folder 17, 4.

30 Educational Exchange: FY58 Foreign Specialists Group Project in Journalism, American Embassy, Seoul to Department of State, March 10, 1958, RG 59, Decimal File, Box 2246.

31 Final Report of Program Coordinator for Foreign Journalist Program at Northwestern University, September 15, 1957 to February 1, 1958, CU Group IV, Box 157, Folder 17, p. 12. 雖然也有個人差異，但南韓記者會產生如此評價，應該是由於多數人皆不具備能在美國報社中，實際執行取材報導作業的英語能力。

32 F. G. Arpan, Through Study, Travel, and Work, Foreign Journalists Vies the United States, International Educational and Cultural Exchange (Spring, 1972): 30-32. 根據厄本教授指出，許多韓國參加者希望前往的大型報社，如《紐約時報》以缺乏能擔任指導或教育的人員為由，拒絕國務院的協助要求，而在當時冷戰氣氛轉濃，愛國主義熱情高漲中，回應要求的是中型媒體如《波士頓環球報》、《舊金山紀事報》。

33 Final Report of Program Coordinator for Foreign Journalist Program at Northwestern University, September 15, 1957 to February 1, 1958, CU Group IV, Box 157, Folder 17, p. 14. 附帶一提，李泳禧回憶，他在一九五九年以合同通信社記者身分參加國務院海外記者教育計畫時，提出希望前往古巴而遭拒（李泳禧，2006）。

34 同前註，p. 16。

中，參加一九五七年年下半期研修計畫的《世界日報》記者鄭仁亮，便寄送了大約二十篇的稿件給所屬報社，主題包括美國著名詩人卡爾・桑德堡（Carl Sandburg）、平安夜和年底的風景、《北大西洋公約組織》會議、知名記者愛德華・默羅（Edward R. Murrow）所主持的電視節目等[35]。

美國駐南韓大使館為達成教育交換計畫的目的，可說是耗費苦心，細心照管結束研修歸國的南韓記者。美國大使館文化新聞官員等相關人士與參加研修的記者保持聯繫，鼓勵其進行促進韓國新聞業界現代化的活動，同時在當此類活動需要援助時不吝伸出援手。當時文化新聞處官員亨利・阿諾德（Henry Arnold）便報告，以赴美研習歸國的年輕記者為中心，組成了新聞學讀書會（即寬勳俱樂部），並指出，在過程中有著「來自美國新聞處的幕後驅策」[36]。參加過研修計畫，促成寬勳俱樂部組成的部分記者，在日後撰寫了回憶錄，對於美國大使館曾介入俱樂部組織過程的說法，自然是隻字未提[37]。然而，朴權相回憶，寬勳俱樂部在一九五九年《新聞研究》創刊時，曾接受美國大使館的實物（用紙）支援，為了發行該刊一九六三年的夏季號，又接受來自美新處相當金額的支援金[38]。

三、美國新聞專家南韓派遣計畫

雖然南韓記者赴美研修邀請計畫如前述般每年舉辦，派遣美國新聞專家至南韓的計畫則是每兩年實行一次。一九五五年，獲選派遣至南韓者為哥倫比亞大學的羅斯科・艾拉德（Roscoe Ellard）教授，一九五七年，為南伊利諾大學的韋恩・羅蘭德（D. Wayne Rowland）教授，而在一九五九年，則是西北大學的厄本教授。

這幾位教授經過美國國務院全盤審查後選出，其專業領域以及政治理念傾向都在考量範圍中。即便擁有出色的履歷或是卓越的職務執行能力，若曾參與的社會活動或其政治傾向可能與美國外交政策方向及利益相背，便會遭到排除。這應是出自於當時美蘇之間冷戰情勢加劇背景下所做出的考量。要找到前述三位教授審查過程的相關資料，十分困難。然而，一九六三年申請加入傅爾布萊特南韓教授派遣計畫的西北大學新聞學院柯提斯・麥克杜爾（Curtis MacDougall）教授可為一例，即使他在國務院的內部審查中，被評為在經歷和執行能力上具備充分資格，仍由於安全理由而落選的事實已被確認。根據相關文件，麥克杜爾教授曾對美國政府的冷戰政策提出質

---

35 Educational Exchange: Evidence of Effectiveness, Foreign Service Despatch, American Embassy, Seoul to Department of State, April 18, 1958, RG 59, Decimal File, Box 2246.

36 Annual Assessment Report, USIS-Korea, October 1, 1956 through September 30, 1957, USIS-Korea to USIA, October 25, 1957, RG 306, NND 51290, Box 51.

37 朴權相、박권상 기념회 편，〈관훈클럽이란무엇인가〉，《박권상언론학：한국언론현대사 50년》（서울：상상나무，2015）；조세형，《그래도세상은전진한다》（서울：조세형선생기념사업회 편，2010）。

38 寬勳클럽，《관훈클럽30년사，1957～1987》（서울：관훈클럽，1987），頁132。

疑，加入要求在外交上承認中共的諸團體，並積極參與活動。因此若派遣至韓國，可能會由於對南韓和美國政府政策的批判，而遭到韓國在野黨或反對勢力的利用[39]。

獲選成為派遣韓國專家者，出發前需前往國務院，聽取關於韓國新聞業界現狀以及任務內容的簡報。抵達韓國後，會再次接受美國大使館相關人士的說明[40]。經由此過程，他們可在事前對韓國的新聞業現狀獲得某種程度的認識，而能執行其任務。

而他們訪問南韓的行程，則是在抵達後，經由與美國大使館相關人員，以及前述的赴美研修邀請計畫候選人選拔委員會的委員商討後，才會產生最終定案[41]。將重心放在韓國新聞業界最緊急且必須解決的各大問題，決定派遣者在南韓必須具體扮演的角色與達成的任務。因此正如表12-1所示，他們的主要活動內容多少有些許出入。通常，他們舉行面對記者和大學生的講座，並與新聞機構工作人員開會，一起討論他們所面臨的問題並提出解決方案。美國專家的職責和角色不僅有新聞訓練的內容，還包括新聞研究。然而，他們對韓國新聞學的研究並非是學術目的，而是以實務為主。正如下文要討論的，一位美國專家向學術期刊提交了一篇有關韓國新聞業的文章，但這只是他在韓國活動的副產品。

39 Memorandum from Donald L. Ranard to Mr. Norred, Subject: Suitability of Curtis MacDougall as Fulbright Lecturer in Korea, January 31, 1964; Memorandum from Christopher A. Norred, Jr. to Mr. Ranard, Subject: Views on Suitability of Curtis MacDougall as Fulbright Lecturer in Korea, February 3, 1964, RG 59, Bureau of Far Eastern Affairs, Office of East Asian Affairs, Central Files, 1947-1964, Box 11.

40 參考Floyd Arpan to International Educational Exchange Service, State Department, Report on Six Weeks Assignment as Journalism Specialist in the Republic of Korea, No date, RG 306, Lot No 66 D 87, Box 11, p.1

41 Foreign Service Despatch from American Embassy, Seoul to Department of State, November 14, 1955; Foreign Service Despatch from American Embassy, Seoul to Department of State, Washington, April 30, 1957, RG 59, 1955-1959 Central Decimal File, From 511.95B3/1-457 To 511.95B3/12-3058, Box 2247.

表12-1 美國新聞專家訪問南韓時期以及主要活動內容

姓名	所屬大學	訪韓時期	訪問地區	訪問媒體	其他活動
羅斯科．艾拉德	哥倫比亞大學	1955.9.22-1955.11.3	首爾一帶	報社12間 通信社4間	於六所大學舉辦講座
韋恩．羅蘭德	南伊利諾大學	1957.9.18起，為期六週	首爾（12日） 大邱（10日） 釜山（10日） 光州（10日）	各地報社	數次於首爾地區舉辦講座
佛洛伊德．厄本	西北大學	1959.3.16-1959.4.25	首爾（21日）	12間報社 5間通信 4間雜誌社 韓國放送局	10次授課 4次研討會 1次講座
			光州（4日） 木浦（2日） 全州（3日）	3間報社 2間報社 間報社	公開講座 於全北大學授課
			釜山（3日） 馬山（2日） 晉州（1日）	4間報社 1間報社 1間報社	以記者為對象授課
			大邱（4日） 慶州（1日）	四間報社 大邱放送局	公開講座，於慶北大、大邱大、青邱大中授課 觀光

一九五五年，艾拉德教授僅於首爾停留，每週各舉辦兩次與中堅編輯的研討會，以及對年輕記者授課。教授在研討會中和編輯共同探討韓國報紙新聞的特點，並對照美國經驗，提出解決南韓報紙問題的方案，此舉深獲肯定。然而，在課堂上，艾拉德教授即便講解優質的新聞學與報導的基本原則——應是指美國式客觀報導的技巧，多數年輕「氣盛」的記者仍表示，什麼都學不到[42]。這主要應是由於在當時威權主義的政府之下，以言論自由保障為前提的美式客觀報導，被認為並不適用於受到高壓規制的南韓新聞業。此反應出乎當時美國駐南韓大使館相關人士的意料。實際上，是他們建議艾拉德教授，由於南韓年輕記者過去未曾接受過正規訓練，基礎新聞取材報導技巧是最合適的課程內容[43]。除此之外，艾拉德教授同時拜訪了首爾當地的十二間報社和四間通信社，與編輯討論新聞政策，接觸包括印刷工人在內的一般員工，為掌握南韓新聞業界的現況而努力。

透過此過程，艾拉德教授分析，韓國各報就其報導編輯方面而言，不過是傾向強烈的政論報，連一間能向國民傳達正確訊息的日報也沒有，在製作方面則無論技術水準或是生產效率都極為低落[44]。並且，基於前述分析，他向韓國記者提議，為了培養南韓讀者對報紙的信賴，提高報紙的大眾性，必須更加客觀地報導新聞，為便於閱讀須減少漢字使用，並改善版面和活字。

一九五七年派遣的羅蘭德教授，抵達南韓後，前兩週在首爾，之後以一個月，也就是約占其派遣期間的三分之二時間拜訪地方都市。他在釜山、大邱、光州三座城市各停留十日，並與地方新聞記者面對面地討論各種問題，同時提出各種解決方法，在報告中他收到很有用的回饋[45]。羅蘭德教授在南韓派遣結束歸國後，在學術刊物上發表文章，介紹南韓新聞業界的現狀，並提出發展的方案。雖然羅蘭德授在韓國活動的史料不多，但從本文還是可略知一二，而且也證明了他的論文是在韓國活動所收獲的結論。

在這篇文章中，羅蘭德教授分析，韓國的地方報不僅數量稀少，且幾乎都處在非常惡劣的經營條件下，僅能維持生存，而全國性報紙除了少數幾家外，大部分也都是同樣的狀況。他更具體地指出，韓國新聞業在整體上面臨著用紙不足、印刷部門機械化程度落後、訂購率低下、缺乏廣告來源等產業性的難題。而在政治方面，雖然一般認為，韓國政府對媒體的控制減弱，發行條件獲得改善，但一九五八年《國家保安法》修訂，一九五九年《京鄉新聞》（最強硬的反對派報紙）

---

42 同前註。李泳禧教授的回憶錄中也記錄了類似的反應。他回憶在西北大學的研習中「以新聞記者身分撰寫報導、訪問，在技術層面的細節上，並沒有特別值得學習之處」（李泳禧，2006，頁221）。

43 Telegram from American Embassy to Secretary of State, August 19, 1955, RG 59, 1955-1959 Central Decimal File, From 511/95B3/1-355 to 511.95B3/12-3156, Box 2246.

44 Dr. Roscoe Ellard's Report to John P. McKnight, Director, USIS-Korea, November 3, 1955, RG 59, 1955-1959 Central Decimal File, From 511/95B3/1-355 To 511.95B3/12-3156, Box 2246.

45 Foreign Service Despatch from American Embassy, Seoul to Department of State, Washington, August 8, 1958, Educational Exchange Annual Report, Fiscal Year 1958, RG 59, 1955-1959 Central Decimal File, From 511.95B3/1-457 To 511.95B3/12-3057, Box 2247.

遭廢刊處分，顯示實際上絕非如此[46]。

羅蘭德教授批判南韓的地方報著重全國及國際新聞的現狀，建議應將重心放在與地方密切相關的報導上。他也主張，強調自由民主主義國家記者所應遵從的倫理和責任，加強對媒體素養的認識，南韓記者對這些都顯示出正面的反應。並提案為了南韓新聞業發展，應設立新聞學院（或是大學）做為培養以及再教育記者的專門教育機構，及派遣能夠成為助力的美國新聞學專業教授[47]。

最後，戹本教授在一九五九年被派往南韓。如前文所述，其於西北大學為國務院韓國記者研修邀請計畫的負責人，自稱十分熟知韓國新聞業現狀[48]。美國駐南韓大使館為最大化戹本教授之行的成效，準備工作十分詳盡，事先蒐集整理各媒體編輯對戹本教授所提的問題，並安排報紙版面報導其行程以及活動內容[49]。在報告中，戹本教授的訪問行程涵蓋首爾和地方，共拜訪二十九間報社、五間通信社、四家雜誌社、兩家廣播電視台等，並舉辦與記者的研討會和授課，甚至公開演講，內容非常豐富[50]。

在戹本教授活動中最受到矚目且與先前兩位派遣教授不同的是，他公開表示對韓國政府規制媒體的批判。此時，恰逢國際新聞協會（International Press Institute, IPI）以《國家保安法》修訂案通過和缺乏言論自由為由，拒絕南韓加入，這成為南韓新聞業界的議題，韓國記者屢次提出相關的問題。戹本教授直率的回答引發了和韓國政府之間的摩擦[51]。再加上，戹本教授行程結束前往臺灣後不久，《京鄉新聞》便遭廢刊處置，對此，他在韓國報紙上發表文章，指出此即為韓國政府打壓新聞業的證據[52]。

另一方面，他也批判南韓新聞界嚴重腐敗，可以金錢交易影響報導刊載內容，知識分子或是民眾反而期盼政府出面限制言論，強調為了防止腐化，迫切需要自律和倫理行為[53]。關於此點，

---

46 D. W. Rowland, "The Press in the Korean Republic: Its Status and Problems," *Journalism Quarterly*, vol. 35, Issue 4 (1985 Fall): 451.

47 Rowland, 453-454.

48 Floyd Arpan to International Educational Exchange Service, State Department, Report on Six Weeks Assignment as Journalism Specialist in the Republic of Korea, No date, RG 306, Lot No 66 D 87, Box 11.

49 Despatch from American Embassy, Seoul to Department of State, Educational Exchange: American Specialists Program-Professor Floyd G. Arpan, June 23, 1959, RG 59, Records of the Plans and Development Staff, Evaluation Branch, 1955-1960, Lot 62D 321 CU/EV, Box 31.

50 Floyd Arpan to International Educational Exchange Service, State Department, Report on Six Weeks Assignment as Journalism Specialist in the Republic of Korea, No date, RG 306, Lot No 66 D 87, Box 11, pp. 7-8.

51 경향신문，〈취재에제재없다—미아펜교수대구좌담회서언급〉，1面（1959年4月16日），경향신문，〈언론인들자제강조한것—공보실서신문감축보도에해명〉，1面（1959年4月20日）。

52 동아일보，〈비판권리확립토록—미아펜교수，한국언론에성명—경향폐간이유는박약〉，1面（1959年5月19日）。

53 Foreign Service Dispatch from USIS, Seoul to USIA, Washington, Subject: Professor Floyd Arpan's Observations on Korean Press, May 6, 1959, RG 469, 1948-61 Office of Far Eastern Operations, Korea Subject files, 1953-59, Box 112.

他與羅蘭德教授相同，提出為改善南韓新聞業界，應設立大學或是新聞學院，並派遣美國新聞學專家前來協助的建議。

四、美國國務院南韓新聞業界教育交換計畫的成果與影響

美國國務院在一九五〇年代後半，為培養親美南韓記者，以及促使南韓新聞業進入美國式近代化而實施的教育交換計畫，究竟獲得什麼樣的成果？又對南韓新聞業界產生什麼樣的影響？接下來，將針對這幾點問題進行討論。如同部分研究者分析中所闡明，南韓新聞業界在一九八〇年代民主化前，具有壓倒性的親美傾向，除了少數進步派報社，大多仍維持此傾向至今[54]。美國國務院的教育交換計畫並非造成現狀的唯一、或說是決定性要素，但仍可推論其為促成的部分原因。然而，在此將聚焦於此計畫的另一個目標，即南韓新聞業的美國式近代化是如何達成，而又使南韓新聞業產生什麼樣的變化。

如前文所提，美國國務院以及駐韓大使館關係人士以美國新聞界為範本，促使南韓媒體在制度及文化上轉變，其所付出的努力無法否認。首先，西北大學新聞學院接受委託，辦理南韓記者研修計畫，通過研習課程，南韓記者不僅學習美國新聞業的歷史和思想，同時也習得基本的報導原則和技術。此計畫讓南韓記者比較美國與南韓媒體的制度和取材報導方式，並提供機會，得以以在課堂上學習的知識為基礎，進入美國報社或是廣播電視台實習。而派遣至南韓的美國新聞學

專業教授群，則認識到韓國報紙幾乎全為政論報，政治派系色彩濃厚，極度煽情，就連新聞的報導亦可做為交易，風氣嚴重腐敗，並對此提出解決策略。他們建議，南韓新聞業界為了向大眾傳達正確情報，應採取客觀的報導方式，並強調應加強記者的倫理和責任意識及專業性。並且提案和遊說，為了能有系統的引導前述變化，應該組織記者團體，設立如大學新聞學院之類的教育和研究機構。

南韓新聞業界在一九五〇年代後半到六〇年代初期所展現的變化中，可被視為與美國國務院的教育交換計畫至為相關的，即為新組織和機構的出現。一九五七年，寬勳俱樂部成立和南韓記者協會創立，以及一九六四年，韓國新聞研究所的設立可為代表。前文曾提到，寬勳俱樂部是以參加一九五五年年度教育交換計畫研習歸國的年輕記者為中心，為了研究和交流目的所組成的組織。而南韓記者協會則是寬勳俱樂部的會員，在前輩記者建議下成立的職業團體。雖因一九六一年軍事政變而停滯，但一九六四年在韓國記者協會主導下成立後，斷斷續續進行再教育的韓國新聞研究所，也可判斷為派遣至南韓的美國教授提案影響下的產物[55]。

---

54 金延珍、〈'친미'와 '반미' 사이에서：한국언론을통해본미국의이미지와미국화담론〉，金德鎬，元容鎭（편）〈아메리카나이제이션〉（서울：푸른역사），頁257-288。

55 附帶一提，在韓國新聞研究所的六名設立委員中，包括了從一開始便積極參與美國駐南韓大使館記者教育交流計畫實行過程的《朝鮮日報》副社長兼主筆洪鍾仁，以及一九五五年度記者研修計畫的參加者朴權相與趙世衡（南韓新聞協會，1968）。

然而，儘管成立記者組織、設立教育研究機構，南韓新聞業卻仍無重大變化。原因總括為一九五七年，南韓記者協會創立同時，制定了新聞倫理綱領，並於一九六一年訂立倫理實踐綱要，其內容只見區分報導與評論、報導正確性、記者原則和保障他人權利等美式新聞業準則。儘管如此，普遍卻認為在實際上，新聞倫理和責任意識、及以客觀報導為基礎的專業素養並未生根。前述倫理綱領和實踐綱要，是參考美國報業編輯協會的倫理綱領等所訂立[56]，但對多數記者而言，那卻是由外部所附加，「正確且應當，但現實上難以遵守」的原則，空為毫無實效性的規範[57]。

這恐怕是由於南韓新聞業界的環境和美國劇烈差異所致。與言論自由早已受到保障的美國不同，不如說，韓國新聞業界是自一九六〇年代初期起，數十年間持續處於軍事政權的壓迫，同時在實際上無視於自主規範的倫理，被強制要求對政府或政權，而非對國民、市民負起責任，透過與政權緊密結合或對立強化了派系色彩，而非培養專業性。如同部分研究者所分析，雖在一九六〇年代之後，伴隨軍事政權的媒體商業化政策，在多項支援下，各媒體機構的經營部門獲得大幅度成長，然而報導編輯部門卻由於政府強力的規制和動員，無法實現以核實事實為中心的客觀性報導，僅止於在排除政治批評後，傳達表面事實的客觀報導方式上[58]。因此，為培養親美南韓記者，同時追求南韓新聞業以美國方式近代化的美國國務院教育交換計畫，從普及專業素養的層面來看，制度上或許可說獲得某程度的成功，文化上則恐怕很難說有同等成果。

如本文所述，當韓戰因停戰協議而停火後，美國自一九五〇年代中期起，為使南韓重建並走向美國式近代化，推動了多樣化的支援計畫。在此過程中，以南韓記者為對象所實行的教育交換計畫，可說是達成了部分目標。通過這項計畫，美國不僅在南韓新聞業界培養出親美人士，同時至少在制度層面上，引導南韓新聞業界走向美國式的近代化。然而，在新聞業中可稱為美國式近代化核心、奠基於客觀新聞報導方式的媒體專業素養文化，在移植上卻只能評為失敗。前文提過，相較於單純地傳達事實，韓國記者傳統上更傾向重視意見發表。再加上一九六〇年代後，他們又面臨獨裁政權規制以及動員的局面，因而要原封不動地接受以核實事實為基礎的美式客觀報導方式，或遵照參考美國報業編輯協會的倫理綱領等所訂立的倫理綱要改變行為方式，可說是相當困難。

五、與東亞國家的比較及本研究的意義

但如序言中曾提及，冷戰期間，美國政府與新聞業界為了將美國的媒體制度普及至全世界，實行了各式各樣正式和非正式計畫。除南韓外，香港、臺灣等其他東亞地區國家，也是這些計畫的主要對象。其前提為新聞出版是意識形態之戰（ideological war）最有效的手段，意即期待能

56　鄭晉錫，《관훈클럽40년사》（서울：관훈클럽，1997），頁46。

57　남재일，〈직업이데올로기로서의한국언론윤리의형성과정〉，《한국언론정보학보》，통권50호（2010），頁73-75。

58　남재일，〈한국객관주의관행의문화적특수성：경찰기자취재관행의구조적성격〉，《언론과학연구》8권3호（2008），頁233-270、유선영，〈객관주의100년의형식화과정〉，《언론과 사회》10호（1995），頁112-121。

透過新聞媒體，提高大眾對共產主義的警戒心和敵對意識，使大眾對美國抱持好感，或是塑造有利美方的輿論。另一方面，美國也抱持期待，若東亞地區國家的新聞業界能以美國路線近代化，能有效發揮大眾媒體扮演的角色功能，便能藉此促成社會其他領域同時走向美國式的近代化路線。

然而，對東亞諸國的新聞業界，美國所實施的支援目標和方式則各有不同。如本書第十章及第十一章分別研究的臺灣與香港，美國對大學校系的新聞教育實施了各式各樣正式和非正式支援，如提供系所設立所必需的資金，或是派出必要的教授人員。南韓的狀況卻與此不同，在大學的新聞學系及專門教育和研究機構上，美國幾乎未曾直接提供資金援助，反而集中於舉辦以現任記者為對象的教育交換計畫。這點可從美國西北大學新聞學院接受國務院委託，於一九五〇年代初期至一九七〇年代初期舉辦的〈多國海外記者計畫〉中，南韓記者每年都有多名人士受邀，臺灣及香港記者則與南韓不同，僅是偶爾少數人獲邀一事上看出來[59]。美國支援臺灣與香港的目的，當然也各有不同。在香港方面，主要目的是切斷中國對其新聞業界的影響力，而對臺灣，則是為防止東南亞出身、對新聞學有興趣的華僑留學生前往中國受教，因此實行援助。

另一方面，張楊在第十一章也指出，在香港新聞學系設立的過程中，除了美援之外，香港知識分子們對新聞業重要性的認識以及積極參與，也發揮了重大的作用。事實上，南韓知識精英亦早有認知，為了新聞業的發展，需及早設立新聞學相關的教育和研究機關。此可從南韓最初的新聞專門教育機構——朝鮮新聞學院（韓戰期間改名為首爾新聞學院）——在一九四七年美軍占領下設立時，當時首爾各大學校長、主要媒體的社長和幹部皆參與其中的事實裡獲得證明[60]。一般認為，這所朝鮮新聞學院設立時，並沒有來自美國的援助，在此後的一九五四年及五七年，首爾弘益大學和中央大學各自設立新聞學系時，亦是如此。

最後，將西歐諸國的媒介系統和政治體制分為三種模式進行比較分析的丹尼爾・哈林（Daniel Hallin）與保羅・曼斯尼（Paolo Mancini）指出，二戰結束後，世界各國新聞業呈現美國化的趨勢，然而，在研究新聞業美國化的既存文獻中，「具體追蹤此過程是如何進行（換句話說，新聞教育上發生了什麼樣的類型變化、國籍相異的記者之間，有著什麼樣的交互作用、有過什麼諮詢、舉辦過什麼樣的研討會等）的研究，相對而言極為少見」[61]。希望本研究能在填補類似空白上，發揮些許的作用和意義。

---

59 Floyd Arpan (1973), Address List Multi-National Foreign Journalist Project, U.S. Department of State, 1950~1972, CU, Box No. 158, File No. 1. 在來自世界六十七國，參加此計畫的兩百八十五名記者中，韓國記者人數最多共六十二名，臺灣與香港記者分別僅有五名和三名。

60 鄭晉錫，《조선신문학원의 기자양성과 언론학연구》（서울：서강대언론문화연구소，1995），頁26-28。

61 Hallin and Mancini, 400. D.C. Hallin and P. Mancini, *Comparing Media Systems: Three Models of Media and Politics* (Cambridge: Cambridge University Press, 2004), 金スジョン他訳，《メディアシステム形成と進化——政治——メディア三モデル》（ソウル：韓国言論財団，2009），頁400。

參考資料

一手史料

National Archives and Records Administration

RG 59, Central Decimal Files.

RG 59, Bureau of Far Eastern Affairs, Office of East Asian Affairs, Central Files, 1947-1964.

RG 59, Records of the Plans and Development Staff, Evaluation Branch, 1955-1960, Lot 62D 321CU/EV.

RG 306, NND 51290.

RG 306, Lot No 66 D 87.

RG 469, Korea Subject Files, 1953-1959.

University of Arkansas Libraries Special Collections, J. William Fulbright Papers, Bureau of Educationaland Cultural Affairs Historical Collection, Group IV.

Library of Northwestern University, University Archives, Kenneth E. Olson Papers, Series 16/12.

二手史料

姜明求，《한국언론전문직의 사회학》。서울：나남，1993。

——，《훈민과 계몽—한국훈민공론장의 약사적형성》，서울：나남，2016。

寬勳클럽，《관훈클럽30년사，1957～1987》。서울관훈클럽，1987。

그레고리헨더슨，〈한미간의문화관〉，《국제평론》，2호（1959），頁67-76。

金珉煥，《한국언론사》。서울：나남，2002。

金延珍，〈'친미'와 '반미' 사이에서：한국언론을통해본미국의이미지와미국화담론〉，金德鎬，元容鎭，（편）〈아메

리카나이제이션〉（서울：푸른역사），頁257-288。
남재일，〈한국객관주의관행의문화적특수성：경찰기자취재관행의구조적성격〉，《언론과학연구》，8권3호（2008），頁233-270。
——，〈직업이데올로기로서의한국언론윤리의형성과정〉，《한국언론정보학보》，통권50호（2010），頁73-93。
李泳禧，《대화—한지식인의삶과사상》。서울：한길사，2006。
朴權相、박권상 기념회 편，〈관훈클럽이란무엇인가〉，《박권상언론학：한국언론현대사50년》서울：상상나무，2015，頁136-152。
朴用圭，《한국의언론인정체성을묻다：지사에서샐러리맨으로》。서울：논형，2015。
朴贊勝，《언론운동》。천안：독립기념관한국독립운동사연구소，2009。
柳善榮，〈객관주의100년의 형식화과정〉，《언론과 사회》，10호（1995），頁86-128。
李載景，《한국형 저널리즘 모델：한국 저널리즘 선진화를 위한 성찰》서울：이화녀자대학교출판부，2013。
鄭晉錫，《조선신문학원의 기자양성과 언론학연구》。서울：서강대언론문화연구소，1995。
——，《관훈클럽40년사》。서울：관훈클럽，1997。
鄭晉錫외，《한국근대언론의 재조명》。서울：민음사，1996。
趙世衡，《그래도 세상은 전진한다》。서울：조세형선생기념사업회편，2010。
車載永，〈1950년대 미국무성의 한국 언론인 교육교류 사업 연구：한국의 언론 전문직주의 형성에 미친 영향을 중심으로〉，《한국언론학보》，58권2호（2014），頁219-245。
——，〈1950년대 미국무성의 미국 언론 전문가 파견 사업 연구：한국 언론에 미친 영향을 중심으로〉《한국언론정보학보》87호（2018），頁243-276。
韓國新聞協會편，《한국신문연감》。서울：한국신문협회，1968。
許殷，《미국의헤게모니와한국민족주의》，서울：고려대학교민족문화연구원，2008。

Arpan, F. G.Through Study, Travel, and Work, Foreign Journalists View the United States, I*nternational Educational and Cultural Exchange*, (Spring, 1972): 25-37.

Blanchard, M. A. *Exporting the First Amendment: The Press-GovernmentCrusadeof1945-1952*, NewYork: Longman,1986.

Brazinsky, G. Nation Building in South Korea: Koreans, Americans, and the Making of a Democracy. Chapel Hill: University of North Carolina, 2007.羅鍾男訳，《大韓民国づくり，1945~1987 ——経済成長と民主化，そして米国》，ソウル：本と共に，2011。

Grunwell, J. E. "Exchange of Journalists Helps Tell America's Story to the Free World." *The Quill* 42, no.5 (1954May): 7-9,15-16.

Hallin, D. C. and Mancini, P. *Comparing Media Systems: Three Models of Media and Politics*. Cambridge: Cambridge University Press, 2004.金スジョン他訳，《メディアシステム形成と進化——政治——メディア三モデル》，ソウル：韓国言論財団，2009。

Henderson, J. *The United States In formation Agency*. NY: Frederick A. Praeger, 1969.

Hurwitz, H. "Comparing American Reform Efforts in Germany: Mass Media and the School System." In *Americans as Proconsuls: United States Military Government in Germany and Japan, 1944-1952*, ed. R. Wolfe. Carbondale, IL: Southern Illinois University Press,1984.

Rowland, D. W. "The Press in the Korean Republic: Its Status and Problems. " *Journalism Quarterly*, vol.35, Issue 4 (1985 Fall): 450-454.

報紙

《京鄉新聞》

《東亞日報》

第十三章 駐日盟軍總司令占領期日本記者的美國招聘計畫

——洛克菲勒基金會、哥倫比亞大學、民間情報教育局

小林聰明／著
陳柏傑／譯

一九四九年十二月，十一名男性與一名女性，合計十二名的日本記者，啟程前往美國，接受為期三個月的新聞教育（以下稱「美國招聘計畫」），美國招聘計畫是由洛克菲勒基金會企劃，哥倫比亞大學美國新聞學院（American Press Institute, API）、駐日盟軍總司令（GHQ/SCAP）、民間情報教育局（Civil Information and Education Section, CIE）協助執行。其中是由哥倫比亞大學美國新聞學院擔任主辦單位，洛克菲勒基金會和陸軍省提供財政支援，民間情報教育局則提供協助後得以實現。其目的是「透過幫助日本報紙成為促進民主主義茁壯的更好媒介（instruments），為日本的民主主義發展作出貢獻」[1]。

1 American Press Institute, Report on a Program for Japanese Journalists, October 1, 1951, Press Personnel, Folder480, Rockefeller Foundation Records, Projects, RG1.2 (FA480), Series 609, Japan; Subseries 609R: Japan-Humanities and Arts, Box44, Rockefeller Archives Center (RAC), Sleepy Hollow, NY

日本記者的美國招聘計畫，是第二次世界大戰後美國針對日本記者所執行的最初計畫。不過，這並非第一個針對外國人記者為對象所進行的計畫。

一九四八年九月，招聘德國人記者前往美國，接受哥倫比亞大學美國新聞學院提供新聞教育的計畫實施。洛克菲勒基金會提供該計畫二萬五千美元，給予支援經費贊助；基金會評判計畫「成功」，打算以日本人作為對象，實施同類型的日本記者計畫。美國除了提供德國人和日本人新聞教育機會外，也有對其他國家實施。

美國提供的新聞教育援助，在東亞地區，則於韓國、臺灣、香港施行。其執行者雖然多半是國務省或美國新聞處，但也可以看到像是洛克斐勒財團這樣的美國民間財團提供支援的情況。事實上，洛克斐勒財團除了前述以德國人及日本人作為對象的招聘計畫外，在一九五四年時，也有針對東南亞（錫蘭、印尼、馬來亞、泰國、菲律賓）的十四名記者，由哥倫比亞大學美國新聞學院提供他們在美國及歐洲各地接受新聞教育的機會。

亞洲基金會的角色同樣重要。如同第十一章所探討的，亞洲基金會積極參與了香港的新聞教育。除此之外，亞洲基金會從一九五〇年代中期起，開始進行一項以人在哈佛大學、哥倫比亞大學、史丹佛大學進行研究的外國學人為對象的新聞研究支援計畫。在一九五九年的時間點，該計畫的對象國有緬甸、錫蘭、印度、日本、韓國、馬來亞、巴基斯坦、菲律賓、臺灣。另外，還實施了一個記者考察支援計畫，一九六〇年邀請了九名日本記者前往歐美，同時也支援了包含印度人與韓國人在內的記者及政治學者前往美國考察。

第二次世界大戰結束後，美國政府及民間財團持續關注戰敗國的記者培育及新聞教育。隨著冷戰愈演愈烈，美國對此的關注，也隨之擴展到其它區域。美方開始注意這件事的時間大致在一九四九年十二月至一九五〇年四月左右，本章主要使用洛克菲勒基金會檔案，試圖對在這段時間所執行的日本記者美國招聘計畫進行分析[2]。而本章的分析，將會透過釐清以下三個主題進行。

---

2 本章的主題可定位在下列先行研究的交集點上。第一，從包括文化交流在內的文化冷戰的視角探討美日關係的歷史發展及其意義的研究。代表的有：松田武，《戦後日本におけるアメリカのソフト・パワー——半永久的依存の起源》（東京都：岩波書店，2008）。土屋由香，《親米日本の構築——アメリカの対日情報・教育政策と日本占領》（東京都：明石書店，2009）。藤田文子，《アメリカ文化外交と日本——冷戦期の文化と人の交流》（東京都：東京大学出版会，2015）等研究。最近開始出現了聚焦於洛克斐勒基金會的研究，例如：加藤幹雄，《ロックフェラー家と日本——日米交流をつむいだ人々》（東京都：岩波書店，2015）另外，論文則有金志映，〈ポスト講和期の日米文化交流と文学や空間——ロックフェラー財団創作フェローシップ(Creative Fellowship)を視座に〉，《アメリカ太平洋研究》，15（2015）、梅森直之，〈ロックフェラー財団と文学者たち——冷戦下における日米文化交流の諸相〉《Intelligence》，14（2014）等研究。第二，探討關於新聞學和媒體的學術知識在日本發展情況的研究。主要有：佐藤卓己，《ファシスト的公共性——総力戦体制のメディア学》（東京都：岩波書店，2018）、吉見俊哉著、栗原彬等人編，〈メディアを語る言説——両大戦間期における新聞学の誕生〉，《内破する知——身体・言葉・権力を編みなおす》（東京都：東京大学出版会，2000）、土屋礼子著、山本武利編，〈「帝国」日本の新聞学〉，《「帝国」日本の学知——メディアのなかの「帝国」》（東京都：岩波書店，2006）等研究。此外，處理駐日盟軍總司令占領期間對日本施行的新聞教育的研究，則有森暢平，〈敗戦直後のジャーナリスト教育導入——占領当局・大学・新聞社の関係をめぐって〉，《マス・コミュニケーション研究》，巻81（2012），及小林聡明，〈GHQ占領期日本のジ

第一，釐清在駐日盟軍總司令占領期的日本，如何推動新聞教育，記者的培育是如何進行的。民間情報教育局制定了一個大的政策目標，著眼於推動記者培育，為了實現這個政策目標，在大學支援新聞教育，並對此寄與厚望。然而，記者的培育，並不僅限於學術界，同時也會在報業現場進行，也就是在個別報社以在職訓練（On the JobTraining, OJT）方式的培訓記者。學界與報紙業界，在培育新聞記者時，雖然有時候會合作，但往往都是呈現出對立的局面。本章首要討論的，便是從民間情報教育局的政策目標，以及學界與報紙業界相互衝突的過程之中，了解新聞教育與記者培育的實際情況。

第二，分析日本記者美國招聘計畫從零開始到執行的來龍去脈。雖然能在當時的日本報紙散見些許有關該計畫的報導，但是實際情況仍然處於不明朗的狀態。就筆者所見，亦無研究使用洛克菲勒基金會史料來闡明該計畫實貌。對此，本章預計釐清從美國招聘計畫的起草，到洛克斐勒財團及哥倫比亞大學美國新聞學院、民間情報教育局之間為了實現此一目標的研討過程。

第三，本文將探討美國招聘計畫是如何進行的。計畫的方針及目的有著怎樣的內容？日本記者對於該計畫有著怎樣的反應？有何感受？想著什麼？然後哥倫比亞大學美國新聞學院對於日本記者抱持著如何的印象？對於計畫本身是否有正面評價？這些問題都將在此節進行釐清。

根據前述，本章希望透過分析有關日本記者的美國招聘計畫達成幾項重要目的。第一，查明前述尚未充分釐清的美國招聘計畫的實際情況，填補駐日盟軍總司令占領期新聞教育及記者培育相關研究的空白，並對研究成果的累積有所貢獻。第二，有關占領期的相關研究很容易變成以軍方或政府的觀點來進行理解，對此，本章將提供透過民間財團這樣的嶄新視角，深化占領期相關研究的內容。第三，對於美國在韓國、臺灣、香港所支援的新聞教育或記者培育的相關研究討論，從「日本」這個區域的層次，以及最一開始支援計畫，也就是這個可稱之為「原點」時間的層次，提供進行比較研究的素材。

雖然本章討論範圍僅限於一九四九年十二月至一九五〇年四月所進行的美國招聘計畫，只能就美國向日本實施新聞教育和記者培育的這一點提供觀察分析。不過，本章的觀察分析，對於之後美國所推動的類似計畫，還有美國的學術知識如何在冷戰時期進行傳播等問題，至少能有提供研究線索之效。

ヤーナリズム教育とモット博士：1947年3～4月——日本人教授らとの学術交流を中心に〉，《ジャーナリズム&メディア》，第11號（2018年3月）。美國的大眾傳播研究及冷戰關係的研究，則有Timothy Clander "Origins of Mass Communications Research during the American Cold War: Educational Effects and Contemporary Implications", Routledge, 2000。韓國和臺灣對於文化冷戰的關心也日漸升高，近期的研究有：장영민「1950 년대 도미 유학과 유학생의 미귀국」《한국근현대사연구》제 96 집 2021、王梅香，〈冷戰時期非政府組織的中介與介入：自由亞洲協會、亞洲基金會的東南亞文化宣傳（1951-1959）〉，《人文及社會科學集刊》，第三十二卷第一期（2020）。

一、駐日盟軍總司令占領期日本的新聞教育／記者培育

（一）民間情報教育局所推動的新聞教育

駐日盟軍總司令在一九四五年九月開始占領日本之後馬上陸續頒布了關於媒體的命令。九月十日所下達的〈言論及出版自由〉（SCAPIN0-16），以及九月二十七日所下達的〈關於出版及言論自由的追加措施〉（SCAPIN-66）是確立了由駐日盟軍總司令直接統治日本媒體的指令。這很明白地顯示出，駐日盟軍總司令透過利用日本政府中介支配的間接統治，並不適用於媒體。這是重視媒體功能的駐日盟軍總司令出自於想要在日後能夠自由操作媒體的意圖所作出的行動[3]。

駐日盟軍總司令內部進行了傳播媒體掌管部門的成立及改組作業。九月二十二日，民間情報教育局成立，成為美國太平洋陸軍總司令部的專門部門，並在十月被移交給了駐日盟軍總司令。民間情報教育局被賦予了指導及監督有關教育文化各項改革的職責。此外，透過媒體宣傳來普及化有關民主的思考方式及原則，向最高司令官提出建言等也是民間情報教育局的一項主要任務。民間情報教育局雖然只被定位為諮詢機關，但其實際所做，卻超過了諮詢機關的負責範圍，會針對媒體或教育擬定相關具體政策，並提供建言[4]。

一九四五年十月二十二日，駐日盟軍總司令向日本發布了〈對於日本教育制度的管理政策〉（SCAPIN-178）指令。這是為了要確保日本新內閣充分了解占領方在有關教育方面的目標及政策

所下達的兩點命令。一是，禁止宣傳軍國主義及極端國家主義式的意識形態，以及廢除軍事教育。另一點是，鼓勵建立各種符合言論、宗教自由等基本人權思想的教育。SCAPIN-178被認為是向日本的大學建議推動新聞教育之物。事實上，根據在東京帝國大學任教的知名新聞學者小野秀雄表示，曾經接獲來自駐日盟軍總司令通知，與其在大學設立研究機關，不如成立一個作為新聞學院（School of Journalism）的四年制新聞學系[5]。這明顯地可以看出，駐日盟軍總司令所推動的新聞教育，不只是推動學術知識，還包含培育新聞記者的重要目的在內。如同後文會談到的民間情報教育局報告書所示，甚至可說後者才是駐日盟軍總司令更著重的部分。

一九四六年五月二十七日，民間情報教育局局長肯尼斯・戴克（Kenneth Reed Dyke）在聚集報社和通信社幹部的聯誼會上演講，在強調新聞自由所代表的意義後，說明了整頓像是由全國報社所組成的聯合會的自發性組織，以及為了培育新世代新聞工作者的教育機關的重要性。這些想法很快便轉化成具體行動。在同年七月，日本新聞協會成立，章程中便有普及新聞教育的內容。

民間情報教育局開始著手調查日本的新聞出版情況，在一九四六年五月至八月的期間進行多次調查。調查內容包含成立新聞相關科系的評估，成為了推動新聞教育的基礎工作。在一

3　山本武利，《占領期メディア分析》（東京都：法政大学出版局，1996），頁356。
4　土屋由香，《親米日本の構築——アメリカの対日情報・教育政策と日本占領》（東京都：明石書店，2009），頁128-129。
5　小野秀雄，《新聞研究50年》（東京都：毎日新聞社，1971），頁280。

九四六年七月二十四日的民間情報教育局報告書〈特別報告：大學的新聞學〉（Special Report: Journalism in Universities）中提到，大部分的東京報社都熱切希望培育記者、多數的學生被職業記者的工作吸引、大學也正規劃著新聞課程[6]。民間情報教育局認為雖然日本對於記者培育是抱持著樂見且高度期待的態度，但是也發現了，報紙業界對於大學教育的期待並沒有那麼高。事實上，同年八月五日的〈有關在大學的新聞學報告書〉（Report on Jour nalism in Universities）中指出，報紙業界喜歡的並非大學教育，而是記者在職訓練（On the Job Training），這是出自於可以較低的成本培育記者的動機[7]。一九四六年後半開始，日本各大學成立新聞學系的風氣日漸興盛。此風氣形成是因為有駐日盟軍總司令、文部省等相關單位的支援，以及日本新聞協會積極挹注資金進行援助所致[8]。一九四六年九月六日，日本新聞協會理事會核准了提供給東京大學、早稻田大學、慶應義塾大學的補助款。這些財政支援旨在幫助有實力的大學恢復新聞課程講座並協助其發展。日本新聞協會章程中有明文提到提升新聞道德水準，這些援助的目的也包含了鼓勵大學設立相關課程講座[9]。之後，日本新聞協會也提供了日本大學、同志社大學、神戶經濟大學、東北大學、東北學院大學等學校補助款，有關新聞學的課程講座和科系便如同雨後春筍般陸續開設[10]。

隨著日本的大學院校陸續開設新聞相關的科系及課程講座，在密蘇里大學教授新聞學的法蘭克・路德・莫特（Frank Luther Mott）教授於一九四七年三月訪日，並在日本停留了兩個月。這是陸軍省因應駐日盟軍總司令要求，請求莫特造訪日本的結果。而莫特的訪日目的，是向民間情報教育局提出改善日本報紙記者教育的建議，以及與日本的報業經營階層、研究新聞學的日本人教授進行意見交流。莫特的訪日，對民間情報教育局與日本人教授產生了莫大影響。對於前者而言，莫特使其理解到在幾間日本大學開設實作導向的新聞學課程以及對日本新聞教育發展而言民間情報教育局支援的重要性。對於後者而言，莫特提出了有關新聞教育課程安排方面的建言，並獲得校方採用。事實上，一九四八—四九年在日本的大學所進行的新聞教育，有很大一部分都是基於莫特的建言[11]。莫特訪日之後，大學向日本新聞協會提出的補助款申請持續增加，而這個情

---

6 Special Report: Journalism in Universities, AR-236-PP-E-17, July 24, 1946, Journalism in Universities, Folder 11, Box5238, GHQ/SCAP Records, RG331, NARA, College Park, MD.

7 Report on Journalism in Universities, August 5, 1946, Journalism in Universities, Folder 11, Box5238, GHQ/SCAP Records, RG331, NARA.

8 黒川貢三郎，〈日本大学新聞学科の経緯〉，《ジャーナリズム &メディア》，第11號（2018年3月），頁23-32。

9 石川徳幸，〈戦前期日本の高等教育における「新聞教育」の萌芽——新聞学科創設以前の日本大学における新聞関連講座を中心として——〉，《ジャーナリズム &メディア》第11號（2018年3月），頁9-22。

10 CI&E Research Report–Journalism Education in Japan, September 22, 1948, Journalism Education in Japan, Folder10, Box5238, GHQ/SCAP Records, RG331, NARA.

11 關於莫特在日本的活動，可參照：小林聡明，〈GHQ占領期日本のジャーナリズム教育とモット博士：1947年3~4月——日本人教授らとの学術交流を中心に〉，《ジャーナリズム &メディア》，第11號（2018年3月），頁33-51。

況一直持續到了一九五三、五四年左右為止[12]。莫特的意見和建言，帶給了施行新聞教育的大學很大的刺激。

（二）在大學的新聞教育／報社進行的記者培育

根據民間情報教育局的報告書所示，在一九四八—一九四九年期間，東京地區的八所大學（中央大學、慶應義塾大學、明治大學、日本大學、立教大學、東京大學、早稻田大學），及其他地區的五所大學（同志社大學、神戶經濟大學、京都大學、東北大學、東北學院大學）有進行新聞教育[13]。從在這些學校施行的新聞教育中可以觀察到一些特色。第一，帶有強烈的記者培訓傾向。這個傾向強烈顯見於東京大學的新聞教育。新聞教育主要著眼於培養報業人才。無須贅述，這當然是因為有著報業記者人數嚴重短缺的時代背景，培訓能夠成為即戰力的記者便成了一項迫在眉睫的課題所致。第二，由於重點放在培訓記者，因此重視實習。從課程科目中，可見到許多報紙製作、報業經營論、編輯相關實務方面的課程。在校內或校外提供了獲取實務工作經驗的機會，包括製作大學報或是在報社實習。

雖然大學是抱持著培訓記者這樣的強烈意識在推行新聞教育，不過這樣的新聞教育在報紙業界並不受到歡迎。《新聞之新聞》（一九四八年二月十三日）指出，過去報業需要大量的記者，但這種情況已經完全改變。學過新聞學的大學畢業生雖然是有辦法在報業成功找到工作，但卻有一部分的畢業生無法如願以償，這是新聞學的教師及學生必須要嚴肅看待的事情[14]。讀賣新聞社董事四方田義茂表示雖然欣見大學推動新聞教育，但也提到：「不能指望每間報社消化在各大學受過新聞教育的人」[15]，因此以報業記者供需為由，質疑大學新聞教育的聲音逐漸增加。不過，這只是表面上的理由，因為四方田義茂接下來又提出以下主張；在大學施行的記者教育能夠達到什麼程度的成效是令人感到懷疑的。不如把新聞教育的時間用於培養學生一般常識性的能力是否會更好呢？這是出現在報紙業界的一個真實心聲。

校方也十分清楚大學的新聞教育並不受到報業青睞的情況。慶應義塾大學法學部教授，同時兼任報紙新聞研究室主任教授的米山桂三說過，偏好學徒制的報社並不欣賞大學所施行的新聞教育。早稻田大學政治經濟學部名譽教授久保田明光回憶道，對於報社來說，新聞學系的畢業生並非特別有用的存在，在日本的大眾媒體中並沒有得到需求。

誠然，報社方面對於大學新聞教育的評價並不是太好。不過，如同米山桂三所談到的，也是有報社，如東京新聞、讀賣新聞、時事新聞，開始理解到為了培育記者施行教育的意義。民間情報教育局的報告書中指出，雖然在報社的幹部之中存在著阻礙正規新聞教育的人，但是另一

---

12 春原昭彥，〈上智大学から見た「新聞学科」の歴史〉，《ジャーナリズム&メディア》，第14號（2020年3月），頁27-31。

13 CI&E Research Report–Journalism Education in Japan, September 22, 1948.

14 同前註。

15 同前註。

方面，也是有許多幹部，認為比起報社中的師徒制訓練，大學新聞教育是更具效率且科學的方式[16]。然而，即便是到了戰後新聞學系畢業生輩出的一九五〇年代，找到記者工作的學生人數也沒有因此增加，大學新聞教育要和求職就業產生連結並不容易[17]。有關記者的培育，報社方面希望在錄取新人後施行在職訓練的想法，非但沒有產生變化，甚至還更加根深柢固。

對於大學新聞教育抱持疑慮的報社，便自行推出以培訓新聞記者為主要目的的新聞教育。在一九四八—一九四九年，以記者培訓作為目的在自家報社施行新聞教育的，有西日本新聞和讀賣新聞[18]。西日本新聞在一九四七年二月為了要讓新人社員新入社員學習新聞實務及報業營運，成立了記者教育委員會的組織。在該組織中，進行一日六至七小時，為期三週的新聞研修，以駐日盟軍總司令為了控制媒體所發行的《新聞遵則》（*Press Code for Japan*），以及報業倫理、西日本新聞的規則、業務手續、廣告、報紙的角色等為題，由編輯幹部負責教授工作。

讀賣新聞在一九四六年八月成立了記者教育委員會，並由報社主筆馬場恒吾擔任委員長。讀賣新聞推行的新聞教育主要是針對年輕記者或是曾長時間在軍中服役的社員為對象，要求他們參加為期三個月的課程講座。課程講座的內容，是由理論與技術兩個面向構成。課程內容之中，安排了許多時間學習《新聞遵則》、報業倫理，及各部門所必須的專業技術，這些專業技術包含了新聞報導寫作實習。西日本新聞是以報社內部的員工擔任講師，而讀賣新聞的講師群則是除了總編輯等社內員工外，小野秀雄、小山榮三等新聞學著名學者也都以講師身分聯名其中。

駐日盟軍總司令占領期間的日本，在學術界與新報紙業界，皆進行了將目標鎖定在培育記者的新聞教育。雖然民間情報教育局、莫特、日本新聞協會比較偏好學術界的教育，但作為這些新聞教育的「出口」的報社，卻沒有對於在大學接受新聞教育的學生有特別的好評，而反而是希望能夠透過自己的方式來進行培訓。然而，民間情報教育局並非對於報紙業界提供的教育毫無關心，對於提供報業相關援助，民間情報教育局同樣也有在開始進行摸索。下一節要討論的以日本記者作為對象的美國招聘計畫，便是向記者提供的新聞教育，也是民間情報教育局透過報社支援記者培育的代表事例。

二、召聘計畫實施準備階段

（一）制定招聘計畫

招聘計畫雖然是在民間情報教育局的協助下所推動的，但最初卻是由洛克斐勒基金會所起草。該財團在整個計畫中發揮了主導的作用。一九四八年六月二十一日，洛克斐勒基金會人文

16 CI&E Research Report–Journalism Education in Japan, September 22, 1948.

17 石川徳幸，〈戦後日本の「新聞教育」と日本新聞協会——1940年代後半から1950年代の大学における「ジャーナリスト教育」の蹉跌〉，《ジャーナリズム＆メディア》，第14號（2020年3月），頁7-26。

18 CI&E Research Report–Journalism Education in Japan, September 22, 1948.

科學委員會副委員長查爾斯・法斯（Charles B. Fahs）在東京面會民間情報教育局情報課長唐納德・布朗（Donald Brown），針對有關日本記者招聘計畫的執行事宜進行提案。雖然計畫的規畫還不夠完善，說明也不夠充分，但是已經有確立好了幾個招聘對象的遴選條件。首先，要從日本全國各式媒體中招聘合適人選，隸屬於大學的研究人員也是遴選對象。預計招聘六人，其中希望盡可能包含一名女性。獲聘者必須得到駐日盟軍總司令的核准，因此要具備英語能力。沒有歐美生活經歷。這是法斯和布朗提出的遴選條件[19]。

法斯在東京期間，還拜訪了日本新聞協會事務局長津田正夫，針對招聘計畫的實施進行提案。津田正夫回應招聘計畫能促進日本新聞報導的發展、在許多方面協助日本民主化、給予日本新聞協會很大的助力，因此完全贊同。根據津田正夫所言，當時的日本記者，很希望能夠更加了解美國報紙在新聞自由、經營、編輯、廣告、印刷等方面的情況[20]。得到民間情報教育局及日本新聞協會對於招聘計畫的正面回應後，法斯立刻開始展開具體行動準備要施行計畫。

一九四八年九月底，法斯寄了一封信函給哥倫比亞大學美國新聞學院所長弗洛伊德・泰勒（Floyd Taylor），向他請求給予招聘計畫協助，並對計畫的方針作出以下說明[21]。首先，招聘計畫的目的是提供日本記者了解美國的機會。第二，不採用由美籍記者教日本記者的方式，而是以設定共同問題讓雙方進行討論的方式進行。第三，民主生活中大眾媒體的角色、新聞自由、勞動，新聞出版的組織、採訪及報導的技術、傳播研究的作用等主題的討論，是招聘計畫中最有價值的部分。泰勒對於這些計畫方針完全沒有異議[22]。在泰勒的主導下，立刻展開作業，並進一步確立計畫內容。不過，由於泰勒工作繁忙，因此在決定計畫內容時有所延遲[23]。

實施招聘計畫所必須要的軍方核准手續也被延遲。到了一九四九年四月，法斯仍舊沒有收到陸軍省或民間情報教育局的核准通知。四月二十九日，法斯寄信給民間情報局局長唐納德・紐金特（Donald Nugent），說明因為核准作業的進度過慢，哥倫比亞大學方面無法及時向洛克斐勒財團提出執行招聘計畫所需財政支援。這也造成洛克斐勒財團方面在決定支出預算上的難處。顯然，法斯是感到焦躁的，他還問道，至今遲遲未核准，是否意味駐日盟軍總司令內部對於招聘計畫必要性的認知有了變化，使得相關政策發生了變動[24]？法斯的書信，迫使紐金特得向陸軍省及民間情報教育局要求儘速做出核准與否的決定。

---

19 Excerpt from CBF Trip to the Far East, June 21, 1948, Tokyo, Press Personnel, Folder387, Rockefeller Foundation Records, Projects, RG1.2 (FA387), Series 609, Japan; Subseries 609R: Japan-Humanities and Arts, Box43, RAC.

20 Letter from Masao Tsuda, Managing Director of the Newspaper Publishers & Editors Association, to Charles B. Fahs, Assistant Director for The Humanities, The Rockefeller Foundation, July 15, 1948, Press Personnel, Folder 387.

21 Letter from Charles B. Fahs to Floyd Taylor, American Press Institute, Columbia University, New York, N.Y., September 29, 1948, Press Personnel, Folder 387.

22 Letter from Floyd Taylor to Charles B. Fahs, October 4, 1948, Press Personnel, Folder 387.

23 Letter from Floyd Taylor to Charles B. Fahs, December 1, 1948, Press Personnel, Folder 387.

24 Letter from Charles B. Fahs to Donald Nugent, Chief, CIE Section, April 29, 1949, Press Personnel, Folder 387.

紐金特很快就有了動作。五月十一日，紐金特發給陸軍省民政局長一份信函，再次說明招聘計畫的梗概。紐金特在一個月前的四月一日，便向民政局提出過一份題為〈日本人報業經營者暨部長的訪美〉（Visit of Japanese Publishers and Editors to the United State）的提案書，說明了計畫的梗概[25]。五月十一日的書信雖然形式上是提醒，但卻隱含著要求陸軍省朝向核准方向運作的暗示。六月上旬，陸軍省總算核准了招聘計畫。六月下旬，還決定了由陸軍省支付所有日本記者的往返交通費用（東京—紐約），而其他的經費支出則由洛克斐勒財團負責[26]。

一九四九年七月二十五日，哥倫比亞大學副校長向洛克斐勒財團提出正式申請，要求除了往返交通費用（東京—紐約）以外，獲聘人員參與計畫所需經費的支援[27]。九月二十三日，洛克斐勒財團召開理事會，決定提供招聘計畫的主辦單位哥倫比亞大學美國新聞學院最多二萬五千美元的支援。該項決定也立刻通知了時任哥倫比亞大學校長的艾森豪與泰勒[28]。招聘計畫正式確定，剩下的問題便是招聘者的遴選。

（二）招聘者的遴選

一九四九年秋天，招聘者的遴選流程在民間情報教育局局長紐金特及新聞課長丹尼爾·伊姆博登（Daniel C. Imboden）的主導下開始進行[29]。招聘計畫並非採用公開招募的方式，而是由日本新聞協會向民間情報教育局推薦候選者，民間情報教育局再從候選者當中進行遴選。日本新聞協會列出六十八人候選者名單送交民間情報教育局後，民間情報教育局便依此名單立刻開始展開遴選作業。首先，先以是否具備主題討論時的英語能力為基準進行最初的篩選，有四十八人從六十八人名單中被剔除。另外，基於對候選者在戰前及戰時所參與過的活動有所疑念為由，又有六人落選。然後，又有一人因為某些因素被剔除，最後的結果是有十二人成為預定人選，一人候補[30]。

法斯對於民間情報教育局決定的人選名單是有些不滿的。他在與泰勒的電話中說到：「這些預定人選我一個人都不認識」，然後又談到「雖然可以在華盛頓特區調查出他們是什麼樣的人，但是我看不出這樣做有何意義，由於應該也沒有其他方案，因此我接受紐金特和伊姆博登的十二名人選判斷」[31]。

獲聘記者的姓名及所屬機關的資訊，由駐日盟軍總司令宣布後透過日本各報公開。一九四九年十二月十日，《讀賣新聞》報導：「從日本各地的報社及通信社中選出的十二名日本記者團，

---

25 Visit of Japanese Publishers and Editors to the United States, May 11, 1949, Press Personnel, Folder 387.

26 Letter from Esther P. Pulis, Assistant Executive, New York Field Office, Reorientation Branch, to Charles B. Fahs, Press Personnel, Folder 387.

27 Letter from Albert C. Jacobs, Provost, to Charles B. Fahs, July 25, 1949, Press Personnel, Folder 387.

28 Letter from Flora M. Rhind to Dwight D. Eisenhower, President, Columbia University, September 23, 1949, Press Personnel, Folder 387.

29 Interview: CBF, Floyd Taylor, Telephone Call, November 22, 1949, Press Personnel, Folder 387.

30 Letter from D.R. Nugent to Floyd Taylor, November 12, 1949, Press Personnel, Folder 387.

31 同註29。

將於下週初啟程前往美國進行為期三個月的留學」，「記者團的領導人將由共同通信英文部部長大竹定雄，以及大阪經濟的喬治・川古一同擔任，兩人皆出生於美國」[32]。十二月十七日，十一名日本記者在同一天乘坐美軍運輸船啟程前往美國，剩下一人則是於稍後的時間赴美[33]。該名剩下的記者名叫今村得之（每日新聞）。他於十二月三十一日乘坐從羽田機場出發的美國軍機飛往美國[34]。綜合各家媒體的報導，獲聘的十二名日本記者（含女性一人）如下：

真木進之介（讀賣）、古橋政次（時事通信）、後閑ケイ彌[35]（夕刊京都）、內藤男（時事新報）、荻原伯水（日本經濟）、角邦雄（北海道）、高木盛久（新大阪）、山口ケン[36]（西日本）、井出博長崎民友）、山本松代（山陽）、喬治・川古【別名：英明】（大阪經濟）、今村得之（每日）

值得注意的是，在民間情報教育局所決定的預定招聘者中，有二名記者實際上並未獲聘，取而代之的是另一名記者。未獲聘的其中一名記者是大竹定雄（Roland [Roy] Otake）。如同前述，直到赴美預定日的前一週為止，大竹定雄都還是以記者團領導人的身分列於名單之中。大竹定雄曾以紐約大學的學生身分及同盟通信紐約支局特派員助手的身分在美國待過。此外，一九四二年後，以陸軍軍官身分在東京執行任務。雖然有關大竹定雄為何被排除於招聘者名單外的原因並不清楚，但推想有兩種可能，一是在共同通信工作業務無法允許讓他長時間離開日本，一是他的軍職經歷對美方而言是個問題。

還有一人是讀賣新聞的記者Tokoro Sadarou（漢字不明）。他也曾經是預定招聘者，不過卻在一九四九年十二月從招聘名單被移除，改由同屬讀賣新聞的真木進之介替補。Tokoro從東京商科大學（現在的一橋大學）畢業後，先是擔任滿洲國通信社（同盟通信社滿洲之局）的記者，後來於一九四九年十一月成為讀賣新聞的記者[37]。由於他沒有特殊的軍職經歷，因此之所以被從招聘者名單中移除，應該是出自於讀賣新聞社內的事情，不然就是個人方面的因素。

接下來要檢視獲聘日本記者團的各種情況。第一，如同法斯所提出的招聘條件，獲聘者中包含了女性成員。獲聘者中的山陽新聞記者山本松代，是唯一的女性記者。山本松代於一九二三年出生於岡山市，一九三七年畢業於神戶商業大學（現在的神戶大學），一九四三年五月至一九四四年二月擔任上海第一高女的英語教師。一九四五年六月進入岡山縣地方報紙《合同新聞》（一

32 〈12記者、来週渡米〉，《読売新聞》，1949年12月10日。
33 〈記者12名、米へ留学〉，《朝日新聞》，1949年12月17日、〈11記者渡米　新聞講座に三ヶ月参加〉，《読売新聞》，1949年12月14日。
34 〈今村記者渡米〉，《毎日新聞》，1950年1月1日。
35 譯按：ケイ音讀kei，漢字不明。
36 譯按：ケン音讀ken，漢字不明。
37 Personal History Statement, SataroTokoro, Press Personnel, Folder 387.

九四八年改名為《山陽新聞》）擔任記者。因此可以推論，她具備了被視為重要篩選基準的英語能力。

第二，獲聘者不僅來自於全國規模的大報社，也包含了地方報社，是有顧及到平衡性的遴選。獲聘者中有一半來自於地方報社的記者，後閑、角、高木、山口、井出、山本等人是地方報社的記者，報社分布範圍北起北海道南至九州，因此可以推測遴選有顧及到各地區的平衡。

第三，有關候選者的職稱。在評估候選者條件的過程中，有人建議要優先選擇年輕的記者。實際上獲選者的年紀從二十幾歲到四十歲出頭不等，但是並非全為記者職，同時還招聘了像是井出（長崎民友新聞・副主編・社會部部長）、荻原（日本經濟新聞・外電部部長）、角（北海道新聞東京支局・外電部部長）、今村（每日新聞・外電部副部長）等一定人數的管理職（編輯幹部）在內。

第四，關於獲聘者的海外生活經歷。如同前述，法斯提過，遴選人才時，要挑選沒有歐美生活經歷者。而確定獲聘的記者當中，有的是日僑，也有曾經在美國生活過的人。這些人的「海外經歷」，也包括在亞洲的經歷。出生在奉天的山口，從九州帝國大學畢業後，便到朝鮮銀行上海分行工作。荻原曾以中外商業新報記者的身分在南京擔任支局長，出生於檀香山的今村，則是以每日新聞記者的身分擔任緬甸仰光及泰國曼谷的特派員。女性記者山本擁有的上海生活經歷就如同前述。還有人是曾經待在滿洲執行過軍事任務。獲聘的日本記者，每一位都有過某種形式的海外生活經歷。這顯示出，很難從沒有海外生活經歷的候選者當中，找到擁有充分英語能力的人。

三、招聘計畫的執行

（一）作為指導方針的「祕密備忘錄」

參加招聘計畫的日本記者當中，有十一人於一九四九年十二月二十九日抵達紐約。至於較晚出發的今村，則是在幾天後抵達。隨後，為期三個月的美國招聘計畫便開始了。

招聘計畫是基於一份「祕密備忘錄」（confidential memorandum）執行。該備忘錄發揮了指導方針的功能，針對擔任討論會主持人的美國人、日本記者要前往視察及參加研修的報社，就招聘計畫的方針及注意事項、要提出的主題等加以說明。「祕密備忘錄」是由美國人與日本人透過官民合作精心推敲後所成之物。洛克菲勒基金會的法斯，民間情報教育局的紐金特及伊姆博登參加了編寫作業，此外，國務院及陸軍省民政局的相關人員、哥倫比亞大學教授日本史學者休・博頓（Hugh Borton），還有美國人報紙記者與日本人編輯亦協同進行[38]。

「祕密備忘錄」中首先透過下列幾點說明來作為此次招聘計畫的大前提。第一，與日本記者接觸往來時的注意事項。「祕密備忘錄」要求在進行討論時，要避免產生美國人是老師，日本人是學生的場景，要求美國人方面要做到不傷害到日本記者的自尊心。第二，進行討論時，主辦方

---

38 American Press Institute, Report on a Program for Japanese Journalists, October 1, 1951, p .9, Press Personnel, Folder 480.

要引導出日本人的主動性。「祕密備忘錄」指出，日本人往往表現得拘謹、禮貌、重視形式，但這卻會對於討論會的熱絡開展造成妨礙。主辦方曾在出發前往美國前，在東京舉辦的行前說明會上，鼓勵日本記者要積極主動地表達意見及提問。「祕密備忘錄」也要求參與的美國人要在這方面特別加強引導。第三，招聘計畫揭示了重要方針表示必須要同時傳遞有關報紙的哲學及技術。「祕密備忘錄」列舉出了日本報業的問題點，包括太多的編輯幹部將報業視為一門生意，以及為了要增加發行量而刊載他們認為民眾會想要讀的內容，分析指出，這些是造成過去幾年日本報業發展無法獲得改善的原因，強調改善有關報紙的基本思考模式，也就是解決哲學思考不足的重要性。「祕密備忘錄」接著指出，這種哲學與技術密切相關，而技術方面的討論也和哲學同樣重要。

「祕密備忘錄」中針對日本記者應該要透過招聘計畫習得的重點做了以下的說明。第一，為了讓民主主義有效深入日本的地方都市，因此地方報的存在很重要。對此，主辦方期望能讓日本記者透過招聘計畫理解地方報的價值，學習報紙與地方社會之間的關係，並且在由少數全國性報紙獨占的日本社會中，讓地方性報紙取得一個與之抗衡的方法。第二，秉持著導正惡行、擴大報紙能力的具有建設性的積極態度，是在採訪取財時的重要事情。第三，記者擁有責任感，對社會來說是有益的事情。第四，區分新聞與意見的重要性。第五，建立一個遵守新聞自由的傳統是極為重要的事情。「祕密備忘錄」指出，(1)有關新聞自由的思想在日本並不牢固，政府官員、工會組織、共產主義者，以及有時會針對社論內容向編輯幹部施加壓力的報紙經銷商，都威脅著新聞自由。(2)駐日盟軍總司令占領期結束後，這些威脅將會變本加厲。(3)因此建立一個敢於捍衛新聞自由的傳統，對於日本新聞界而言是至關重要的事情。第六，要有批判精神。「祕密備忘錄」提到在日本社會看不太到對於報紙的批判，而將報紙置於會受到批判的環境中，才能使其變得更好。第七，對讀者心懷敬意的重要。「祕密備忘錄」指出，日本人編輯幹部強烈關心著報紙發行量，但另一方面，對讀者的敬意，卻比美國人編輯更低。這原因出在日本人編輯幹部對於一般民眾在民主國家中的重要性缺乏足夠的認知，其中蘊含的觀念，是對讀者心懷敬意乃是發展民主主義時不可或缺的要素。

根據前述幾點，可以看到日本記者被期待能夠習得職業意識，以及吸取發行一份能夠喚起民主主義發展的報紙所必須具備的知識與態度。「祕密備忘錄」向參與招聘計畫的美國人清楚地傳達了這些事項。

（二）招聘計畫的內容

招聘計畫包括了三大部分。第一部分，是一九五〇年一月三日至一月二十五日在哥倫比亞大學進行的專案活動。第二部分，是一九五〇年一月二十七日至二月二十四日在全美各地的報社進行研修活動。第三部分，是報社研修行程結束後至返回紐約為止期間在美國各地的旅行活動。以下將針對各活動內容逐一進行討論。

在哥倫比亞大學所進行的專案活動，包括了研討會、實地考察、社交活動。研討會除了聘請來自學術界及報紙業界的講師進行演講外，也會和參加者進行討論。研討會主要的題目如下：

第一，新聞自由。這是研討會最重視的題目。《愛國者分類報》（*Quincy Patriot Ledge*）的編輯普雷斯科特・勞（Prescott Low）與約翰・賀伯特（John R. Herbert）、哥倫比亞大學歷史系教授、曾任報社記者的艾倫・奈文斯（Allan W. Nevins）、哥倫比亞大學新聞學院的教授哈羅德・克勞斯（Harold L. Cross）等人，以民主社會中新聞自由的功能、新聞自由對政府產生的影響、為取得新聞自由的對策等為題進行了演講。哥倫比亞大學美國新聞學院對這群講師的演講內容基本上感到滿意，唯獨對克勞斯的演講有所不滿。原因是克勞斯的演講內容僅限於英語圈的情況，完全沒有談到包含日本在內的許多國家因為蘇聯的對外攻勢，使得新聞自由受到了威脅的事情[39]。對於哥倫比亞大學美國新聞學院而言，有關新聞自由的主題必須要置於冷戰的脈絡下進行討論，二者是不能切割的。第二，地方社會與報紙之間的關係。哥倫比亞大學公共政策研究所所長路德・顧立克（Luther Gulick）與《泰晤士報》（*Trenton Times*）的編輯詹姆斯・凱尼（James Kearney, Jr.），將重點放在報紙的價值，針對地方社會與報紙之間的關係進行討論[40]。第三，傳播學研究。《觀察家快訊》（*Utica Observer Dispatch*）的總編輯文森・瓊斯（Vincent S. Jones）針對報社在研究機關援助下所做的傳播研究進行演講。而哥倫比亞大學教授，也是傳播學的始祖保羅・拉扎斯菲爾德（Paul Lazarsfeld），則是針對研究機關正在進行的傳播學研究進行說明[41]。第四，對婦女的關注。《紐約時報雜誌》的女性編輯愛蓮娜・克拉克（Eleanor Clark）就婦女會關心的新聞和特集進行演講，並與日本記者交換意見。「祕密備忘錄」也有指出婦女相關議題的重要性，這也是日本記者要求的一個主題。山本松代曾透過行前說明會向哥倫比亞大學美國新聞學院表示，她對女性員工在美國報社中的地位及有關婦女的新聞感到興趣[42]。第五，報紙製作的技術層面主題。《國際先驅論壇報》（*International Herald Tribune*）的總編輯喬治·克尼修（George Cornish）與該報社會部部長喬瑟夫·赫茲伯格（Joseph Herzberg）就內容的平衡性、新聞與意見的差異、客觀報導的方法、大量使用解釋性報導的意義進行論述[43]。此外，還有就報導的準確度和處理爭議新聞的方式進行相關的演講[44]。除了以上主題，美國報紙出版商協會廣告局的艾倫·賽克斯（Allen Sikers）針對廣告發表了演講，有關報業營運的相關問題也有被拿出來討論[45]。

日本記者團先是拜訪了報社，然後參觀了印刷廠。在《國際先驅論壇報》的印刷廠，參觀報紙製作過程，並與編輯們進行了意見交流[46]。在《新聞報》（*The News*）同樣是參觀了印刷廠後，

39 同前註，pp. 18-19。
40 同前註，p. 21。
41 同前註，p. 20。
42 同前註，p. 24。
43 同前註，pp. 24-25。
44 同前註，p. 20。
45 同前註。
46 同前註。

與報社幹部面對面交流[47]。在美聯社和《紐約時報》也是相同的行程[48]。在哥倫比亞大學則是由新聞學院的教師實際示範如何利用傳真傳送新聞和照片給日本記者團觀摩。之後，則是與美聯社的新聞照片總編輯雷修（F. A. Resch）就新聞照片的處理方式進行了意見交流[49]。

社交活動也是計畫的重點部分。日本記者團在抵達美國的一九五〇年一月三日，與哥倫比亞大學新聞學院院長。卡爾・艾克曼（Carl W. Ackerman）及東亞研究所的工作人員，以及其他部門的教師們舉辦了交誼會。紐約州律師，美國前駐德大使詹姆斯・傑勒德（James W. Gerard）在自己家中舉辦了交誼會，有美國知名人士參加[50]。泰勒也在自己家中舉辦活動，讓鄰居也來參加與日本記者的交流晚宴。舉辦這些社交活動，自然是為了提供日本記者各種交流場合，協助他們建立人脈。

社交活動還包含了另外一個目的，就是讓日本記者們面對不習慣的美國生活時，能有一個放鬆喘息的機會。美聯社認為，創造出一個輕鬆的氛圍，會有助於他們日後參加報社研修活動時的表現[51]。

一九五〇年一月二十七日至二月二十四日，美國各地的報社舉辦研修活動。日本記者團被拆成幾個小組，基本上會分別參加一個地方上的大型報社及小型報社的研修活動。研修活動的目的，是讓他們學習報紙的製作，以及觀察有關報紙與地方社會之間的關係。

研修地點是由美聯社決定的。研修地點的選擇基準，是編輯群能夠理解研修活動的目的、願意溫暖地迎接日本記者團來訪的高品質報社。雖然主辦方盡可能考慮了日本記者的需求，但要尋找、決定好能完全滿足他們興趣的研修地點，實際上是很困難的事情。[52]日本記者團成員各自的研修地點如下所示[53]：

古橋：《泰晤士報》和《匹茲堡郵報》
後閑：《費城晚報》、《先驅太陽報》（Durham N.C.）
井出：《愛國者紀事報》（Quincy, MA）及《刀鋒報》（Toledo, OH）
內藤：《愛國者紀事報》（Quincy, MA）及《刀鋒報》（Toledo, OH）及《紐約時報》
川古：《觀察家快訊》及《芝加哥日報》（Chicago, IL）
高木．今村：《賓漢頓紐約報》及《印第安納波里斯新聞》
荻原：《水牛城晚報》及《克里夫蘭新聞》及《華爾街日報》

47　同前註。
48　同前註。
49　同前註，p. 23。
50　同前註，p. 18。
51　同前註，p. 25。
52　同前註，p. 29。
53　同前註，p. 30。

山本：《電報與公報》（Worcester, MA）及《共和黨美國報》（Waterbury, Waterbury, CT）
真木：《里士滿新聞領袖》及《時代電訊報》、《亞特蘭大憲法報》
（依照史料所載文字）

日本記者團成員前往各自被分配到的研修地點所在城市後，不只是在報社內部，報社外部的活動也會積極參與。例如今村和高木在印第安納坡里斯，除了會見州長等重要人物，參加新聞學的課程（巴特勒大學及印第安納大學）以外，還去觀看ＮＢＡ的比賽，聆聽印第安納坡里斯交響樂團的演奏會。日本記者團成員會從研修活動地點寄信給美聯社，其中許多人都像今村和高木一樣，參加了相當多報社外的活動[54]。他們對於報社外的活動比在報社內的活動還要更感興趣。對於日本記者來說，報社研修活動帶給他們在報紙興趣方面的滿足遠超出了他們原本預期，研修活動因而進入另外一個層次，成為刺激他們對美國社會和文化的求知慾及好奇心的一個重要契機。而這樣的求知慾及好奇心，在他們接下來的全美各地的旅程中，被更進一步地激發出來。

報社研修活動結束後到三月十一日於華盛頓特區集合為止的這段時間，日本記者被允許可以各自在美國各地進行旅行。雖然是屬於招聘計畫中的「自由時間」，但成員之中還是有一些記者超乎哥倫比亞大學美國新聞學院的預期，表示想要參訪更多報社進行學習。例如，後閑拜訪了費城（賓夕法尼亞州）、匹茲堡（賓夕法尼亞州）、德罕（北卡羅來納州）、聖奧古斯丁（佛羅里達州）、邁阿密（佛羅里達州）、亞特蘭大（喬治亞州）、諾克斯維爾（田納西州）、克里夫蘭

（俄亥俄州）、水牛城（紐約州）的報社[55]。由此可知，後閑不僅是對於報紙的學習有所關心，對於美國城市本身也抱持著濃厚的興趣。

在華盛頓特區會合的日本記者團，除了接受《華盛頓郵報》的款待，還在泰勒的導覽下，參觀了美國國會的記者席（press gallery）和國務院的記者會現場、林肯紀念堂等處。在華盛頓特區逗留數日後，他們返回出發地紐約，準備返回日本[56]。全美各地的旅行，提升了日本記者對美國的興趣，也激發出他們想要理解美國的努力。

（三）日本記者的反應與哥倫比亞大學美國新聞學院的評價

泰勒親眼目睹山本在返國途中搭乘前往舊金山的列車時流淚，其他日本記者同樣也都是難以控制自己情緒的樣子。這讓泰勒確信他們在訪美期間過得很盡興。透過招聘計畫，使得許多日本記者對美國政治機制的功能，還有報紙在民主主義成形的過程中所扮演的重要角色產生了濃厚興趣。此外，日本記者團全員都對美國女性的地位感到強烈的興趣[57]。還有一些人是在參加完哥倫比亞大學的課程後，對共產主義更加關心。一些人為了要譴責共產主義，因此購買了揭露蘇聯在

---

54 同前註，p. 29。
55 同前註，p. 32。
56 同前註，p. 32。
57 同前註，p. 34。

國內外所進行的活動的書籍。哥倫比亞大學美國新聞學院認為，購買書籍的人在日本報導共產主義者的活動時，還有為了對抗威脅新聞自由的共產主義時，這些書籍會有幫助[58]。

回到日本後，日本記者團的成員透過撰寫報導以及在各地舉行演講活動，向報社的工作人員、公關部門的公務員、一般社會大眾講述他們在美國的所見所聞。在山本的眼中，日本人民非常熱切地想要了解美國[59]。

當日本記者團成員因為撰寫報導和準備演說忙到不可開交之際，山本寫信給泰勒。哥倫比亞大學美國新聞學院所彙整的招聘計畫最終報告書中，哥倫比亞大學美國新聞學院使用了其他獲聘者完全無法與之相比的極大篇幅來引述山本的信件，這說明了，山本在信件中所說的事情及一舉一動，期望能看到的反應，同時也是招聘計畫所設定的目標達成的證明。最終報告書中所引用的山本的信件內容，若是從「為了討哥倫比亞大學美國新聞學院喜歡」的觀點來看的話，是有偏差（bias）。然而，這卻是獲聘於美國的日本記者所呈現給外人看、貨真價實的反應的一部分。以下將透過檢視山本的信件內容，反映一部分日本記者的反應。

第一，是招聘計畫中的重要主題，有關報紙與地方社會之間的關係。山本寫道：「我們理解到報導必須要與地方社會『一同前進』」後繼續說明[60]：

> 我們在美國見證了人們的生活與報紙密不可分的現象。在日本，即使是身為記者的我們，也無法理解新聞報導文章中所使用的專業術語，但回到日本後，我開始意識到，在美

國，報紙是屬於地方社會上每個人的東西。

山本的信件內容充滿了她自己對於暗藏於報紙文章中的菁英主義的自我反思，以及她所理解到的報紙應該要為地方社會發揮的功用。這點可從以下批判中看出端倪[61]：

> 日本的報紙沒有扎根到人民的生活當中。或許我這樣說是有點誇張，但我認為日本報紙對於人民是如何活著、為何而苦等是漠不關心的。

第二，對於女性觀點的反應。山本表示，在日本並不是只有婦女版這樣，而是感覺整份報紙都像是懸浮在半空中一樣，但是美國報紙的婦女版，感覺卻是在增添美國婦女每天對於生活的自信與智慧。另外山本還談到她在與美國人女性記者的互動過程中所留下的深刻感動。

58　同前註，p. 26。
59　同前註，p. 36。
60　同前註，pp. 36-37。
61　同前註，p. 37。

我在沃特伯里問了墨莉・加蓮（Mollie Cullen）：「妳為什麼當記者呢？」她立刻就回答我說：「因為我熱愛著人們啊」。我想我此生應該都不會忘記這個簡短的回答吧。

對於山本來說，與女性記者的交流，不只是滿足了她對於性別議題的關心，還提升了她作為記者的職業意識。而如同前述，像這樣的職業意識提升，也是招聘計畫的其中一個重要目標。

如前所述，本章透過給日本記者的信件反映出了他們的一些反應。那麼，哥倫比亞大學美國新聞學院方面是如何看待日本記者的呢？這是本章接下來要討論的內容。

第一，日本記者無法表現出主動的樣子。受邀來講課的美國人講師們，都很歡迎日本記者進行提問和意見交流，哥倫比亞大學美國新聞學院也期待日本記者不管在哪一個講座課程都能夠表達自己的不同意見，以提升研討會的價值。但是，如同前述，在招聘計畫開辦之前，哥倫比亞大學美國新聞學院就發現，要日本記者在進行討論的場合無拘無束地發問和陳述意見是很困難的事情。實際上，他們不常表達出不同的意見，也很少見到他們積極主動地參與討論。泰勒在寫給紐金特的書信中讚賞了參加計畫的日本記者們的勤勉與機敏，但也敘述到他們幾乎不表達自己的意見，使得討論的品質下降，是唯一讓人覺得可惜的地方[62]。哥倫比亞大學美國新聞學院認為日本人總是彬彬有禮、保持矜持，不像歐美人那樣習慣質疑他人想法，這是日本記者顯得態度被動的原因[63]。

第二，辛苦理解課程講座內容的日本人。哥倫比亞大學美國新聞學院指出，雖然美國人記者習慣使用直接明確的語言講話，但由於這些美國人教授總是一直在針對相同的主題發表演說，因此往往會無意識地就使用了對外國人而言難以理解的用詞或是表達方式。哥倫比亞大學美國新聞學院認為造成日本記者感到吃力的原因在於擔任講座講師的美國人教授[64]。

第三，總是認為有正確答案的日本記者。哥倫比亞大學美國新聞學院經常會對日本記者的表現感到焦慮。因為對於存在著很多答案的問題，日本記者總是會執拗地想要找出一個最完美的答案。有一位日本記者，不斷地向講述方法論的講師發問，「哪一個才是最佳的方法呢」。這凸顯出了日本記者存在著一種在戰前和戰時所培養起來的觀念，也就他們是在看待事物時，會認為存在著絕對正確的答案，以及他們已經在那段期間失去了看待事物時的多元視角。這與美國人所認知的記者理想形象是完全不吻合的。可以說正式因為這樣，所以哥倫比亞大學美國新聞學院才會特別注意到追求一個完美答案的日本記者行為。

哥倫比亞大學美國新聞學院認識到，招聘計畫只不過是美國為了要改變日本的歷史進程，使日本成為安全的、符合國際社會期待的一份子所做出的巨大努力中的一小部分。雖然哥倫比亞大學美國新聞學院希望自己的活動能為美國這樣的嘗試做出有益的貢獻，但他們認為比起這個那個地進行議論，應該是要提出明確的證據進行評價，希望避開對招聘計畫的成果進行自我評價[65]。

---

62 Letter from Floyd Taylor to D.R. Nugent, January 26, 1950, Press Personnel, Folder 480.

63 同註38，p. 26。

64 同前註。

65 同註38，p. 37。

話雖如此，可以看出哥倫比亞大學美國新聞學院有著一種自豪感，因為他們認為就整體而言，自己已經做到了所能夠做的一切。他們覺得至少比起過去任何一個以外國人編輯為對象的計畫，自己所執行的計畫成果是更加貼近洛克斐勒財團和駐日盟軍總司令的要求。

而駐日盟軍總司令和洛克斐勒財團是如何評價招聘計畫的呢？關於這一點，還有必要做更進一步的調查，因此筆者只先在此提出幾點可能性。首先，一般認為駐日盟軍總司令，特別是民間情報教育局對招聘計畫大致上是感到滿意的。一九五二年後，也就是駐日盟軍總司令結束占領後，如同第十二章所談到的，美國國務院不只是對日本，在東亞，對韓國、臺灣、香港的記者也實施了同樣的計畫。例如韓國人記者的美國招聘計畫在內容和構成上和日本記者的招聘計畫相似，可看出是沿襲自後者。如果CIE沒有注意到招聘計畫的成功的話，國務院應該不會向其他國家的記者施行同樣的招聘計畫。洛克菲勒基金會推行的日本人招聘計畫，可看作是日後推動的記者招聘計畫的原型。

接著，是關於洛克斐勒財團的評價。洛克斐勒財團對招聘計畫的成果應該是有一定程度的認可。不過，後來該財團就沒有再針對招聘日本記者到美國的計畫進行過援助了。一九五一年五月一日，法斯向津田表明想法：「我們雖然已經有進行過兩、三個新聞主題的計畫案，今後幾年，雖然還不確定，但洛克斐勒財團不會再定期地針對這個領域推動計畫了」，「雖然這樣的計畫很有意義，但可能交由政府來主導推動會比較合適吧」[66]。不久，洛克斐勒財團就確定好方針，決定不再支援日本記者美國招聘計畫。從這可以看出洛克斐勒財團希望委由一九五二年開始的傅爾布萊特計畫來實施與日本人相關計畫的想法。

不過洛克斐勒財團並沒有失去提供機會讓外國人記者到美國進行學習的關心。如同本章開頭所述，他們仍然支援亞洲的記者或研究者。

四、美國招聘計畫的意義和界限

本章針對一九四九年十二月至一九五〇年四月期間，以日本記者作為對象的美國招聘計畫進行考察。有關本章所查明的事項，將從以下兩點進行回顧。

第一，洛克斐勒財團推行的日本記者美國招聘計畫，是以更早之前率先施行過的、以德國人為對象所制定的計畫為基礎所進行，而日本記者美國招聘計畫後來也成為了類似計畫的原型，並可從中透視冷戰的歷史形勢。第十二章所談到的由國務院推行的韓國人記者招聘計畫，與日本人計畫在形式上、架構上、還有目的上，都有著高度的相似性。如果再將東南亞國家記者計畫一併列入思考的話，會發現雖然招聘計畫一開始是設計給戰敗國記者之物，但後來卻被運用於作為同盟國記者，甚至是第三世界國家的記者的計畫。最重要的是，不管是戰敗國、同盟國還是第三世

66 Excerpt from Letter, CBF to Masao Tsuda, Japan Newspaper Publishers and Editors Association, May 1, 1951, Press Personnel, Folder 480.

界國家，這些國家都是因為被洛克斐勒財團和美國國務院認為受到共產主義威脅而成為記者招聘計畫的對象國。也正如同本文所指出的，在日本記者的美國招聘計畫中可以找到有關共產主義威脅的看法。

第二，關於招聘計畫帶給了日本記者什麼樣的影響。影響一，擴大了日本記者的在知識方面的關心範圍。招聘計畫不但提供他們學習美國新聞學的機會，也培養他們對於美國的政治、文化等的興趣，成為促使他們想要更進一步了解美國的契機。像這樣激發參加者對於美國的興趣，也成為了後來各種交流計畫的重要目的。影響二，提升對共產主義威脅的關心，深化對於冷戰歷史形勢的認識。這個情況，可以從前述日本記者所購買的書籍主題中看出端倪。影響三，不只是思想，行為模式的改變也是美國的所求目標。美國希望透過招聘計畫讓日本記者學習到，新聞學在讓民主主義健全發展的過程中所能發揮的作用及功能，以及灌輸美國人想要日本記者具備的思想。招聘計畫一再呼籲日本記者積極主動地參加討論，這便是美國所希望的行為模式。招聘計畫是從思想及行為模式兩個方面來促使日本記者產生改變。

這個針對日本記者所開辦的美國招聘計畫，是一九五〇年代以後逐漸普遍化、由美國政府或民間團體主導的資訊文化交流活動的先驅。以此為基礎，作為今後的研究課題，筆者想先就對於美國輸出的新聞學相關知識學問，日本方面的反彈及接受程度進行說明。

民間情報教育局希望透過在日本的大學發展新聞教育，培育從事新聞工作的人才。因此在占領日本期間，在幾所大學開設了相關的學系。然而，到一九五〇年代中期為止，民間情報教育局與訪日的美國人教授所殷切期盼的美國式新聞學院，包括以培育記者人才作為目的的新聞教育，卻沒有扎根成功，最終消失了蹤影。說到底，報社等新聞業界對於要在學術界推動以培育記者為目的的新聞教育，原本就擺出了反對的姿態。這也連帶使得他們排斥民間情報教育局想要輸出到日本的美式新聞教育。另一方面，在戰前及戰時的日本學術界，曾經進行以德國新聞學為代表的新聞學研究。戰後，美國式的新聞研究和傳播學研究被帶進了日本，以大眾傳播研究的型態在日本進行扎根[67]。在美國試圖輸出到日本的新聞學相關知識學問中，有哪些是被接受，哪些不被接受的呢？一九五〇年代以後由美國國務院和美國新聞處、民間財團所推動的知識分子交流計畫，日本學術界及新聞界是如何接受或是如何反對的呢？關於這一點，筆者將會在接下來的研究課題，加入韓國、臺灣、香港，以東南亞及南亞的記者作為實施對象的計畫進行考察與釐清。

67　關於駐日盟軍總司令占領期間新聞相關科系的設立以及講座的開設，與戰前日本高等教育機構「新聞教育」之間的關聯、其連續性（以及不連續性）等問題，石川著重於「學理與實務」的選擇性接納的論述相當重要。（請參考註9，石川德幸，〈戦前期日本の高等教育における「新聞教育」の萌芽——新聞学科創設以前の日本大学における新聞児関連講座を中心として〉）本章承接該論文的討論，更進一步詢問在「學理」之中所接納的，或說是未受接納者為何，並由其與美國的知識分子交流計畫之間的關係，展現出該問題不僅是在日本還有亞洲脈絡之下的重要性。

參考資料

一手史料

Press Personnel, Folder387, Rockefeller Foundation Records, Projects, RG1.2 (FA387), Series 609, Japan; Subseries 609R: Japan-Humanities and Arts, Box43, Rockefeller Archives Center

Press Personnel, Folder480, Rockefeller Foundation Records, Projects, RG1.2 (FA480), Series 609, Japan; Subseries 609R: Japan-Humanities and Arts, Box44, Rockefeller Archives Center

Folder 10, Box5238, GHQ/SCAP Records, RG331, NARA.

Folder 11, Box5238, GHQ/SCAP Records, RG331, NARA.

二手史料

日文

石川徳幸，〈戦前期日本の高等教育における「新聞教育」の萌芽——新聞学科創設以前の日本大学における新聞児関連講座を中心として〉《ジャーナリズム&メディア》，第11号，2018年3月，頁9-22。

——，〈「戦後日本の「新聞教育」と日本新聞協会——1940年代後半から1950年代の大学における「ジャーナリスト教育」の蹉跌〉，《」『ジャーナリズム&メディア』》，第14号，2020年3月，頁7-26。

梅森直之，〈ロックフェラー財団と文学者たち——冷戦下における日米文化交流の諸相〉，《Intelligence》，14，2014，頁118-137。

小野秀雄，《新聞研究50年》。東京都：毎日新聞社，1971。

加藤幹雄，《ロックフェラー家と日本——日米交流をつむいだ人々》。東京都：岩波書店，2015。

金志映，〈ポスト講和期の日米文化交流と文学や空間——ロックフェラー財団創作フェローシップ（Creative Fellowship）を視座に〉《アメリカ太平洋研究》，15，2015，頁181-199。
黒川貢三郎，〈日本大学新聞学科の経緯〉，《ジャーナリズム&メディア》，第11号，2018年3月，頁23-32。
小林聡明，〈GHQ占領期日本のジャーナリズム教育とモット博士：1947年3～4月——日本人教授らとの学術交流を中心に〉，《ジャーナリズム&メディア》，第11号，2018年3月，頁33-51。
佐藤卓己，《ファシスト的公共性——総力戦体制のメディア学》。東京都：岩波書店，2018年。
土屋由香，《親米日本の構築——アメリカの対日情報・教育政策と日本占領》。東京都：明石書店，2009。
土屋礼子著、山本武利編，〈「帝国」」日本の新聞学，〉《「帝国」日本の学知——メディアのなかの「帝国」》。東京都：岩波書店，2006。
春原昭彦，〈上智大学から見た「新聞学科」の歴史〉，《ジャーナリズム&メディア》，第14号、日本大学法学部新聞学研究所，2020年3月，頁27-37。
藤田文子，《アメリカ文化外交と日本——冷戦期の文化と人の交流》。東京都：東京大学出版会，2015。
松田武，《戦後日本におけるアメリカのソフト・パワー——半永久的依存の起源》，東京都：岩波書店，2008。
森暢平，〈敗戦直後のジャーナリスト教育導入——占領当局・大学・新聞社の関係をめぐって〉，《マス・コミュニケーション研究》，巻81，2012年，頁67-85。
山本武利，《占領期メディア分析》。東京都：法政大学出版局，1996。
吉見俊哉著、栗原彬等編，〈「メディアを語る言説——両大戦間期における新聞学の誕生〉，」《内破する知——身体・言葉・権力を編みなおす》。東京都：東京大学出版会，2000。

英文

Glander, Timothy. *Origins of Mass Communications Research during the American Cold War: Educational Effects and Contemporary Implications*, Routledge, 2000.

韓文

장영민「1950 년대 도미 유학과 유학생의 미귀국」《한국근현대사연구》제 96 집 2021。

中文

王梅香，〈冷戰時期非政府組織的中介與介入：自由亞洲協會、亞洲基金會的東南亞文化宣傳（1951-1959）〉，《人文及社會科學集刊》，第 32 卷第 1 期，2020，頁 123-158。

報紙

《朝日新聞》
《每日新聞》
《讀賣新聞》

關鍵思考三　專門知識的民事行動
——從美軍到韓軍

許殷／著
蔡傳宜／譯

一九六〇年代初期，美國總統甘迺迪與軍方企圖將東南亞位於冷戰邊界的開發中國家軍隊，打造成具備能動力的國家建設參與主體，並且能夠有效達成「反叛亂」（counterinsurgency）的存在，而將注意力放在「民事行動」（Civic Action）上。本文希望能說明「民事行動」這門美軍專門知識，其透過以菲律賓為首的東南亞經驗發展、應用於韓國，又再為韓國軍方所繼承的過程。

美國總統艾森豪當政時期設立了「美國軍事援助計畫檢討委員會」〔The President's Committee To Study the United States Military Assistance Program，通稱「德萊僕委員会」（Draper Committee）〕，羅伯特・史洛瓦（Robert. H. Slover）、愛德華・蘭戴（Edward G. Lansdale）等軍人以「專家顧問團」（Professional, Technical and Research Staff）身分在其中參與策劃，主張應將受援國家的軍隊活用於社會經濟開發和國家建設。特別是蘭戴，他因曾經擔任軍事顧問協助菲律賓總統麥格賽賽（Ramon Magsaysay），率領反叛亂作戰而為聞名。他以在菲律賓的經驗為基礎，強調軍方對社會、經濟政治改革的介入，對於反叛亂作戰成功與否影響甚鉅，並由此創造出「民事行動」的概念。此後，「民事行動」便在一九五〇年代反叛亂作戰所展開的東南亞各國逐漸擴散。南越軍民領導人實地考察過在菲律賓實施的軍方民事行動後，以「政治軍事作戰」發展了「民事行動」的概念。這個概念除了越南外，也擴及並應用在寮國、緬甸、印尼的戰場中。不僅出於貫徹戰鬥，蘭戴為了掌握民眾，他建議培養能負責公共勞動、福利、保健、教育等方面「具備靈活與應變力的軍隊」，韓國便是其測試場。

甘迺迪總統則延續了前述政策並積極落實。一九六二年六月，美國駐韓大使賽謬爾·伯格（**Samuel D. Berger**）所率領的「外交工作協助小組」（Country Team）就韓國軍的「民事行動」向南韓政府提案；以軍事政變取得政權的朴正　對此提案表示歡迎。「民事行動」首先的目標，是為了建立美國受援國家軍方與公眾之間的友好關係；因此軍事政變勢力於政權在握的軍事統治間導入「民事行動」，可說是為了穩定抑制了因期盼脫離冷戰體制，並熱切希望民主化所引爆的「四一九運動」的反共軍政府統治。

然而，美國方面的「民事行動」預算雖在南韓軍事統治期間（一九六二—六三會計年度）約有二百萬美元，但在一九六四會計年度時大幅削減至約四十萬美元。這是由於一九六三年十月朴正　在總統大選中獲勝，政變勢力成功轉移了政權，因此美國方面對於反叛亂層級的「民事行動」也無需維持過去程度的關注。認為必須將南韓一切力量集中於經濟發展的意見，也在美國政府中獲得支持升溫。在此背景下，美國政府的「民事行動」預算便遭到縮編。

在美國對韓援助預算遭刪減，駐韓大使館對援助關心亦日漸低落中，仍持續關注「民事行動」的便是美軍與韓國軍方。負責推進「民事行動」的核心則是「駐韓民事輔理部」與第八軍團的「駐韓美軍對韓援助」。前者原為聯合國於韓戰期間所設立的駐韓民事援助司令部（United Nations Civil Assistance Command Korea, UNCACK），隨著停戰協定的簽訂改組而成，但後於一九五五年十一月終止活動。此後繼續實行「民事行動」的，即是第八軍團「駐韓美軍對韓援助」，直到一九六二年為止，該援助共進行了總計四千六百多件的援助活動。其中以學校建設數量最多，其他亦包括如教會、孤兒院、橋梁、診所、主要道路等設施的建造或是整修。建設學校最受重視的理由，是考量到透過這項事業，能夠凝聚地區社會中大眾的熱切期待並誘導其自發性加入，且可藉此打造培養親美及反共認知的教育空間，鞏固反叛亂的基礎。建設所必要的技術和裝備等由美軍提供，人員以及可於當地調度的物資則由南韓方面負責。美軍則會在建築工地掛上表明此為美韓合作工程的告示牌、於新落成建築物上裝置刻有「美軍援助」的銘牌，向當地居民宣傳美軍的援助。

自一九六一年以來，美軍透過心理戰及特殊作戰教育，讓南韓軍方了解「民事行動」有助於反叛亂，而南韓軍亦因此掌握民事行動，並深入理解行動目的。在正式介入越戰前夕，南韓軍已將「民事行動」定為反叛亂重要策略，並完成準備工作。被派遣至南越的韓國軍隊，在當地展開了與美國曾實施於南韓的相同的民事行動。一九九六年十二月，統籌美國對南越民間計畫的代理大使（Deputy Ambassador）威廉·波特（William J. Porter）表明，為達成「綏靖」（pacification）

目標，對農村建設計畫抱持高度期待。農村建設計畫的主要內容，是為南越農民「注入自助的精神」，並在農村中「推動多樣的社會改革方案」。波特大力讚揚韓國軍隊在戰鬥與民事支援上全方位的傑出表現。如同其發言中所指出，加入越戰的韓國軍隊積極從事建立「戰略村」、醫療支援及學校建設等「民事行動」，並亦不忘激勵當地民眾自立自助。

然而越南的戰場是殖民地統治與抵抗、宗教衝突、理念對立，彼此錯綜複雜，糾葛難清的產物。越戰中的反共與容共理論分裂了越南民眾，韓國軍藉由軍事掃蕩和民事行動雙管齊下，以獲得越南人民支持的「綏靖」計畫並未獲得成功。然而這樣的結局，從駐韓美軍即使在韓戰達成停戰協議後仍持續不斷地進行對民活動，但韓國社會仍將美國視為導致南北韓分裂及戰爭爆發的罪魁禍首，並且要求修正〈駐韓美軍地位協定〉（U.S.-R.O.K Status of Forces Agreement, SOFA）的先例上，早已得以預見。

在美國主導下，東南亞各國共通的反叛亂經驗與知識，在曾遭受「殖民帝國」統治的地區中留下了外國勢力介入、國民國家的建立以及主權所在等各式各樣的重要問題。就此點觀之，在掌握民眾的「心與腦」（hearts and minds）上，「民事行動」這門專門知識中存在著根本上的界限[1]。

1 本文為為許殷，〈'밑으로부터의냉전'，그연쇄와환류—1957~1963년미국의동아시아냉전전략전환과한국군부의'대민활동（civic action）'시행〉，《역사문제연구》，41（2019）以及許殷，《냉전과새마을—동아시아냉전의연쇄와분단국가체제》（파주：창비，2022）部分主要論點之摘要。

一九五四—一九六二年「駐韓美軍對韓援助」（AFAK）建設支援事業項目

事業項目	通過	審議	取消	未執行	進行中	完成	非建設（美元）	支援金額（美元）		設備及勞力（美元）
								AFAk	韓國側	
學校	1,977	393	56	83	135	2,096		13,930,923	12,052,623	18,735,265
教會	214	36	0	0	0	250		972,331	156,450	708,576
孤兒院	275	110	5	16	13	351		1,440,368	895,055	1,772,490
橋樑	105	8	2	0	0	111		471,962	59,116	629,900
公共福利設施	299	63	5	5	6	346		1,967,130	1,776,677	2,663,876
公民會館	410	9	3	0	0	416		1,777,194	732,469	4,556,105
公共施設	106	24	0	0	1	129		433,679	68,273	886,905
開墾	44	9	0	0	0	53		134,272	17,258	476,935
防洪計畫	11	1	1	0	0	11		26,700	0	103,454
高速公路	48	8	1	0	0	55		83,858	30,312	754,647
釜山103	813	0	0	0	0	813		1,097,018	27,817	3,616,364
建設支援總計（件）	4,302	661	73	104	155	4,631		22,335,444	15,816,050	34,922,517
醫療施設								1,797,417		3,415,434
非建設							3,083,476			
總計（件）	4,302	661	73	104	155	4,631	3,083,476	24,132,861	15,816,050	38,337,951

* 非建設（non-construction）項目中的金額為捐款。

** 本表年度為「會計年度」。

*** Hq EUSA AFAK Office of the Program Director, Subject: Consolidated Quarterly Report of Armed Forces Assistance to Korea Program–1st Quarter FY 1963, Incl #8 to AFAK Status Report, RG84 Korea General Records 1956-1963 box17, NARA.

後記

森口（土屋）由香／著
蔡傳宜／譯

本書匯聚了平日難有機會進行共同研究的各領域研究者，將只有這些成員才能實現的國際共同研究成果集結成冊，是極為特殊的一本論文集。學術界常因學科、研究地區、使用的語言、活動據點國家或地域而被細分，研究者亦常以所屬學會為中心，活動範圍有限。但本書執筆的十五名研究者活動據點包含日本、中國、臺灣、韓國以及美國，專業領域亦橫跨了日本史、美國史、中國和臺灣史、韓國與朝鮮史、新聞媒體史、外交史及科學史，涵蓋極廣。這些背景各異的研究者們，過去由於各種研究計畫相識，又因同樣關注冷戰期間的東亞知識建構共聚一堂。本書最大的意義說就是多樣性，及其所帶來的鳥瞰和比較視角。

分析冷戰期間的東亞「知識」建構，非常需要這樣涵蓋許多不同學科和地區研究者之間的交流。這是由於對學術和專業知識形成的研究囿於各學門領域內，至今仍未被視為與東亞冷戰有關的問題。例如，論及日本美國研究發展史的松田武著作和吉原真里論集，對日本的美國研究者而言皆是重要文獻，但其中卻幾乎看不到如與中國的美國研究、美國的（朝鮮）研究，或是臺灣的新聞傳播研究的發展史進行比較或對照[1]。恐怕類似的狀況，也出現在韓國的韓國朝鮮研究、臺灣的中國和臺灣研究，或是新聞傳播研究中的新聞史學裡。

與此形成對比，本書綜觀不同國家及地區的事例，藉此描繪出其中的共通點及各地區的特徵；這正是國際共同研究帶來的最大收穫。例如本書中明白指出，「亞洲基金會」或「洛克斐勒基金會」等準政府組織及民間財團（亞洲基金會為美國中央情報局包裝成民間財團的外圍組織，洛克菲勒基金會則為純粹的民間組織）提供的資金援助深入東亞各個地區，然而其援助計畫的目的和內容則因地區而異。此外，本書研究亦昭示無論是在什麼地區，當地知識分子的行為主體性都發揮了重要的功能。再加上知識的屬人性——即知識或技術並非附著於國家而是各別的個人，因此會隨著人的移動而跨越國境，而這樣的知識流動性也在相當程度上削弱了國家的控制力。這些也凸顯出國際關係中難以套用東西對立、南北關係或同盟關係，這種以國家為單位或者是敵我二分式的冷戰認知能夠涵蓋的面向。

而此中所見現象是否皆可劃入「冷戰」範疇，也仍有討論的空間。近年亦有研究指出，許多過去所論述的「冷戰」現象，實際是由存在於地方勢力間的對立構造所引起[2]。各種關乎「知識建構」的事例，大抵也與地方性知識活動或對立構造有關。即便如此，這些現象也並非偶然出現在冷戰期間，與冷戰毫無關聯；因為無論身處何側，參與知識建構的「發出方」和「接受方」行為者們都被捲入了冷戰意識形態對立以及霸權之爭，或是以相關的形式行動。就此而言，透過

「知識建構」研究途徑，應可拓展冷戰史研究所能觸及的範圍，並重新照見牽涉其中的行動者類型和功能。

「知識建構」相關事例研究，也是銜接文化史和外交史的橋樑。本書執筆者使用的一手史料包括外交史料等公文檔案、民間財團及大學史料，以及個人文件和回憶錄，涵蓋範圍廣闊。其中交織混雜著作為外交史和文化史的史料。要說「知識建構」同時包含文化與外交史要素，若不兼顧兩者則無法成立，並不為過。東亞學術知識和科技知識的建構過程，無疑與美蘇霸權競爭、及欲贏得新興國家忠誠或恭順的外交戰略有關。但在此同時，在學科的成立及知識交流、技術援助和留學等問題上，若剔除文化史的觀點則難以討論。外交史和文化史史料的交織混雜，即清楚地道出了此兩者在「知識建構」中的密不可分。然而實際上即使是外交史料本身，內容也含有大量學術及科學的記敘，幾乎不可能將外交與文化分割。換言之，是研究者區分出文化史和外交史類別，而非史料本身有所區別。而若從「知識建構」的角度切入冷戰，文化與外交的關係之密切則更加明顯。

1 松田武，《戦後日本におけるアメリカのソフト・パワー——半永久的依存の起源》（東京都：岩波書店，2008）；Mari Yoshihara, *Unpredictable Agents: The Making of Japan's Americanists During the Cold War and Beyond* (Honolulu: University of Hawaii Press, 2021).

2 益田肇，《人びとのなかの冷戦世界——想像が現実となるとき》（東京都：岩波書店，2021）。

本書雛形是獲得二〇一七至二〇二〇年度日本學術振興會（JSPS）科學研究經費補助計畫「關於冷戰時期東亞科學技術公共外交之國際比較研究」（研究編號17H02238，研究代表：土屋由香）的共同研究。此外，本書因獲得京都大學二〇一九至二〇二〇年度「科際．國際．人際連結合作『知識越境』合作小組研究計畫」（通稱SPIRITS）補助，而能夠以三語出版（日、英、中，目前韓文版也進行中）；中文版的原稿校閱經費亦獲得京都大學「人社未來式發信出版補助」的贊助。二〇二〇年一月，在SPIRITS補助下，執筆者們前往京都大學舉辦為期二日的合宿工作坊。若缺少這次面對面交流的工作坊，執筆者們便無法分享共通的問題意識以及各種關鍵性概念，國籍各異且文化背景不同的大家恐怕也很難完成這本論文集。在工作坊的討論中，如「亞洲基金會」或「洛克斐勒基金會」提供的資金援助各自對東亞學術知識的形成產生了什麼影響，又如當地知識份子的行為主體性有著如何的發揮等，這些共通的問題反覆出現。所有參加工作坊的成員都意識到這些是橫跨區域和研究領域的共同重要問題，則是這次面對面討論的重大成果。

這次一連串的計畫也讓筆者強烈體會到，人文社會科學，尤其是歷史學的跨國共同研究，其困難之處不僅是在不同語言的交流上。對於何謂冷戰，其理解本身便因國家而有所不同，對各國或說國民而言冷戰的歷史重要性為何、重要程度又該如何排序，有時因為對這些問題的理解不同，亦可能造成學術討論上各說各話的狀況。例如，對分裂中的國家而言，相較於冷戰的原則，主張自身政府的「正統」更為重要。這種感覺，若放在從意識形態對立角度切入東西冷戰的西方冷戰概念下，便會難以理解。此外，東亞分裂國家相當重視讓流散海外的同胞「回歸祖國」，這點在本書數章中皆可看到。但對於沒有大規模僑民離散海外的國家而言，恐怕也很難理解「歸國」背後那深不見底的意涵。能從共同執筆者身上學習到這些，在一連串的企畫中得到巨大的收穫，可以說是國際共同研究的醍醐味吧。

而在最後必須提到的是，本書繁體中文版在出版時受到麥田出版的吳玲緯和林怡君兩位諸多幫助。要在與幾乎不會中文的筆者聯繫下進行校閱和編輯作業，絕對是相當艱鉅的工作。在此對兩位卓越的能力和強大的毅力致上深深的敬意與感謝。

森口（土屋）由香

主編及作者簡介

【主編】

森口（土屋）由香（序章、第六章、後記）
京都大學大學院人間環境學研究科教授。
研究領域：美國研究、冷戰史、日美關係史。
主要著作：《親米日本の構築——アメリカの対日情報・教育政策と日本占領》（明石書店，2009）、《文化冷戦と科学技術——アメリカの対外情報プログラムとアジア》（京都大學學術出版會，2021）、《Science, Technology and the Cultural Cold War in Asia: From Atoms for Peace to Space Flight》（Routledge, 2022）等。

川島真（序章、第一章）
東京大學大學院總合文化研究科教授。
研究領域：東亞政治外交史、中國近代史、國際政治史。
主要著作：《中国近代外交の形成》（名古屋大學出版會，2004，三得利學術獎）、《中国のフロンティア——揺れ動く境界から考える》（岩波書店，2017）、《サンフランシスコ講和と東アジア》（共同編著，東京大學出版會，2017）等。

小林聰明（序章、第四章、第十三章）

日本大學法學院教授。

研究領域：東亞國際政治史、媒體史、朝鮮半島地域研究。

主要著作：《在日朝鮮人のメディア空間——ＧＨＱ占領期における新聞発行とそのダイナミズム》（風響社，2007）、〈サンフランシスコ講和条約と感情——米軍政期／一九五〇年代初頭の韓国社会〉（川島真、細谷雄一主編，《サンフランシスコ講和と東アジア》，東京大學出版會，2022）等。

【作者】（依章節順序）

金嵐（Miriam Kingsberg Kadia，第二章）

科羅拉多大學波德分校歷史學系教授。

研究領域：二十世紀的日本及東亞社會、文化史。

主要著作：《Moral Nation: Modern Japan and Narcotics in Global History》（University of California Press, 2013）、《Into the Field: Human Scientists of Transwar Japan》（Stanford University Press, 2019）等。

藤岡真樹（第三章）

京都大學國際高等教育院兼任講師。

研究領域：美國史、大學史、學問史。

主要著作：《アメリカの大学におけるソ連研究の編制過程》（法律文化社，2017）、〈アメリカにおける近代化論の形成過程と日本への伝播——「近代化」をめぐる諸学知から見た「グローバルな連帯」とその蹉跌〉（《アメリカ史研究》，第44号，2021）等。

中生勝美（關鍵思考一）
櫻美林大學文理總合學群教授。
研究領域：文化人類學。
主要著作：《中国村落の権力構造と社会変化》（アジア政経学会，1990）、《近代日本の人類学史——帝国と植民地の記憶》（風響社，2016）等。

佐藤悠子（第五章）
駒澤大學兼任講師。
研究領域：中國政治外交史。
主要著作：〈「中国」の核開発——ウラン鉱探査をめぐる国際政治と中国〉（《国際政治》第197号，2019）、《日中親愛なる宿敵——変容する日本政治と対中政策》（合譯，東京大學出版會，2018）等。

友次晉介（第七章）
大阪經濟大學國際共創學部副教授。
研究領域：國際關係史。

主要著作：“After the Hegemony of the “Atoms for Peace” Program: Multilateral Nonproliferation Policy under the Nixon and Ford Administrations,” *The Japanese Journal of American Studies*, Vol. 27（2016）、〈バンドン会議とアジア諸国に対する日本の「平和のための原子力」援助計画の起源〉（ゴーディン／アイケンベリー編・藤原帰一／向和歌奈審訂，《国際共同研究ヒロシマの時代——原爆投下が変えた世界》，岩波書店，2022）等。

文晚龍（第八章）

全北大學科學文明研究所副所長、副教授。

研究領域：韓國科學技術史、生物學史。

主要著作：《한국 의 현대적 연구 체제 의 형성》（선인，2010）、《한국 과학기술 연구체제의 진화》（들녘，2017）。

林于翔（James Lin，第九章）

華盛頓大學助理教授。

研究領域：台灣史。

主要著作：*In the Global Vanguard: Agrarian Development and the Making of Modern Taiwan*, University of California Press, 2025（即將出版）Martyrs of Development: Taiwanese Agrarian Development and the Republic of Vietnam, 1959–1975.” *Cross-Currents: East Asian History and Culture Review* (e-journal) 33, 2019.等。

水野宏美（關鍵思考二）
明尼蘇達大學歷史學系副教授。
研究領域：近現代日本史、科學技術文化史。
主要著作：*Science for the Empire: Scientific Nationalism in Modern Japan*, Stanford University Press, 2010. Engineering Asia: Technology, Colonial Development, and the Cold War Order, eds., Bloomsbury Academic, 2018. 等。

藍適齊（第十章）
國立政治大學歷史學系副教授。
研究領域：近現代東亞史。
主要著作："Trapped between Imperial Ruins: Internment and Repatriation of the Taiwanese in Postwar Asia-Pacific," in *Overcoming Empire in Post-Imperial East Asia: Repatriation, Redress and Rebuilding* (Bloomsbury Press, 2019)、"The Colonized in Conflict: Taiwanese Military Interpreters and the Postwar British War Crime Trials", in *Towards an Atlas of the History of Interpreting: Voices from around the world* (John Benjamins, 2023)、〈在國族之外的歷史和解：「地域性」的二戰紀念活動與歷史記憶〉，收入《歷史記憶的倫理》（臺灣大學出版中心，2024）。

張楊（第十一章）
復旦大學歷史學系教授。
研究領域：近現代史、冷戰史、美國史。
主要著作：《冷戰與學術：美國的中國學1949-1972》（中國社會科學出版社，2019）、《文化冷戰——美國的青年領袖項目1947-1989》（中國社會科學出版社，2019）等。

車載永（第十二章）
忠南大學言論情報學科名譽教授。
研究領域：媒體史、媒體社會學。
主要著作：《광복과 한국 현대언론의 형성》（국사편찬위원회，2006）、〈윌버 슈람의 한국전쟁 심리전 연구와 언론학의 제도화〉（『한국언론정보학보』 통권 제99호，2020）。

許殷（關鍵思考三）
高麗大學文學院韓國史學科教授。
研究領域：韓國近現代史。
主要著作：《미국의 헤게모니와 한국 민족주의—냉전시대（1945-1965）문화적 경계의 구축과 균열의 동반》（고려대학교출판부，2008）、《냉전과 새마을—동아시아 냉전의 연쇄와 분단국가체제》（창비，2022）。

國家圖書館出版品預行編目（CIP）資料

文化冷戰與知識外交：美國戰略與東亞方針／川島真、金嵐（Miriam Kingsberg Kadia）、藤岡真樹、小林聰明、中生勝美、佐藤悠子、森口（土屋）由香、友次晉介、文晚龍、林于翔（James Lin）、水野宏美、藍適齊、張楊、車載永、許股作；森口（土屋）由香、川島真、小林聰明主編；周俊宇、陳柏傑、蔡傳宜譯. -- 初版. -- 臺北市：麥田出版：英屬蓋曼群島商家庭傳媒股份有限公司城邦分公司發行, 2024.10
面； 公分
ISBN 978-626-310-251-4（平裝）
1.CST: 美國外交政策 2.CST: 文化交流 3.CST: 冷戰 4.CST: 東亞
730.4 111007326

文化冷戰與知識外交：美國戰略與東亞方針
文化冷戦と知の展開: アメリカの戰略.東アジアの論理

主編 森口（土屋）由香、川島真、小林聰明
作者 川島真、金嵐（Miriam Kingsberg Kadia）、藤岡真樹、小林聰明、中生勝美、佐藤悠子、森口（土屋）由香、友次晉介、文晚龍、林于翔（James Lin）、水野宏美、藍適齊、張楊、車載永、許股
譯者 周俊宇、陳柏傑、蔡傳宜
特約編輯 林怡君、蔡傳宜、劉懷興
責任編輯 林虹汝
封面設計 兒日設計
印刷 前進彩藝有限公司
內頁排版 李秀菊
國際版權 吳玲緯 楊靜
行銷 闕志勳 吳宇軒 余一霞
業務 李再星 陳美燕 李振東
總編輯 劉麗真
事業群總經理 謝至平
發行人 何飛鵬
出版 麥田出版
台北市南港區昆陽街16號4樓
電話：886-2-25000888 傳真：886-2-2500-1951
發行 英屬蓋曼群島商家庭傳媒股份有限公司城邦分公司
台北市南港區昆陽街16號8樓
客服專線：02-25007718；25007719
24小時傳真專線：02-25001990；25001991
服務時間：週一至週五上午09:30-12:00；下午13:30-17:00
劃撥帳號：19863813 戶名：書虫股份有限公司
讀者服務信箱：service@readingclub.com.tw
城邦網址：http://www.cite.com.tw
香港發行所 城邦（香港）出版集團有限公司
香港九龍土瓜灣土瓜灣道86號順聯工業大廈6樓A室
電話：852-25086231 傳真：852-25789337
電子信箱：hkcite@biznetvigator.com
馬新發行所 城邦（馬新）出版集團
Cite（M）Sdn. Bhd.（458372U）
41, Jalan Radin Anum, Bandar Baru Seri Petaling, 57000 Kuala Lumpur, Malaysia.
電話：+6(03)-90563833 傳真：+6(03)-90576622
電子信箱：services@cite.my

一版一刷 2024年10月

ISBN 978-626-310-251-4（紙本書） ISBN 978-626-310-733-5（EPUB）